한국 고대사 인식과 생업경제

한국 고대사 인식과 생업경제

이현혜 지음

일조각

책을 펴내며

코로나 대유행이라는 끔찍한 터널을 통과하면서 전염병 확산이 역사나 사회 변화에 얼마나 큰 영향을 미치는지를 경험하였다. 그 와중에 일상생활이 속박당한 데 대한 보상으로 자신의 공부를 되돌아보는 소중한 시간을 얻었다. 흩어진 구슬을 꿰듯이 지난 글들을 모아 두 주제로 엮었다. 하나는 한국사 연구방법론과 고대사 인식체계이고 다른 하나는 한국 선사시대와 고대의 농업생활이다. 일견 별개의 주제로 여겨질 수 있겠지만 어느 정도 연결고리를 가지고 있어 한 책에 담기로 하였다. 그리고 고고학자료를 많이 활용한 부분은 가능한 한 새로운 자료를 반영하기 위해 노력하였다.

한국사의 전개 과정을 어떤 관점에서 볼 것인가 하는 문제는 한국 근대사학의 성립 이래 오늘에 이르기까지 변함없이 중요한 주제이다. Ⅰ부 1장에서는 일반적으로 말하는 민족주의사학, 사회경제사학, 실증사학 이외에 진화론적 시각도 한국사 인식체계에 중요한 작용을 하였음을 밝혔다. 20세기 초엽에는 사회진화론의 영향을 받아 한국사를 변화, 발전하는 것으로 보는 새로운 역사 인식체계가 등장하였고, 1970~1980년대에는 미국의 신진화론을 수용하여 한국 고대국가의 형성 문제를 둘러싸고 활발한 논쟁이 이루어졌다. Ⅰ부 2장에서는 1장에 이어 신진화론을 한국 고대의 국가 형성 문제에 적용하는 과정에서 드러난 여러 가지 문제점을 구체적으로 검토하였다.

1970~1980년대에는 많은 논의에도 불구하고 신진화론의 발전 도식에서 고대국가 형성 자체보다 국가 형성 이전에 해당하는 'chiefdom' 논쟁에서 맴도는 데 그쳤다. 이후 고고학자들에 의해 고고학자료를 활용한 한국 고대

국가 형성 연구가 간헐적으로 지속되었다. 그리고 문헌사가들 사이에는 '연맹왕국', '부部체제의 성립'을 한국 고대국가의 성립으로 보는 것에 동의하는 연구자가 늘어나는 듯하였다. 그런데 근래 이러한 용어를 '초기국가early state'라는 용어로 대체하고 그 대상을 확대하려는 시도가 이루어지고 있다.

이처럼 한국사를 체계적으로 이해하고 연구의 외연을 넓혀 나가기 위해 이론 및 연구방법론 모색과 이를 둘러싼 논쟁은 피할 수 없는 과제이다. I부 3장과 4장도 한국사 연구에 활용된 연구방법론에 관한 것이다. 3장에서는 비교사학이라는 연구방법론을 활용한 연구 사례를 검토하고 한국사의 객관적 이해와 탐구 수단으로서 비교사학의 효용성을 짚어 보았다. 2015년 한국고대사학회는 하계세미나에서 공동체이론을 통한 한국 고대사 연구의 필요성을 환기시키고자 하였다. 4장은 이때 발표한 글로 한국 고대사 연구방법론으로써 공동체 이론이 얼마나 유용한지, 과연 공동체를 연구 대상으로 삼아 고대사회의 단계별 성격과 변화상을 밝혀낼 수 있는지 등을 살펴보았다.

I부 5장은 8세기 신라사회의 대표적 문장가이자 학자인 최치원의 한국고대사 인식과 역사 계승 의식에 대한 것이다. 저자가 박사 과정을 수강할 당시 이우성 교수께서 성균관대학교 대동문화연구원에서 간행한 『최문창후전집崔文昌侯全集』을 강의 교재로 사용하셨다. 최치원에 대한 관심은 이때의 결과물이다. 특히 최치원이 중국에 보낸 문서에서 신라를 '근화향槿花鄕'이라 칭함을 보고 '무궁화가 우리나라 꽃'이라는 말의 시원을 알게 되었다. '근화'란 변천이 빠른 것을 비유하는데, 신라가 중국 문화에 빠르게 동화하는 문명국임을 자처하는 최치원의 자기 나라에 대한 자긍심을 읽을 수 있는 대목이다. 선진 문물에 빠르게 적응하는 기질이 혹시 지금의 한국인에게까지 이어지는 것이 아닌가 하는 생각을 얼핏 해 본다.

II부에서는 농업 생산과 기술의 발전 과정을 다루었다. 사회를 변화, 발전시키는 요소가 무엇인가라는 물음에 환경과 인구 변화의 중요성을 제치고 먼저 떠오르는 것은 생산력과 기술의 발달이다. 우리의 전통사회는 농업을 생업으로 삼아 왔다. 이 때문에 농업기술의 변화 과정에 대한 연구는 한국사의 발전 과정을 이해하고 체계화하는 데 있어서 우선적으로 관심을 기울여야 할 부분이다. II부 1장에서는 농업생산을 담당하는 농민에 초점을 맞추어 농업생산기술의 발달에 따라 이들의 사회경제적인 지위가 어떻게 변화하였는지를 검토하였다. 경제적 계층화가 진행되면서 자유롭던 경작민들이 점차 소수의 지배집단에게 예속되어 가는 모습을 살피면서 새삼스레 기술과 문명의 발달이 과연 절대 선善인가 하는 의문이 떠오르기도 하였다.

II부 2장에서는 선사시대부터 삼국시대, 고려, 조선에 이르기까지 한국 농업기술의 전개 과정을 개관하였다. 각 시대별로 연구자들이 관심을 기울여 온 주제들을 중심으로 연구 성과와 과제들을 정리하였다. 석제 농기구나 소량의 탄화곡물에만 의존하던 초기의 연구와는 달리 1990년대 이후 목제 농기구, 경작지, 목간 등의 발굴로 연구 자료의 폭이 크게 넓어지고 토양 분석 등 연구방법도 나날이 발전하고 있다. 하지만 자료 분석의 방향을 설정하고 전 시대에 걸쳐 농업기술의 발달과 사회의 변화 과정을 유기적으로 설명할 수 있는 이론 체계를 모색하는 등 많은 과제가 남아 있다.

II부 3장에서는 토지 활용 방식을 통해 농업기술의 발전 단계를 분류한 에스더 보저럽Ester Boserup의 견해를 바탕으로 신석기시대부터 통일신라시대까지 농업기술의 발달 과정을 살펴보았다. 한반도의 신석기시대 농경은 장기 휴경 단계에 있었으며, 청동기·초기철기시대에는 중기 휴경 단계에, 그리고 4~5세기 이후에는 철제 기경구의 보급과 이경구의 발달로 단기 휴경 단계에 진입하는 것으로 파악하였다. 이는 기술, 인구, 환경 등 중요 요소들이 복합적으로 작용한 결과가 토지 활용 방식에 집약적으로 나타나므로 농업기술의 발달 과정을 체계적으로 이해하고 발전의 방향성과 보편성을 확인할 수 있다는 장점이 있다.

II부 4장에서는 경남 진주 대평리유적의 청동기시대 밭 유구를 대상으로 농기구, 파종처, 경작지 활용 방식 등 농경 활동의 구체적인 면모를 검토하였다. 1997년 대평리유적 발굴로 수천 평이 넘는 대규모 밭 유구가 처음으로 세상에 모습을 드러내었다. 각종 형태의 밭 고랑과 이랑이 평행선상으로 펼쳐지고 작물 재배와 기경 흔적들이 확인되어 연구자들의 마음을 설레게 하였다. 하지만 유적 일부만 발굴되고 나머지 수많은 정보는 남강댐 물속에 잠기고 말았다. 수년이 지난 후 진주 평거동유적 발굴에 이르러서야 밭의 경계구와 수로를 확인하고 밭의 면적 기준 등 새로운 단서들을 찾아내기 시작하였다. 당시 문화재위원으로서 경작지 전면 발굴의 필요성을 역설하여 얻은 소중한 성과라 생각된다. 경작지 발굴은 가시적인 효과는 적고 무미건조한 단순 작업의 반복이다. 이 때문에 전면 노출을 피하고 부분 발굴에 그쳐 핵심 정보를 놓치는 일이 허다하다. 현실의 높은 벽 앞에서 경작 유구에 대한 인식이나 연구 시각의 모색이 절실하다.

II부 5장에서는 백제 지역의 논농사와 밭농사의 시작과 전개 과정을 개관하였다. 백제 지역은 기후와 환경이 논농사에 적합하여 삼국 중에서 논농사의 비중과 쌀의 징세 비율이 가장 높았던 곳이다. 논농사의 본격적 시작을 알리는 송국리문화가 가장 먼저 도입되어 발달한 곳도 백제 지역이다. 충남 부여 궁남지유적을 비롯하여 중요 논 유구의 절대다수가 백제 지역에서 조사된 것은 우연이 아니다. 밭농사도 이에 뒤지지 않아 경기도 하남 미사리의 백제 밭 유구는 국내에서 발견된 최초의 경작 유구라는 기록을 가지고 있다. 이처럼 백제의 농경생활에 대한 연구는 한국 고대사회의 농업 경제 기반을 이해하는 지름길이다.

III부에서는 조선시대 지리지에 실린 지역별 농산물, 수산물, 광물 자원 등을 표로 정리하였다. 편찬 연대가 가장 빠르고 내용이 자세한 『세종실록지리지』를 주축으로 하고 『신증동국여지승람』, 『여지도서』, 『대동지지』 등으로 보완하였다. 지리지에 실린 산물들은 개인의 일상생활과 국가 경영에 소요되는 필수 자원들이다. 우리는 백제나 신라의 수많은 유물을 조사, 분석하면서도 정작 중요 자원의 생산지에 대해서는 구체적으로 아는 것이 거의 없다. 『일본서기』에 백제가 지방 통치 조직을 정비하고 각 지역의 산물을 기록하였다는 기록도 있고, 촌락문서에서 보듯이 신라에서도 중앙정부가 지역별 조세 자료를 자세히 파악하고 있었음이 분명하나, 현존하는 자료는 아무것도 없다.

궁여지책으로 한반도의 산천이나 기후, 해류 등 자연환경의 기본 틀은 고대와 크게 달라지지 않았을 것이라는 전제 아래 조선시대 지리지를 들여다보았다. 흥미롭게도 서해안의 패총에서 나온 어류 유체 분석 결과 민어, 조기가 많이 나오는데 『세종실록지리지』의 민어, 조기 주산지도 서해안이다. 옥저가 고구려에 어염을 공물로 바쳤다고 했는데 조선시대에도 함경도 함흥 일대에서 많은 소금이 생산되었다. 금, 은, 동, 철 같은 광물 자원의 산지는 이미 고갈되어 버렸거나 후대에 새로이 개발된 곳도 많다. Ⅲ부 1장, 2장의 백제 지역과 신라 지역의 산물표는 이러한 점을 감안하면서 당시 사람들의 생산 활동에 접근할 수 있는 참고자료로 활용될 수 있기를 기대한다.

벚꽃 필 때 시작한 작업이 단풍이 물들기 시작하면서 끝이 났다. 먼저 소수의 연구자들만이 찾는 전공서적을 흔쾌히 출간해 주신 일조각 김시연 대표께 큰 감사를 드린다. 그리고 치밀한 교정과 빈틈없는 손길로 책의 완성도를 한층 높여 준 강영혜 과장께도 진심으로 감사한다. 흑백사진이라 아쉬움이 있지만 이 책에 실린 사진 자료들은 한림대학교 심재연 박사의 손을 거친 것이 많다. 또한 Ⅲ부의 산물표 작성에는 박인호와 임대형의 도움이 컸다. 모두에게 감사하는 마음을 전한다.

2023년 11월

이현혜

차례

II 농업생산기술의 발전

III 백제, 신라 지역의 산물

부록 한국 고대사 연구를 되돌아보며

I부

한국 고대사 인식과 연구방법론

/ 1장 /

한국사 연구와 진화론

1. 역사 연구의 시각

민족주의사관, 유물사관, 실증사학 이외에 한국사 연구와 인식 과정에서 적지 않은 영향을 미친 것으로 진화론進化論을 들 수 있다. 생물학에서 시작된 진화론이 철학자, 인류학자들에 의해 인간 사회와 문화의 변화, 발달 과정을 설명하는 논리로 이용됨에 따라 사회진화론, 문화진화론이라는 분야가 파생되었다. 사회진화론, 문화진화론은 전통적인 사학 이론과는 별개의 것으로 한국사의 특정 분야나 시대에 국한되어 한국사 인식체계에 영향을 준 한 흐름이다. 그러므로 이 장은 진화론에 토대한 이론들이 한국사 연구와 한국사 인식에 투영된 모습을 살펴보는 것이 목적이다. 우선 20세기 초엽 열강의 침략에 대항하는 정치·사회 사상으로 받아들여진 사회진화론이 그 하나이다. 다른 하나는 1970년대 이후 한국 고대사와 고고학 연구에 수용된 신진화론新進化論이다.

사회진화론은 우리나라 근대 지식인들의 현실 인식에 영향을 미쳐 온 중요한 사상 체계의 하나이다. 강자의 약자 지배를 뒷받침하는 논리로 제시된 사회진화론은 우리나라에서는 역설적으로 제국주의의 팽배에 대항하는 논리로 받아들여져 자강운동自强運動, 실력양성운동의 사상적 배경이 되었다. 그뿐만 아니라 한국사의 전개 과정을 반복 순환하는 것이 아니라 진보 발전하는 것으로 파악하는 역사 인식체계의 형성에 사회진화론이 적지 않은 영향을 미쳤다.

1920년대 이후 유물사관의 도입으로 새로운 역사 발전 법칙과 도식이 제시되고, 다른 한편으로는 실증적 연구방법론의 유행으로 개별적인 사실 규명에 몰두함으로써 진화론적 입장이 작용할 여지는 사라졌다. 그러나 현재까지 한국사에서 보편적으로 사용되고 있는 각종 시대구분 명칭 등을 통해 의외로 사회진화론 유행 시기에 시도된 시대구분 기준과 용어들이 적지 않게 발견되는 것을 알 수 있다. 그러므로 우선 한국 근대사학 성립 초기의 한국사 인식체계의 특성을 정리하여 발전적 역사 인식체계의 성립이란 측면에서 사회진화론이 미친 영향과 사학사적史學史的 의미를 살펴보고자 한다.

두 번째는 1970년대 이후 한국 고대사 분야에서 시도된 신진화론의 수용에 대해 살펴보고자 한다. 제2차 세계대전 이후 미국의 인류학계를 중심으로 모르간Morgan과 타일러Tylor류의 고전적인 문화진화론의 개념을 비판적으로 계승한 신진화론이 대두하면서 문화 변천에 대한 새로운 해석이 가해지고 고대 문명 내지는 국가 형성에 이르는 진화 과정이 다양하게 연구되었다. 한국 고대사와 고고학 전공자들 사이에서도 한국 고대국가의 성립 과정을 신진화론의 정치 진화 도식을 활용하여 체계화해 보려는 노력들이 이루어졌다. 비록 고대사라는 일정 분야에 국한된 현상이기는 하지만 한국 현대사학의 이론적 토대를 검토하는 하나의 작업으로서 신진화론의 활용 배경과 이 과정에서 나타나는 특성들을 사학사적 관점에서 검토하는 것도 나름대로 의미가 있을 것이다.

2. 사회진화론의 수용과 새로운 한국사 이해 체계의 성립

사회진화론의 수용 과정과 더불어 20세기 초엽 이것이 당시 지식인들의 정치, 사회 사상에 미친 영향에 대해서는 이미 여러 논고를 통해 그 내용이 비교적 자세하게 밝혀졌다.[1] 그리고 한국사 인식 과정에 투영되어 있는 진화론적 관점에 대해서도 인물 중심으로 개별적인 언급이 있어 왔다.[2] 이들을 종합하고 각 입장 간의 차이와 발전 관계를 밝혀 한국 근대사학사의 흐름에서 부수적으로 처리되고 있던 사회진화론이라는 또 하나의 관점에 주목할 필요가 있다.

우리나라의 경우 양계초梁啓超의 『음빙실문집飮氷室文集』을 통해 철학, 정치학을 비롯하여 각종의 서양 근대사상들이 소개되었는데 진화론도 그중 하나이다. 『음빙실문집』을 통해 보급된 사회진화론은 이른바 양계초식의 해석과 응용을 거친 것으로 우승열패優勝劣敗, 즉 생존경쟁과 적자생존의 논리를 기초로 한다. 이러한 양계초의 정치, 사회 사상과 더불어 그의 신사학도 함께 들어왔다. 그는 "우주의 현상에는 두 종류가 있는데 하나는 순환의 현상이고 다른 하나는 진화의 현상이다. 진화란 한번 나아가면 돌아오지 않고 나아가는 데 끝이 없으며, 이 종류에 속하는 학문이 바로 역사학"이라고 설명하였다. 그리하여 "역사는 첫째, 진화의 현상을 서술하는 것이며 둘째, 인군진화人群進化의 현상을 서술하는 것이며 셋째, 인군진화의 현상을 설명하여 그 공리公理 공례公例, 즉 법칙을 구하는 것"으로 역사학을 개념 짓고 있

1 이광린, 1979, 「구한말 진화론의 수용과 그 영향」, 『한국개화사상사연구』, 일조각; 이송희, 1984, 「한말 애국계몽사상과 사회진화론」, 『부산여대사학』 2; 박찬승, 1990, 「일제하 '실력양성운동론' 연구」, 서울대학교 박사학위논문, pp.13, 14, 42.

2 한영우, 1980, 「한말에 있어서의 신채호의 역사 인식」, 단재 신채호선생 기념사업회, 『단재신채호와 민족사관: 단재 신채호 선생 탄신100주년기념논집』, 형설출판사, pp.188~191; 신용하, 1982, 『박은식의 사회사상연구』, 서울대학교출판부, pp.242~244.

다.[3] 여기서 말하는 인군은 인간사회를 의미하므로[4] 양계초가 말하는 역사학이란 결국 인간사회의 진화 과정을 살펴 그 법칙을 구하는 것으로 풀이된다. 특히 그가 관심을 가진 것은 정치의 진화 과정, 즉 정치체제의 발전 과정으로 입헌군주 단계에 이르기까지 6단계의 정치 진화 등급을 설정하였다.[5]

한국 근대사학이 성립되는 초기 단계에서 양계초의 진화론적 역사 인식체계의 영향이 직접적으로 나타나는 것은 시대구분 명칭을 통해서이다. 『음빙실문집』을 통해 알려진 정치체제(정체政體)의 발전 단계를 기준으로 하는 이러한 시대구분 명칭을 처음 사용한 것은 신채호申采浩로 생각된다. 1909년 7월 『대한매일신보』에 게재된 「한국자치제의 약사」라는 글에서 단재丹齋는 구한말 이래 사용되어 오던 태고시대, 상세, 중세, 근세라는 시대구분 용어를 그대로 답습하였다.[6] 그러나 일본인 하야시 다이스케林泰輔의 『조선사朝鮮史』를 비롯하여 개화기 교과서에 대한 강한 비판을 전개하면서 그들이 사용하던 상고, 중고 등의 시대구분 명칭을 대신하여 다양한 기준에 의거하여 새로운 한국사의 발전 단계를 설정하였다.[7] 1910년 1월 「진화와 퇴화」라는 글에서 그는 국가적 생활의 발달 과정에 따라서 한국사를 추장시대-귀

3 "第一歷史者 敍述進化之現狀也 … 宇宙間之現狀有二種 一曰爲循環之狀者 二曰爲進化之狀者 … 進化者 往而不返者也 盡而無極者也 凡學文之屬於此類者 爲之歷史學 … 第二歷史者 敍述人群進化之現狀也 … 第三歷史者 敍述人群進化之現狀而求得其公理公例者也"(梁啓超, 『飮氷室文集』 卷3, 歷史類, 「史學界之說」, 台北市: 新興書局, 1959).

4 군학群學은 사회학을 의미하며, 인군人群이란 단체를 가리키는 것이며, 역사란 개인보다는 단체의 진화를 살피면서 법칙을 구해야 된다는 것으로 해석되기도 한다(이광린, 1979, pp.257, 283). 그러나 'social evolution'을 '인군지진화론人群之進化論'으로 번역한 것으로 보아 인군은 단체라기보다 인간 사회를 의미한 것으로 생각된다. 따라서 인군지진화는 사회의 진화로 번역될 수 있다(梁啓超, 『飮氷室文集』 卷1, 學說類 1, 「進化論革命者頡德之學說」, 台北市: 新興書局, 1959, p.252).

5 梁啓超, 『飮氷室文集』 卷3, 政治類, 「論政體之種類及各國政體變遷之大勢」. 정치 진화의 제1급: 가족정체, 제2급: 추장정체, 제3급: 신권정체, 제4급: 귀족정체(봉건정체), 제5급: 군주전제정체, 제6급: 입헌군주정체(혁명민주정체). 이러한 기준을 가지고 중국사를 야만자유野蠻自由시대(황제黃帝 이전)-귀족제정貴族帝政시대(황제에서 진시황秦始皇까지)-군권극성君權極盛시대(진시황에서 청의 건륭乾隆까지)-문명자유시대(이후 현대까지)로 나누었다(이광린, 1979, p.243; 『飮氷室文集』 所收 「堯舜爲中國中央君權濫觴考」, 台北市: 新興書局, 1959).

6 신채호 저, 단재신채호전집편찬위원회 편, 1979, 『단재신채호전집』 중, 형설출판사, pp.128~129.

7 신일철, 1980, 「신채호의 근대적 국사상 발상과정」, 단재 신채호선생 기념사업회, 『단재신채호와 민족사관: 단재 신채호 선생 탄신100주년기념논집』, 형설출판사, pp.124~129; 한영우, 1980, pp.189~190.

족시대(단군조선, 부여, 조선왕조)-전제시대(고구려, 백제, 신라, 고려)- 입헌시대의 4단계로 나누었는데,[8] 이는 양계초의 정치 진화의 6단계[9] 중 제1급의 가족정체와 제3급의 신권정체를 뺀 것으로 한국사 전개 과정에 적용된 새로운 시대구분과 명칭인 동시에 한국사를 발전적으로 인식하는 역사 인식체계의 초기 모습을 보여 준다.

한국사 인식 과정에 보이는 단재의 진화관은 진화와 함께 조선을 부정적으로 평가하는 논리로서 퇴화의 과정도 함께 설정한 점이 특이하다. 그리고 양계초와 마찬가지로 역사의 진보라는 개념에 진화론이 복합되어 양자를 구분하지 않았다. 진화론적 의식만 투영되어 있을 뿐 여전히 이를 토대로 하는 구체적인 작업이나 진보 발전의 원리를 모색하려는 시도는 보이지 않는다. 더욱이 단재의 경우에는 본격적인 사론史論의 정립과 연구 활동을 전개하는 1920년대 이후가 되면 오히려 이전의 진화론적 관점을 포기하거나 부인함으로써 더 이상의 진전이 불가능하였다. "조선사란 조선 민중 전체의 진화를 서술한 것이라야 참 조선의 조선사가 될지나 … 이는 너무 사치한 선택이러니 나의 말한(내가 말하는) 참 조선사는 곧 조선적 조선을 적은 조선사이거니와 위인적 조선을 적은 조선사이거나, 다만 조선을 주체로 하고 충실히 적은 조선사를 가리킴이로다"라는 말년의 글은[10] 진화론적 역사 인식에 대한 그의 생각을 단적으로 보여 준다. 결국 단재는 "서구 사상의 수용에도 불구하고 인간 이성의 계속적 진보로서의 계몽사관이 역사 해석의 원리로서 고려되어 있지 않다"거나 "투쟁의 반복만 있을 뿐 진보도 발전도 고려되지 않은 점에서 단재의 역사 인식의 근원에는 역사 니힐리즘이 도사리고 있다"는 평가를[11] 피할 수 없었다.

8 신채호 저, 단재신채호전집편찬위원회 편, 1979, 『단재신채호전집』 별집, 형설출판사, p.208.
9 주 5번 참조.
10 신채호 저, 단재신채호전집편찬위원회 편, 1979, 「조선사 정리에 대한 사의」, 『단재신채호전집』 중, 형설출판사, p.132.
11 신일철, 1981, 『신채호의 역사사상연구』, 고려대학교 출판부, pp.165~166.

양계초의 역사 인식의 영향을 직접적으로 반영하고 있는 것은 백암白巖 박은식朴殷植의 「몽배금태조夢拜金太祖」라는 글이다.[12] 이를 근거로 백암은 이미 진화사관, 진보사관을 가진 것으로 평가되었는데[13] 이 글에는 진화의 법칙 중에서도 특히 적자생존 개념이 뚜렷하게 투영되어 있다.

> 만물의 생이 반드시 적의適宜한 처소處所가 있고 적의한 시대가 있어, 열대에 사는 것은 한대에 적합하지 못함이 있고 춘하에 사는 것이 추동에 적합하지 못함이 있으니, 세계 인중의 생활 정도가 역시 그러하야 상고시대의 정도로 중고시대에 적합하지[適] 못하고 중고시대의 정도로 현금시대에 적합하지 못한 고로 말하기를 적자를 생존케 한다고 한다. 만일 이 시대에 있어 구시대의 정도를 변치 못하고 적의한 방법을 구하지 아니하는 자는 천지 진화의 예를 거역하야 도태의 화를 자구하는 자이니 …[14]

이 글에서는 한국사가 상고시대에서 중고시대로 다시 현금시대로 바뀌는 것은 단순한 변화가 아니라 각 시대의 요구에 적응한 결과, 즉 적자생존에 의한 진화의 결과로 설명하고 있다. 그리고 각 시대의 요구에 적응하지 못하면 진화를 거역하여 도태하게 되는 것으로 이해하고 있다. 사회 진화의 원리로서 사회의 요구에 대한 적응을 필수적인 것으로 주장한 것은 허버트 스펜서Herbert Spencer 계통의 논리라고 한다. 스펜서는, 사회적 적응은 마땅히 일어나야 하며 사회의 요구가 우선하고 사회가 요구하는 방향에 따라 적자의 적응 성격이 결정된다는 것이다. 이 점에 있어서 스펜서의 논리는 다윈과는 구별된다. 다윈은, 개체의 적응이 먼저이고 이것이 집합되어 사회나 집단의 특성이 결정된다고 한다.[15] 그리고 스펜서의 이러한 적자생존Survival of

12 백암이 만주 서간도西間島로 망명하여 그곳의 망명객과 이주민이 건설한 신한민촌新韓民村의 청소년을 위한 교재로 1911년경 쓴 글이다(신용하, 1982, p.236).

13 신용하, 1982, pp.242~244.

14 박은식 저, 단국대학교 부설 동양학연구소 편, 1975, 『박은식전서』 중, pp.216~217.

15 David Rindos et al., 1985, 「Darwinian Selection, Symbolic Variation and the Evolution of Culture」, 『Current

the Fittest의 논리는 이론 체계상 라마르크Lamarck 계통에 속하는 것으로 엄밀하게 구분하면 다윈의 진화 이론과는 계통을 달리한다고 한다.[16] 이렇게 보면 백암의 이 같은 주장의 근거는 양계초를 통한 간접적인 형태이기는 하나 결과적으로 스펜서 계통의 사회진화론으로 연결된다.[17] 백암은 서양사학의 영향으로 구한말 이래 새로이 사용되기 시작하던 상고시대, 중고시대, 현금시대라는 한국사의 시대구분 명칭을 그대로 사용하였다. 그러나 다른 사람들과는 달리 이러한 한국사의 시대구분의 당위성을 적자생존이라는 진화의 논리를 통해 찾고자 하는 데에 그 나름의 특징이 있다.

그는 지배계층인 양반 유생들은 신사상과 신지식을 거부하여 열등인류로 떨어지고, 하등집단에 속한 자는 구학舊學의 깊이가 얕아 쉽게 신지식을 받아들여 상등지위로 진보할 수 있다고 믿어, "개혁시대에는 하등사회가 상등사회로 진보하여 평등사회를 조성하는 것이 천지 진화의 공례"라고 설명하여 소박하나마 진보 발전의 원리를 피력하였다.[18] 특히 백암은 신학술과 신교육의 습득, 즉 지식의 축적을 진보 발전, 생존과 도태의 원동력으로 이해하고 있다. "양반 두 글자가 머리에 박힌 자와 유생 두 글자가 뇌리에 박힌 자는 모두 신사상과 신지식이 들어가지 않으므로 이는 하늘이 그 혼을 뺏어 열등인류로 떨어지게 한다"라든가,[19] "각 민족이 그 지식과 세력의 우열로써 생존과 사멸의 계기를 판단하는데, 세력은 지식으로부터 발생하고 지식은 학문으로부터 나오는 고로 교육이 발달한 민족은 생존하고 교육이 쇠퇴한 민족은 멸망한다"라고[20] 한 것이 이를 뒷받침한다. 이처럼 지식을 진화의 원

Anthropology』 26-1, p.66

16 다윈의 진화 원리의 핵심은 자연도태natural selection이고 스펜서는 적자생존survival of the fittest으로 양자는 엄밀하게 구분되고 있다(Derek Freeman et al., 1974, 「The Evolutionary Theories of Charles Darwin and Herbert Spencer」, 『Current Anthropology』 15-3, p.216)

17 『음빙실문집』의 내용으로 보아 당시 양계초는 여러 분야에 걸쳐 다양한 계통의 사상들을 복합적으로 수용하고 있었던 것으로 보인다.

18 『박은식전서』 중, 단국대학교 부설 동양학연구소 편, 1975, pp.249~251.

19 『박은식전서』 중, 단국대학교 부설 동양학연구소 편, 1975, p.249.

20 『박은식전서』 중, 단국대학교 부설 동양학연구소 편, 1975, p.247.

동력으로 이해하고 있다는 점에서도 스펜서 계통의 사회진화론의 논리와 통한다. 스펜서의 사회 진화 논리 속에는 사회는 지력智力(intelligence)을 요구하며, 생존 요구에 적응할 수 있기 위해서는 지력이 필요하며, 보통 사람들보다 더 많은 지력을 갖춘 사람들이 생존한다고 한다. 즉 사회는 지력을 요구하며 지력을 가진 자만이 생존하고 그렇지 못한 사람들은 소멸한다는 것이다.[21]

통사적인 업적을 남기지는 않았으나 한국사의 전개 과정을 적자생존에 의한 진화의 결과로 보거나, 그가 이해하고 있는 진화의 원리 등에서 나타나듯이 백암의 서술 속에는 스펜서 계통의 사회진화론적 시각이 강하게 반영되어 있다. 그러나 진보 발전을 진화와 동일한 개념으로 통용함으로써 진화론의 이해에 적지 않은 한계를 보인다. 그리고 진보 발전이라는 기준에 의거하여 한국사의 사실을 구체적으로 해석해 나가는 작업에까지는 미치지 못하였다.

정치체제의 진화라는 주제를 가지고 한국사의 전개 과정을 발전론적 관점에서 체계화하는 것은 1923년 안확安廓의 『조선문명사朝鮮文明史』에 이르러서이다. 다음 『조선문명사』 서언에는 안확의 역사 인식이 압축되어 나타난다.

> 아我 조선 민족이 … 찬란한 제도를 시施할 새 혹은 외문화를 흡수하고 혹은 자발적 문화를 토吐하야 개선 진화를 경유하다 혹시는 군국주의를 행하며 혹시는 문화주의를 집執한 바 그 창저彰著한 문명생활은 오천 년 허구한 세월에 다변다혁多變多革한 정치사에 표현되지 아니함이 없나니라. 조선정치사를 알진대 조선 민족의 생활사를 알 것이오. 조선족의 생활사를 살피고자 할진대 정치사를 먼저 살피지 아니하지 못할지라.

이 서언에서 밝힌 대로 안확이 뜻하는 조선문명사는 조선정치사이며 이

21 David Rindos et al., 1985, p.66.

때의 조선정치사는 포괄적이고 보편적인 역사로서 일면 조선 민족의 생활사를 대변하는 것이기도 하다. 이러한 안확의 입론은 "문명사는 바로 정치제도사를 뜻한다"[22]라는 점에서 루소, 몽테스키외를 중심으로 한 백과사전파의 문명론의 영향을 반영하고 있다.[23]

그러나 한편으로 "문명사는 포괄적인 인간생활의 역사이며, 이는 바로 입헌군주정의 성립사"라는 프랑수아 기조François Guizot의 논지와도 일맥상통하는 요소가 발견된다.[24] 다시 말하면 안확의 『조선문명사』 저술 배경에는 일차적으로 유럽 근대 사상가들의 문명 진보 사상이 작용하고 있다. 여기에 덧붙여 당시 지식인들 사이에 유행하던 사회진화론의 영향도 직접적으로 나타난다. 안확은 각 단계별 정치 형태의 변화와 새로운 제도의 출현을 모두 진화의 결과로 간주하며,[25] 여기에서 한 걸음 더 나아가 이러한 정치체제의 진보 발전을 각종 환경에 대한 적응의 결과로 해석한다. 민족주의사관의 한 특징인 영웅사관을 비판하면서 "단군조선의 건국은 조선인의 타산적 행위의 결과이며 이러한 행위는 조선이 처한 환경과 제 조건에 응하여 작용하는 것"이라든가, "단군조선의 건국은 같은 혈족의 가족이 인간 고유한 사회성의 결과 발생하여 점차 개량 진보를 구하는 동시에 더욱이 외적外敵 자극의 영향으로 혈족 관념이 촉진되어 동족 결합이 발생한 결과(p.18)"로 풀이하는 것이 그 좋은 예이다.

그리고 민족주의 사학자들이 부정적으로 평가하는 외래 문명의 수용에 대해서도 부정적으로 보지 않는다. 오히려 "이는 진보 발달을 위하여 참고

22 前川貞次郎, 1942,『フランス史學』, 東京: 弘文堂書房, p.145.

23 이태진, 1989,「안확」,『한국사시민강좌』 5, 일조각, pp.151~152.

24 문명사는 궁극적으로 정치적 제 요소, 즉 귀족정치, 교회의 신권神權정치, 도시의 민주정 및 군주정으로부터 인민(Guizot의 경우 중산 계급을 뜻함)의 정치적 자유를 보증하는 입헌군주정의 성립사라고 본다(前川貞次郎, 1942, pp.143, 147).

25 백제의 관등제도를 두고 "이 제도의 발달도 그간 진화에서 적생積生한 사단史端이 많다"거나 "전 민족의 대이동은 필경 삼왕국(삼국) 건설의 막을 열고 신정치의 진화와 신문명 생활의 기운을 열기에 이르른 것"으로 서술하는 등 여전히 진화와 진보 발전의 개념이 구분되지 못하고 있다(안자산, 1923,『조선문명사』, 회동서관, pp.45, 60).

로 이용한 것에 불과하다"거나 "신라 및 발해 시대에서 외국 제도를 채용함도 역시 문명국의 진화하는 상태"라고 하여 외래 문명의 전파와 수용 역시 진화의 과정 내지는 수단으로 이해한다. 그리하여 조선왕조를 삼국시대보다 퇴보한 것으로 매도하는 단재 같은 입장에 대해서도 "이는 근래 시세에 견패見敗하여 사시적史詩的 관념으로 옛것을 숭배하는 생각에서 나온 것"이라는 객관적 비판이 가능하였다. 이처럼 그는 민족주의사관과 다른 관점에서 민족성, 민족문화, 민족사에 대한 확고한 긍정의 바탕을 마련할 수 있었다.[26] 이는 분명 한국정치사의 발전 과정을 환경에 대한 적응의 결과로 보는 진화론적 관점의 영향이라 하겠다.

안확의 정치 진화 사상의 또 다른 특징은 입헌군주정의 실현이라는 정치 진화의 방향을 설정하고 당위성을 내세우는 것이다. 이는 유럽 근대 사상가들의 문명 진보 사상과 다윈의 진화론, 사회진화론이 복합되어 일본, 중국의 개화 사상가들을 통해 우리나라에 직간접적으로 전해짐으로써 이러한 새로운 형태의 한국사 인식 형태가 나타난 것으로 생각된다. 그들의 입장에 대한 보다 객관적인 이해를 위해 일본, 중국의 경우와 비교해 볼 필요가 있다.

19세기 유럽의 사회진화론의 특징은 사회제도 또는 체계social institution or system의 ① 변화의 당위성, ② 변화의 필요성, ③ 변화의 방향성, ④ 변화를 일으키는 획일적이고 지속적인 힘의 존재 등을 주장하는 것이었다.[27]

그리고 19세기 말엽 일본의 대표적 개화사상가인 다구치 우키치田口卯吉 역시 사회의 형성과 발전·쇠퇴는 우연이 아니며 일정한 법칙의 지배 아래에 있고 일체의 사회 현상은 지향하는 방향이 있는데 이것이 바로 사회진화의 법칙(이법理法)이라고 하여 유럽 사상가들의 영향을 그대로 반영하고 있다. 다구치 우키치는 이러한 법칙을 발견함으로써 사회의 장래를 예지할 수 있

26 이태진, 1984, 「안확(1881~1946?)의 생애와 국학세계」, 고병익선생회갑기념사학논총간행위원회 편, 『역사와 인간의 대응: 한국사 편』, 한울출판사, p.790.

27 C. C. Lamberg-Karlovsky and Jeremy A. Sabloff, 1979, 『Ancient Civilizations: The Near East and Mesoamerica』, Menlo Park: The Benjamin/Cumming Publishing Company, p.19.

다고 하여, 그의 사관은 사회진화법칙의 인식과 사회의 물질적 기초의 중시(사회 진화의 조건은 화재貨財, 즉 물질이라고 주장함)로 특징지어진다.[28]

또한 당시 우리나라 사상계에 많은 영향을 미친 중국의 양계초도 역사란 과거의 진화로서 미래의 진화를 이끌어 내는 것이며 사가는 진화의 법칙(공리公理, 공례公例)을 구득求得하여 후세인으로 하여금 그 이치를 알게 하는 것이라고 하여,[29] 사회 진화의 법칙을 찾아내는 것을 역사 연구의 중요 목적의 하나로 삼고 있다. 그리하여 양계초는 정치체제의 변화를 통해 사회 진화의 과정을 추론해 나가고자 하였으며, 중국사에 있어서 정치 진화의 과정이 부진하였던 원인을 분석하고 앞으로의 진화의 방향을 입헌군주제 내지는 자유민주정체의 확립으로 잡았다.[30] 안확의 입장이 바로 이러한 양계초의 역사 연구의 목적이나 동기에 가장 근접하며, 이 점에서 『조선문명사』는 그 당시 유행한 사회진화론적 역사 인식체계의 흐름에 상대적으로 가장 충실한 작업이었다. 그리고 정치제도사 분야의 연구에서도 학설사적으로 획을 긋는 작업이었다는 평가를 받을 수 있을 것이다.

이처럼 안확의 『조선문명사』 저술 배경에는 문명 진보사상과 사회진화론이 복합적으로 작용하고 있다. 이는 『음빙실문집』과 개인적인 자료 섭렵을 통해 얻은 발전론적 한국사 인식체계의 한 형태라고 하겠다. 안확의 발전론적 역사 인식은 『조선문명사』의 서언 등 여러 곳에서 발견되지만, 특히 『조선문명사』에 실린 그의 독자적인 시대구분 명칭을 통해 뚜렷하게 드러난다. 부락생활시대-소분립小分立정치시대-대분립大分立정치시대-귀족정치시대-군주독재정치시대라는 시대구분은 역사의 발전 내용을 담은 시대구분으로 우리 근대 역사학에서 가장 앞선 시대구분이라는 평가를 받기에 충분

28 田口卯吉, 1964, 『日本開化小史』, 東京: 岩波書店, 해설 pp.6~8: 원본은 1877~1882년에 걸쳐 간행되었다.

29 "歷史者 以過去之進化 導未來之進化者也 … 史家 … 求得前此之進化公理公例 以使後人循其理 率其例 以增幸福於無疆也"(『飮氷室文集』 卷3, 歷史類, 新史學, 「史學界之說」, p.105).

30 「論政體之種類及各國政體變遷之大勢」, 『飮氷室文集』 卷3, 政治類, pp.77~78.

하다.[31] 그뿐만 아니라 단재, 백암과 같이 단순한 시대구분에 그치지 않고 자치제의 발달 과정이라는 구체적인 기준을 가지고 이를 토대로 자세한 검토를 진행하였다는 점에서 중요한 의의를 가진다.

한국 근대사학이 성립되는 초기 단계에 한국사에 반영된 이러한 새로운 역사 인식체계의 흔적은 시대구분 명칭을 통해 그 편린을 남기고 있다. 한국 근대사학 성립 이후 현재에 이르기까지 한국사의 각 시기에 붙여진 시대구분 명칭을 구성하는 요소들은 대개 네 가지로 분류된다. 첫 번째는 상고上古(상세), 중고中古(중세), 근고近古(근세)와 같은 시간의 원근을 나타내는 것이고, 두 번째는 귀족국가(귀족사회, 귀족정치시대), 전제국가(전제왕권, 전제시대), 전제군주국가(군주독재정치시대) 등 지배세력과 정치권력의 성격을 기준으로 하는 것이고, 세 번째는 원시사회, 씨족사회, 노예제사회(노예제국가), 봉건제사회(봉건제국가), 자본주의사회 등 유물사관에 근거한 것이고, 네 번째는 고조선, 삼국시대, 고려시대(고려왕조), 조선시대(조선왕조) 등 전통적인 왕조 중심 내지는 정치집단의 명칭을 사용하는 것이다. 근래에 이르기까지 한국사에서 흔히 사용하는 시대구분 명칭들은 대개 이러한 요소들이 서로 섞이고 조합된 경우가 많다.[32]

이 가운데서 근대 한국사학의 성립과 함께 먼저 사용되기 시작한 것이 첫 번째와 두 번째와 같은 시대구분 명칭이고 그 기원은 20세기 초엽까지 올라간다. 첫 번째, 시간의 원근을 기준으로 하는 구분은 서양 근대사학의 영향으로 왕조 중심의 구분에서 벗어나면서 제시된 최초의 시대구분 명칭이다. 이 계통은 일본인 하야시 다이스케가 『조선사』(1892)에서 처음 사용한 이래, 이를 역술하여 수정한 현채玄采의 『동국사략東國史略』(1906)을 비롯하여 개화기 국사 교과서의 대표적인 시대구분 명칭이 되었다. 그리고 이러한 방식

31 이기백, 1978, 「한국사 연구에서의 분류사 문제」, 『한국사학의 방향』, 일조각, p.85; 이태진, 1989, p.153.

32 이기백, 1970, 「한국사의 시대구분 문제」, 한국경제사학회, 『한국사시대구분론』, 을유문화사; 1974, 『민족과 역사』, 일조각, 한국사시대구분 일람표 참조.

표 Ⅰ-1-1 한국사 시대구분표(1)

<table>
<tr><th>시대 / 책</th><th>신석기 시대</th><th>부여·삼한·고조선</th><th>삼국 시대</th><th>통일 신라</th><th>고려</th><th colspan="4">조선</th><th>일제 강점기</th><th>해방 이후</th><th>비고</th></tr>
<tr><td>하야시 다이스케,
『조선사』
(1892)</td><td></td><td>태고
太古</td><td colspan="2">상고
上古</td><td>중고
中古</td><td colspan="4">근세
近世</td><td colspan="2"></td><td></td></tr>
<tr><td>현채,
『동국사략』
(1906)</td><td></td><td>태고</td><td colspan="2">상고</td><td>중고</td><td colspan="4">근세</td><td colspan="2"></td><td>중등용
교과서</td></tr>
<tr><td>정인호鄭寅琥,
『초등대한역사
初等大韓歷史』
(1908)</td><td></td><td>상고</td><td colspan="2">중고</td><td>근고
近古</td><td colspan="4">현세
現世</td><td colspan="2"></td><td></td></tr>
<tr><td>유근柳瑾,
『초등본국역사
初等本國歷史』
(1908)</td><td></td><td>상고</td><td colspan="2">중고</td><td>근고</td><td colspan="4">국조
國朝</td><td colspan="2"></td><td>초등용
교과서</td></tr>
<tr><td>조종만 편찬,
『초등대한력ᄉ』
(1908)</td><td></td><td>상고</td><td colspan="2">듕고</td><td>근고</td><td colspan="4">국조</td><td colspan="2"></td><td></td></tr>
<tr><td>안종화安鍾和,
『초등본국역사
初等本國歷史』
(1909)</td><td></td><td>상고</td><td colspan="2">중고</td><td>근고</td><td colspan="4">국조</td><td colspan="2"></td><td>초등용
교과서</td></tr>
<tr><td>조선사학회,
『조선사강좌』
(1923~1924)</td><td colspan="4">상세
上世</td><td>중세
中世</td><td colspan="4">근세</td><td colspan="2">최근세
最近世</td><td></td></tr>
<tr><td>최남선,
『조선역사』
(1931)</td><td colspan="4">상고</td><td>중고</td><td>근세</td><td>대원군</td><td colspan="2">최근
最近</td><td colspan="2"></td><td></td></tr>
<tr><td>이병도,
『조선사대관』
(1948)</td><td colspan="4">상대
上代</td><td>중세</td><td colspan="4">근세</td><td colspan="2">최근</td><td></td></tr>
<tr><td>진단학회,
『한국사』
(1959~1965)</td><td colspan="4">고대
古代</td><td>중세</td><td>근세</td><td>최근세</td><td>동학란</td><td>현대
現代</td><td colspan="2"></td><td></td></tr>
</table>

표 Ⅰ-1-2 한국사 시대구분표(2)

<table>
<tr><th>시대
책(학자)</th><th>신석기시대</th><th colspan="2">부여·삼한·고조선</th><th>삼국시대</th><th>통일신라</th><th colspan="4">고려</th><th colspan="7">조선</th><th colspan="2">일제강점기</th><th>해방 이후</th></tr>
<tr><td>신채호
(1909, 1910)</td><td colspan="3">추장시대
귀족시대</td><td colspan="6">전제시대</td><td colspan="7">귀족시대</td><td colspan="3">입헌시대</td></tr>
<tr><td rowspan="2">안확,
『조선문명사』
(1923)</td><td>태고</td><td colspan="2">상고</td><td colspan="2">중고</td><td colspan="4">근고</td><td colspan="7">근세</td><td colspan="3"></td></tr>
<tr><td>부락생활시대</td><td colspan="2">소분립정치시대</td><td colspan="2">대분립정치시대</td><td colspan="4">귀족정치시대</td><td colspan="7">군주독재정치시대</td><td colspan="3"></td></tr>
<tr><td rowspan="2">손진태孫晋泰,
『국사대요國史大要』
(1949)</td><td colspan="3">상고</td><td colspan="2">고대</td><td colspan="4">중고</td><td colspan="7">근세</td><td colspan="3"></td></tr>
<tr><td>씨족공동사회</td><td colspan="2">부족국가</td><td colspan="13">귀족국가</td><td colspan="3"></td></tr>
<tr><td>경성대조선사연구회京城大朝鮮史研究會,
『조선사개설朝鮮史槪說』
(1949)</td><td colspan="4">부족국가</td><td colspan="12">봉건적 귀족국가</td><td colspan="3"></td></tr>
<tr><td rowspan="2">국사연구회國史研究會,
『신고국사新稿國史』
(1960)</td><td rowspan="2">원시사회</td><td colspan="4" rowspan="2">고대전제군주국가</td><td colspan="11">봉건사회</td><td colspan="2" rowspan="2">일제식민지시대</td><td rowspan="2"></td></tr>
<tr><td colspan="4">형성</td><td colspan="4">재편성</td><td colspan="3">붕괴</td></tr>
<tr><td>이기백李基白,
『한국사신론韓國史新論』
(1967)</td><td>씨족사회와 부족국가</td><td>부족연맹의 시대</td><td>고대국가의 성장</td><td>고대 전제국가</td><td>호족의 시대</td><td>귀족정치의 융성</td><td>무인정권</td><td>사대부의 등장</td><td colspan="2">양반사회의 성립</td><td>양반사회의 발전</td><td>농촌의 분화와 상업자본의 발달</td><td>양반 신분체제의 변화와 농민의 반란</td><td>국제무대에의 등장과 개화세력의 성장</td><td>농민전쟁과 근대적 개혁</td><td>제국주의 침략과 민족국가의 태동</td><td>일본의 무단정치와 민족주의의 성장</td><td>민족주의의 발전</td><td>민주주의의 성장</td></tr>
</table>

은 조선사학회朝鮮史學會의 『조선사강좌朝鮮史講座』, 최남선崔南善의 『조선역사朝鮮歷史』에 이어 이병도李丙燾의 『조선사대관朝鮮史大觀』, 진단학회震檀學會의 『한국사韓國史』 등으로 이어진다(표 Ⅰ-1-1 참조).

두 번째, 정치 형태, 즉 정치체제의 발전 단계를 기준으로 하는 명칭은 우리나라에서는 신채호, 안확 이래 사용되기 시작하였다. 그리고 1920년대 이후 유물사관의 도입으로 생산력 발전이라는 새로운 기준과 발전 도식이 알려지면서 세 번째 계통의 시대구분과 발전 단계가 설정되기 시작하였다. 그러나 이 계통의 입장은 1960년대 이후의 남한 학계에서는 별다른 진전을 보지 못하였다. 반면 남한 학계는 첫 번째의 고대, 중세, 근세, 근대라는 전통적인 구분법을 그대로 답습하면서, 두 번째의 귀족국가(사회), 전제국가, 전제군주국가 등 정치 형태의 특성을 나타내는 시대구분 명칭을 함께 사용하였다(표 Ⅰ-1-2 참조). 이러한 용어를 사용한 기본 입장은 정치체제의 변화를 통해 한국사의 각 시기의 특성을 구분해 보려는 정치사 중심의 한국사 연구라는 의식이 작용한 것으로 안확류의 입장과 일맥상통한다. 정치체제를 기준으로 하는 이러한 용어와 기준이 해방 이후의 한국사학계에서 보편적으로 사용된 것은 결과적으로 한국 근대사학 성립 초기의 한국사 인식체계의 영향이라고 할 수 있다. 이들의 사학사적 위치는 고대, 중세, 근세, 근대 등의 시대구분 명칭을 사용하는 것과는 분명 구분되는 갈래를 형성하고 있다.

3. 신진화론의 수용 배경

해방 이전 한국사 인식에 영향을 주었던 모건Morgan, 타일러Tylor, 스펜서류의 진화론적 이론체계는 서구 학계에서 이미 19세기 말엽부터 비판의 대상이 되기 시작하였다. 미국의 프란츠 보아스Franz Boas를 시발점으로 하여 독일의 그래브너Graebner 등을 중심으로 하는 전파론, 문화권론의 대두로 진화론에 대한 비판이 널리 확산되었다. 1930년대의 영국과 미국에서도 브로니슬라브 말리노프스키Bronislaw Malinowski와 래드클리프 브라운A. R. Radcliffe-Brown과 같은 기능주의학파의 주도로 반진화론이 우세하였다.[33] 그러나 제2차 세계대전 이후 미국 인류학계를 중심으로 문화진화론에 대한 관심이 재고되면서 19세기의 단선진화론單線進化論(unilinear evolution)의 한계를 인식하고 보편진화universal evolution와 다선진화多線進化(multilinear evolution)라는 문화 변천을 설명하는 새로운 논리 체계와 방법론이 제시되었고,[34] 이러한 입장들을 구분하여 신진화론으로 명명하였다. 전경수의 소개에 의하면, 이 보편진화와 다선진화는 마셜 데이비드 샐린스Marshall David Sahlins(1960)에 의해 각각 일반진화general evolution와 특수진화specific evolution의 개념으로 발전되어 신진화론의 기본 개념을 구성하고 있다. 이어 엘먼 서비스Elman Service(1962)와 모턴 프리드Morton Fried(1967)에 의해 서로 다른 정치 진화 도식이 제시되었으며, 다시 고고학자인 켄트 플래너리Kent Flannery가 서비스와 프리드의 개념을 종합하여 국가라는 정치체제의 형성 과정에 대한 가설적 모형을 확립한 이래(1972) 문제의 초점이 국가 형성이라는 주제에 정착되고, 다선진화와 특수진화의 개념을 바탕으로 하는 신진화론은 재론의 여지가 없는 이론으로 받아들여졌다 한다.[35]

그런데 해방 이전의 사회진화론의 도입과는 다른 차원에서 1970년대 이래 미국 인류학계의 이른바 신진화론과 함께 중남미와 아프리카 등지의 민족지자료가 한국 고대사 연구에 활용되기 시작하였다. 신진화론의 정치 진

33 Leslie A. White, 1959, 『The Evolution of Culture: The Development of Civilization to the Fall of Rome』, New York: McGraw Hill, 서문.

34 Leslie A. White, 1959. White는 Lowie, Nunomura 등이 제의한 신진화론neoevolutionism이란 용어의 사용에 찬성하지 않는다. Julian H. Steward, 1955, 『Theory of Culture Change: The Methodology of Multilinear Evolution』, Urbana: University of Illinois Press. 이 책에서는 V. G. Childe와 Leslie White를 보편진화론자로 분류하고 있다.

35 전경수, 1988, 「신진화론과 국가형성론: 인류학이론의 올바른 적용을 위하여」, 『한국사론』 19, 서울대학교 국사학과, pp.576~580.

화 도식을 한국 고대사 연구에 처음 도입한 사람은 김정배이다.[36] 뒤이어 이종욱, 최몽룡도 이 계통의 이론 적용을 다각적으로 시도하였다. 이러한 연구 경향의 공통점은 국가 형성 문제를 주요 연구 주제로 다루고 있고, 문헌자료 이외에 고고학자료와 중남미를 비롯한 몇몇 지역의 현대 민족지자료를 비중 있게 활용하며, 서비스와 플래너리의 정치 진화 도식을 널리 활용하는 것이다. 이들은 1960~1970년대 미국 인류학계에서 유행하던 신진화론의 일부 이론, 특히 국가 형성과 관계되는 이론들을 한국 고대의 국가 형성 문제를 설명하는 이론의 틀로 활용하였다.

신진화론의 이론 적용 과정에서 나타나는 방법론상의 문제들에 대해서는 인류학 전공자들의 적지 않은 비판이 있었다.[37] 또한 이론의 일방적 적용에 대해 한국사 연구자들의 입장에서 표출된 거부감도 만만치 않았다.[38] 그러나 신진화론을 이용한 일련의 주장들이 기존의 한국 고대사학계의 각 방면에 걸친 한계를 비판하면서 그 대안으로 제시된 것인 만큼 이들에 대한 객관적 이해를 위해서는 먼저 이 같은 경향이 대두된 배경에 대한 설명이 필요하다. 배경은 개인적인 것과 미국 인류학계의 동향, 그리고 국내 학계의 상황 등이 복합되어 있다.

개인적인 면에서 이들이 신진화론을 본격적으로 접한 것은 1960~1980년대의 미국 유학을 통해서였다. 한국학 전공자들이 외국 유학에서 기대하는 것은 일반적으로 비교사학 쪽보다 연구방법론의 도입이다. 그런데 당시 미국 인류학계의 연구 동향은 앞서 살펴본 대로 문화 변천을 설명하는 논리로써 진화론적 관점의 재등장과 심화 발전으로 특징지어진다. 그러므로 이들을 통해 들어오는 이론은 당시 미국 학계의 연구 동향과 방법론이 직접적으

36 김정배, 1973,「한국고대국가 기원론」,『백산학보』 14: 1986,『한국고대의 국가기원과 형성』, 고려대학교출판부.
37 김광억, 1985,「국가 형성에 관한 인류학적 이론과 한국고대사」,『한국문화인류학』 17-1, pp.25~31; 김광억, 1988,「국가 형성에 관한 인류학 이론과 모형」,『한국사시민강좌』 2, 일조각; 전경수, 1988.
38 이기동, 1984,「회고와 전망: 한국사학계, 1979~1983: 고대」,『역사학보』 104, pp.168~171; 주보돈, 1990,「한국 고대국가 형성에 대한 연구사적 검토」, 한국고대사연구회,『한국 고대국가의 형성』, 민음사, pp.235~244.

로 반영되기 마련이다. 이렇게 볼 때 미국 인류학계에서 유행한 신진화론의 국내 도입은 미국에 편향되어 있던 정치, 경제, 학술 등 각 방면에 걸친 우리나라의 대외 관계의 반영으로 볼 수도 있다. 특히 국가형성론이 중요 관심사로 부각되기 시작한 것도 신진화론의 도입 과정에서 나타나는 당연한 결과로 보인다. 그리고 프리드보다 서비스의 발전 도식과 관점이 선호된 것도 계층 간의 갈등을 중시하는 유물론적 역사 해석의 뿌리를 가지는 프리드의 입장에 대한 선입견이 작용한 결과가 아닐까 추정된다.

이에 덧붙여 한국 고대사학계 일부에서 역사학이 아닌 인류학이라는 다른 학문 분야의 이론에 관심을 가지고 그 이론 수용에 앞장서게 된 것은 국내 학계의 상황과도 무관하지 않다.[39] 해방 이후 한국 고대사학계를 주도하던 연구 경향은 문헌 중심의 실증적 연구방법이었다. 물론 민족지자료의 이용 등 인접 학문 분야의 업적을 활용하여 한국 고대의 건국신화나 문헌 기록을 해석해 보려는 노력이 일찍이 미시나 쇼에이三品彰英에 의해 시도된 적이 있다.[40] 1950년대 초에도 각 지역의 민족지자료를 토대로 하는 인류학 이론을 활용하여 신라의 사회조직을 설명한 논고도 있었다.[41] 그러나 문헌 분석 일변도의 전반적인 연구 경향에 비추어 양자의 연구는 연구 시각과 접근 방법 면에서 오히려 이례적인 존재였다.

다른 한편으로는 노예제사회 존부 논쟁이나 고대사회의 종말에 대한 논쟁을 통해 사회경제사 방면으로 연구 관심이 표명되기도 하였으나 한국사회의 정치적인 특수성으로 말미암아 본격적인 천착을 보지 못하고 시론 단계에 그치고 말았다. 그러므로 1960~1970년대 이래 한국 고대사 연구자들이 절실하게 느끼던 연구방법론상의 문제는 문헌자료 분석에만 매달려 있는 전

39 서양사의 경우 아날Annals학파를 중심으로 서양 중세사 연구에까지 인류학 이론이 광범위하게 이용되고 있다고 한다(민석홍閔錫泓 선생 담). 이 경우의 인류학 이론은 구조주의 계통의 인류학 이론으로 추정된다.

40 三品彰英, 1936, 「古代朝鮮の祭政と穀靈信仰に就いて(上)·(中)·(下)」, 『史林』 21-1·2·3; 1973, 『三品彰英論文集』 5.

41 김철준, 1952, 「신라 상대사회의 Dual Organization(상)·(하)」, 『역사학보』 1, 2.

통적인 연구 분위기에서 벗어나 부족한 문헌자료의 한계를 극복할 수 있는 새로운 자료와 이론의 틀을 찾는 것이었다. 이러한 상황에서 진화론과 유물론에 바탕을 두고 환경에 대한 적응 과정을 중시하면서 선사문화 내지는 고대 문명의 성장과 변천 과정에 대해 새로운 이론 모델을 제시하는 신진화론이야말로 한국 고대사 연구자들의 관심을 끌기에 충분하였다.

해방 이후, 특히 1960년대 이후 남북한에서 급격하게 고고학자료가 쏟아져 나오면서 고고학계는 물론 고대사 연구자들이 활용할 수 있는 자료의 폭이 크게 확대되었다. 연속적인 경제개발계획 추진 과정의 부산물이라고도 할 수 있는 고고학자료의 급격한 증대로 이전까지 알지 못하였던 새로운 사실들이 밝혀졌다. 예컨대 일본인들에 의해 부인되었던 청동기시대의 설정이 기정사실화되고, 초기철기시대 자료의 다량 축적으로 철기시대 개시 연대의 수정이 불가피해졌다. 그리고 연이어 발굴된 고총고분과 출토 유물들은 실로 풍부한 물질자료들을 제공하였다. 새로운 자료의 증대는 필연적으로 고고학자와 고대사 연구자들의 한국 고대사에 대한 새로운 이해와 해석의 가능성을 열어 주기 시작하였다. 고고학자들은 유물 유적에 대한 단순한 서술을 지양하고 고고학자료의 해석을 통해 특정 사회의 복원과 문화 변천 과정을 밝히고자 하였다. 새로운 고고학적 사고의 도입은 그동안 축적된 유물 유적을 바탕으로 이를 한국 고대사 연구에 적용해 보려는 의욕을 불러일으키기에 충분하였다. 특히 문헌자료와 그 분석 이외에는 별다른 방법론을 가지기 어려운 데다, 『삼국사기』 초기 기록의 사료로서의 활용도가 극히 제한적이던 상황 속에서 고고학자료와 새로운 이론의 도입은 어느 면에서는 신선한 돌파구로 여겨질 수밖에 없었다.

4. 신진화론의 적용 과정에서 나타난 몇 가지 문제

한국 고대사 연구에 있어서 가장 일반적이고 전통적인 접근 방법은 정치조직의 변화를 통해 각 사회의 성격과 발전 과정을 파악해 나가는 것이었다. 부족국가-부족연맹-고대국가라는 단계 설정을 통해 고대사의 전개 과정을 설명해 온 것도[42] 이러한 전통적 연구 관점의 연장이다. 어떻게 보면 신진화론자들의 국가형성론이 자연스럽게 받아들여지고 국가 형성을 우선적인 연구 주제로 삼아 정치 진화에 관한 이론과 도식이 적극적으로 적용된 데에는 이러한 전통적인 연구 분위기의 영향도 없지 않다. 따라서 신진화론의 이론 적용을 시도한 논고들도 문화 변천이나 문명의 발달 과정이라는 포괄적인 시각, 예를 들면 보편진화론에 입각한 레슬리 화이트Leslie White의 에너지이론(불의 사용-축력의 이용-증기기관의 발명-원자력 에너지의 이용)이나[43] 고든 차일드V. Gordon Childe의 '농업혁명-도시혁명-산업혁명'이라는 문화의 진화 도식 등에 대한 관심은 별로 보이지 않는다.

신진화론의 국가형성론 도입으로 상당 기간 별다른 의문 없이 통용되어 오던 부족국가-부족연맹-고대국가라는 발전 도식에 비판이 가해졌다. 그리고 이를 대신하여 서비스의 '군群(band)-부족(tribe)-chiefdom(군장君長사회, 족장사회, 추장사회 등으로 번역되고 있음)-국가(state)'라는 도식의 적용이 시도되었다. 그리하여 한국 고대사회에 존재하였던 여러 단계의 정치집단들, 예컨대 삼한三韓사회를 구성한 70여 소국小國을 비롯하여[44] 진한 사로국을 구성한 육촌六村,[45] 전남 지방 지석묘 유적들이 서비스의 진화 도식 속에서 설

42 손진태, 1948, 『조선민족사개론』, 을유문화사. 고대국가 대신 귀족국가라는 용어를 사용하고 있으며, 부족연맹 단계의 설정 가능성을 처음으로 시사하였다.; 김철준, 1964, 「한국고대국가 발달사」, 『한국문화사대계』 1, 고려대학교 민족문화연구소; 이기백, 1967, 『한국사신론』, 일조각.

43 Leslie A. White, 1959.

44 김정배, 1973; 1978, 「소도의 정치사적 의미」, 『역사학보』 79; 1979, 「군장사회의 발전과정시론」, 『백제문화』 12; 1979, 「삼한사회의 '국'의 해석 문제」, 『한국사연구』 26; 1986.

45 이종욱, 1982, 『신라국가형성사연구』, 일조각, pp.7~47.

명되었다.[46] 서비스의 진화 도식은 고고학적 시대구분이나[47] 고조선의 정치 발전 단계 설정에 이용되기도 하고,[48] 기원전 2세기 위만조선의 국가 성격 분석과[49] 3~4세기 이후의 가야사회의 성격과 성장 과정을 설명하는 과정에서도 널리 활용되었다.[50] 그 결과 문화적으로는 청동기문화 단계의 집단으로부터 기원후 4세기 이후 고총고분 축조기의 정치집단까지 포괄하고, 지역적으로는 만주부터 한반도 각지에 걸치는 다양한 정치집단들을 적용 대상으로 삼았다. 이처럼 공통의 진화 도식을 활용하면서도 적용 대상과 결론을 서로 달리하는 것은 대부분의 논고들이 한국 고대국가 형성 그 자체보다 서비스의 진화 도식에서 국가 성립 앞 단계에 해당하는 'chiefdom'에 주목하여[51] 이를 한국 고대사에서 어느 시기, 어느 지역의 정치집단에 비정할 것인가에 더 많은 노력을 기울였기 때문이다.

신진화론의 국가형성론의 적용 과정에서 노정된 이론적인 문제들에 대해서는 이미 인류학 전공자들에 의해 전반적인 검토가 이루어졌다.[52] 그리고 이론 자체와 개념 등의 문제는 필자의 능력 밖이므로 이 글에서는 다만 신진화론의 이론 틀을 활용하여 한국 고대사 관계의 문헌자료와 고고학자료를 해석하는 과정에서 나타나는 문제점들을 정리하여 앞으로의 연구 과제로 삼고자 한다. 이를 위해 신진화론의 수용에 적극적인 김정배, 최몽룡, 이종욱

46 최몽룡, 1981,「전남 지방 지석묘 사회와 계급의 발생」,『한국사연구』35.

47 Mong-Lyong, Choi, 1984,『A Study of the Yongsan River Valley Culture: The Rise of Chiefdom Society and State in Ancient Korea』, 동성사. 구석기시대[band]-신석기시대[tribe]-청동기시대[chiefdom]-철기시대[state].

48 윤내현, 1987,「한국 상고사 체계의 복원」,『동양학』17, pp.211~215, 단국대학교 동양학연구소.

49 최몽룡, 1983,「한국고대국가 형성에 대한 일고찰: 위만조선의 예」, 김철준박사화갑기념사학논총간행준비위원회,『김철준박사화갑기념사학논총』, 지식산업사.

50 권학수, 1985,「가야제국의 성장과 환경」,『백산학보』30·31 합집; 김태식, 1990,「가야의 사회발전단계」, 한국고대사연구회,『한국 고대국가의 형성』, 민음사, pp.88~89.

51 chiefdom은 무두無頭사회acephalous society에서 관료제국가bureaucratic state로 진화하는 과정상 중간 수준의 사회, 즉 단계라는 개념을 가지는 용어가 아니라 정치 진화의 과정적 범주에 속하는 정치 형태로 이해되고 있다. Timothy K. Earle, 1987,「Chiefdoms in Archaeological and Ethnohistorical Perspective」,『Annual Review of Anthropology』16, pp.279~280; 전경수, 1988, p.592, pp.596~598.

52 김광억, 1985, pp.24~30; 전경수, 1988, pp.581~589.

의 논고를 중심으로 신진화론의 적용 방법이나 논리의 전개 과정에서 나타나는 각각의 특징들을 살펴보고자 한다.

김정배는 가장 먼저 국가 형성에 관한 다양한 이론들을 광범위하게 국내 학계에 소개하였다. 그리고 이전까지 통용되어 오던 부족국가-부족연맹-고대국가라는 발전 도식의 문제점을 지적하고, "기원후 1세기경의 김해金海 패총이나 웅천熊川패총에서 쏟아져 나오는 헤아릴 수 없는 철기는 우리로 하여금 고대국가 성립의 경제적 배경이 지나칠 만큼 완벽하다는 인상을 주는 것이다. 삼국시대에서 고대국가를, 그것도 내물왕奈勿王이나 고이왕古爾王 같은 연대에서 찾을 하등의 이유가 없다"라고 하여[53] 한국 고대국가의 성립 시기를 올릴 것을 주장하였다. 이 과정에서 고고학자료 활용의 중요성을 환기시켰고, 별다른 의문 없이 사용해 오던 부족국가라는 용어의 부적합성을 지적하여 새로운 용어를 모색하는 계기를 마련하는 데 일조하였다. 또한 로버트 카네이로Robert L. Carneiro의 영역 한계이론과 정복이론을 수용하여 위만조선의 국가 형성 과정을 설명하고,[54] 한국 고대국가 형성 과정에 있어서 삼한, 삼국의 위치를 서비스의 'chiefdom' 개념 속에서 이해함으로써 군장君長사회라는 단계를 설정하였다.

이 과정에서 주로 사용된 방법은 각 지역의 민족지자료를 활용하여 한국사 관계 문헌 기록을 해석하고, 특정 단계나 사회 현상을 설명하는 기본 요소들을 열거하여 각 요소의 유무에 의해 정치집단의 성격이나 진화 과정을 규정짓는 것이다. 이 외에 특정인의 이론 모델을 도입하여 한국사 관련 자료를 대입하여 일정한 결론을 유도하는 방법도 자주 사용되었다. 그런데 이러한 방법론을 구사하는 과정에서 약간의 의문점들이 발견된다.

첫째, 민족지자료 활용에 관한 것이다. 이 가운데서도 인구수에 관한 민족지자료는 이 방면 연구자들이 공통적으로 관심을 가지고 활용해 온 자

53 김정배, 1986, p.66.
54 김정배, 1986, pp.37~39.

료이다. 예를 들면 중남미나 몇몇 지역의 민족지자료를 토대로 제시된 'chiefdom'의 인구 규모가 10,000~12,000명 선이고『삼국지三國志』위서魏書 동이전東夷傳의 기록에 의하면[55] 삼한 각 국國의 인구 역시 10,000명 정도로 추정되므로 인구 규모 면에서 삼한의 각 국은 군장사회에 합당하다고 하였다.[56] 인구수만으로 한 사회의 정치집단의 성격을 논하는 것이 어려운 일이라는 전제를 하면서도 조선상朝鮮相 역계경歷谿卿이 2,000여 호戶를 거느리고 진국辰國으로 갔다는 기록을 가지고 진국을 군장사회 단계로 규정하는 중요 근거로 삼기도 하였다.[57]

3세기경 한반도 중남부 각지에 분포하였던 개별 정치집단의 평균 인구수가 중남미 등지의 민족지자료의 'chiefdom'으로 분류되는 집단과 인구 규모 면에서 유사성을 보인다는 지적은 흥미롭다. 그러나 각 집단의 인구 크기는 동시에 존재한 경우라도 그 집단이 처한 환경과 생산기술의 수준에 따라 다를 수 있다. 더욱이 신진화론자들이 활용한 민족지자료의 근거가 된 현대의 미개사회는 서구 문명의 영향을 받은 후의 모습이라는 지적을 유념할 필요가 있다. 민족지자료에 나오는 현대의 미개사회는 서구 문명과의 접촉 이후 질병, 전쟁, 새로운 무기 사용으로 인구가 감소되는 등 본래의 상태와는 상당히 달라졌다고 한다.[58] 이러한 면에서 민족지자료는 참고용 보조 자료로 활용할 수는 있으나 논리 전개의 중요 근거로 이용하기에는 많은 제약이 있다. 그러므로 이러한 자료를 활용하기에 앞서 적어도 양측 자료, 즉 특정 지역의 현대 민족지자료와 3세기경에 편찬된 한반도에 관한 문헌 기록의 지역적·시간적·환경적 특수성에 대한 면밀한 비교 검토가 필요하다.

둘째, 신진화론의 이론 모델을 적용하면서 자주 사용된 방법은 특정인에

55 "馬韓 … 大國 萬餘家 小國 數千家 … 辰弁韓 … 大國 四五千家 小國 六七百家".
56 김정배, 1986, pp.146, 204, 284.
57 김정배, 1986, p.284.
58 Elman R. Service, 1975,『Origins of the State and Civilization』, New York: W. W. Norton & Company, Inc., p.303.

의해 제시된 'chiefdom'이나 국가의 개념들을 특징짓는 여러 항목을 열거하고 이 가운데서 한국 고대사회에 해당되는 요소를 찾아 결론을 내리는 방법이다.[59] 이 같은 방법은 각 설이 토대로 하는 논리의 근거와 추론 과정을 생략하고 개념을 단순화시켜 결론만을 임의적으로 활용함으로써 인류학 전공자들이 이미 지적한 대로[60] 방법론 자체로서 상당한 한계를 지닌다. 이러한 문제는 이론의 모델이나 설명 체계를 도입할 경우 그 설의 타당성 여부와는 별개로 그러한 설의 기본 논리에 얼마만큼 충실한가 하는 것이다.

예컨대 삼한 소국小國의 성격을 설명하는 과정에서 차일드가 제시한 도시화의 여러 조건이 주목되기도 하였다. 차일드설의 적용 시도는 사회경제적인 측면에서 삼한사회의 성격을 조명해 보려는 것으로 다각적인 연구 시각을 제시하고 있다는 점에서 중요한 의미를 가진다. 차일드설의 기본 입장은 카를 마르크스Karl Marx의 유물론적 해석과 모건의 사회진화론을 복합한 것으로,[61] 차일드가 말하는 도시화란 국가 형성 등과 마찬가지로 식량의 잉여 생산, 교역 활동, 기술 발전 등 경제적인 변화에 의하여 일어나는 진화 현상의 하나이다.[62] 그러므로 차일드의 도시에 관한 설을 활용할 경우, 삼한 각국國의 국읍國邑이 차일드가 말하는 도시의 조건을 어느 정도 충족시키느냐 하는 것에 앞서 삼한사회에서도 이러한 현상이 나타날 수 있는 근본적인 사회경제적 변화가 있었던가를 검토하는 과정이 필요하다. 다시 말해 차일드의 도시의 기준들을 참고하여 삼한 국읍의 성격을 설명하고자 한다면 적어도 삼한의 농업기술이나 농업생산력의 상대적 변화나 원거리 교역의 실상에

59 김정배, 1986. 서비스의 chiefdom의 특징이나(p.181), 랜프류가 제시한 20여 개의 chiefdom에 대한 항목(p.204), 6~10 항목에 걸치는 차일드와 오브라이언O'Brian의 도시의 기준(pp.149~151)을 열거하고 이를 논리 전개의 출발점으로 삼고 있다.

60 국가의 특징들을 열거하고 그것에 해당되는 요소를 연결시킴으로써 국가를 규정짓는 작업은 오늘날 점차 채택되고 있지 않으며, 이는 각 단계의 성립 및 다음 단계로의 이행 원인과 과정을 추적하는 데 초점을 맞추는 신진화론자들의 방법론과도 부합되지 않는다는 지적이 이미 있다. 김광억, 1985, pp.19, 24.

61 C. C. Lamberg-Karlovsky and Jeremy A. Sabloff, 1979, p.31.

62 Jonathan Haas, 1982, 『The Evolution of the Prehistoric State』, New York: Columbia University Press, pp.40, 42.

대한 검토 과정이 있어야 한다.

그리고 'chiefdom'의 신정적神政的 성격을 삼한사회의 소도蘇塗와 천군天君의 해석에 활용하는 경우에도 이와 비슷한 문제점이 있다. 'Chiefdom'의 신정적 성격에 대해서도 이를 사회의 내적 안정을 위한 이념적 기반의 하나로 이해한다면,[63] 우선 삼한사회의 내적 갈등이나 사회적 불안정을 해결하기 위해 지배자는 어떠한 이념적 기반을 가지고 있었는가 하는 방향으로 문제의식이 모아질 수 있다. 삼한의 천군이 정치·경제적으로 상당한 영향력을 행사하였음을 논증하는 것도 중요하겠지만 역으로 국읍 주수主帥가 행사하는 권력 기반의 신성성을 입증하는 것도 하나의 접근 방법이라 생각된다. 예컨대 동악東岳(토함산)에 오른 석탈해昔脫解가 종자의 버릇을 고치기 위해 각배角杯가 입에 붙어 떨어지지 않게 하였다는 등의 설화는 그가 신이神異한 능력을 가진 사람이라는 것을 암시한다(『삼국유사三國遺事』 권1, 기이紀異1, 제4탈해왕조). 그리고 벌휴이사금伐休尼師今이 풍운風雲을 점치고 가뭄이나 홍수, 농사의 풍흉을 미리 아는 능력이 있었다는 기록도 모두 지배자를 초자연적인 능력을 가진 인물로 묘사한 것으로 사로국 초기의 권력 기반의 한 단면을 보여 준다. 남해차차웅南解次次雄도 제사장 출신의 국읍 주수로서 무巫의 특별한 능력을 가진 세속적인 지배자로 해석될 수 있다. 만약 삼한사회의 정치권력의 특성 내지는 한계를 부각시키고자 한다면 소도나 천군의 존재보다 먼저 이러한 자료를 주목하는 것이 더 효과적이다.

이와 같이 어느 단계의 특성을 설명해 주는 항목들을 비교 검토하는 방법은 방법론 자체로도 상당한 한계가 있다. 그리고 특정인이 제시한 사항들을 적용하는 과정에서도 사실의 구체적인 입증 과정이 생략되거나 소략하게 처리된 경우가 많다. 예컨대 콜린 렌프류Colin Renfrew가 'chiefdom'의 특징적 현상이라고 제시한 계급사회, 생산 활동의 증식, 증가된 인구 밀도 등 무

63 Timothy K. Earle, 1987, pp.298~299.

려 20여 개에 달하는 항목을 열거하면서도 실제 적용 과정에서 각 항목에 대한 문헌이나 고고학 자료들을 이용한 구체적인 비교 검토를 하지 않았다.[64] "위에 열기한 20여 개의 항목들은 최소한 위서魏書 동이전의 우리 측 자료를 보면 이해하기 어렵지 않은 조건들이라고 볼 만하다. 특히 군장사회의 통치자들을 서술한 사회에서는 더구나 근사한 점을 많이 지니고 있다"라고만 하였을 뿐,[65] 실제 어떠한 기록이 어떠한 항목을 충족시키는지 구체적 언급이 없다. 또한 군장사회의 면모를 일부 보여 주는 고고학자료로 부조예군묘夫租薉君墓의 은인銀印과 유물들을 예로 들어 여기에서 출토되는 유물로 미루어 군장사회의 내적 성질의 파악이 용이해졌다고 하였다.[66] 이 자료가 당시 정치집단 지배자의 사회경제적인 면모를 보여 주는 것은 사실이다. 그러나 만약 삼한 지역의 토광묘에서 나온 유물들이 어떠한 측면에서 렌프류의 'chiefdom'의 조건들과 부합하는지 여전히 의문이며 이에 대한 설명이 있었더라면 이론 적용의 효과도 그만큼 높았을 것이다.

실증적 검토 과정이 생략된 예는 다른 곳에서도 찾을 수 있다. 삼한을 군장사회로 보는 다른 하나의 근거로 삼한에는 도시가 형성되지 않았다는 것과 문자와 시장조직이 없었다는 점을 들고 있다. 차일드는 도시의 출현은 문명 단계의 시작이며, 국가의 형성과도 직접적인 관계에 있는 사항이라고 본다.[67] 그런데 차일드가 제시한 어버니즘urbanism의 기준들, 예컨대 직업의 전문화, 사회의 계층화가 어느 정도 진행되었는지 또는 원거리 교역의 실시 유무 등에 대한 구체적인 검토 없이 문자와 시장조직이 없다는 점을 들어[68] 삼

64 김정배, 1986, p.204.

65 김정배, 1986, p.204.

66 김정배, 1986, pp.206~208.

67 도시의 출현이 없어도 국가가 형성되고 문명 단계에 들어간 다른 예들에 의해 이미 차일드설의 문제점이 지적된 지 오래이다.

68 차일드가 도시의 기준으로 제시한 노동의 분업화, 사회의 계층화, 원거리 교역 등은 군장사회에서도 나타날 수 있는 현상이며, 이보다는 문자와 시장조직의 결여가 국가와 군장사회를 구분짓는 더 중요한 척도가 된다는 차일드설에 대한 비판적 견해(Richard, I. Ford)에 근거하고 있다(김정배, 1986, p.152).

한에는 도시가 있었을 가능성이 매우 희박하며, 따라서 삼한은 국가 단계가 될 수 없다는 결론을 내렸다.[69] 다시 말하면 도시에 관한 각 항목의 검토는 물론 문자와[70] 시장조직에 대해서도 실증 과정을 거치지 않고 삼한사회의 도시 유무에 대한 결론을 내린 셈이다.

셋째, 신진화론자들이 제시하는 이론의 틀을 검정한다는 의식보다 특정인의 설에 한국사 자료를 대입하는 데 주력하였기 때문에 이 과정에서 서로 맞지 않는 요소가 발견될 경우 그 결과에 대한 논리적인 처리에 어려움을 겪고 있는 경우이다. 삼한사회가 군장사회 단계라는 것을 재확인하는 과정에서[71] 삼한의 천군과 소도 관계 기록이 군장사회의 한 특징인 신정정치체제를 뒷받침하는 자료로 해석되고 있다.[72] 그러나 『삼국지』 위서 동이전 한조韓條에 나오는 천군과 소도, 농경의례 관계 기록을 종합하여 천군이 전문적인 제사장이라는 사실은 입증되나 이를 근거로 삼한이 제정일치사회라는 결론을 내릴 수는 없다.[73] 실제 삼한에는 국읍 주수라는 세속적인 정치권력을 행사하는 존재가 있었으며, 주수가 천군과 밀접한 관계에 있었을 가능성은 크나 주수와 천군이 동일인이 아니라 직능상의 분화가 이루어져 있었다. 이러한 사실을 부인하지는 못함으로써 결과적으로 서비스의 주장의 타당성 여부와는 별개로 그의 설을 적용하는 과정에서 논리의 혼란을 겪고 있다.[74]

69 김정배, 1986, pp.149~152.

70 경남 의창 다호리고분에서 나온 붓의 존재는 토착 지역의 정치적 지배자들이 중국 군현과의 교섭 과정에서 한자에 대한 이해가 어느 정도 가능하였음을 시사하고 있으므로 삼한의 각 소국들이 문자를 전혀 사용하지 않았다고 단정할 수 없다(이건무 외, 1989, 「의창 다호리유적 발굴진전보고 I」, 『고고학지』 1, p.25).

71 "군장사회는 사회통합적 측면에서 불평등사회이고, 경제적 측면에서 재분배사회이며, 정치적 측면에서 중앙 통제의 사회이다. … 군장사회는 거의 합의하에서 신정神政단계의 사회라고 불리기도 한다(김정배, 1986, pp.153~159)"라고 군장사회의 특징을 요약하고 있다.

72 김정배, 1978; 1986, pp.153~159.

73 김정배는 1973년도 논문(「한국고대국가 기원론」)에서는 chiefdom 사회가 사제司祭와 군장君長이 동일 인물로서 겸직임에 비해 삼한사회가 제정祭政이 완전 분리되었다는 것은 매우 중요한 뜻을 갖는 것이라고 하였다. 그런데 그 뒤 1978년에 나온 소도 관계 논문(주 72 참조)은 이와는 논지가 다소 달라 보인다.

74 이 다음에 나온 논문에서 "신정사회의 의미와 적용의 대상은 매우 넓고 그 뜻도 매우 포괄적이며 … 신정의 개념이 공통적으로는 국가 발전의 초기 단계에 관련시켜 적용되고 있으나 학자에 따라서는 군장사회에까지 확대시키고 있다(김정배, 1982; 1986, p.182)"라고 하여 문제점을 의식하고 있다.

김정배에 이어 다른 연구자들도 신진화론의 적용을 시도하였는데 그 방법과 시각 면에서 상당한 차이가 발견된다. 이종욱은 신라 국가의 형성 과정을 밝히는 과정에서 신진화론의 관점에서 논의되기 시작한 여러 이론 중 서비스의 4단계 발전 단계설을 이용하면서 "아무리 자료가 많이 있다 하더라도 분석의 시각이라 할까 관점이라 할까 이론적 틀이 없다면 그 자료를 체계적으로 정리하기가 어렵다"라고 하여 신진화론의 도입 이유를 분명히 하였다. 그리하여 신라 국가 형성 초기 단계인 육촌六村시기를 기원전 7~기원전 2세기로 설정하고 고고학적으로 지석묘를 축조하던 시기인 사로斯盧 육촌의 정치 사회 체계를 서비스의 'chiefdom(추장사회로 번역함)'으로 보겠다는 대전제를 하고서 연구를 진행하였다.[75]

다시 말하면 육촌의 정치·사회적 성격을 이해하는 방편으로 각종 자료에 대한 분석을 진행하고 그 결과 'chiefdom'으로 규정한 것이 아니라, 육촌을 'chiefdom'으로 보겠다는 전제 아래 각 자료들을 해석하고 육촌의 성격을 복원 서술해 나가는 방법을 취하였다. 즉 신진화론자들(플래너리, 샐린스, 서비스)이 이용한 각 지역의 민족지자료(주로 중남미 지역의 자료들이다)와 일부 고고학을 원용하여 각 촌村의 전체 면적, 가경可耕 면적, 인구 규모, 촌락 구조, 취락 형태, 정치적 성격, 사회조직 등에 대한 구체적인 추정을 시도하였다. 각 촌은 여러 마을로 구성되었는데 각 마을은 수 km 정도의 직경을 가진 공간으로 주민의 규모는 500호 정도이며 각 마을은 다시 50~60호 정도의 취락들로 이루어졌다고 하였다(이종욱, 1982, pp.32~33). 또한 각 촌은 혈연공동체인 씨족conical clan으로 각 마을과 취락군들 사이에는 서열이 형성되어 있었던 것으로 추정하였다(이종욱, 1982, p.42).

이러한 추론의 주된 자료는 월성군을 포함한 경북 경주 일대에서 조사된 지석묘군 분포자료이다.[76] 먼저 다수의 지석묘군이 하나의 촌을 형성하였

75 이종욱, 1982, pp.7, 17.

76 경주박물관에서 조사한 경주시와 월성군 지역에 분포한 지석묘군은 경주시 남천南川 이남에서 내남면 사이에

으리라는 가정 아래 지석묘를 촌장村長과 가계장家系長 등 상위 서열에 속하는 사람들의 무덤으로 보고, 지석묘군이 위치한 지역을 바로 촌村 내의 마을이 형성되었던 곳으로 추정하였다. 이어 신진화론자들이 조사하거나 활용한 민족지자료와 고고학자료를 토대로 이러한 각 지석묘군들이 혈연적으로, 그리고 정치·사회적으로 서열에 의해 서로 연결되어 있었다는 정치·사회적 관계에 대한 추론을 전개하였다(이종욱, 1982, p.33).

이러한 시도는 방법론에서 새로운 것이었다. 그러나 방법론의 적용 과정에서 의문이 없지 않다. 이론의 모델이나 설명 체계를 도입할 경우 당면하는 가장 어려운 문제의 하나는 대입하려는 자료가 원래의 조건과 어느 정도 근사치를 가지는가 하는 것이다. 김정배에 이어 이종욱도 'chiefdom'의 한 모델로 미국 미시시피 문화유적에 대한 고고학적 분석 결과를 추론의 중요 근거로 활용하였다. 미국 앨라배마Alabama주 마운드빌Moundville유적 연구는 신진화론자들이 민족지자료를 토대로 제시된 'chiefdom' 내지는 서열사회의 개념을 고고학자료의 해석에 응용, 검증한 것으로 고대사회의 정치·사회 조직 복원에 활용될 수 있는 고고학자료의 분석 모델을 제시하였다. 이를 위해 마운드빌 지역을 중심으로 발굴 조사된 3,000여 기 이상의 매장 유적과 함께 주거지 유적, 생활용품 등 각종 자료들을 종합적으로 분석하였다. 봉분mound의 크기, 매장 유적의 위치, 부장품의 질과 양, 피장자의 성별과 연령, 취락의 규모, 가경지可耕地의 규모 등에 대한 구체적인 분석을 실시하였다. 그리고 이를 토대로 이 지역에 제사 의식과 정치·사회적 기능 면에서 두 단계의 서열이 성립되어 있었음을 입증하고자 하였다.[77]

그런데 사로 육촌의 해석에 이용된 경주 지역의 고고학자료는 무덤 자료, 그중에서도 지석묘 자료에 국한되어 있다. 그리고 기원전 7세기에서 기원전

7~8개 군, 낭산 지역에서 외동면 지역에 9개 군, 건천읍, 서면 지역에 7개 군 정도가 된다고 한다(이종욱, 1982, p.31).

77 Christoper S. Peebles & Susan M. Kus, 1977, 「Some Archaeological Correlates of Ranked Societies」, 『American Antiquity』 42-3, pp.434~444.

2세기까지의 긴 기간 동안 일정 지역에 축조된 무덤군들이라면 시간적으로 선후 관계에 있는 것도 포함되어 있을 것이므로 이들 가운데서 일정한 시간 폭 안에 병존하였던 것들을 선별할 필요가 있다. 특히 지석묘의 축조 자체를 권위, 권력의 상징으로 보고 지석묘 축조 사회를 평등사회가 아니라는 전제는 충분히 설정될 수 있을 것이나[78] 각 지석묘군 사이의 상호 관계에 대한 추론의 근거는 상당히 미약하다. 만약 각 지석묘군 사이에 상하 서열 관계를 설정하려면[79] 적어도 인력 동원 규모를 짐작할 수 있는 지석묘 개석의 크기나 무게와 함께 부장품들의 질과 양에 어떤 차이나 구분이 있는지, 중심되는 마을과 그렇지 않은 마을의 취락 규모나 장신구, 생활용품 등에 대한 비교 검토가 있어야만 한다.[80]

그러나 경주 일대의 지석묘 자료들은 발굴 조사된 것이 아니라 대부분 지표조사에 의한 것이어서 현실적으로 이러한 검토 작업이 어려우며, 유물 내용에 대한 분석도 불가능하다. 더욱이 지석묘군과 관련하여 경주 일대에 형성되어 있었던 취락유적의 위치와 규모를 알려 주는 무문토기 산포지 등에 대한 구체적인 자료조차 극히 미비한 상태이다. 그러므로 이러한 상황에서 취락과 매장 유적의 조합 관계를 토대로 하는 촌락 구성과 사회조직과 서열 관계의 복원은 추정의 범주를 벗어나기 어렵다. 육촌의 복원은 원모델의 타당성 여부와는 관계없이 모델의 차용에 활용된 기본 자료 면에서 적지 않은 한계를 가지고 있다.

이러한 현실적인 제약에도 불구하고 만약 유물의 질과 양을 기준으로 집단 간, 개인 간의 서열 관계를 추론하려고 한다면 지석묘군끼리의 비교보다

78 지석묘 사회를 평등사회로 보는 견해도 있다. 이남석, 1985, 「청동기시대 한반도 사회발전단계문제: 무덤변천을 통해 본 남한지역사회발전」, 『백제문화』 16, p.95.

79 가계집단의 서열에 의하여 마을 사이의 서열도 정해졌다고 한다. 이종욱, 1982, p.41.

80 지석묘 규모의 대소大小 차이를 지배와 피지배 집단의 관계로 보는 견해도 있다. 임세권, 1976, 「한반도 고인돌의 종합적 검토」, 『백산학보』 20; 지건길, 1983, 「지석묘사회의 복원에 관한 일고찰: 축조기술과 장제를 중심으로」, 『이화사학연구』 13·14 합집.

금속제 유물 자료를 이용하는 것이 더 효과적이고 합리적일 것으로 생각된다. 물론 지석묘 자체 분석을 통해서도 부장 유물, 지석묘의 크기 등에서 그룹별로 일정한 구별이 이루어질 수 있으나, 청동기를 권위와 부富의 상징으로 볼 수 있고 이를 통해 경제적인 계층화가 암시되므로 부장품이 빈약한 지석묘군의 상호 비교보다는 청동유물이 부장된 토광목관묘가 오히려 상위 서열의 집단으로 간주되고 상대적 비교 대상이 되어야 할 것이다. 이는 한국 고대사회 해석을 위해 선택된 자료들이 신진화론의 이론 모델이나 설명 체계의 필요조건에 얼마만큼 부합하는가 하는 문제이다.

한국 고대사회의 정치 진화 과정을 고고학자료와 연결시켜 이해해 보려는 본격적인 시도는 최몽룡에 의해 이루어졌다. 그는 민족지자료를 토대로 한 서비스의 주장을 중남미 지역의 고고학자료 해석에 응용해 온 샌더스, 마리노 등의 입장을 따라 서비스와 프리드의 개념을 종합하고 이를 체계이론 system theory에 결합시켜 국가 형성 과정을 설명하고자 하는 고고학자 플래너리의 설을 기본 모델로 활용하였다. 최몽룡은 전남 지방에서 발굴 조사된 지석묘와 주거지 유적 자료를 토대로 이 지역 지석묘사회의 복원을 시도하고 이를 'chiefdom(족장사회로 번역함)'에 비정하였다. 전남 지방 지석묘사회의 성격에 대한 그의 견해는 1990년 전국고고학대회에서 재확인되었는데, 그의 논지에 대한 문제점들이 약정 토론자들에 의해 이미 검토된 바 있다.[81] 이는 유적의 분포 자료가 아니라 구체적인 발굴 자료를 토대로 하여 정치·사회적 성격에 대한 해석을 시도하였다는 점에서 학설사적으로 중요한 의미를 가진다.

그러므로 이 글에서는 지석묘사회의 해석에 대한 문제는 제외하고 위만조선의 국가 형성에 대한 논문을[82] 중심으로 국가형성이론의 적용을 통해 나타

81 최몽룡, 「호남지방의 지석묘사회」; 이종욱, 「한국의 지석묘사회에 대한 이해를 위하여: 최몽룡 교수의 호남지방의 지석묘사회에 대한 토론」; 전경수, 「대략 짐작의 고고학적 경향을 박함: 최몽룡교수의 호남지방의 지석묘사회를 읽고」, 1990, 『한국지석묘의 제문제: 호남지방을 중심으로』, 제14회 한국고고학전국대회 발표문.

82 최몽룡, 1983.

나는 몇 가지 특징을 정리하고자 한다. 최몽룡의 논문에서는 전적으로 켄트 플래너리의 국가 형성 모델을 기본 틀로 활용하여 "'국가의 정의'에 부합될 수 있는 '직업적인 계급'을 가진 '중앙관료 정부'와[83] '무력의 합법적 사용'의 필요충분조건을 갖춘 위만조선은 초기에 주위의 유이민집단을 정복하여 정복국가로 시작하고 있지만 시간이 흐를수록 완벽한 국가 체제를 갖추고 있었다(최몽룡, 1983, p.76)"라는 결론을 내렸다. 그리고 위만조선의 국가 형성은 단일 요소가 아닌 복합적인 여러 요소, 즉 장거리 무역, 인구 증가, 무력 정복, 군사력 등이 체계이론에서처럼 서로 관련을 맺어 나타난 결과로 해석하였다(최몽룡, 1983, p.76). 이는 국가 형성에 관한 새로운 시각과 이론체계의 도입을 시도하였다는 점에서, 그리고 문헌자료의 해석에 고고학에서 개발된 방법론을 적용하고 있다는 점에서 관련 연구자들의 주목 대상이 되었다.

최몽룡의 글에서 활용된 플래너리 논문의 중요 논지의 하나는 국가 형성 과정에서 수반되는 분화segregation와[84] 집중화centralization[85]가 일어나는 과정, 그러한 과정이 일어나게 되는 메커니즘, 진화의 메커니즘을 선택하게끔 하는 사회환경적 압박socio-environmental stress과 이들의 상호 작용을 밝히는 것이었다.[86] 즉 과정과 메커니즘은 보편적인 것이나 압력은 지역과 사회에 따라 특수하게 서로 다르다는 입장이다. 그러므로 국가 형성의 중요 요인들(관개, 전쟁, 인구 증가, 사회적 한계 상황, 교역과 공생)이 지구상 모든 곳에서 동일하게 작용하지 않는다는 논지이다.[87]

---

83 "Centralized government with professional ruling class"에 대한 번역으로 생각된다. Kent V. Flannery, 1972, 「The Cultural Evolution of Civilizations」, 『Annual Review of Ecology and Systematics』 3(1), p.402.

84 예를 들면 동일한 수준의 집단들 중에서 일부가 상위上位집단으로 격상되거나 일반 거주 지역으로부터 지배집단 거주 지역의 분리, 신정적 지도자에서 군사적 지배자로의 상승적 분화 등이다.

85 하위下位집단이 행사하던 권한을 상위집단이 획일적으로 장악해 나가는 현상으로, 예컨대 사법권의 행사, 관개시설 관리권, 세금 징수 등의 권한이 상위집단에게 위임되는 현상 등이다.

86 Kent V. Flannery, 1972, p.409.

87 그리고 전쟁, 인구압, 대규모 교역의 요구 또는 여러 사회환경적 제약(압박)들이 적응 환경을 제공하고, 이러한 환경 속에서 다양한 진화의 메커니즘이 작용하게 되는 것으로 보며, 분화와 집중화도 진화의 메커니즘의 하나로 간주하고 있다(Kent V. Flannery, 1972, pp.412~413).

이러한 플래너리의 이론 틀을 적용하여 위만조선의 국가 형성을 밝히고자 하는 것이 최몽룡의 본래 의도라고 생각된다. 이러한 시도는 문헌 분석만으로는 불가능한 위만조선이라는 정치집단의 성립 과정에서 나타나는 특징을 규명하고자 하는 문제의식의 발로이기도 하다. 그런데 일견 치밀하고 논리적으로 보이는 이 틀을 적용하기에 앞서 몇 가지 전제해야 할 점이 있다. 위만조선에 대해서는 『사기史記』 조선열전朝鮮列傳, 『한서漢書』 조선전朝鮮傳, 『삼국지三國志』 소인所引 『위략魏略』 등의 문헌 기록이 남아 있으며, 위만조선 연구에서는 문헌자료에 대한 의존도가 고고학자료에 우선되어 왔다. 그러므로 먼저 자료 면에서 위만조선이 민족지자료와 고고학자료를 토대로 개발된 플래너리의 이론 틀의 적용 대상으로서 과연 적합한가 하는 의문이 있다. 그리고 『삼국지』 위서 동이전의 기록에 의하면 위만조선의 출현은 고조선 준왕準王을 무력으로 몰아내고 성립한 것이므로 국가라는 새로운 정치체제의 진화 과정으로 보기보다는 상부 권력집단의 교체라는 성격이 강하다. 따라서 준왕에서 위만으로의 교체 과정에서 통치구조나 권력 면에서 상당한 변화가 있었을 것이나 이것을 국가 이전의 단계에서 국가로의 정치 진화의 과정으로 단정지을 수 있는가 하는 문제가 있다. 일반적으로 준왕에 앞서 조선후가 왕호를 칭하면서 연나라를 치려고 하였다는 기원전 4세기 말경이 되면 고조선은 이미 상당한 수준의 영역과 통치조직을 갖춘 국가 단계의 정치집단이었던 것으로 간주되고 있다.[88] 이 점에 있어서도 위만조선이 국가 형성에 관한 진화론적 이론 모델의 적용 대상으로 과연 적합한가 하는 의문이 제기된다.

문헌자료와 고고학자료를 근거로 위만조선의 국가 형성 요인으로 제시되고 있는 여러 사항(장거리 무역, 계급체계, 인구 증가, 군사력, 행정 중심, 직업의 전문화) 중에는 국가 형성 요인으로 간주되기보다 이미 국가 단계에 이른 후에

88 천관우, 1975, 「삼한의 성립 과정」, 『사학연구』 26; 1989, 『고조선사·삼한사연구』, 일조각; 이기백, 1976, pp.26~27; 이기백·이기동, 1982, 『한국사강좌 1: 고대편』, 일조각, p.58.

나타나는 결과론적 현상들로 해석될 수 있는 것이 많다. 바꾸어 말하면, 위만조선의 경우 이들 대부분은 위만조선이 이미 국가 단계에 이르렀다는 증거기 되거나 또는 정치 권력과 통치 영역이 상대적으로 확대 강화되는 배경으로 볼 수는 있으나 위만조선이라는 국가 자체의 형성 요인으로 해석하는 데는 의문이 있다. 예를 들면 『사기』 조선열전의 기록에는 위만조선이 한漢의 외신外臣으로 책봉되어 한으로부터 발달한 철제 무기를 제공받고 이를 발판으로 막강한 군사력을 가지게 되어 진번, 임둔 등 주변 세력들을 무력으로 정복한 것으로 나온다. 그런데 한의 외신이라는 외교관계를 맺어 군사력을 강화하는 것은 준왕의 고조선을 정복하고 난 뒤, 즉 위만조선의 성립 이후에 이루어진다. 그러므로 한으로부터 받은 철제 무기가 위만조선의 영역 확대나 권력 강화를 가능하게 한 한 요소가 된 것은 분명하나 이것이 정치 진화의 결과로서 위만조선이라는 국가 체제의 형성 요인으로 작용한 것으로 보기는 어렵다.

만약 준왕의 고조선을 국가 성립 이전 단계의 사회로 보고, 준왕의 고조선으로부터 위만조선으로의 변화를 국가사회로의 진화 과정으로 본다면[89] 장거리 무역, 계급체계, 군사력 등의 요소들은 위만조선의 국가 형성 요인으로 일단 주목할 수도 있다. 이 같은 전제에서 출발하였다면 적어도 양 사회의 질적·양적 차이에 대한 설명과 더불어 각 요소들이 준왕의 고조선으로부터 위만조선의 성립 과정에서 어떠한 작용을 하였는가에 대한 설명이 있어야 한다. 그런데 위만조선의 국가 형성 도표에는 다원적 요인의 설정과 함께 원인적 요소와 결과적 현상 간의 순환적 작용 관계가 도표 형식으로 표시되어

89 최몽룡은 이 점에 대한 분명한 언급은 없지만 위만조선의 국가 형성 과정을 도표로 작성하여 이러한 각 요소들의 상호 작용 관계를 도식으로 나타냈으며(최몽룡, 1983, p.75, 표 8), "위만조선은 이미 국가의 단계에 와 있었지만 위만이 초기부터 정복해 간 주위의 예, 변진[필자 주: 진번, 임둔의 오기로 생각됨]의 장들은 아직도 … 군장사회의 단계에 머물러 있었던 것으로 여겨진다(최몽룡, 1983, p.69)"라는 언급으로 미루어 일단 이러한 전제가 있는 것으로 보아야 한다.

있으나 개별적인 설명은 대부분 생략되어 있다.[90] 각 요인들 간의 작용 관계를 밝히려는 이러한 시도가 앞으로 실증적인 자료를 통해 입증된다면 이는 위만조선이라는 정치집단의 기본 성격 규명에 중요한 업적이 될 것이다. 반면 구체적인 자료의 뒷받침을 받지 못한다면 오히려 이 도표는 플래너리 논문에 게재된 비트포겔Wittfogel, 카네이로Carneiro, 애덤스Adams의 국가 기원에 관한 모델을[91] 차용하여 각 요소들을 임의적으로 대입, 재배치한 것에 불과하다는 평을 면할 수 없을 것이다.

예를 들면 위만조선 국가 형성 도표에는 연燕이나 다른 지역으로부터의 유이민에 의한 인구 증가가 토지 부족을 가져오고 궁극적으로 관개시설을 축조하는 요인이 된 것으로, 그리고 다른 한편으로 인구 증가는 군사력과 함께 정복 전쟁, 조공로 차단의 한 요인이 된 것으로 표시되어 있다. 그러나 현재까지 우리는 위만조선의 관개시설에 대한 아무런 자료도 없으며, 인구 증가가 위만이 한과의 약속을 어기고 주변 종족들의 조공로를 차단하고 진번, 임둔 등 주변 세력을 침략한 것과 어떠한 상관 관계가 있는지 알지 못한다. 『사기』 조선열전의 기록에 의하면 위만조선이 한과의 약속을 어기고 조공로를 차단한 시기는 위만의 손자 우거右渠왕 대, 즉 위만조선 말기이다. 그리고 위만조선이 한과의 공식 관계를 파기한 것은 인구 증가보다 중간 무역의 이익을 독점하고자 하는 경제적인 이해 관계가 우선적으로 작용한 것으로 설명되어 왔다. 문화 변천의 요인 내지는 국가 형성 요인으로서의 인구 증가는 인구의 절대 수치 증대를 의미하기보다 한정된 자원과 영역 안에서의 상대적 인구 밀도의 증가로 인한 경쟁과 알력, 즉 인구압population pressure을 뜻한다. 그러므로 유이민, 영역 확대 등으로 인해 위만조선의 전체 인구가 늘어났다고 해서 위만조선 사회 내에 인구압이 발생하였다는 단정은 내리기

90 최몽룡은 그 후에 나온 논문에서 중심지 이론을 적용하여 위만조선은 지리적 이점을 이용하여 무역 중심지로서 막대한 흑자를 보고 이를 토대로 국가를 성립시킨 것으로 설명하고 있다. 최몽룡, 1985, 「고대국가 성장과 무역」, 역사학회, 『한국고대의 국가와 사회』, 일조각.

91 Kent V. Flannery, 1972, p.408.

어려우며, 나아가 이것을 위만조선의 국가 형성의 한 요인으로 설정한 것은[92] 이론 모델의 적용을 의식한 결과로 보인다.

한편 지금까지 살펴본 논고들과는 달리 신진화론의 계층사회 개념을 통해 4~5세기 가야사회의 성격을 설명해 보려는 시도가 있어 주목된다.[93] 권학수가 쓴 이 논고는 가야를 군群(band)이나 부족의 단계를 넘어선 하나의 계층사회로 설정하고 고령, 대구, 창녕, 부산 지역의 고총고분 유적을 기본 자료로 하여 지역 간의 계층화와 집단 내부의 계급 분화 측면, 세습적 신분 체계의 정도, 계층사회로서의 심화 정도를 파악하고자 노력하였다. 그 구체적인 방법으로 고분의 숫자, 규모, 묘곽의 형식과 규모, 부장품의 질과 양에 대한 개별적인 분석을 실시하였으며 소아묘, 가족묘를 통해 세습적 신분 체계의 정도를 추정하였다. 그리하여 이들 지역에서는 적어도 5세기 중엽경에는 뚜렷한 계층이 확립되었고 집단 내의 신분 격차가 심화되었다는 결론을 내렸다.[94]

특수진화의 개념을 살려 신라, 백제와는 다른, 가야사 자체의 발전 과정을 설정하거나 계층화의 정도를 통해 사회의 질적 변화 과정을 추정하려는 입장, 환경에 대한 관심 표명 등 상대적으로 심화된 시각을 보여 주었다. 비록 계층화의 시발점 내지는 계층화가 심화되는 메커니즘 규명을 중요한 과제로 남겨 두었으나,[95] 이는 갈등론 계통의 국가형성론의 적용을 시도하였다는 점에서 연구 시각의 전환을 시사한다. 그러나 규모가 큰 고분들을 주 검토 대상으로 삼고 있어 지배층 내에서의 상대적 격차를 밝히는 데는 유용하였으나 피지배계층의 매장 자료나 취락 유적 자료의 부족 때문에 사회 전체적인

92 김정배도 "위만은 제한된 영역과 증가되는 인구의 압력에 대한 돌파구로 준왕을 공격하였으며, 이를 위만조선의 흥기를 정복국가의 성격으로 간주하는 한 근거가 되는 것"으로 설명하였다(김정배, 1986, p.39).

93 권학수, 1985.

94 권학수, 1985, pp.50~69.

95 동등한 세력 집단 간의 정치적 영역의 확립으로 상호 간에 사회적 한계social circumscription의 기능을 발휘하게 됨으로써 사회 내 계급의 분화나 통치체제의 발전을 가속화시키게 된다고 하여 카네이로의 한계이론을 활용하고 있으나 검토의 여지가 있다(권학수, 1985, p.71).

계층 분화의 양상이나 구도를 보여 줄 수 없었던 것이 아쉽다.

이상에서 신진화론의 국가형성론을 한국사 연구에 적용하는 과정에서 나타나는 특징적인 면들을 살펴보았다. 각각의 논고들은 하나의 가설로서 한국 고대국가를 조명하는 다양한 연구 시각들을 보여 주는 동시에 앞으로 검토되어야 할 여러 가지 문제를 남겨 주었다.

5. 신진화론 수용에 대한 평가와 전망

이 장에서는 사회진화론과 신진화론 등 진화론에 토대한 이론들이 한국사 인식체계와 연구방법론에 미친 영향을 종합적으로 정리해 보았다. 진화론은 전통적인 사학 이론과는 궤를 달리하는 것이지만 근현대 한국사학사에서 이것이 미친 영향은 일시적인 현상으로 간단히 넘겨 버릴 수 있는 성질의 것이 아니다. 특히 1970년대 이후 한국 고대사와 고고학계를 중심으로 전개된 신진화론의 수용은 더욱 그러하다. 이에 신진화론 수용에 대한 연구사적 평가와 함께 앞으로의 과제를 정리하고자 한다.

신진화론의 국가형성론을 한국사 연구에 수용하면서 우리 학계는 특정 이론의 성급한 적용과 논리의 비약이라는 부작용을 경험하였다. 실증적인 검토 작업의 부족, 민족지자료의 무비판적 활용, 이론 모델의 일방적 대입이라는 방법론상의 문제 외에 특정 이론이 가지는 이론 자체의 한계마저 감수하고 있다. 그리고 질적으로나 양적으로 다른 수준의 사회가 출현하게 되는 과정이나 계기에 대한 검토 작업의 부족은 결국 신진화론자들의 기본 논지와도 거리가 있는 것이다. 이러한 결과들은 모두 다른 지역에서 개발된 다른 분야의 이론 체계를 한국사 연구에 활용하는 것이 얼마나 모험을 감수해야 하는 것인지를 단적으로 보여 준다.

그러나 이러한 시도가 긍정적으로 평가될 여지가 없는 것은 물론 아니며,

부작용의 원인이 개인적인 차원에만 국한되는 것도 아니다. 이러한 문제가 생겨난 일단의 원인은 가설적인 상태의 이론을 성급하게 적용한 개인의 탓으로 돌릴 수도 있지만 보다 근본적인 것은 우리 학계의 학문적 토대의 취약성에 근거한다. 우리 학계는 20세기 초엽에 일시 유행한 사회진화론을 제외하고는 진화론이라는 체계 자체에 대한 관심과 이해를 가질 기회가 거의 없었다. 또한 남한 학계에서는 유물론적 접근이나 자료 분석조차 제대로 진행되지 못하였다. 그뿐만 아니라 당시에는 구조주의나 기능주의 인류학에 대한 지식이나 관점을 가지고 한국사나 한국문화의 해석에 적용해 본 경험도 거의 없었다. 이러한 상태에서 유물론에 뿌리를 두고 구조주의, 기능주의 등 비진화론의 비판 과정을 거치면서, 그리고 풍부한 민족지자료를 토대로 재등장하게 된 신진화론을 단시일 내에 소화하고 무리 없이 적용하기에는 우리의 학문적 토대나 준비가 많이 취약하였음을 인정하지 않을 수 없다. 고고학자료 역시 체계적이고 계획적인 전면 발굴보다 긴급 구제 발굴에 의해 산발적으로 축적된 것이 더 많아 자료 활용에 적지 않은 한계를 안고 있다. 여기에다 문헌 비판을 통한 기존 연구 성과에 대한 일방적인 외면 내지는 선입견이 신진화론 활용자들의 연구 기반을 더욱 좁게 만든 하나의 요인으로 작용하였다.

그러나 신진화론 도입의 긍정적 역할을 간과해서는 안 될 것이다. 비록 가설 제시의 수준에서 크게 진전된 상태는 아닐지라도 한국 고대사회의 성장과 발전 과정을 국가 형성이란 주제를 통하여 체계화해 보려는 시도는 다양한 시각에서 한국사를 조명하고 그 자체를 객관화시켜 볼 수 있는 중요한 계기가 되었다. 시행착오를 겪는 과정에서 국가의 개념과 유형, 형성 과정이 얼마나 다양하게 조명될 수 있는지를 보여 줌으로써 기존의 고대사학계에서 사용하던 국가에 대한 용어와 개념을 재고하게 하는 계기를 마련해 주었다. 그리고 쏟아져 나오는 고고학자료를 통해 특정 사회와 정치집단의 성격을 복원할 수 있는 구체적인 시각을 제공함으로써 사회의 구조적·기능적 측면으로 연구 시야를 확대해야 할 필요성을 환기시켜 준 것도 신진화론 도입의 긍정적 영향이라 하겠다.

앞으로 한국 고대사회의 발전 원리를 규명해 나가는 과정에서 신진화론의 국가형성론을 통해 우리 학계가 기대하는 것은 연구 시각의 다양화와 방법론의 원용일 것이다. 이를 위해 우리에게 주어진 과제는 지금까지의 문제점들을 도약을 위한 초석으로 삼아 연구 시각을 확대, 심화시켜 한국 고대사회의 특성을 부각시켜 나가는 것이다. 인류학 전공자들이 이미 지적한 것처럼[96] 평등사회로부터 서열사회로, 다시 'chiefdom'으로부터 이른바 국가형성 단계라고 간주되는 다음 단계로의 진화 과정과 진화의 메커니즘에 초점을 두어야 할 것이다. 그리고 중앙집권화의 정도, 사회의 전문화와 경제적 계층화의 진행 상태, 권력 기반의 성격 등 구체적인 기준에 입각해서 한국 고대사회의 정치적 진화 과정을 전후의 맥락 속에서 비교 분석하는 작업도 필요하다. 예컨대 정치 진화라는 관점에 입각하여 『삼국지』 위서 동이전의 사로국斯盧國이나 백제국伯濟國의 존재가 이전 초기철기문화 단계의 정치집단들과 질적·양적으로 어떻게 다른지, 나아가서 사로국이나 백제국이 신라나 백제로 성장하면서 권력의 기반이나 성격, 신분의 구성, 생산력 등에서 어떠한 변화가 있었는가 하는 의문을 구체적으로 검토해 나가야 한다. 문제는 어떠한 이론 틀을 적용할 것인가보다 어떻게 적용할 것이냐에 달려 있으며, 어떠한 성과를 거둘 수 있는가 하는 것 역시 우리 학계의 전반적인 역량과 깊은 관계가 있을 것이다.

96 김광억, 1985, pp.30~31; 전경수, 1988, pp.592~593.

참고문헌

권학수, 1985, 「가야제국의 성장과 환경」, 『백산학보』 30·31 합집

김광억, 1985, 「국가 형성에 관한 인류학적 이론과 한국고대사」, 『한국문화인류학』 17-1

______, 1988, 「국가 형성에 관한 인류학 이론과 모형」, 『한국사시민강좌』 2, 일조각

김정배, 1973, 「한국고대국가 기원론」, 『백산학보』 14

______, 1978, 「소도의 정치사적 의미」, 『역사학보』 79

______, 1979, 「군장사회의 발전과정시론」, 『백제문화』 12

______, 1979, 「삼한사회의 '국'의 해석 문제」, 『한국사연구』 26

______, 1986, 『한국고대의 국가기원과 형성』, 고려대학교출판부

김철준, 1952, 「신라 상대사회의 Dual Organization (상)·(하)」, 『역사학보』 1, 2

______, 1964, 「한국고대국가 발달사」, 『한국문화사대계』 1, 고려대학교 민족문화연구소

김태식, 1990, 「가야의 사회발전단계」, 한국고대사연구회, 『한국 고대국가의 형성』, 민음사

박은식 저, 단국대학교 부설 동양학연구소 편, 1975, 『박은식전서』 중

박찬승, 1990, 「일제하 '실력양성운동론' 연구」, 서울대학교 박사학위논문

손진태, 1948, 『조선민족사개론』, 을유문화사

신용하, 1982, 『박은식의 사회사상연구』, 서울대학교출판부

신일철, 1980, 「신채호의 근대적 국사상 발상과정」, 단재 신채호선생 기념사업회, 『단재신채호와 민족사관: 단재 신채호 선생 탄신100주년기념논집』, 형설출판사

신채호 저, 단재신채호전집편찬위원회 편, 1979, 『단재신채호전집』 별집, 형설출판사

______, 1979, 「조선사 정리에 대한 사의」, 『단재신채호전집』 중, 형설출판사

윤내현, 1987, 「한국 상고사 체계의 복원」, 『동양학』 17

이광린, 1979, 「구한말 진화론의 수용과 그 영향」, 『한국개화사상연구』, 일조각

이기동, 1984, 「회고와 전망: 한국사학계, 1979~1983: 고대」, 『역사학보』 104

이기백, 1967, 『한국사신론』, 일조각

______, 1970, 「한국사의 시대구분 문제」, 한국경제사학회, 『한국사시대구분론』, 을유문화사

______, 1978, 「한국사 연구에서의 분류사 문제」, 『한국사학의 방향』, 일조각

이남석, 1985, 「청동기시대 한반도 사회발전단계문제: 무덤변천을 통해 본 남한지역사회발전」, 『백제문화』 16

이송희, 1984, 「한말 애국계몽사상과 사회진화론」, 『부산여대사학』 2

이종욱, 1982, 『신라국가형성사연구』, 일조각

______, 1990, 「한국의 지석묘사회에 대한 이해를 위하여: 최몽룡 교수의 호남지방의 지석묘사회에 대한 토론」, 『한국지석묘의 제문제: 호남지방을 중심으로』, 제14회 한국고고학전국대회 발표문

이태진, 1984, 「안확(1881~1946?)의 생애와 국학세계」, 고병익선생회갑기념사학논총간행위원회 편,

『역사와 인간의 대응: 한국사 편』, 한울출판사
———, 1989, 「안확」, 『한국사시민강좌』 5, 일조각
임세권, 1976, 「한반도 고인돌의 종합적 검토」, 『백산학보』 20
전경수, 1988, 「신진화론과 국가형성론: 인류학이론의 올바른 적용을 위하여」, 『한국사론』 19
———, 1990, 「대략 짐작의 고고학적 경향을 박함: 최몽룡교수의 호남지방의 지석묘사회를 읽고」, 『한국 지석묘의 제문제: 호남지방을 중심으로』, 제14회 한국고고학전국대회 발표문
주보돈, 1990, 「한국 고대국가 형성에 대한 연구사적 검토」, 한국고대사연구회, 『한국 고대국가의 형성』, 민음사
지건길, 1983, 「지석묘사회의 복원에 관한 일고찰: 축조기술과 장제를 중심으로」, 『이화사학연구』 13·14 합집
천관우, 1975, 「삼한의 성립 과정」, 『사학연구』 26
———, 1989, 『고조선사·삼한사연구』, 일조각
최몽룡, 1981, 「전남지방 지석묘 사회와 계급의 발생」, 『한국사연구』 35
———, 1983, 「한국고대국가 형성에 대한 일고찰: 위만조선의 예」, 김철준박사화갑기념사학논총간행준비위원회, 『김철준박사화갑기념사학논총』, 지식산업사
———, 1985, 「고대국가 성장과 무역」, 역사학회, 『한국고대의 국가와 사회』, 일조각
———, 1990, 「호남지방의 지석묘사회」, 『한국지석묘의 제문제: 호남지방을 중심으로』, 제14회 한국고고학전국대회 발표문
Mong-Lyong, Choi, 1984, 『A Study of the Yongsan River Valley Culture: The Rise of Chiefdom Society and State in Ancient Korea』, 동성사
한영우, 1980, 「한말에 있어서의 신채호의 역사인식」, 단재 신채호선생 기념사업회, 『단재신체호와 민족사관: 단재 신채호 선생 탄신100주년기념논집』, 형설출판사

……

前川貞次郎, 1942, 『フランス史學』, 東京: 弘文堂書房

……

Earle, Timothy K., 1987, 「Chiefdoms in Archaeological and Ethnohistorical Perspective」, 『Annual Review of Anthropology』 16
Flannery, Kent V., 1972, 「The Cultural Evolution of Civilizations」, 『Annual Review of Ecology and Systematics』 3(1)
Lamberg-Karlovsky, C. C. and Sabloff, Jeremy A., 1979, 『Ancient Civilizations: The Near East and Mesoamerica』, Menlo Park: The Benjamin/Cumming Publishing Company
Service, Elman R., 1975, 『Origins of the State and Civilization』, New York: W. W. Norton & Company, Inc.

White, Leslie A., 1959, 『The Evolution of Culture: The Development of Civilization to the Fall of Rome』, New York: McGraw-Hill Book Company

/ 2장 /

신진화론의 적용을 둘러싼 중요 쟁점

1. 문제 제기

한국의 선사문화와 고대사회를 어떤 기준을 가지고 체계화할 것인지에 대해서는 오랜 기간 적지 않은 논쟁들이 이어져 왔다. 널리 알려진 대로 북한 학계에서는 마르크스주의 역사관에 기초하여 1960년대 초에 이미 노예제사회 존부存否 논쟁을 거쳐 한국사에서 최초의 고대국가를 고조선으로 잡고 그 성격을 노예소유자사회로 규정하였다. 반면 해방 이후 한국 고대사학계는 특정한 이론이나 방법론에 근거하기보다는 문헌 중심의 실증적인 연구가 주도적인 흐름을 형성하면서 독자적인 체계 확립을 위해 노력해 왔다.

그러나 1970년대에 이르러 문헌자료의 한계를 극복할 수 있는 새로운 자료와 이론의 틀을 모색하는 과정에서 일부 연구자들에 의해 미국 문화인류학계에서 유행한 신진화론적 발전 도식이 도입되었다. 신진화론의 수용은 한국 고대국가 형성 논의를 중심으로 고대사학계에 상당한 반향을 불러일으켰으나 적용 과정에서 빚어진 부작용으로 말미암아 이후 인류학 전공자들과 고대사 연구자들로부터 적지 않은 비판을 받았다. 그런데 그 이후 이 같은 비판에 대해 역비판을 가하면서 신진화론의 효용성에 대해 새로운 이해를 촉구하는 논고가 최정필에 의해 발표되었다.[1] 그는 신진화론이 논란의 대상이 된 것은 이를 비판하는 학자들이 일부 편파적인 견해만을 취하였거나 진화론을 올바르게 이해하지 못하였기 때문이라고 주장하면서, 미국 고고학계의 연구 성과 소개를 통해 신진화론의 진화 도식이 한국상고사에도 적용될 수 있음을 강조하였다.

이러한 논의는 전공 영역상 인류학자에 대한 고고학자의 비판이라 할 수 있다. 내용 면에서도 신진화론과 고고학 분야에 관한 것이 많은 부분을 차지하고 있어 이에 대한 앞으로의 논쟁 여부는 해당 분야 전공자들의 몫이라고 생각한다. 그러나 신진화론을 한국 고대사에 적용하는 차원에 들어가면 문헌사학자들과의 교섭은 불가피하므로 이 같은 반론反論은 문헌사학자들에게도 무관심한 일이 될 수 없다. 특히 신진화론의 적용을 둘러싸고 관계 전공자들 사이에서 이처럼 현저하게 다른 견해를 보임에 따라 필자 역시 문헌연구자의 한 사람으로서 몇 가지 의문을 가지게 되었다. 그리하여 이 장에서는 최정필에 의해 거론된 논의(이하 '재검토'로 약칭함)를 중심으로 신진화론을 둘러싸고 제기된 비판과 문제점을 살펴보고자 한다. 그 범위는 주로 신진화론의 해석과 적용을 둘러싼 이견들을 비교 검토하는 선에 국한시키고자 하며, 이를 신진화론의 '적용'에 임하는 우리의 기준과 자세를 제고하는 기회로 삼고자 한다.

1 최정필, 1994, 「신진화론과 한국상고사 해설의 비판에 대한 재검토」, 『한국상고사학보』 16.

2. 신진화론의 한국사 적용에 대한 비판과 역비판

최정필은 '재검토'에서 문화진화론의 역사적 배경으로부터 신진화론의 정립과 발전 과정, 그리고 그 과정에서 제시된 진화 도식들을 자세하게 검토 소개하였다. 또한 논란이 많은 'chiefdom'에 대해서도 1991년까지 나온 미국 학계의 잠정적인 합의 내용과 연구 동향을 소개하면서 한국사 연구에 있어서 'chiefdom'의 적용 문제를 함께 다루었다. 이 같은 논고는 문헌사학자들에게 신진화론에 대한 이해를 높여 주고 여러 가설을 비교할 수 있는 기회를 제공하였다는 점에서는 긍적적인 평가를 받을 수도 있다. 그러나 신진화론을 한국사에 적용하는 문제에 있어서는 여전히 불투명하고 애매모호한 부분이 많다. 특히 신진화론 적용 사례에 대한 평가 부분에 이르러서는 이론과 실제가 괴리되는 현상마저 보인다. 그러므로 현시점에서는 신진화론의 효용성과 그 '적용'을 강조하거나 비판하기에 앞서 지금까지 신진화론의 이해와 적용 과정에서 제기되어 온 문제점들을 정리함으로써 '적용'의 기준과 타당성을 검토하는 것이 순서라고 생각된다.

이런 의미에서 신진화론의 적용을 둘러싸고 제기되어 온 이전의 견해들과 '재검토'에서 제시된 견해들을 서로 비교하는 방법이 효과적일 것 같다. 첫 번째, 신진화론 수용과 함께 한국 고대의 국가형성론에 널리 활용된 적이 있는 엘먼 서비스Elman Service의 도식(band-tribe-chiefdom-state)에 대한 것이다. 인류학 전공자인 김광억은 신진화론을 한국사에 적용한 연구자들이 "중남미 등 몇몇 지역의 민족지자료와 고고학자료를 바탕으로 작성된 서비스의 진화 도식을 국가 형성의 보편적인 진화 도식으로 받아들인 것"을 중요한 문제점의 하나로 지적하였다.[2] 뒤이어 같은 인류학 전공자인 전경수는 서비스가 설정하였던 도식은 "현대의 민족지적 분류에 유효한 것이지 선

2 김광억, 1985, 「국가 형성에 관한 인류학적 이론과 한국고대사」, 『한국문화인류학』 17-1, p.25; 1988, 「국가 형성에 관한 인류학 이론과 모형」, 『한국사시민강좌』 2, 일조각, p.122.

사문화에는 적용하기 어려운 것임을 서비스 스스로가 인정하고 1971년과 1975년에 걸쳐 자신의 설을 수정하였으므로[3] 이 도식은 포기된 것"이라는 평가를 내렸다.[4] 그리고 이 같은 견지에서 그는 서비스의 진화 도식에 고조선의 발달 과정을 대입한 윤내현과 한반도 선사시대의 고고학자료를 대입한 최몽룡의 오류를 지적하였다.[5] 그런데 '재검토'에서는 이를 문화인류학자들의 편파적인 견해만을 수용한 것으로 일축하고 국내 학계에서 쟁점으로 부각되고 있는 서비스의 도식을 폐기시키는 데는 비교문화론적 연구보다는 여러 지역의 고고학적 검증이 필요하며 한국상고사의 전개 과정은 서비스가 제시한 진화 도식과 매우 비슷한 양상을 보인다고 주장하였다.[6]

여기에서 유의할 점은 비판의 기준 시점이다. 한국 학계에서 서비스의 도식을 널리 활용한 것은 서비스가 자설을 수정한 1971~1975년 이전이 아니라 그 이후이므로[7] 서비스의 도식을 적용한 기존 연구에 대한 평가는 각 연구가 이루어진 시점을 기준으로 삼아야 한다. 그러므로 1994년 시점에서 미국 학계에서 진행된 새로운 연구 내용을 가지고 1980년대에 나온 비판을 역비판하는 것은 별 의미가 없다. 오히려 이 같은 비판 시점의 혼돈은 서비스의 도식이 가지는 결함을 간과한 채 이를 한국사에 적용한 기존 연구의 문제점을 희석할 우려마저 있다. 그리고 "서비스에 대한 프리드의 비판에 문제가 있고, 미국 고고학자들에 의해 사회 형태의 진화가 입증되어 가고 있다"는 주장만으로는 서비스의 도식이 한국 선사문화 연구에 유용하다는 논지를 뒷받침하기에는 부족하다. 이러한 문제는 앞으로 한반도의 고고학자료를

3 egalitarian society-hierarchical society-archaic civilization(classic empire).

4 전경수, 1988, 「신진화론과 국가형성론: 인류학이론의 올바른 적용을 위하여」, 『한국사론』 19, p.579.

5 전경수, 1988, p.584.

6 최정필, 1994, pp.17, 23, 37.

7 대표적인 적용 사례는 다음과 같다. 김정배, 1973, 「한국고대국가 기원론」, 『백산학보』 14; 1978, 「소도의 정치사적 의미」, 『역사학보』 79; Choi, Mong-Lyong, 1984, 『A Study of the Yongsan River Valley Culture: The Rise of Chiefdom Society and State in Ancient Korea』, 동성사; 윤내현, 1987, 「한국 상고사 체계의 복원」, 『동양학』 17.

통해 관련 전공자들의 검증을 받아야 할 사항이며, 한국 선사시대의 사회 형태 발달 과정에 대해서는 문화진화론뿐 아니라 그 밖의 다양한 관점에서 연구할 필요가 있다.

두 번째, 'chiefdom'에 관한 것으로 '재검토'는 진화론적 사회 단계에서 'chiefdom'이 유용하다는 주장과 함께 'chiefdom'과 국가사회의 식별 문제, 그리고 미국에서의 'chiefdom' 연구 현황을 다루었다. 'chiefdom'이란 용어는 여러 학자에 의해 다양한 의미로 사용되어 왔으며 자료의 증가에 따라 그 개념도 상당히 변해 온 것으로 알려져 있다. 한국사 적용 과정에서도 가장 논란이 많았던 것이 'chiefdom'이다. 특히 'chiefdom'을 진화론적 측면에서 정형화된 사회 단계로 설정할 수 있느냐는 문제에 대해 전경수는 1987년 시점에서 나온 티머시 얼Timothy K. Earle의 견해를 토대로 "chiefdom을 하나의 정형화된 사회 단계로 보는 시각은 수정을 요하고 그것은 국가로 이행하는 과정에서 나타나는 여러 가지의 유동적인 사회 변화의 모습으로 이해되어야 한다"고 하였다.[8] 그리고 김정배, 이종욱의 연구가 "chiefdom을 사회 단계의 정형화된 하나의 형태라는 개념으로 파악하고 있는 점", "하나의 고정된 형태의 사회 단계로 간주하고 있음"을 지적하면서 "이미 잘못 받아들여진 신진화론이란 개념의 씨앗이 '단계'라는 떡잎을 자연스럽게 내밀도록 하였다"고 하여 'chiefdom'을 정형화된 사회 단계로 보는 것을 비판하였다.[9]

반면 '재검토'에서는 서비스의 도식에서 'chiefdom'을 통시적인 진화 단계로 볼 수 없다는 비판은 동일한 인류학 분야에서도 사물을 보는 관점과 이를 분석하는 방법론이 다르기 때문에 빚어진 오류이며, 고고학의 연구 경향을 바르게 인식하지 못한 데서 비롯된 것이라고 하였다. 그리고 1987년과 1991년에 나온 드레넌Drennan, 얼 등의 견해를 토대로 'chiefdom'은 진화

8 전경수, 1988, p.592.
9 전경수, 1988, p.588.

론적 사회 단계로서 민족 역사에 따라서 분명히 선사학의 통시적인 문화 단계로 설정될 수 있다고 하였다. 이러한 견해 차이는 연구자 개인의 해석과 관점 차이에서 비롯된 면도 분명 있을 것이나 다른 한편으로는 가설 제안자 측이 당초의 가설을 수정 보완해 나가는 작업을 그만두지 않는 한 언제라도 나타날 수 있는 현상이다. 이러한 관점에서 본다면 'chiefdom'에 관한 '재검토' 견해 역시 1991년 시점에서의 chiefdom에 관한 학계의 잠정적인 합의 이상은 아닐 것이다. 이 같은 '최근의 연구'라는 단서가 가지는 시한부적인 효능이야말로 문헌사학자들이 인접 분야의 학설을 접할 때 항상 염두에 두어야 할 점이 아닌가 생각된다.

이 밖에 'chiefdom'과 관련하여 '재검토'에서는 "① chiefdom은 무두無頭사회에서 관료제 국가로 진화하는 과정에 위치하는 중간 수준의 사회, ② 즉 단계라는 개념을 가지는 용어가 아니라 정치 진화의 과정적 범주에 속하는 정치 형태로 이해되고 있다"라는 필자의 논문 주석을[10] 들어 필자가 얼과 전경수의 논문을 올바르게 이해하지 못한 것이라고 하였다. 그러나 이는 '인용'과 '해석'을 구분하지 못하고 자의적으로 이해한 최정필의 오류이다. 필자의 주석은 논문에서 밝힌 대로 ① 부분은 얼의 설명과[11] 전경수의 번역을 참고한 것이다. 그리고 ② 부분의 '과정적 범주'라는 표현 역시 "군장사회, 추장사회, 족장사회는 각각이 개별적으로 'chiefdom'이라는 사회를 대표하는 개념이 아니라 'chiefdom'이라는 진폭이 넓은 과정적 범주에 속하는 하나의 모습들로 이해해야 한다"는 전경수의 주장[12]을 축약해서 인용한 것이다. 전경수는 "정치단위의 개념을 세련화시킨 무두

10 이현혜, 1991, 「한국사 연구상에 나타난 진화론적 시각」, 노태돈 외, 『현대 한국사학과 사관』, 일조각, 주 51, pp.592~598 .

11 "Chiefdom are intermediate-level societies, providing an evolutionary bridge between acephalous societies and bureaucratic states". Timothy K. Earle, 1987, 「Chiefdoms in Archaeological and Ethnohistorical Perspective」, 『Annual Review of Anthropology』 16, p.279.

12 전경수, 1988, p.598.

사회-chiefdom-관료국가의 과정적 도식이 얼에 의해 제시되었다"라고 하였으나[13] 'chiefdom'을 진화론적 사회 단계로 규정하지 않았다. 오히려 'chiefdom'을 '하나의 정형화된 사회 단계'로 보는 시각은 수정을 요한다고 하였으므로 '단계'라는 개념을 두고 논쟁이 필요하다면 그 상대는 전경수이지 필자가 될 수 없다. 더욱이 최정필이 전경수와 필자의 글을 제대로 읽었더라면 얼의 논문을 국내 학계에 소개한 것은 필자가 아니라 전경수임을 바로 알았을 것이고 필자가 얼의 논문을 국내 학계에 '소개'하였다는 따위의 부정확한 표현도 하지 않았을 것이다.

세 번째, 신진화론을 한국사에 적용한 구체적인 연구 사례에 대한 평가이다. 가설의 올바른 적용은 연구자들의 공통 지향점이므로 적용 자체에 대한 평가는 가설의 해석 못지않게 중요하다. 한국 고대사회 연구에 'chiefdom'의 개념을 적용하는 과정에서 여러 가지 견해가 나온 것은 널리 알려진 사실이다. 이 같은 문제에 대해 전경수는 한반도의 지석묘사회, 신라의 육촌사회, 삼한사회는 'chiefdom'이라는 진폭이 넓은 과정적 범주 속에 속하는 하나의 모습들로 이해되어야 한다는 견해를 밝힌 바 있다. '재검토'에서도 'chiefdom'은 종래의 개념과는 달리 진폭이 넓고 통시적으로 오랫동안 지속되어 온 경우가 많다는 사실이 규명되었기 때문에 국내에서 논쟁이 되고 있는 고인돌사회, 육촌사회, 삼한사회 모두가 족장사회라고 하여 'chiefdom'의 적용 대상 폭을 확대함으로써 적용 대상에 대한 논쟁의 소지는 줄어들 전망이다. 그러나 적용 과정에서 나타나는 문제점에 대해서는 크게 평가가 엇갈리고 있다.

예를 들면 전남 지방의 지석묘 조사 자료를 근거로 "지석묘사회를 chiefdom society의 발생과 연결시킬 수 있다"는 최몽룡의 주장에[14] 대해 "이러한 논

13 전경수, 1988, p.595.
14 최몽룡, 1990, 「호남지방의 지석묘사회」, 『한국 지석묘의 제문제: 호남지방을 중심으로』, 제14회 한국고고학전국대회 발표문.

리 전개 방식은 과정을 무시한 비과학적인 태동의 일면만을 보여 준다"는 비판이 가해졌다.[15] 그리고 "요행히도 점쟁이가 과거를 맞추어 내듯이 그러한 주장을 옳다고 간주한다고 하더라도 그 과정을 밝히려는 시도가 없으면 그 결과라는 것은 체계적인 과정을 밟은 결론이 아니라 우연한 일치의 결과일 뿐"이라고 하여[16] 가설 적용 과정 자체를 중요시하는 입장에서는 최몽룡의 적용 사례에 대해 부정적인 평가를 내렸다.

이와는 대조적으로 '재검토'에서는 고인돌사회를 'chiefdom'에 비정하는 것에 의문을 표시한 이기동의 견해를 역으로 비판하면서, "고인돌사회를 족장사회로 규정하는 가설에는 별문제가 없으며, 석조물을 운반하여 구축하는 데는 직업의 전문화와 막대한 노동력을 동원해야 하는 행정적 통제가 요구되며, 청동제품과 옥玉으로 제작된 부장품들은 상류계급의 전유물로 교역을 통해 전달되었을 것"이라고 하여 최몽룡의 견해를 그대로 수용하였다. 말하자면 최몽룡이 이 같은 견해를 도출하는 과정에서 이루어진 고고학자료의 분석과 해석 과정을 그다지 문제 삼지 않음으로써 이론과 실제가 괴리되는 현상을 보여 주었다.

이와 유사한 예는 다른 곳에서도 찾을 수 있다. 켄트 플래너리Kent Flannery의 이론을 위만조선의 국가 형성 문제에 적용한 최몽룡의 연구에[17] 대해 "위만조선의 국가 형성 과정에서 추출, 열거하고 있는 일련의 사실들은 그 타당성에 문제가 있다"는 이기동의 비판이 있었다.[18] 그리고 위만조선 이전부터 국가사회 단계에 들어와 있었던 것으로 간주되는 고조선에 새삼 국가 형성 과정을 설명하는 가설을 대입하는 것부터가 모순이며, 최몽룡에 의해 위만

15 전경수, 1990, 「대략 짐작의 고고학적 경향을 박함: 최몽룡교수의 호남지방의 지석묘사회를 읽고」, 『한국 지석묘의 제문제: 호남지방을 중심으로』, 제14회 한국고고학전국대회 발표문, p.91.

16 전경수, 1990, p.92.

17 최몽룡, 1985, 「고대국가 성장과 무역」, 역사학회, 『한국고대의 국가와 사회』, 일조각.

18 이기동, 1989, 「한국 고대국가형성사 연구의 현황과 과제: 신진화론의 원용 문제를 중심으로」, 『산운사학』 3, p.60.

조선의 국가 형성 요인으로 설정된 변수 그 자체와 변수들의 상호 작용 관계에 대해서도 구체적으로 입증된 것이 거의 없다는 지적도 있었다.[19] 이와 달리 '재검토'에서는 최몽룡의 논고에 대해 고대사회를 변화시키는 문화적 핵심 요소가 무엇이며 이들이 어떻게 다른 변인들과 서로 작용하는가를 '정확히' 제시하고 있다는 평가를 하였다. 그러나 가설 적용에 급급한 나머지 역사적 사실에 대한 구체적인 실증 과정을 결여한 연구 사례를 두고 '정확히'라는 평가를 내리는 것은 위만조선의 역사적 실체를 오도하는 것이다. 가설 적용 과정에서 파생된 오류를 직시하고 공정하게 비판하는 것은 가설의 올바른 적용뿐 아니라 정확한 사실 규명을 위해서도 필요 불가결한 일이다. 이러한 점에서 '재검토'는 신진화론의 한국사 적용 과정에서 나타난 핵심 문제들을 규명하는 데 실패하였다.

네 번째, 적용 주체를 어디에 두느냐 하는 문제이다. 여기에는 두 가지 입장이 있을 수 있다. 하나는 국내 학계에서 개발된 용어나 발전 단계를 기본 틀로 삼고 여기에 신진화론에서 제시하는 정치, 사회 형태에 대한 개념을 적용하거나 대비시켜 보는 것이다. 다른 하나는 신진화론자들이 검증하고자 하는 전체적인 가설의 틀 속에 한반도의 자료를 대입하여 한반도의 선사문화와 고대사회의 변천 과정을 신진화론의 도식으로 체계화하는 것이다. 예를 들면 국내 학계에서 사용하고 있는 '성읍국가'라는 용어에 대해 전경수는 "성읍국가의 개념을 chiefdom의 개념과 대결시킬 필요는 없는 것이며, 논리적으로는 성읍의 형태를 띤 chiefdom이란 사회의 존재를 얼마든지 상정해 볼 수 있다"라고 하여[20] 전자와 같은 접근 방식이 이론적으로 가능함을 시사하였다. 그리고 이기동이 제시한 "chiefdom은 성읍국가, state는 연맹왕국으로부터 중앙집권적 귀족국가에로의 과도기적 형태 내지는 중앙집권

19 이현혜, 1991, pp.112~116.
20 전경수, 1988, p.599.

국가"라고 하는 견해[21] 역시 기본적으로 전자와 같은 입장에 속한다.

그런데 '재검토'에서는 이기동의 이 같은 견해에 대해 "chiefdom사회를 유별난 형용사를 구사하여 성읍국가라는 용어로 탈바꿈시키는 것은 학계의 혼란을 초래할 뿐 아니라 chiefdom이라는 개념 자체도 무의미하게 만든다"라는 비판을 가하였다. 현재 한국 고대사학계에서 자주 사용하는 성읍국가라는 용어를 구체적 천착도 없이 "유별난 형용사를 구사한 용어"로 일축한 것은 국내 문헌사학계의 독자적인 연구 노력을 지나치게 경시한 것이다. 이는 한국 고대사에 대한 이해 부족에서 비롯된 면도 있으나 보다 중요한 원인은 가설 적용의 주체와 객체가 바뀌었기 때문이다. 만약 '재검토'의 기본 입장이 후자 쪽이라면 국내 문헌사학자를 비판 대상으로 삼기에 앞서 국내 자료를 소재로 '수출용' 논문을 작성하여 가설 제공자 측의 검증을 받는 것이 보다 설득력이 있을 것이다.

마지막으로 지엽적인 것이기는 하나 간과할 수 없는 문제로 비판 내용의 정확성이다. '재검토' 내용 중에 국외에서 발표된 연구물에 대해서는 잘 알 수 없으나 적어도 국내 연구물의 경우, 연구자의 논저를 정확하게 이해하지 못하거나 자의적으로 해석한 부분이 적지 않게 발견된다. 예를 들면 '재검토'에서는 "이기동, 전경수, 그리고 이현혜(필자)는 계층화된 족장사회와 국가사회를 식별할 수 있는 자료가 명백하지 않으므로 chiefdom을 국가사회의 직전 단계로 인정하기가 곤란하다는 주장을 한 것"으로 지목하여 "이는 고고학의 최근 연구 경향을 올바르게 인식하지 못한 데 기인한 것"이라고 비판하였다. 그러나 'chiefdom'과 'state'의 식별이 용이하지 않다는 견해를 국내에 처음 소개한 것은 김광억이며,[22] 이기동은 이와 같은 문화인류학자들의 견해를 참고한 입장이다.[23] 김광억의 견해도 서비스의 도식에 나오는

21 이기동, 1989, p.65.
22 김광억, 1985, pp.25~27; 1988, pp.182~184.
23 이기동, 1989, p.64.

'chiefdom'과 'state'의 차이점이 쉽게 구분되지 않는다는 내용이었다. 말하자면 1985년에 나온 연구 소개에 대해 1994년 시점에서의 연구 성과를 기준으로 그 같은 비판을 한다는 것은 상식에 맞지 않는 일이다. 필자의 논문에도 "대부분의 논고들이 … 국가 성립 전 단계에 해당하는 chiefdom에 주목하여"라는 구절은 있으나 양자의 식별이 용이하지 않다는 내용은 없다.[24] 전경수는 얼의 논문을 인용하여 'chiefdom'과 국가의 분기점을 가늠하는 기준을 설명하기까지 하였다.[25]

이와 유사한 부정확성은 다른 곳에서도 발견된다. '재검토'에서 이기동의 논지를 비판하는 내용 중에 이기동이 국가 형성 과정을 고인돌사회, 소국, 성읍국가로 규정하였다고 하였으나 앞서 살펴본 대로 이는 사실이 아니다. 이어서 "이기동 교수는 chiefdom사회가 어느 정도 발달하여 국가사회에 가까워짐으로써 이를 준국가 또는 성읍국가로 지칭해도 무방하다고 생각하는 것이다"라고 하였으나 실은 'chiefdom'으로부터 어느 정도 진전되어 'state'에 가까워진 단계에 대해 준국가라는 용어를 사용한 것은 김정배이다.[26] 그러나 '재검토'는 이를 이기동의 견해로 탈바꿈시켜 놓았다. 또한 필자가 삼한사회를 'chiefdom'이라고 주장하였다고 하였으나 실은 김정배에 의해 그 같은 주장이 제기되고 있다는 내용을 소개하고 삼한 읍락邑落의 성격에 'chiefdom'의 특징을 충족시킬 수 있는 측면이 일부 있기는 하나 이것만으로 단정짓기 곤란하며 자료 분석과 사례 연구가 제대로 축적되지 못한 당시(1984년)의 상태에서 인류학 이론을 가지고 한국 고대사회의 성격을 체계화하기에는 상당한 한계가 있다는 견해를 표명한 적이 있을 뿐이다.

이 외에도 '재검토'에서는 필자가 "문화진화론이 다윈의 생물진화론에서 파생되었다고 설명하였다"고 단정하고, 필자의 논고를 "진화론을 올바르게

24 이현혜, 1991, p.102.
25 전경수, 1988, p.592.
26 김정배, 1986, 『한국고대의 국가기원과 형성』, 고려대학교출판부, pp.55, 140.

소화시키지 못하고 명제에 접하는 경우"로 지목하였다. 그러나 이는 필자의 글을 서술한 내용 그대로 읽지 않고 자의적으로 해석한 대표적 오류이다. 필자는 데릭 프리먼Dereck Freeman의 논문에[27] 의거하여 "스펜서의 사회진화론이 생물학자인 라마르크Lamarck의 진화론적 이론 체계에 근거하고 있다"는 것을 언급한 적이 있고 라마르크, 스펜서는 다윈과는 다른 이론 체계를 가지고 있다는 점을 분명히 언급하였다.[28] 그리고 스펜서는 1873년경 라마르크의 생물진화 이론에 대한 강한 믿음을 인간 사회의 진화를 설명하는 데 적용하였으므로 스펜서 사회진화론의 발상 근거가 생물진화론에 있다는 것은 틀린 표현이 아니다.[29] 생물학자 라마르크의 진화론 → 스펜서의 사회진화론 → 문화진화론이라는 관계에서 보아 "생물학에서 시작된 진화론이 철학자, 인류학자들에 의해 인간 사회와 문화의 변화·발달 과정을 설명하는 논리로 이용됨에 따라 사회진화론, 문화진화론이라는 분야가 파생되었다"라는 서술 내용을 두고 문제 삼을 이유는 없다. 이 같은 잘못된 비판은 "생물학에서 시작된 진화론"을 마음대로 "생물학적 진화biological evolution" 또는 "다윈의 진화론"으로 바꾸어 읽었기 때문이다. 에드워드 타일러Edward Tylor, 루이스 모건Lewis Morgan 등 19세기 후반의 문화진화론자들이 다윈의 『종의 기원』에 자극 받은 것이 아니라는 식의 견해는 국내 백과사전에서도 이미 소개되고 있는 내용이다. 부분적이나마 이러한 내용 왜곡과 부정확성은 '재검토'의 논지에 대한 신빙성에 영향을 주지 않는다고 할 수 없다.

27 Derek Freeman et al., 1974, 「The Evolutionary Theories of Charles Darwin and Herbert Spencer」, 『Current Anthropology』 15-3.

28 이현혜, 1991, p.89.

29 Derek Freeman, 1974, p.216.

3. 과제

지금까지 신진화론의 도입과 그 적용 과정에서 제시된 서로 상반된 견해들을 살펴보면서 외국에서 개발된 이론이나 가설을 한국사에 적용하는 일이 그리 용이한 일이 아님을 알 수 있다. 그러나 한국사의 보편성과 특수성에 대한 이해의 폭을 넓히고 보다 다양한 시각에서 한국사를 연구하기 위해서는 인접 분야의 이론에 관심을 기울이고 이론 적용을 시도하는 일을 게을리할 수 없다. 문화 종속, 학문 종속이라는 굴레를 벗어나는 길은 주체적인 학문 체계의 확립이라는 것은 재언을 요하지 않는다. 그러나 보다 객관적이고 체계적인 이론 개발을 위해서는 다양한 접목과 시행착오의 과정을 감수하지 않을 수 없는 것이 현실이기도 하다.

"진실에 가까운 보편적인 가설" 운운하면서 지구상의 여러 민족의 문화가 신진화론의 도식에 적용된다는 것이 규명되고 있다는 '재검토'의 주장은 카를 마르크스의 역사 발전 도식을 보편적인 세계사의 발전 법칙으로 인식하고 있던 1930~1940년대 한국사 연구자들을 연상시킨다. 가설에 대한 과신과 일방적 적용이 빚어낸 부작용은 마르크스주의에만 국한되어 나타나는 것이 아니다. 그러므로 가설과 이론의 적용을 시도하되 특정 이론에만 매몰되는 것을 항상 경계해야 할 것이며, 특정 이론을 수용할 때는 이를 가설로 받아들이고 가설을 검증한다는 의식을 항상 염두에 둘 필요가 있다. 이런 의미에서 "앞으로는 신진화론의 타당성 여부에 매달리는 것에서 탈피하여야 한다"는 '재검토'의 주장은 아직은 시기상조이다. 더욱이 가설 소개와 가설의 정확한 이해를 촉구하기 위해 작성된 논고들이 가설을 일방적으로 옹호하거나 국내 학계의 독자적 연구 체계의 확립을 과소평가하는 우를 범해서도 안 될 것이다. 아무리 훌륭한 이론이라도 사실에 바탕을 두지 않은 가설의 적용은 무의미하며, 적용 과정에서 생긴 부작용에 대한 불공정한 비판은 학문의 발전과 가설의 올바른 적용을 위해서도 용납되지 말아야 한다.

/ 참고문헌 /

김광억, 1985,「국가 형성에 관한 인류학적 이론과 한국고대사」,『한국문화인류학』17-1

_____, 1988,「국가 형성에 관한 인류학 이론과 모형」,『한국사시민강좌』2, 일조각

김정배, 1973,「한국고대국가 기원론」,『백산학보』14

_____, 1978,「소도의 정치사적 의미」,『역사학보』79

_____, 1986,『한국고대의 국가기원과 형성』, 고려대학교출판부

윤내현, 1987,「한국 상고사 체계의 복원」,『동양학』17

이기동, 1989,「한국 고대국가형성사 연구의 현황과 과제: 신진화론의 원용 문제를 중심으로」,『산운사학』3

이현혜, 1991,「한국사 연구상에 나타난 진화론적 시각」, 노태돈 외,『현대 한국사학과 사관』, 일조각

전경수, 1988,「신진화론과 국가형성론: 인류학이론의 올바른 적용을 위하여」,『한국사론』19

_____, 1990,「대략 짐작의 고고학적 경향을 박함: 최몽룡교수의 호남지방의 지석묘사회를 읽고」,『한국 지석묘의 제문제: 호남지방을 중심으로』, 제14회 한국고고학전국대회 발표문

Mong-Lyong, Choi, 1984,『A Study of the Yongsan River Valley Culture: The Rise of Chiefdom Society and State in Ancient Korea』, 동성사

최몽룡, 1985,「고대국가 성장과 무역」, 역사학회,『한국고대의 국가와 사회』, 일조각

_____, 1990,「호남지방의 지석묘사회」,『한국 지석묘의 제문제: 호남지방을 중심으로』, 제14회 한국고고학전국대회 발표문

최정필, 1994,「신진화론과 한국상고사 해설의 비판에 대한 재검토」,『한국상고사학보』16

……

Freeman, Derek et al., 1974,「The Evolutionary Theories of Charles Darwin and Herbert Spencer」,『Current Anthropology』15-3

/ 3장 /

한국사의 비교사적 연구

1. 비교사학

과거의 사실을 보다 체계적으로 이해하고 과학적으로 연구하기 위해 여러 가지 역사 연구방법이 제시되었다. 비교사학comparative history 역시 그 중 하나로 비교사, 비교사적 연구, 비교사적 접근, 역사의 비교적인 연구 등으로 표현되기도 한다.[1] 비교사는 여러 사회 또는 여러 사실史實을 비교하여 공통점이나 차이점을 찾아내고 그러한 현상이 나타나는 원인과 작용 관계를 밝히는 것을 주요 목적으로 한다. 그리고 특정 가설이나 명제를 검증하는 데도 이 방법은 유용하게 사용될 수 있다. 그러므로 비교사적 접근 방법을 활용하면 개별적인 특성이 보다 명확하게 부각될 수 있고, 비교 과정에서 사료의 공백을 메우거나, 지금까지 이해하지 못하였던 사료에 대한 설명의 방향

1 이하 비교사의 개념과 방법론, 초기 비교사의 연구 동향 등에 관한 내용은 다음 연구를 참조하였다. 차하순, 1988, 「비교사의 방법」, 『서양사론』 31, pp.81~103; 1989, 「비교사는 왜 필요한가」, 『한국사시민강좌』 4, 일조각, pp.196~218; 전해종, 1989, 「역사연구와 비교·비교사학」, 『한국사시민강좌』 4, 일조각, pp.183~195.

을 제시받기도 하여 역사가들은 더 많은 지식을 얻을 수 있다.

한국 역사학계에서도 비교사학의 필요성이 꾸준히 제기되었다. 봉건제도, 자본주의, 제국주의와 같은 주제들이 전국역사학대회의 공동 주제로 채택되거나 시대구분에 관한 학술대회 등은 모두 비교사적 관점에서 비롯된 것들이다. 이 같은 노력은 세계사의 전개 과정 속에서 한국사를 연구하고, 한국사 연구가 세계사의 체계화에 기여하기 위해서도 바람직하다. 더욱이 한국사의 보편성과 특수성을 밝히는 데는 비교사적 접근이 가장 효율적인 방법일 것이다.[2] 그러나 한국사에서 이루어진 초기의 비교사 연구는 비교 주제의 선정은 적절하였으나 연구를 진행하는 과정에서 미흡한 점이 많았던 것으로 평가된다. 예컨대 한국사의 특수성에 대하여는 유의하지 않고 세계사적 일반성을 추출하는 데 주력한 나머지 한국사를 도식적인 이론에 합치시키려 하거나, 비교 단위의 설정에 있어서 지역과 사회별로 세분화된 작업이 이루어지지 못하였다는 비판이 있었다.

초기의 비교사적 연구는 주로 서양사, 동양사 또는 비역사학 분야에서 시도되었고, 비교 주제와 관점이 한국사에서 비롯된 경우는 드물었다. 그러나 비교사에 대한 관심이 지속되면서 한국사 연구자들에 의한 비교 연구의 성과들도 나타나고 있다. 비교 주제도 막부幕府제도, 노비제도, 17세기 자연재해 등 이전과 다른 새로운 분야들로 다양해지고 있다. 비교의 영역도 역사시대에만 국한하지 않고 유럽 청동기문화와 한반도 청동기문화의 비교 연구 등 선사문화 단계에까지 확대되고 있다. 이 장에서는 1980~1990년대에 나온 구체적인 연구 성과들을 중심으로 비교사적 접근에 의한 한국사 연구의 새로운 경향들을 살펴보고자 한다. 그리고 이를 통해 한국사 연구에서의 비교사적 연구의 필요성을 재확인하고 아울러 앞으로의 연구 방향을 모색해 보고자 한다.

2 이기백, 1978, 「한국사의 보편성과 특수성」, 『한국사학의 방향』, 일조각, pp.13~142.

2. 비교사적 접근에 의한 한국사 연구

1980~1990년대 한국 역사학계에서 시도된 비교사 연구 경향과 비교사적 접근을 위한 노력들을 살펴보면 다음과 같다. 첫 번째는 특정한 제도의 성격을 보다 명료하게 이해하기 위한 방편으로 비교사적 접근을 시도한 경우이다. 고대 중국의 막부체제를 연구하는 연장선상에서 고려 중기의 무인집권 시기를 주목한 연구가 그것이다.[3] 이에 의하면 고려 무인집권기는 군주 혹은 국가권력으로부터 독립한 별개의 정치권력이 독립적인 군사력에 의존하여 독자적인 권력 기구를 구성, 국가기관과 군주의 권력을 무력화시키는 과정이 전개되었다는 점에서 고대 중국의 막부체제나 일본의 막부체제와 대체로 일치한다는 것이다. 그리고 고려 무인정권의 지배기구 가운데 막부의 기능과 성격을 가진 것은 최씨정권이 설치한 진양부晉陽府이며, 이는 최씨의 빈객賓客집단이자 심복집단인 동시에 참모의 두뇌집단이었던 만큼 그 기능적 측면에서 고대 중국의 막부와 큰 차이를 발견하기 어렵다는 것이다.[4]

이 같은 비교사적 검토 과정에서 지금까지 막부적 기관 혹은 막부의 중심기관으로 규정된 바 있는 무인정권의 중방重房, 교정도감敎定都監, 도방都房 등은 막부와 무관한 것으로 파악되었다. 중국은 장군막부將軍幕府가 주종을 이룬 데 비해 공(후)부公(侯)府는 거의 발생하지 않았으나 최씨정권의 진양부는 장군막부가 아니라 공후 책봉과 관련하여 설치된 막부라는 점이 중국과 다르며, 중국의 막료직은 정규적 품관品官인 데 비해 고려 진양부의 요속僚屬은 대부분 최씨의 가신과 문객門客이었다는 점에서 고려 최씨 막부의 특수성

3 김한규, 1989, 「고려 최씨정권의 진양부」, 『동아연구』 17, 서강대학교 동아연구소, pp.149~170.

4 막부는 장군의 군사적 활동을 보좌하는 실무적·행정적 역할로부터 비롯되었으며, 초기에는 야전군사령부 및 이를 구성하는 인적 조직을 의미하였다. 막료는 부주府主 및 국가의 정책 방향을 결정하는 두뇌집단이며, 부주와 막부의 관계는 주객적·영속적이며 막부는 장군의 빈객집단의 성격을 가진다는 점 등에서 고대 중국의 막부와 큰 차이를 발견하기 어렵다고 한다. 그리고 막료와 막부는 관료와 관료기구와 같은 기능을 갖는다는 공통점이 있다고 한다(김한규, 1989, pp.151~153, 167).

이 있다는 것이다. 이 같은 연구는 중국 막부제와 유사한 존재를 한국사에서 찾아내어 동아시아 막부체제의 일반성과 특수성을 확인하고 이를 바탕으로 막부제의 기능과 형식에 대해 보다 명확한 개념을 정립해 나가고 있는 점이 특징이다. 즉 이는 지리적으로 인접해 있거나 역사적·문화적으로 하나의 문화권을 이루고 있는 동아시아 내에서 비교의 대상을 구함으로써 협역비교狹域比較의 본보기가 되고 있다.[5]

두 번째는 특정 문화 단계의 특징과 사회적 관계를 비교의 방법을 통해 밝혀 보려는 시도로 한국의 청동기문화와 중부 유럽의 초기청동기문화를 비교한 연구가 있다.[6] 비교 연구의 결과, 청동기시대에 이르면서 양 지역 모두 사회적 분화가 급격하게 증대하였으며, 청동기가 사회적 상징물social symbol로 사용될 뿐 아니라 사회적 변화의 주도적 역할을 하였다는 공통점이 확인되었다. 그리고 중부 유럽에서는 많은 양의 청동기가 퇴장유물의 형태로 발견되는 데 비해 한반도에서는 거의가 개인 무덤의 부장물로 출토되고 있는 점에 주목하여 청동기에 대한 태도와 이를 둘러싼 사회적 관계를 비교하였다. 유럽은 청동기 제작이 자체적 기술 발전의 결과로 이루어져 청동기 생산량이 풍부하였다. 그리하여 수입품인 호박이나 금으로 만든 장신구들이 귀중하게 여겨져 위세품prestige goods으로 이용된 데 비해 청동기는 점차 상대적인 귀중도가 떨어져 신에게 바치는 공물 또는 선물로 인식되면서 대규모로 퇴장되거나 교환 수단으로 이용되었다고 한다. 그리고 중부 유럽에서는 공동체의 대표자가 구성원들의 동의 아래 대량으로 청동기를 퇴장시킴으로써 계층화의 심화에 따른 갈등을 완화시키려는 의도가 작용하고 있었다는 것이다. 이에 비해 한반도는 청동기 사용이 수입품으로 시작되었으므로 청

5 비교사의 유형에는 광역비교와 협역비교가 있다. 전자는 서로 관련되고 있지 않은 사회들, 공간적으로 상당히 떨어져 있는 사회를 비교 대상으로 한다. 후자는 상호 관련이 어느 정도 있는 사회들, 상호 영향을 받는 사회들 간의 비교이다(차하순, 1988, pp.94~98).

6 Kim, Jong-il, 1996, 「Individuals, Communities and Bronze: A comparative study of the early Bronze Age of central Europe and the Korean Bronze Age」, Univ. of Cambridge, Darwin College 석사학위논문.

동기의 전체 양이 유럽에 비해 아주 적어 시종 소중한 금속으로 간주되었다. 이로 인해 청동은 소수의 특권적 물건(단검, 거울, 화살촉, 방울, 기타 의례 용구)을 만드는 데에만 사용되었고, 청동기는 샤먼킹shaman king의 정치·종교적 권위를 확립하고 유지하는 수단으로 기능하였다는 것이다.

이와 같은 연구는 서구 지역에서 개발된 유형이나 내용을 한국선사문화에 적용하는 것이 아니라 반대로 한국 청동기문화를 비교의 주체로 삼고 이와 비교될 수 있는 대상을 유럽 지역에서 찾고 있다는 점에서 이전과는 다른 접근 방식을 보여 준다. 그리고 청동기 출토 현상에서 나타나는 차이점에 착안하여 그러한 차이가 나타나는 원인과 작용 관계를 비교의 방법을 통해 설명함으로써 한반도 청동기문화의 정치·사회적 성격을 효과적으로 부각시킬 수 있었다.

이러한 접근 방식은 예컨대 영국 선사문화 단계의 거석 축조물인 스톤헨지Stonhenge가 만들어진 사회가 'chiefdom(추장사회, 족장사회)'으로 규정되기도 한다고 해서 한반도 지석묘사회도 'chiefdom사회'로 간주될 수 있다는 식의 논리가 얼마나 안이한가 하는 것을 보여 준다. 다시 말하면 한반도의 지석묘 축조 사회를 이해하는 수단으로 스톤헨지를 비교 대상으로 삼았다면 이와 같은 거석 축조물이 어떠한 배경에서 만들어졌으며 이들이 정치·사회적으로 어떠한 기능을 하였는가에 주목하여 양 사회의 동질성과 상이성을 밝혀내는 것이 비교사의 목적에도 합당하고 한국사 연구를 위해 기여할 수 있는 길이다. 실제 한반도 청동기문화 단계에서는 취락이나 야트막한 구릉 정상부에 환호環濠 시설이 만들어져 있는 데 비해 영국의 스톤헨지나 에이브버리Avebury유적은 거석 축조물 주위에 거대한 환호가 만들어져 있는 등 거석문화라는 공통의 범주 속에서도 서로 다른 현상과 의미들을 내포하고 있다. 그러므로 서구에서 개발된 유형을 제대로 검증하기 위해서도 한국사의 주체적인 입장에서 여러 가지 세분화된 비교사적 주제를 찾는 데 관심을 기울여야 할 것이다.

세 번째는 전체사total history(global history) 또는 세계사world history를 지향하는 입장에서 비교 연구를 시도하는 경우이다. 중요한 비교 주제로 '17세기 위기론'이 거론되고 있는데 17세기 유럽과 중국, 인도 등 각국들은 전쟁, 농민 반란, 기근, 전염병, 인구 감소 등으로 위기 상황을 맞았다. 이러한 위기 상황은 17세기를 전후하여 지구의 기온이 내려가서 추워지는 소빙기라고 불리는 기후 이상 현상과 밀접한 관계가 있는 것으로 분석되었다. 이른바 '17세기 위기론'은 유럽사에서 본격적으로 논의되기 시작하여 멕시코나 브라질 등 유럽 국가의 식민지와 중국 등지로 비교 지역이 확대되었다. 따라서 이 같은 현상들이 17세기 세계사의 일반적인 현상인지를 검증하는 데 있어서 한국사도 비교 연구의 대상이 될 수 있으며, 이는 한국사를 세계사 속에서 올바르게 이해하기 위해서도 필요한 작업이라는 견해가 있었다.[7]

이후 한국사 연구자에 의해 '17세기 위기론'의 중요 원인으로 지목되고 있는 소빙기 현상에 관한 구체적인 사실들이 『조선왕조실록朝鮮王朝實錄』을 통해 확인되었다.[8] 1500년부터 1750년 사이에 때아니게 우박이나 눈 또는 서리가 내리고 수재가 일어나는 등 이상 기후 현상들이 아주 빈번하게 일어났던 것으로 드러났다. 즉 조선왕조 기간(1392~1863: 『철종실록』까지 해당)에 조사된 이상 기후 현상 건수 중 80% 이상이 이 기간에 집중되어 있다는 것이다. 특히 소빙기가 끝나는 1750년 이후가 되면 이러한 현상이 격감하고 있어 앞 시기와 좋은 대조를 이룬다. 서구 학계에서는 나무의 나이테 모양이나 꽃가루, 해수면海水面 변동 등 자연과학적 방법을 통해 소빙기의 실재를 입증하고 있으나 장기적인 관찰 기록이 없어 더 이상 연구가 진전되지 못하고 있는 상황이라고 한다. 그런데 한국사에서 『조선왕조실록』이라는 충실한 문헌 기록을 통해 소빙기의 존재가 확인된 것이다.

7 나종일, 1992, 「17세기 위기론과 한국사」, 『세계사를 보는 시각과 방법』, 창작과비평사, pp.30~80.
8 이태진, 1996a, 「소빙기(1500~1750) 천변재이 연구와 ≪조선왕조실록≫」, 『역사학보』 149, pp.203~236; 1996b, 「'소빙기'(1500~1750년)의 천체 현상적 원인: 『조선왕조실록』의 관련 기록 분석」, 『국사관논총』 72, 국사편찬위원회.

『조선왕조실록』은 소빙기의 원인에 대한 가설을 검증하는 데도 아주 유용한 자료로 활용될 전망이다. 서양학자들은 '17세기 위기론'의 보다 근원적인 요인을 찾아내기 위해 소빙기의 원인으로 태양 흑점 활동 쇠퇴설 등을 가설로 제시하고 있다. 그런데 『조선왕조실록』에는 태양 흑점에 관한 기록은 찾아보기 어려운 반면, 천체 이상 현상[일변日變, 유성 출현, 유성 낙하 현상, 태백성(금성)의 대낮 출현, 혜성·객성의 출현, 해무리·달무리, 각종 유색 천기天氣, 유사 안개 현상 등]에 대한 기록이 아주 빈번하게 나올 뿐 아니라 천변이 집중된 시기와 소빙기 현상이 나타나는 시기가 거의 일치하는 것으로 밝혀졌다. 특히 소빙기 현상이 나타나는 시기에 유성 출현과 낙하에 관한 기록이 집중되고 있어 양자가 어떠한 관계에 있는지 많은 의문을 던져 주고 있다. 만약 소빙기의 한랭화 현상이 유성·운석의 출현·충돌과 관계 있는 현상이라면 『조선왕조실록』은 운석 낙하와 기후 이변, 그리고 '17세기 위기론'의 연결고리를 과학적으로 풀 수 있는 아주 소중한 자료가 될 것이다.[9] 앞으로 정밀 분석을 통해 『조선왕조실록』이 알바레즈Alvarez 부자의 거대 운석낙하설을[10] 검증하는 자료로 활용된다면 이는 한국사 연구만을 위한 사료가 아니라 세계사 연구에 기여할 수 있는 아주 중요한 사료로 재평가받을 것이다.

이에 덧붙여 『조선왕조실록』에 기후 이상 현상과 천문 현상에 관한 자세한 기록이 실린 이유가 무엇인가 하는 의문이 제기되었고, 이것이 유교사상의 독특한 천도관에서 비롯된 것이라는 것이 밝혀짐으로써 조선시대 역사의 중요한 특성이 저절로 드러나게 되었다. 유교의 왕정은 하늘의 큰 덕, 즉 천도天道를 실천하는 것이므로 천변天變 재이災異가 발생하면 하늘이 왕의 치세에 잘못이 있음을 알려 주는 경고로 여겨 왕은 자신의 정치를 더욱 근면히 하도록 힘썼으며, 이 때문에 천문 관측을 열심히 하여 기록으로 남긴 것이라

9 소광섭, 1996, 「역사와 과학의 학제적 연구에 부쳐」, 『역사학보』 149, pp.246~252.

10 거대 운석이 지구에 떨어져 충돌 시 분출한 먼지가 대기권으로 솟아올라 태양을 가리면서 기온 강하 현상이 생겨 우박, 눈이 쏟아지고 추위가 몰아닥치고 식물의 광합성 작용이 중단되어 수년 만에 대형 초식동물인 공룡들이 모두 죽어 갔다는 공룡 소멸에 관한 학설이다.

고 한다. 그리고 하늘의 이상 현상이 심할수록 인간사회의 질서를 바로잡는 일에 몰입하여 조선사회는 소빙기를 지나면서 예를 강조하였고 백성들의 부역과 공물들을 지세화하는 등 제도적인 개혁에 주력하였다. 17세기의 위기적 상황에 대한 조선왕조 지배자들의 이 같은 대응은 기독교 문명권과 비교할 때 크게 다른 것으로 설명되고 있다. 유럽에서는 농사를 망치고 자연재해를 일으키며 질병을 퍼뜨리는 책임을 마녀의 소행으로 돌려 15세기 말 이래 곳곳에서 마녀를 잡아 죽이는 일이 벌어졌다. 이른바 '마녀사냥'으로 불리는 대학살은 소빙기의 한가운데인 1580~1670년에 절정에 달하였고 소빙기가 끝나는 1750년대에 잦아들기 시작하였다고 한다.[11]

'17세기 위기론'이 한국사를 통해 검증되는 과정에서 17세기 위기가 1500년대부터 점진적으로 누적되어 온 현상이라는 것도 알게 되는 등 한국사는 세계사 연구를 위한 중요한 지식과 자료를 새로이 제공할 수 있게 되었다. 한국사에서는 17세기의 인구 감소, 전쟁(병자호란), 기근, 전염병의 유행 등이 조선사회만의 현상이 아니라는 것을 확인하였다. 또한 이 같은 비교사적 접근을 통해 조선 후기 예학禮學 발달이 위기 상황에 대한 조선의 대응 방식의 하나임을 알게 되어 성리학에 토대한 조선사회의 정치, 사회사상의 특성을 객관적으로 이해할 수 있게 되었다.

네 번째는 기존 사료에 대해 정확한 해석을 구하는 과정에서 비교사학적 방법을 사용하고 그 결과 중요한 역사적 사실을 밝혀낸 경우이다.[12] 『삼국지』 위서 동이전 부여조夫餘條에 영고迎鼓 축제에서 '단형옥斷刑獄'하였다는 기사가 형옥을 중단하였다는 뜻이 아니라 범죄자를 재판한다는 뜻임을 밝혀내기 위해 비교사적 방법을 사용한 것이다. 먼저 민속자료를 통해 음력 정월 초순에 행하는 축제놀이 중에 모의재판을 하는 풍습을 찾아 이를 고대사회에서 축제 때 행하던 재판의 유습으로 보았다. 그리고 서아프리카 다호메이

11 이태진, 1996a, pp.227~235.
12 이기백, 1997, 「한국 고대의 축제와 재판」, 『역사학보』 154.

족Dahomeans이 연례 축제를 거행할 때 범법자를 처벌하는 관행이 있으며, 예수에 대한 재판이 이스라엘 민족의 과월절過越節(유월절逾越節)이란 축제일에 이루어졌음을 비교의 예로 들었다. 그리고 이 같은 유사성이 나타나는 것은 축제는 신을 맞이해서 제사를 하는 것이고 신이 재판을 행한다고 하는 공통의 관념에서 비롯된 것임을 논증하였다. 즉 비교사적 접근을 통해 사료에 대한 정확한 설명 방향을 제시하고 지금껏 제대로 이해하지 못하였던 고대사회의 풍습과 관행에 대해 새로운 지식을 얻을 수 있음을 보여 주었다.

끝으로 1996년 여름 한국역사학회 주최로 열린 『노비·노예·농노: 비교사적 검토』라는 제목의 특별 심포지엄을 들 수 있다. 이곳에서는 한국의 노비제, 중국의 예속민제, 서양 고대의 노예제, 그리고 서유럽 중세 및 동유럽의 농노제에 대해 각 분야별 연구자들의 발표와 토론이 있었다. 그러므로 이 모임은 비교사 연구의 구체적 결과를 발표한 것이 아니라 비교사적 연구의 필요성을 확인하고, 비교 연구를 위한 시각과 역사적 사실들을 교환하는 기회였다고 하겠다. 한국사 연구자들이 노예제와 농노제 문제에 깊은 관심을 나타낸 것은 한국사 시대구분 논쟁이 본격화하면서부터이다. 그 결과 북한 학계에서는 1960년대에 이미 『조선통사』를 통해 그동안의 입장을 정리하였다.[13] 한국 사학계에서도 1970년을 전후하여 한국 고대사회에도 노예제가 있었는가, 또는 언제부터 언제까지를 노예제사회 단계로 규정할 것인가 하는 것을 중요 쟁점으로 다룬 적이 있었다.[14] 그리고 농노에 대해서도 예컨대 삼국시대 농민의 성격이 노예인가 농노인가를 밝히는 데 관심이 집중되었다. 말하자면 당시의 연구자들은 서양 고대나 중세의 일정 지역과 일정 시기의 노예제나 농노제를 세계사의 보편적인 제도로 인식함에 따라 이와 유사한 제도가 한국사에서도 발견될 수 있고, 발견되어야 한다고 믿었다. 유럽사를 기준으로 한국사의 발전 과정을 체계화하려는 이 같은 입장이 비교사의

13 1962년판 『조선통사』부터 고조선·부여·진국을 노예소유자사회로, 삼국시대 이후를 봉건제사회로 규정하였다.
14 한국경제사학회, 1970, 『한국사시대구분론』, 을유문화사.

올바른 접근 방법이 아님은 여러 사람에 의해 지적된 바 있다.

1996년 역사학회의 특별 심포지엄은 서양사 중심의 편향된 인식을 바로 잡는 데 중요한 기여를 한 것으로 생각된다. 예를 들면 한국사의 노비 중에는 주인집에 살면서 각종 가사노동에 사역되는 부류와 함께 거주 장소에 관계없이 토지 경작에 투입된 노비가 있었다. 그리고 조선시대 납공納貢노비처럼 노비 주인의 토지 경작과 관계없이 신공身貢만을 납부하는 노비도 있었다.[15] 한국사의 노비제는 노예의 속성을 가지는 것에서부터 농노의 범주를 일부 공유하는 것에 이르기까지 다양한 구성을 가지고 있다. 그러므로 노비의 존재 양태에 대한 검토 없이 노비의 숫자만으로 특정 시대를 노예제사회로 규정하는 등의 논의는 비합리적이다. 유럽사에서도 지역과 시대에 따라 노예의 기능이나 비율이 다양한 것으로 파악되고 있다. 고대 로마에서는 농업생산에서 노예들의 역할이 매우 중요한 비중을 차지하였던 반면, 아테네는 농업생산에 비해 상공업의 비중이 상대적으로 높았으므로 채광, 채석, 가구 공장, 칼 공장, 방패 공장 등 비농업 분야에서 노예 노동이 대규모로 이용되었다고 한다. 그러나 고대 중근동 지역에서는 노예는 큰 바다에 뜬 섬과 같은 양상으로 도시에만 존재하며 사회경제적으로 큰 의미를 갖지 못한다고 한다.[16] 그러므로 노예적 속성을 가진 노비가 존재한다고 해도 생산 부문에서 노비가 차지하는 비중이 아주 낮은 삼국시대를 노예제사회로 규정하는 것은 무리이다. 더욱이 이러한 사실들을 통해 한국사에서는 특정 시대가 노예제사회인가 아닌가를 판단하는 것이 용이하지도 않을 뿐 아니라 이것이 시대구분의 기준으로 유용하지 못하다는 것도 자명해졌다.

비록 이 심포지엄에서는 비교할 지역과 시대, 그리고 비교할 내용에 대해 의견을 나누거나 합의를 도출하는 데까지 이르지는 못하였지만 이곳에서 다

15 전형택, 1996, 「한국 노비의 존재양태」, 『노비·노예·농노: 비교사적 검토』, 역사학회 특별심포지엄 발표문; 이영훈, 1996, 「한국사에 있어서 노비의 경제사적 성격」, 『노비·노예·농노: 비교사적 검토』, 역사학회 특별심포지엄 발표문.

16 김경현, 1996, 「서양 고대세계의 노예제」, 『노비·노예·농노: 비교사적 검토』, 역사학회 특별심포지엄 발표문.

루어진 내용들은 앞으로 비교사적 연구를 위해 유용한 길잡이가 될 수 있는 것들이었다. 특히 노비·노예·농노를 둘러싸고 각 시대와 지역에 따라 어떠한 문제들이 연구되고 있으며, 무엇이 쟁점이 되고 있는지를 비교함으로써 한국 노비제 연구를 위한 새로운 방향과 주제를 찾을 수도 있을 것이다. 예를 들면 삼국시대 노비의 속성이 노예에 가까운 것이라면 생산 부문에 투입되는 노비 노동의 비중이란 측면에서 이들이 어느 시대 어느 지역의 노예와 비교될 수 있을 것인가 하는 의문이 나올 수 있다. 이 경우 생산 부문에 있어서 노예의 존재가 사회경제적으로 큰 의미가 없는 것으로 파악되고 있는 고대 중근동 지역이나 중국이 삼국시대와 비교될 수 있을 것이다. 그리고 노비의 발생이나 노비의 법제적 신분 면에서는 삼국시대의 노비가 고대 중근동이나 중국과 어떻게 다른지 또는 다른 이유가 무엇인지 등 다양한 비교 주제가 모색될 수 있을 것이다.

중국사의 경우 지배층의 동향, 생산기술 등이 노비를 포함하는 예속민의 존재와 성격을 결정짓는 요인으로 작용한 것으로 파악되고 있다.[17] 따라서 한국사의 경우에도 조선시대에 이르러 노비의 숫자가 크게 늘어나는 현상이라든가 또는 후기에 이르러 납공노비가 증가하면서 노비제가 해체되어 가는 과정이 농업생산기술의 변화와 관련하여 설명될 수 있는지 등 여러 가지 비교 주제가 상정될 수 있을 것이다. 그리고 이 같은 비교 검토의 가능성을 통해 노비뿐 아니라 피지배계층 일반을 노예와 농노 둘로 나누어 설명하려는 방식이 얼마나 도식적인가 하는 반성도 하게 될 것이다.

17 김유철, 1996, 「중국사에서 예속민과 신분제」, 『노비·노예·농노: 비교사적 검토』, 역사학회 특별심포지엄 발표문.

3. 맺는말

이상에서 살펴본 것처럼 비교사적 접근을 통한 한국사 연구 사례는 그리 많지 않다. 그러나 이러한 접근 방식은 세계사의 특징을 일반화하는 데 한국사가 참여할 수 있는 길이 무엇인지, 그리고 한국사가 세계사 속에서 올바른 위치를 차지하는 데 필요한 작업이 어떠한 것인지를 보여 준다. 결국 한국사의 비교사적 접근은 우리나라나 민족의 역사를 객관적으로 이해하는 데 중요한 목적이 있다고 하겠다. 이는 다른 나라 역사를 연구하는 사람들이 한국사에 대해 가진 편견을 바로잡는 방법인 동시에 한국사 연구자들이 한국인만을 위한 한국사를 고집하는 것을 막고, 유럽사나 중국사에 대한 불필요한 선입견을 떨쳐 버릴 수 있는 길이기도 하다.

그러나 실천 과정에서 자칫 빠지기 쉬운 함정이 없는 것도 아니다. 서구에서 제시된 이론이나 가설에 압도되어 한국사가 비교의 주체가 아니라 가설 적용의 대상이 되어 버리는 것도 그중 하나이다. 이러한 위험성을 경계하기 위해서는 비교사의 방법론에 더욱 철저해야겠지만 한국사를 비교 연구의 출발점으로 삼는 것도 하나의 방안이다. 마르크 블로크Marc Bloch는 비교를 하려면 두 가지 조건이 필요한데 그 하나는 관찰되는 사실들 사이에 어떤 유사성이 있어야 하며 이들 사실이 나타난 환경들 사이에 어떤 차이가 있어야 한다는 것이다.[18]

그러므로 한국사를 비교의 출발점으로 삼고, 비교하고자 하는 지역의 역사 전개 과정이 한국사와 공통되는 점이 있는지 여부를 먼저 고려해야 할 것이다. 예를 들면 한국의 선사문화를 비교사적으로 검토하는 데는 문헌 기록이 전혀 없고 현재의 주민들과는 역사적으로 단절된 아메리카대륙의 선사문화보다는 유럽 선사문화가 비교사의 대상으로 더 적합한 면이 있다. 또는 한

18 양병우, 1987, 「블로크의 비교사학」, 『역사논총』, 지식산업사, p.66.

국사에서 진행되고 있는 연구 성과와 공통점이 있어 보이는 가설에 주목할 필요가 있다. 예를 들면 한국 고대의 국가 형태 발전 과정을 비교사적으로 검토하는 데는 여러 국가형성론 중에서도 무국가사회stateless society, 분절分節국가segmentary state, 연맹국가confedrative state, 단일국가unitary state, 연방국가federal state 등 다양한 국가 형태를 상정한 가설이[19] 상대적으로 더 유용할 것 같다. 이는 원시공동체사회-성읍국가-연맹왕국-집권적 귀족국가 등의 발전 과정을 제시한 국내의 연구 성과와 상통하는 요소가 보이기 때문이다.

이 외에도 비교의 주제를 선정할 때는 검정하고자 하는 가설이나 비교 주제가 어느 정도의 보편성을 가지느냐 하는 것을 항상 염두에 두어야 한다. 여러 나라의 연구자들이 공통의 관심을 가진 주제가 무엇인지에 관심을 기울여야 할 것이고, 그런 연후에 비교하고자 하는 주제가 과연 한국의 역사나 각 시대의 성격을 설명하는 데 있어서 핵심적인 요소인가도 가려야 할 것이다. 예를 들면 농경 개시 배경에 대한 가설을 검증하거나, 철기문화의 수용과 발전이 각 사회에 미친 영향이라든가, 교역과 정치권력 성장의 상호 관계, 그리고 인구 증가와 생산기술 변화 등의 주제는 세계사는 물론 한국사에도 중요한 연구 주제임이 분명하다.

특히 한국사의 입장에서는 문화적으로나 지리적으로 가까운 위치에 있는 중국사나 일본사에서 비교 주제를 구할 수 있는 확률이 높다. 이 경우 동아시아 세계에서 중국의 영향력이나 문화적 선진성을 지나치게 강조하면 결국 문화전파론에 빠지게 되고 올바른 비교사 연구를 기대하기 어렵다. 마찬가지로 일본에 대해서도 한반도의 문화가 일본에 어떻게 전파되어 어떠한 영향을 주었는지를 밝히는 데만 집중한다면 비교사의 본령과는 멀어지게 된

19 아프리카의 민족지자료를 토대로 한 에이든 사우스올Aidan Southal의 견해로 분절국가는 혈통조직의 분절성에 기초한 것으로 chiefdom과 유사한 성격의 사회로 규정되었다. 그리고 연맹국가는 위계적인 단일국가로 도약하기 직전에 나타날 수 있는 일시적 정치형태로 연맹을 구성하는 주요 구성 요인들 사이의 관계는 분절적이나 내부 구조는 위계적인 현상을 보인다고 한다. 전경수, 1988,「신진화론과 국가형성론: 인류학이론의 올바른 적용을 위하여」,『한국사론』19, p.595.

다. 예를 들어 철기가 보편화하면서 한반도에서는 청동기가 급속도로 소멸하는 데 비해 일본 열도에서는 청동의기 제작이 더욱 번성하고 청동기가 대량으로 땅속에 매납되는 등 한반도와는 다른 양상을 나타낸다. 그러므로 한반도와 일본 양국에서 출토되는 청동기를 두고 한반도산인가 일본산인가를 가리는 데만 초점을 모을 것이 아니라 청동기 제작과 정치·사회적 기능에서 나타나는 양 지역의 동질성과 이질성을 비교하는 것이 더 바람직한 작업이다. 그리고 막부제 연구에 있어서 막부제가 등장하는 정치·경제·사회적 배경 면에서 중국, 한국, 일본 사이에 어떠한 유사성이 있는가, 아니면 서로 다른 배경에서 생겨난 유사한 제도인가 등에 대한 비교 검토가 이루어진다면 한국, 일본의 막부제가 중국 막부제의 영향으로 생겨난 것으로 오해할 소지가 미연에 방지될 것이다.

이와 같이 비교사적 접근이 제대로 이루어져야만 전파론의 한계를 극복할 수 있을 뿐 아니라 한국 문화를 중국 문화의 아류로 깎아내리거나 일본 고대문화는 전적으로 한반도에서 전파된 것이라는 잘못된 생각을 바로잡을 수 있다. 그러므로 한국사의 비교사적 연구는 동아시아 각국의 올바른 역사상 정립을 위해서도 필요한 작업이라 하겠다.

/ 참 고 문 헌 /

김경현, 1996, 「서양 고대세계의 노예제」, 『노비·노예·농노: 비교사적 검토』, 역사학회 특별심포지엄 발표문

김유철, 1996, 「중국사에서 예속민과 신분제」, 『노비·노예·농노: 비교사적 검토』, 역사학회 특별심포지엄 발표문

김한규, 1989, 「고려 최씨정권의 진양부」, 『동아연구』 17, 서강대학교 동아연구소

나종일, 1992, 「17세기 위기론과 한국사」, 『세계사를 보는 시각과 방법』, 창작과비평사

소광섭, 1996, 「역사와 과학의 학제적 연구에 부쳐」, 『역사학보』 149

양병우, 1987, 「블로크의 비교사학」, 『역사논초』, 지식산업사

이기백, 1978, 「한국사의 보편성과 특수성」, 『한국사학의 방향』, 일조각

———, 1997, 「한국 고대의 축제와 재판」, 『역사학보』 154

이영훈, 1996, 「한국사에 있어서 노비의 경제사적 성격」, 『노비·노예·농노: 비교사적 검토』, 역사학회 특별심포지엄 발표문

이태진, 1996, 「소빙기(1500-1750) 천변재이 연구와 《조선왕조실록》」, 『역사학보』 149

———, 1996, 「'소빙기'(1500~1750년)의 천체 현상적 원인: 『조선왕조실록』의 관련 기록 분석」, 『국사관논총』 72, 국사편찬위원회

전경수, 1988, 「신진화론과 국가형성론: 인류학이론의 올바른 적용을 위하여」, 『한국사론』 19

전해종, 1989, 「역사연구와 비교·비교사학」, 『한국사시민강좌』 4, 일조각

전형택, 1996, 「한국 노비의 존재 양태」, 『노비·노예·농노: 비교사적 검토』, 역사학회 특별심포지엄 발표문

차하순, 1988, 「비교사의 방법」, 『서양사론』 31

———, 1989, 「비교사는 왜 필요한가」, 『한국사시민강좌』 4, 일조각

한국경제사학회, 1970, 『한국사시대구분론』, 을유문화사

……

Kim, Jong-il, 1996, 「Individuals, Communities and Bronze: A comparative study of the early Bronze Age of central Europe and the Korean Bronze Age」, Univ. of Cambridge, Darwin College 석사학위논문

/ 4장 /

한국 고대사 연구와 공동체 이론

1. 공동체의 개념

공동체의 개념은 아주 광범위하고 용례도 다양하다. 씨족공동체, 친족공동체, 읍락공동체, 촌락공동체, 향읍공동체, 지역공동체, 한민족공동체, 동아시아공동체 등 전 시대에 걸쳐 사용되고 있다. 백과사전류에 실린 '공동체'의 개념 정의를 보면 공동체라는 용어가 이처럼 다양하게 사용된 배경을 짐작할 수 있다. 공동체란 "일반적으로 특정한 사회적 공간에서 공통의 가치와 유사한 정체성을 가진 사람들의 집단", "넓은 의미에서 어떠한 관계를 갖는 인적 결합체로 가족이나 촌락에서 국가에 이르기까지의 모든 단체", "생활 운명을 같이하는 사회집단", "같은 관심과 의식으로 환경을 공유하는 사회집단" 등이다.

널리 알려진 대로 '공동체'라는 용어는 19세기 사회학자나 경제사학자들이 사용한 '게마인샤프트Gemeinschaft(공동사회)' 또는 '게마인데Gemeinde(공동체)'에서 비롯되었다. 그들은 이 용어를 근대와 대치되는 전근대 사회를 구성하는 사회 단위라는 의미로 사용하였다. 특히 Gemeinschaft는 공동체 이론의 시조격인 독일 사회학자 페르디난트 퇴니에스Ferdinand Tönnies가 체계화한 학술적 개념이다. 그는 전근대에서 근대로의 역사적 흐름을 유형적으로 파악하기 위해 근대 자본주의사회 성립을 기점으로 그 이전과 이후의 사회조직의 성격을 공동사회Gemeinschaft와 이익사회(게젤샤프트Gesellschaft)로 구분하였다. 당초 퇴니에스는 Gemeinschaft는 혈통, 장소, 정신적 차원 등을 핵심 요소로 하며, 가족, 친족, 농촌 부락 등이 Gemeinschaft의 특성을 온전하게 보여 준다고 보았다.

퇴니에스 이후 사회학자들을 중심으로 수십 년 동안 공동체에 대한 연구와 논의가 진행되었고 1950년대에 이미 공동체의 개념이 94개를 넘을 정도로 다양하고 복잡해졌다.[1] 퇴니에스의 Gemeinschaft는 영어로 '커뮤니티Community'로 번역되었고,[2] Community는 광의의 공동체 개념을 뜻하는 용어로 사용되었다. 그리하여 공동체Community의 범주 안에 가족, 친족, 농촌 마을을 넘어 거대 도시의 지역사회, 민족 혹은 국가와 같이 다양한 대상을 포괄하게 되었다.[3] 현재 대부분의 사회학자들이 공동체의 핵심 요소로 꼽는 것은 지리적 공간, 공동의 유대, 사회적 상호 작용 등이다.[4]

반면 경제사학자들은 'Gemeinschaft'라는 용어를 상대적으로 좁은 개념으로 사용하였다. 그들은 공동체의 핵심 요소로 토지의 소유 관계, 즉 토지의 공동 점유와 이용을 중시하였다. 카를 마르크스는 세계사의 발전 단계를 도식화하면서 그 첫머리에 원시공동체Ursprünglich Gemeinschaft 단계를 설정

1 김경일 역, 1985a, 「공동체의 이론들」(콜린 벨 저, 신용하 편, 『공동체 이론』, 문학과 지성사)에 인용된 G. A. Hillery Jr.의 분석; 김경일 역, 1985b, 「공동체론의 기본 문제」, 콜린 벨 저, 신용하 편, 『공동체 이론』, 문학과 지성사, p.61.

2 Ferdinand Tönnies, 1887, 『Gemeinschaft und Gesellschaft』, Leipzig: Fues's Verlag; 『Community and Society』, 1957, Ann Arbor: Michigan University; 『Community and Association』, 1955, London: Routledge & Kegan Paul.

3 김경일 역, 1985b, p.194.

4 김경일 역, 1985a, p.64.

하였다. 그리고 원시공동체사회 내부에 계급이 분화하면서 아시아적 공동체, 고전 고대적 공동체, 게르만적 공동체 등 각 형태의 공동체가 등장하는 것으로 설명하였다. 마르크스주의 경제사학사들은 기본적으로 토지의 공동소유와 공동 노동을 공동체의 본원적 요소로 간주한다. 경제사학자 오쓰카 히사오大塚久雄 역시 토지를 핵심 요소로 보고 원시공동체에서 유래하는 여러 특징, 즉 공동조직(게마인베젠Gemeinwesen)을 근저에 가진 사회관계를 '공동체Gemeinde'로 정의하였다.[5]

이처럼 경제사학, 사회학 모두 전근대사회에서 자본주의사회로의 이행이라는 역사적 흐름을 유형적으로 파악하기 위해 공동체의 존재를 주목하기 시작하였다는 점에서는 동일하나[6] 양자가 중요시하는 핵심 요소나 가치는 상당히 다르다.

2. 한국사 연구와 공동체 이론의 활용

한국사 연구에 적용된 공동체 개념 역시 두 갈래이다. 공동체에 먼저 관심을 가진 것은 경제사학자들이다. 백남운은 마르크스의 세계사 발전 도식을 한국사에 적용하여 원시씨족공동체 단계를 설정하고 원시씨족공동사회는 모계씨족제에서 부계씨족제로, 다시 가부장적 가족 형태로 변화하는 것으로 설명하였다. 그리고 씨족원은 혈연적 유대에 의해 결속되고 일반적인 생산수단으로써 토지를 공유하고 자연발생적인 민주주의 아래에서 사회적으로

5 오쓰카 히사오는 "카를 마르크스나 막스 베버 모두 'Gemeinschft'라는 용어는 무계급의 원시공동조직이라는 의미의 원시공동태原始共同態(Urkommunismus)와 같은 의미로 사용하였다"고 보고, 그 역시 'Gemeinschaft'는 원시공동사회에만 국한시켰고 이를 공동태共同態로 번역하였다. 그리고 이후 단계의 각종 공동체를 포함하는 넓은 의미의 공동체는 'Gemeinde'라 하여 'Gemeinschaft'와 구분하였다. 大塚久雄, 1955, 『共同體の基礎理論: 經濟史總論講義案』, 東京: 岩波書店, p.19.

6 김경일 역, 1985b, pp.186~187.

공동생활을 영위한다고 서술하였다.[7] 북한의 『조선통사』(상)(1962)도 원시씨족공동체를 원시공동체사회로 명칭을 바꾸었을 뿐 기본 틀은 동일하다. 북한에서는 1978년에 이르러서야 황기덕이 원시공동체사회에 대한 논의를 조금 진전시켜, 청동기시대가 되어 원시공동체사회가 붕괴하면서 세대공동체와 농업공동체가 형성된다는 견해를 발표하였다.[8]

이와 달리 1950년대 남한 학계에서는 마르크스 계열의 경제사학이 아니라 사회학의 공동체 개념을 한국사 연구에 활용하였다. 이병도는 사회학계의 'Gemeinschaft(공동사회)'의 개념을 빌려 한국사의 바탕에 흐르는 공동체와 협동 정신, 타협주의의 역사적 뿌리를 찾고자 하였다.[9] 그는 공동체의 개념들을 종합하여 나름대로 정의를 내리고[10] 이를 토대로 공동체의 형태를 혈연공동체(가족, 씨족), 지역공동체(마을, 촌락, 도시, 국가), 정신공동체(화랑도, 향도香徒, 계契, 사社, 두레)로 분류하였다. 그리고 고대사회를 씨족 중심의 원시공동체사회로 설정하였다.[11] 이러한 시도는 당시 한국사회의 주요 과제였던 자유민주주의 실현 가능성을 확인하는 역사학적 논의 과정에서 나온 것으로 풀이되고 있다.[12] 그러나 현실적 요구와 직결된 이 같은 시도에 대해서는 공동체를 몰역사화함으로써 시대적 성격을 도외시하는 위험성을 안고 있다는 비판이 가해졌다.[13]

원시공동체사회라는 용어는 이후 남한 학계의 한국사 개설서에서 유물사관과는 관계없이 구석기·신석기시대의 사회를 설명하는 장절의 제목으로

7 白南雲, 1933, 『朝鮮社會經濟史』, 東京: 改造社, pp.104~116.

8 황기덕, 1978, 「조선에서의 농업공동체의 형성과 계급사회로의 발전」(1)·(2), 『력사과학』 1978-3, 1978-4, 과학·백과사전출판사.

9 이병도, 1956, 『국사와 지도이념』, 일조각.

10 "공동사회는, 즉 중다인衆多人의 의지의 완전 통일체로서 지속적이고 유기체인 것이다(이병도, 1955)".

11 원시공동체사회는 혈연, 제사 생활, 경제 생활을 공동으로 하고 모든 중대사를 중의에 의하여 민주적으로 처리하며 대외적으로는 군사 단체로 기능한다. 모든 것이 민주적이어서 선거, 쟁의 기타 중대사는 족원 전체의 회의에서 결정한다(이병도, 1955).

12 이태진, 2012, 「두계 이병도 한국사학에서의 공동체 문제」, 『진단학보』 116, p.377.

13 김창석, 2014, 「공동체론」, 노태돈교수정년기념논총간행위원회, 『한국 고대사 연구의 시각과 방법』, 노태돈교수정년기념논총 1, 사계절, p.250.

계승되었다.[14] 지금까지도 한반도의 구석기와 신석기 문화 단계를 씨족공동체사회 내지는 원시공동체사회로 설정하는 것에 대해서는 별다른 이론이 없어 보인다. 이기백의 경우, 공동체라는 용어는 원시공동체사회에 국한하여 사용하였고 청동기·철기시대 이후의 사회는 원시공동체사회에서 이미 벗어난 것으로 간주하고 공동체란 용어를 사용하지 않았다.[15]

공동체 이론에 대해 좀 더 깊이 있는 검토가 가해진 것은 1960년대에 이르러서이다. 사회경제학자 김삼수는 경제사학과 사회학의 공동체 개념을 두루 살펴 이를 조선시대의 '계契' 연구에 활용하였다. 그는 계는 그 내부에 토지 소유 관계를 내포하지 않더라도 본원적으로 마을공동체, 제사공동체, 생산공동체의 일면을 가지고 있으며, 이는 독일의 'Gemeinde' 개념보다 영어의 'Community' 개념에 가깝다고 보았다.[16] 이는 경제사학자들의 공동체 이론의 틀을 주목하면서도 그로부터 벗어나서 그 적용 대상을 확대하고 다양화시켰다는 데 그 의미가 있다.

한국 고대사 연구에도 사회학적인 공동체 개념의 적용이 시도되었다. 1960년대에 들어 김철준은 씨족공동체 사회의 해체 이후 이를 대신하여 세대공동체 또는 친족공동체가 성립한 것으로 보고 부족연맹이나 고대국가는 친족공동체를 기층의 사회 단위로 한다는 것이다. 그리고 신라에서는 "7대를 같이하는 혈연관계이면 하나의 친족집단이라는 비교적 단순한 규제 아래 움직이는 친족공동체를 형성하였을 것"으로 보았다. 엄밀히 구분하자면 그의 친족공동체론은 공동체 이론보다는 오히려 서구 인류학자들의 미개사회의 사회조직에 관한 연구 결과를 활용한 측면이 더 많다. 그가 한국 고대사회를 구성한 사회적인 편제 단위로 파악한 친족공동체는 인류학계의 리니

14 손진태, 1949, 『국사대요』, 을유문화사, p.42; 이기백, 1967, 『한국사신론』, 일조각, p.16; 1976, 『한국사신론』 개정판, 일조각, p.9.

15 이기백, 1996, 「성읍국가시대 법속에 나타난 사회와 사상」, 『한국고대정치사회사연구』, 일조각, pp.25~27.

16 김삼수, 1964, 『한국사회경제사연구』, 박영사, pp.56~58. 그는 '공동체'의 영어명 community가 Gemeinschaft와 Gemeinde의 뜻을 모두 포함한다고 본다(p.51).

지lineage 개념이다. 그는 친족집단, 즉 친족공동체를 규모에 따라 내물왕계奈勿王系 김씨족은 '맥시멀 리니지maximal lineage'로, 7대代 동일同一 친족집단은 '메이저 리니지major lineage'로, 5대 동일 친족집단은 '마이너 리니지minor lineage'로, 3대 동일 친족집단은 '미니멀 리니지minimal lineage'로 파악하였다.[17]

이후 두레나 향도의 공동체적 성격을 검토한 일부 논고를 제외하고는 사회학의 공동체 개념을 적극 활용한 한국사 전공자의 연구는 별로 없다. 『삼국지』 동이전에 나오는 동예 읍락의 족외혼族外婚이나 책화責禍라는 풍속, 삼한의 농경 제의, 부여·고구려의 연맹장 선출 등 공동체적 요소에 대한 언급은 수없이 이루어졌으나 공동체 자체를 주제로 그 유형이나 기반을 다룬 논고는 별로 없다. 그런데 '읍락邑落공동체론'을 제기하면서 『삼국지』 위서 동이전의 읍락의 공동체적 성격을 검토한 논고가 나왔다.[18] 이는 그 이전 십수년간 읍락이 공동체라는 관점보다 정치체라는 관점에서 다루어진 데 대한 비판적 시각에서 비롯된 것 같다.

1970~1980년대에 이르러 한국고대국가 형성을 둘러싼 논의가 활발해지고 고대국가를 구성한 기본 단위로서 부部 또는 읍락에 대한 관심이 높아졌다. 그리고 부나 읍락을 공동체로 다루기보다 독립적인 정치체로서 이들의 정치적 성장과 통합 과정을 밝히는 데 역점을 두었다. 이 같은 연구 시각은 그사이 읍락을 읍락공동체로 칭하는 것보다[19] 단위정치체, 지역정치체 또는 그냥 정치체로 부르는 경우가 더 많은 데서도 잘 드러난다.

정치체란 서구 고고학의 'polity'라는 용어를 번역한 것이다. 정치체란 용어에 대한 정의도 다양하다. 이희준의 정리에 의하면 '단순사회든 복합사회든 정치적으로 독립적이거나 자치적인 사회 단위', '마을에서 국가에 이르

17 김철준, 1968, 「신라시대의 친족집단」, 『한국사연구』 1; 1975, 『한국고대사회연구』, 지식산업사, pp.158, 164~165.

18 김창석, 2014.

19 문창로, 2000, 『삼한시대의 읍락과 사회』, 신서원, pp.110~114.

기까지 자치성을 띤 정치적 단위', '정식의 정치조직을 갖춘 단위체, 즉 영역 내부가 위계적으로 조직된 중앙집중적 단위', '일정한 지리적인 범위 안에서 상호 작용을 하는 복수의 취락으로 이루어진 단위들이 존재하고 그 가운데 정치적 중심지가 존재하는 자치적 정치단위' 등이다. 그리고 그는 『삼국지』 위서 동이전의 읍락은 기초정치체, 읍락들의 통합체인 소국은 지역정치체라 하였다.[20]

이러한 용어의 변화는 인류학이나 고고학계의 영향을 반영하는 것이다. 그리고 한국 고대사 연구에서 고고학자료의 중요성이 날로 높아지고 고고학자들의 고대사 연구 참여가 늘어나는 추세와도 관계가 있다. 아무튼 그동안 부나 읍락의 정치적 성장 과정에 대해서는 고고학과 금석문 자료의 증가에 힘입어 상당히 많은 연구가 축적되었고 나름대로 체계도 만들어져 가고 있다. 반면 권력의 성장과 집중화, 위계화 등 정치적 통합과 재편 과정에서 수반되는 읍락 내부의 사회경제적 변화에 대한 연구는 상대적으로 부족한 면이 없지 않다.

3. 한국 고대사 연구방법론으로서의 공동체 이론의 효용성

부나 읍락이 한국 고대국가의 성격이나 구조를 밝히는 데 있어서 중요한 존재임을 부인하는 연구자는 거의 없을 것이다. 2015년도 한국고대사학회 하계 세미나는 사회경제적인 측면에서 부나 읍락의 연구를 심화하고 그 변천 과정을 추적하려는 의도로 기획되었다. 발표 주제는 『삼국지』 위서 동이전 단계의 '읍락'을 공동체 논의의 출발점으로 삼아 읍락이 지닌 공동체적

20 정치체 개념 정리는 이희준, 2000, 「대구지역 고대 정치체의 형성과 변천」, 『영남고고학』 26, pp.86~87을 참조한다.

요소가 혈연, 지연 등 각 부면에서 어떻게 변화하면서 해체되어 가는지, 어떤 새로운 형태의 공동체가 등장하는지 등 각 단계별 변화상을 밝히는 것으로 구성되었다.

『삼국지』 위서 동이전의 읍락의 공동체적 성격에 대해서는 많은 연구자가 언급해 왔다. 특히 동예의 읍락은 원시공동체사회 마지막 단계의 모습을 보여 주는 사례로 널리 활용되었다. 황기덕은 청동기문화 단계에 이르러 농촌공동체 사회가 형성된다고 설명한다. 계급 관계가 발생해 있고, 소가족 단위로 집과 텃밭은 사유하나 경지, 산림은 공동체적 소유 관계를 유지하는 지연적·경제적 연합체를 농업공동체라 한다.[21] 그가 말하는 농업공동체는 문화 배경은 다소 다르게 설정되어 있지만 자료와 내용을 보면 『삼국지』 위서 동이전의 읍락을 포함한다. 그는 농업공동체 수장이 지배하던 영역이 읍락 또는 국읍國邑이며 소국은 여러 농업공동체를 포괄한 것이라고 설명한다. 이와 달리 김창석은 읍락에는 계층 분화가 진행되어 있었으며 읍락의 토지는 읍락 성원들이 나누어 경작한다 하더라도 읍락 성원 전체가 함께 가지는 일종의 공유지가 있었으며, 공동 생산과 분배가 이루어졌다고 하더라도 가호별 경영과 소유 부문이 병존하는 상태였다. 따라서 읍락공동체의 기본 성격은 지역정치체이며 농업공동체의 성격을 가지기는 하지만 원시공동체의 말기 단계는 아니라는 것이다.[22]

『삼국지』 위서 동이전의 읍락은 원시공동체의 해체 이후에 등장하는 존재이다. 이는 청동기·철기시대에 이르러 계층 분화와 전문화가 진행되고 사유재산이 발생한 단계의 정치·사회적 편제 단위이다. 앞의 두 연구자들은 이를 원시공동체와 구분하기 위해 읍락공동체, 지역정치체, 농업공동체 등으로 명명하였다. 경제사학자들은 카를 마르크스의 세 가지 유형의 공동체는[23]

21 황기덕, 1978, pp.39~40.
22 김창석, 2014, pp.254~259.
23 아시아적 공동체, 고전 고대적 공동체, 게르만적 공동체.

결국 농업공동체의 세 유형이며 이는 원시사회 붕괴 후 계급사회로 가는 과도기인 본원적 소유 단계에서 등장하는 것으로 파악한다.[24] 이처럼 농업공동체라는 동일한 용어를 사용하고 있지만 그 시각이나 내용에는 차이가 많다.

이러한 논의를 보면서 떠오르는 의문은 한국 고대사를 연구하는 방법론으로써 공동체 이론은 얼마나 유용한가, 공동체를 통해 고대사회의 단계별 변화상을 밝히고 발전 과정을 체계화할 수 있을까, 그렇다면 그 방법은 무엇일까 하는 것이다. 이러한 의문에 접근하기 위해서는 일단 공동체를 형성, 유지하는 핵심 요소가 무엇인지를 먼저 검토해야 한다. 핵심 요소란 공동체를 형성하고 유지하는 토대이다. 공동체의 해체나 변화는 결국 각종 원인으로 인해 공동체를 받치고 있던 핵심 요소들에 변화가 생길 때 일어난다. 새로운 형태의 공동체가 등장하는 것 역시 새로운 결집 요소와 힘이 작용하였기 때문이다. 이러한 의문에 접근할 수 있다면 공동체의 변화를 통한 한국 고대사의 체계적 이해도 가능해질 것이다.

한국 고대사회의 각종 공동체의 존재를 파악하고 성격을 규정하기 위해 우리가 주목해야 할 핵심 요소들은 무엇인가? 지금까지 한국사 연구자들이 주목한 것은 토지 소유 관계, 생산 형태, 혈족집단의 분화, 계급 분화 등이다. 다분히 경제사학자들의 공동체 기준을 취한 부분이 많다. 경제사학자들은 공동체의 유형과 변화 과정을 논할 때 토지 소유와 경작 형태에 초점을 맞추므로 사회학보다는 측정 기준이 일견 단순해 보일 수도 있다. 하지만 이 기준이 얼마나 효율적인가 하는 것은 별개의 문제이다.

역사의 거시적인 흐름을 보면 계층 분화가 진행되고, 사유 토지가 발생하고 점차 그 비율이 늘어난다. 그리하여 토지 소유나 점유 형태도 다양하게 변화하고 각 시대별로 나름대로 토지제도가 등장한다. 문헌상으로도 개인이 받은 사유 토지의 존재가 확인되는데 전공戰功과 관련된 것이 보인다.

24 이영훈, 1982, 「역자 후기」, 大塚久雄 저, 이영훈 역, 『공동체의 기초이론』, 돌베개, pp.118~119.

예컨대 진흥왕 23년(562) 가야 반란 진압 전쟁에서 화랑 사다함斯多含이 공을 세워 왕으로부터 받은 전지田地를 전사들에게 나누어 주고 자신은 알천閼川의 불모지만을 취하여 칭송이 자자하였다는 기록이다.[25] 백제 지역에서는 부여 궁남지宮南池에서 출토된 6~7세기경의 것으로 추정되는 목간자료 중에 "서부 후항에 사는 사달사사(西部後巷巳達巳斯)"와 관련된 "매라성 법리원에 있는 수전 오형(邁羅城法利源水田五形)"이라 적힌 목간(궁남지 135호)이 있다. 사달사사를 포함한 7~8인을 단일한 호戶로 보고 매라성 법리원의 수전 오형은 이 호에게 주어진 경작지와 그 소재지를 표시한 것이라는 해석이 있다.[26] 하지만 이들이 해당 수전의 소유자인지는 분명하지 않다. 신라 하대에 작성된 것으로 추정되는 촌락문서村落文書에는 촌락별로 연수유답烟受有畓과 연수유전烟受有田의 총 면적만 나오고 공연孔烟별 면적은 기재되어 있지 않다. 호별로 등급이 매겨져 있었던 만큼 백제처럼 공연별 전답 면적을 기록한 목간 형태의 문서가 별도로 작성되어 있었을 가능성이 있다. 그리고 성덕왕 21년(722)의 정전丁田 분급分給 기록을 고려할 때 공연별로 전답이 경작되었을 것이란 추정은 가능하다.[27]

8세기 말 자료인 「숭복사비崇福寺碑」에 "원성왕의 능을 조성할 때 비록 왕의 영토라고는 하나 공전公田이 아니므로 땅을 좋은 값으로 구입하여 묘역을 조성하였다"라는 구절이 있어 오랫동안 토지 사유화 내지는 사적 점유를 뒷받침하는 자료로 활용되어 왔다.[28] 그리고 9세기 말 자료인 「개선사開仙寺 석등기石燈記」에(진성여왕 5년, 891) "승僧 입운入雲이 경조京租 100석으로 석보평石保坪의 저답渚畓 4결, 오답奧畓 10결을 매입하였다"는 내용이 나온다.[29]

25 『三國史記』 新羅本紀, 眞興王 23년조; 列傳 4, 斯多含전. 전공을 논하여 본피궁本彼宮의 재화財貨, 전장田莊, 노복奴僕을 반으로 나누어 김유신과 김인문에게 주었다는 등의 기록도 있다(『三國史記』 新羅本紀, 文武王 2년조).

26 윤선태, 2007, 『목간이 들려주는 백제 이야기』, 주류성, pp.174, 214; 홍승우, 2015, 「목간 자료로 본 백제의 적장 문서와 수취제도」, 『한국고대사연구』 80, p.122.

27 촌락문서의 작성 연대(695년, 755년) 추정에 따라 다른 해석도 있을 것이다.

28 앞으로 토지의 기증 사례나 토지 소유권을 시사하는 내용을 적은 목간자료 등을 기대해 볼 수 있다.

29 자료는 이태진, 1986, 『한국사회사연구: 농업기술 발달과 사회변동』, 지식산업사, p.62 참조.

또한 매입한 논의 경계에 접한 주변 경작지의 소유주도 언급되어 있다. 이처럼 토지 사유 제도가 존재한 것은 분명하나 가호별 토지 소유 상황을 추정할 수 있는 문서나 문헌 자료는 현재 거의 없다.

만약 공동체의 해체나 변화 과정을 토지 사유화를 기준으로 설명하려면 토지 사유화의 진행 과정을 알 수 있어야 한다. 즉 사유 토지의 비율이나 증가 추세, 공유지의 감소 내지는 소멸 등을 추적할 수 있어야 한다. 토지 사유화의 초기 형태는 주거지에 인접한 텃밭 개간으로 시작한다고 한다. 이러한 초기 형태는 청동기·철기시대에 이미 나타나기 시작하였을 것이고 삼국시대 이후에도 계속되었을 것이다. 철제 농기구 보급으로 새로 개간된 논밭이 늘어났을 것이고 이것이 사유화를 확산시키는 계기로 작용하였을 것이다. 4세기 이후 치열해지는 무력 전쟁 역시 토지 사유화를 진전시키는 요인이 되었을 것이다. 그러나 3세기 삼한 읍락과 백제, 신라 성촌城村의 토지 사유화의 진행 정도를 비교하고 이를 통해 공동체적 관계의 변화 양상을 어떻게 읽어 낼 것인지가 문제이다. 현재 고고학 발굴에 의해 각 시대의 경작 유구들이 여러 곳에서 조사되었다. 하지만 지금의 자료 상태로는 경작 유구를 통해 토지 소유 관계나 변화상을 판별하는 것은 불가능해 보인다. 이처럼 토지 사유화라는 기준은 거시적 변화를 읽는 데는 유용한 면이 있으나 각 시기별로 등장하는 공동체의 성격 변화를 추적하는 기준이 되기에는 한계가 많다.

공유지의 존재 여부를 추적하는 것도 그리 효과적인 기준이 되지 못한다. 동예의 책화라는 풍속은 읍락공동체의 공동체적 요소를 뒷받침하는 최적의 자료로 오랫동안 활용되어 왔다. 산천에는 각 읍락별 구분이 있어서 다른 읍락의 산천에 함부로 들어가면 그 벌로 우마와 생구生口를 주어야 한다는 기록이다. 책화는 산천의 자원을 공동으로 활용하는 동예 읍락민들의 경제생활의 한 단면을 보여 주는 자료이다. 그런데 8세기 신라 촌락문서를 보면 각 촌별로 산개山榼라 하여 촌락에 할당된 산림의 둘레가 명기되어 있다. 아마 각 촌락민들이 공동으로 관리하거나 이용하는 산림 자원의 범위를 나타낸 것으로 생각된다. 산개지도 한 촌에서 다른 촌으로 소속 변화가 이루어지기도 하였다.[30] 그리고 이러한 변동 사항을 문서에 기록한 것으로 보아 이 역시 중요한 자원으로 간주된 것 같다. 신라 촌락문서의 산개지와 동예의 읍락별로 분할되어 있는 산천은 자연 자원의 공동 이용과 관리라는 면에서 상통하는 점이 있다. 이처럼 공유지가 사라지기 이전까지 그 존속 기간이 아주 길기 때문에 공유지의 존재만으로 공동체의 성격을 규정하는 것은 문제가 있다.

다시 말하면 7~8세기 신라 촌락에는 공연별 경작지, 촌락민 공동의 산림 자원 등이 공존한다. 그리고 촌락민들이 공동으로 경작하는 토지도 있다. 관모답官謨沓, 관모전官謨田처럼 조세 부담을 위한 것도 있고, 마전麻田처럼 특수 작물 재배지도 있는데, 작물의 특성으로 인해 공동으로 작업하였다. 그러므로 토지의 사적 소유(점유), 공동 소유(점유), 공동 경작 등의 잣대만으로는 1~3세기, 4~6세기, 7~9세기 등 각 시기별 정치·사회적 발전 단계를 구분하고 이와 관련하여 공동체의 성격 변화를 검토하는 데는 한계가 있다.

경제사학자들이 토지 소유 관계와 더불어 공동체의 주요 요소로 주목하는 것은 공동 경작과 노동조직이다. 그들은 이것을 토지 소유나 계급 관계를 중심으로 파악한다. 그러나 이것은 농업기술의 발달 과정과 밀접한 관계가 있다. 일정한 간격으로 휴경을 해야만 하는 단계에서는 농업생산력을 높이기 위해서는 일정 범위 내에서 경작지 공동 관리는 필수적이다. 그리고 의생활 원료인 마의 재배나 방적 과정은 공동 작업을 할 경우 작업 효율이 훨씬 높아진다. 문무왕 15년(675) 봄에 북쪽 변방에 위치한 아달성 주민들이 태수의 명으로 마를 심기 위해 집단으로 성을 비운 틈을 타 말갈이 침입하여 큰 피해를 입었다는 기록이 있는데 마전을 공동 경작하던 모습을 보여 준다.[31] 또한 후대에 이르기까지 신라 왕경 6부 여인들이 모여 공동으로 길쌈 작업

30 살하지촌薩下知村(B촌)의 산개山榼의 땅 둘레는 옛날에는 8,770보步였는데 굴가리하목장곡掘加利何木杖谷을 합하여 12,830보가 되었다.

31 『三國史記』 列傳 7, 素那전, "上元二年乙亥春 阿達城太守級湌漢宣 敎民以某日齊出種麻 不得違令".

을 하였는데 이것도 작업의 특성 때문이다.[32] 그러므로 이것을 공동체적 요소의 잔존으로 해석하는 것은 도식적이다. 오히려 생산기술이나 효율이라는 측면에서 새로운 형태의 공동체적 관계의 형성으로 볼 수 있다.

다음으로 사회학자들의 공동체 연구방법론을 보면 공동체의 개념 정의 못지않게 연구 시각도 다양하다. 더욱 실망스러운 것은 사회학자들조차도 공동체 연구와 공동체 이론의 정립은 아직도 초보적인 단계라고 결론짓는다는 점이다.[33] 요컨대 사회학자들이 대상으로 하는 공동체들은 전 시대를 망라하므로 고대사 연구에서 이들의 이론을 활용할 수 있는 여지는 제한적이다. 다만 대부분의 사회학자가 공동체의 핵심 요소로 꼽는 사회적 상호 작용 관계, 공동의 유대감 등은[34] 고대사회의 공동체 연구에도 활용할 여지가 있다.

예컨대 문헌 기록에는 『삼국지』의 읍락 이외에도 긴밀한 상호 작용 관계를 지닌 사회 단위들이 보인다. 위만조선 말기에 우거왕右渠王과 뜻이 맞지 않아 진국辰國으로 간 조선상朝鮮相 역계경歷谿卿이 이끄는 2,000여 호의 무리,[35] 낙랑군에 내속한 고구려 잠지락蠶支落 대가大加 재승戴昇이 이끄는 만여 구의 집단들,[36] 그리고 경주 지역에 집단 이주하여 육촌을 이룬 위만조선계 유이민집단들[37]은 사회학적 기준에 의하면 공동체의 범주에 들어간다. 이들의 토지 소유 관계는 알 수 없지만 이들은 삶의 터전을 완전히 옮기는 크나큰 변화를 함께 감수할 정도로 강한 연대감을 지닌 집단들이다. 자칫 잘못하면 이들은 집단 예속민으로 전락할 수 있는 위험조차 함께하고 있다. 이들을 이처럼 강하게 결속시키고 자발적 참여를 끌어내는 요소는 무엇이었을까?

32 『三國史記』 新羅本紀, 瑠璃尼師今 9년조.

33 사회집단론적 접근, 사회조직론적 접근, 사회체계론적 접근, 상호 작용론적 접근, 유형론적 접근, 사회연결망론적 접근 등 다양하기 그지없다(콜린 벨 저, 신용하 편, 1985, 「서설: 공동체에 대한 현대인의 추구」, p.17).

34 김경일 역, 1985a, p.64.

35 『三國志』 魏書 東夷傳 韓條 所引 『魏略』.

36 『後漢書』 東夷傳 高句麗조.

37 『三國史記』 新羅本紀, 始祖 赫居世 居西干조.

혈연이나 물리적 힘만으로는 설명할 수 없는 어떤 이념적 요소 내지는 동일한 정치체의 구성원이라는 의식이 작용한 것으로 보아야 한다.

대상을 좀 더 확대하면 제정일치祭政一致사회의 사회 단위들의 경우 물질적인 기반보다 종교적·이념적인 요소가 크게 작용하였을 수도 있다. 혈연, 지연 이외에 이념적 일체감이나 강력한 연대를 뒷받침하는 또 다른 요소들은 무엇일까? 공동체를 결속시키고 유지시키는 데에는 각각의 요소들이 중복적으로 작용하였을 것이다. 그러므로 공동체를 통해 각 단계별 변화상을 찾아내기 위해서는 시기별로 공동체를 지탱하는 다양한 구성 요소들을 주목하고 각각의 요소들의 우선순위가 어떻게 바뀌어 가는가를 살펴볼 필요가 있다.

고대사회의 사회조직을 탐구하는 방법론으로서의 공동체 이론은 한두 가지 요소만으로 체계화할 성질의 것이 아니다. 종교적인 것, 혈연적인 것, 생산수단으로서의 토지와 경작기술, 노동조직 등 다양한 요소들을 검토 대상으로 삼아야 한다. 이를 위해 마르크스주의 계열의 공동체 개념의 틀에서 자유로워져야 한다. 이는 공동체론의 외연을 확대시키는 길이기도 하다. 사회학자들은 농촌공동체의 중요 요소로 사회적 상호 작용, 지리적 영역, 자족성, 공동의 삶, 동류의식, 목표, 규범, 수단의 공동 소유 등 다양한 측면을 주목한다.[38] 다소 혼란스럽기는 하지만 이러한 사회학의 다양한 접근 방법론에도 관심을 가져 볼 필요가 있다. 물론 이에 앞서 "그동안 우리 학계가 Community, Gemeinschaft, Gemeinde 등 외래어를 빌려다 쓰는 과정에서 공동체라는 용어에 대한 개념적 혼란이 있었고, 연구자에 따라 아무런 개념 규정 없이 임의로 쓰였다"는[39] 비판의 목소리에 먼저 귀 기울여야 할 것이다. 그리한다면 지역별, 시기별로 다양한 성격의 공동체의 존재가 부각될 수도 있을 것이다. 무엇보다도 이들을 통해 한국 고대사회의 공동체의 보편성

38 김경일 역, 1985a, p.63.
39 김경일 역, 1985b, pp.203~204.

과 특수성을 찾아낸다면 공동체라고 하는 개념 틀은 한국 고대사 연구를 위한 방법론으로써 유용하다는 평가를 받을 수 있을 것이다.

/ 참고문헌 /

김경일 역, 1985,「공동체의 이론들」,「공동체론의 기본 문제」, 콜린 벨 저, 신용하 편,『공동체 이론』, 문학과 지성사

김삼수, 1964,『한국사회경제사연구』, 박영사

김창석, 2014,「공동체론」, 노태돈교수정년기념논총간행위원회,『한국 고대사 연구의 시각과 방법』, 노태돈교수 정년기념논총 1, 사계절

김철준, 1968,「신라시대의 친족집단」,『한국사연구』 1

———, 1975,『한국고대사회연구』, 지식산업사

大塚久雄 저, 이영훈 역, 1982,『공동체의 기초이론』, 돌베개

문창로, 2000,『삼한시대의 읍락과 사회』, 신서원

윤선태, 2007,『목간이 들려주는 백제 이야기』, 주류성

이기백, 1967,『한국사신론』, 일조각

이병도, 1956,『국사와 지도이념』, 일조각

이희준, 2000,「대구지역 고대 정치체의 형성과 변천」,『영남고고학』 26

황기덕, 1978,「조선에서의 농업공동체의 형성과 계급사회로의 발전」(1)·(2),『력사과학』 1978-3, 1978-4, 과학·백과사전출판사

홍승우, 2015,「목간 자료로 본 백제의 적장 문서와 수취제도」,『한국고대사연구』 80

……

大塚久雄, 1955,『共同體の基礎理論: 經濟史總論講義案』, 東京: 岩波書店

白南雲, 1933,『朝鮮社會經濟史』, 東京: 改造社

/ 5장 /

최치원의 역사 인식

1. 최치원의 사학사적 위치

자신들이 살아온 발자취와 기억을 보존, 전승하려는 것은 인간 집단의 문화적 기본 본능이다. 원시사회의 씨족·부족집단의 경우 최소한 자신들의 조상에 대한 계보와 중요 사건들을 제례의식의 거행 과정에서 암송하게 하여 이를 구비口碑, 전승시킨다. 그리고 이것이 문자의 사용과 함께 기록으로 남겨져 역사 서술의 기본 자료로 활용되어 왔다. 한국 고대사회에서도 고구려의 『유기留記』, 『신집新集』, 신라 거칠부居柒夫의 『국사國史』 등이 이러한 역사적 산물의 범주에 속한다.

그런데 일반적으로 한국사학사의 첫 부분은 『삼국사기三國史記』와 『삼국유사三國遺事』로 시작된다. 신라시대에는 김대문金大問에 의해 『계림잡전鷄林雜傳』, 『한산기漢山記』, 『화랑세기花郎世記』, 『고승전高僧傳』 등 지리지, 전기를 비롯하여 역사 관련 저술이 이루어졌다. 그리고 『삼국사기』에 인용된 고기류古記類와[1] 『일본서기日本書紀』에 인용된 백제사에 관한 역사서의[2] 존재가 알려져 있다. 고려 초기에도 『해동삼국사海東三國史』 혹은 『구삼국사舊三國史』 등의 사서史書가[3] 편찬되었다. 그러나 그 어느 것도 현존하지 않기 때문이다. 그럼에도 불구하고 김대문의 사학史學을 통하여 7세기 통일신라 전제왕권 전성기의 진골귀족의 역사 인식에 대한 검토가 이루어졌고,[4] 최치원崔致遠의 역사 서술 성격에 대한 고찰이 시도되는 등 한국사학사의 첫 부분의 공백을 메우기 위한 노력이 있어 왔다.[5]

이 장에서는 최치원을 통하여 『삼국사기』 내지는 고려 초기 사서史書들에 선행하여 형성되었던 신라 말 육두품 출신 지식인들의 한반도 고대사회에 대한 역사 인식의 한 형태를 살펴보고자 한다. 최치원에 대해서는 문장가로서의 평가뿐 아니라 학자로서의 그의 정치·사회사상 등에 대해 다각적인 연구가 있어 왔다.[6] 그러나 지금껏 한반도 고대사회에 대한 그의 역사 인식 문제에 대해서는 별다른 관심이 없었던 것 같다. 최치원은 「제왕연대력帝王年代曆」을 제외하고는 역사에 관한 직접적인 저술은 거의 남기지 않았기 때문에 신라시대의 사가로는 김대문을 드는 것이 통례이다. 그러나 신라 말 육두품 출신의 문장가이자 학자인 최치원의 역사와 전통에 대한 인식의 형태, 범위, 기준은 9세기 후반뿐 아니라 그 이전의 통일신라사회의 역사 인식의 흐름을 이해하는 데도 시사하는 점이 적지 않다. 그리고 그가 고려 초기의 역사인식 형성에도 적잖은 영향을 미쳤을 가능성이 있기 때문에 이는 고려시대의 사학사상을 이해하는 기초 자료가 되기도 할 것이다.

1 예를 들면 『삼한고기三韓古記』, 『해동고기海東古記』, 『신라고기新羅古記』 등이다.

2 『백제기百濟記』, 『백제신찬百濟新撰』, 『백제본기百濟本記』이다.

3 『해동삼국사海東三國史』, 『구삼국사舊三國史』, 『전삼국사前三國史』가 동일한 사서의 다른 이름이라는 견해도 있다(末松保和, 1966, 「舊三國史と三國史記」, 『朝鮮學報』 39·40合).

4 이기백, 1978, 「김대문과 그의 사학」, 『한국사학의 방향』, 일조각.

5 조인성, 1982, 「최치원의 역사서술」, 『역사학보』 94·95합집.

6 今西龍, 1933, 「新羅崔致遠傳」, 『新羅史研究』, 京城: 近澤書店; 최익한, 1941, 「최고운의 문화적 지위」, 『춘추』 2-6; 김복순, 1980, 「고운 최치원의 사상연구」, 『사총』 24, 고려대학교 역사연구소; 최근영, 1981, 「고운 최치원의 사회개혁사상」, 『한국사상』 18; 최경숙, 1981, 「최치원연구」, 『부산사학』 5, 부산경남사학회.

2. 한국 고대사회에 대한 역사 인식의 범위

최치원의 역사 인식을 이해하는 한 과정으로 먼저 통일신라사회의 정치적·역사적 성격에 대한 그의 관념을 먼저 살펴볼 필요가 있다. 〈자료 A〉에서 보듯이 최치원은 그가 작성한 장狀, 표表, 기記, 비명碑銘 등에서 신라를 '접수鰈水', '접수지향鰈水之鄕' 또는 '상진桑津'이라고 하여 은유적으로 표현하는 경우가 많다.

〈자료 A〉

① 이들은 형제들도 훌륭하고 제자들도 번창해서 선정의 숲이 계림에서 빼어나게 돋보이게 하였을 뿐만 아니라 지혜의 물결이 **접수鰈水**로 안온히 흐르게 하였다(有令兄弟 宜爾子孫 俾定林標秀於鷄林 慧水安流於**鰈水**矣).

—「지증화상비명智證和尙碑銘」, 『문집』 3, 비碑—

② 난봉의 쌍함이 그림자를 짝하여 오산鼇山의 길을 향하고, 규룡虯龍의 일찰一札이 줄을 이어 **접수鰈水의 고장**으로 들어왔으니 …(鸞鳳雙函 儷影指鼇山之路 虯龍一札 聯行入**鰈水之鄕** …).

—「사사조서양함표謝賜詔書兩函表」, 『문집』 1, 표表—

③ 모화慕化의 정성을 표하려고 하였습니다만, 제아무리 **접수鰈水**의 신령스러운 기운과 계림의 수려한 기운을 타고난 뛰어난 인재라고 할지라도 …(聊申慕化之誠 惟渙**鰈水**之靈挺 鷄林之秀者).

—「주청숙위학생환번장奏請宿衛學生還蕃狀」, 『문집』 1, 장狀—

④ 이러한 모습을 보여 줌으로써 **접수鰈水**의 유자들과 구림(계림)의 학도들에게 중국을 관광할 뜻을 격려함이요(示使**鰈水**儒流 鳩林學植 競勵觀光之志).

—「여예부배상서찬장與禮部裵尙書瓚狀」, 『문집』 1, 장—

⑤ **상진桑津**의 학자가 괴시槐市의 생도의 대열에 참여하는 것을 허락받고 …(仍許**桑津**之學者 俾隨槐市之生徒).

—「여예부배상서찬장與禮部裵尙書瓚狀」, 『문집』 1, 장—

* 자료 A~D는 『고운선생문집孤雲先生文集』(『문집』으로 표시함)을 활용하였으며, 인용 자료의 번역문은 한국고전번역원 한국고전종합DB의 『고운집孤雲集』에 의거하였다.

『시경詩經』 이아편爾雅篇에 "동방에 가자미라는 이름의 물고기가 있는데 모양이 소의 밥통 같고 비늘은 가늘고 자흑색"이라고 하여[7] 가자미는 동방에 사는 물고기로 알려져 있으므로 접수, 접수지향이란 표현은 신라가 지리적으로 중국 동방에 위치한 나라임을 나타낸다. 그리고 해가 뜨는 곳을 부상扶桑이라고 칭한 데서 연유하여 역시 동방의 나라라는 의미에서 신라를 '상진' 등으로 표현하고 있다. 그뿐만 아니라 최치원은 때때로 '동인지자東人之者',[8] '동인東人',[9] '해우출일海隅出日',[10] '일변지인日邊之人'[11]과 같은 직접적인 표현을 통하여 자신의 나라가 해가 뜨는 동방에 위치하였음을 나타내기도 하였다. 신라 내물마립간의 전진前秦 견사 기록 중에 "부견이 위두에게 묻기를 그대의 말에 해동海東의 일이 옛날과 같지 않다니 무엇이냐"라고 하여[12] 4세기 후반 중국 전진에서 이미 한반도를 해동으로 칭하고 있음을 알 수 있다. 이후 고려, 조선에 이르기까지 한반도를 일컫는 일반화된 칭호가 된 해동, 동방, 동국東國이라는 표현은 한반도가 중국의 동쪽에 있는 나라라는 것을 나타내는 것으로 그 유래가 삼국시대까지 올라간다. 그러므로 신라에 대

7 "東方有魚 … 名曰**鰈** 狀如牛脾 鱗細紫黑色".

8 崔致遠, 「眞監和尙碑銘」, 『孤雲先生文集』 2, 碑.

9 崔致遠, 「智證和尙碑銘」, 『孤雲先生文集』 3, 碑.

10 "化行而天下同風 德被於海隅出日"(崔致遠, 「謝恩表」, 『孤雲先生文集』 1, 表).

11 "能委照於日邊 **日邊之人** 謂仁乎"(崔致遠, 「謝賜詔書兩函表」 『孤雲先生文集』, 1 表).

12 "符堅問衛頭曰 卿言**海東之事** 與古不同 何耶"(『三國史記』 新羅本紀, 奈勿尼師今 26년조: 『太平御覽』 卷781 四夷部, 東夷 新羅條 所引 『秦書』 前秦 符堅 建元 18년조).

한 '접수', '접수지향', '상진' 등의 표현은 최치원이 이전부터 있어 온 전통적인 관념, 표현을 계승하여 은유적으로 표현한 것이다.

그러나 시대와 정치적 입장에 따라 해동이라는 세력권 자체에 대한 관념이나 여기에 속한 정치집단의 구성이 조금씩 달라지고 있다. 중국 입장에서는 전통적으로 한반도를 포함하여 고구려, 부여, 읍루, 왜倭 등을 모두 동이東夷라는 세력권으로 파악하였다. 최치원 시대에도 발해를 해동성국海東盛國이라고 하여 해동이라는 세력권의 범위가 비교적 광범위한 것으로 나타난다. 이에 비해 최치원은 "동해 밖에 세 나라가 있으니 그 이름은 마한, 변한, 진한이다. 마한은 곧 고려이고 변한은 곧 백제이고 진한은 곧 신라이다"라고 하여[13] 삼한, 즉 삼국을 해동의 기본 구성단위로 이해하면서 "동방의 제후로서 외방을 지키는 자로 우리보다 큰 나라가 없으며"라고 하여[14] 삼국을 통합한 신라를 해동의 중심으로 인식하고 있다. 그리고 "옛날의 조그마한 세 나라가 지금은 장하게도 한 집안이 되었다"라고 하여[15] 통일신라는 고구려 영토의 일부분을 아우르는 데 그쳤으나 관념상으로는 고구려도 통일신라의 일부라는 의식이 뚜렷하게 나타난다. 9세기 말경에는 태봉泰封과 후백제가 각각 고구려와 백제의 후예임을 자처하면서 세력을 확대해 나가고 있었던 만큼 통일신라는 고구려, 백제, 신라 삼국을 통일한 왕조라는 관념은 그 당시에 이미 일반화된 것이었다. 예를 들면 890년 건립된 「월광사月光寺 원랑선사탑비圓郞禪師塔碑」에도 "우리 태종대왕께서 도탄에 빠진 백성을 구하기 위하여 … 무력과 예로써 삼한을 일통할 때 …"라는 구절이 있다. 이렇게 보면 최치원이 작성한 「제왕연대력」도 현존하지 않으나 이미 추정되어 온 대로[16]

13 "東海之外 有三國 其名馬韓卞韓辰韓 馬韓則高麗 卞韓則百濟 辰韓則新羅也"(崔致遠, 「上太師侍中狀」, 『孤雲先生文集』 1, 狀).

14 "矧東諸侯之外守者 莫我大也"(崔致遠, 「智證和尙碑銘」, 『孤雲先生文集』 3, 碑).

15 "昔之蕞爾三國 今也壯哉一家"(崔致遠, 「智證和尙碑銘」, 『孤雲先生文集』 3, 碑).

16 최치원의 「제왕연대력」에 대해서는 『삼국유사』 왕력과 비슷한 체제로 이해하기도 한다(최남선, 1946, 「삼국유사해제」, 『(증보)삼국유사』, 삼중당, p.23; 이우성 교수담, 1976, 『우리 역사를 어떻게 볼 것인가』, p.90). 이와 달리 『증보문헌비고增補文獻備考』 예문고藝文考에 나오는 「신라연대력新羅年代曆」과 같은 것으로 보는 견해도

최소한 고구려, 백제, 신라 삼국의 연대기를 포괄하는 것이었을 가능성이 더욱 높아진다. 이처럼 최치원은 고구려를 포함한 삼국을 한국 고대사회를 구성하는 기본 단위로서 해동이라는 하나의 역사권, 정치권으로 파악하였다.

그런데 당시 신라와 남북으로 대립하던 발해에 대한 최치원의 인식에는 부정적인 면이 보인다. 〈자료 B〉에서 보듯이 그는 발해가 고구려의 후예임을 분명히 인정하면서도 신라와 동일한 문화권 안에 포함시키는 데 대해 상당한 거부감을 가지고 있다.

〈자료 B〉

① 이는 대개 고구려의 난폭한 습속이 기강을 범하고 강상을 어지럽혔기 때문입니다. … **저 고구려가 지금 발해가 되었는데** …(盖爲句麗獷俗 干紀亂常 … **惟彼句麗今爲渤海**).

—「신라왕여당강서고대부상장新羅王與唐江西高大夫湘狀」, 『문집』 1, 장—

② 옛날에 고구려가 나라를 보유하고 있을 적에 험준한 지세를 믿고 교만하게 구는가 하면 군주를 살해하고 백성을 학대하며 천명을 거역하자 … **옛날의 고구려가 지금의 발해로 바뀐 것을** 알겠습니다(昔者句麗衛國 負險驕盈 殺主虐民 違天逆命 … 則知**昔之句麗 則是今之渤海**).

—「여예부배상서찬장與禮部裵尙書瓚狀」, 『문집』 1, 장—

③ 고구려의 잔당이 규합하여 북쪽으로 태백산 아래에 의지하면서 국호를 발해라고 하였습니다(高句麗殘孽類聚 北依太白山下 國號渤海).

—「상태사시중장上太師侍中狀」, 『문집』 1, 장—

그는 발해가 고구려의 계승자라는 사실을 지적하는 동시에 고구려를 포

있으며(이기백, 1972, 「해제」, 성균관대학교 대동문화연구원, 『최문창후전집』, p.4), 발해를 제외한 삼국과 가야의 역사를 포함한 것이라는 견해도 있다(조인성, 1982, pp.50~51).

함한 삼국을 해동이라는 역사, 문화권으로 포괄하고 있다. 그러므로 논리상 발해는 구성 요소에 비록 이질적인 것이 섞여 있다고 하더라도 한국 고대사의 일부분으로 인식되어야만 한다. 실제 당시대 사림인 최치원이 발해를 우리 역사와 문화권의 한 부분으로 인식하고 있었다는 견해도 있다.[17]

그러나 최치원은 발해의 건국자를 "추장 대조영(其酋長 大祚榮)"으로 표현하거나[18] 신라를 근화향槿花鄕, 즉 무궁화의 고장으로 비유하는 데 비해 발해를 고시국楛矢國, 즉 독화살의 나라로 비유함으로써[19] 양자가 상치되는 성격의 정치집단임을 암시한다. '근화'란 변천이 빠른 것을 비유할 때가 있어 신라가 중국 문화에 빠르게 동화하는 문명국임을 뜻하는 듯하다.[20] 그리고 '고시'는 중국인들에게 읍루, 숙신 등의 종족들이 사용하는 표지적인 무기로 알려져 있었으므로[21] 이러한 표현은 말갈족이 혼재한 발해의 종족 구성을 강조하려는 의도가 작용한 것이라고 할 수 있다. 최치원은 이러한 상반되는 표현을 통하여 당唐을 중심으로 하는 국제사회에서 신라와 발해가 종족·문화적으로 서로 다르다는 점을 강조하고 있다. 이러한 주장은 신라가 발해보다 문화적으로 역사적으로 우월하다는 의식을 기본 전제로 한다. 당 소종昭宗 건녕乾寧 4년(897) 발해의 하정사賀正使가 발해보다 상위에 있던 신라사新羅使와의 석차席次 교체를 요청하였으나 허락되지 않은 쟁장사건爭長事件을 통해 국제사회에서도 실제 발해에 대한 신라의 우월한 위치가 인정되고 있다.[22]

이와 같이 최치원은 발해의 대조영을 추장으로 칭하거나 발해를 고시국으로 비유하면서 발해의 주민 구성에 말갈족이 포함되어 있다는 사실을 들어 문화적인 열등성을 강조하였다. 이는 신라와 발해가 정치적으로 적대 관

17 이우성, 1975, 「남북국시대와 최치원」, 『창작과 비평』 10-4, pp.245~246.

18 崔致遠, 「謝不許北國居上表」, 『孤雲先生文集』 1, 表.

19 "則必槿花鄕 廉讓自沉 楛矢國 毒痡愈盛"(崔致遠, 「謝不許北國居上表」, 『孤雲先生文集』 1, 表).

20 白居易의 시에 나오는 것으로 "松樹千年終是朽 槿花一日自爲榮"이라 하여 변천이 빠른 것을 비유한다고 한다.

21 "力如弩矢 用楛 長尺八寸 青石爲鏃 古之肅愼氏之國也 善射 射人皆入 因矢施毒 人中皆死"(『三國志』 魏書 東夷傳 挹婁條).

22 崔致遠, 「謝不許北國居上表」, 『孤雲先生文集』 1, 表.

계에 있던 당시의 상황을 반영하는 동시에 이민족에 대한 중국의 전통적인 대외정책의 결과라고도 할 것이다. 그러나 이를 근거로 최치원이 근본적으로 발해를 해동이라는 세력권에서 제외된 이질적인 존재로 간주한 것으로 단정할 수는 없다. 발해뿐 아니라 고구려에 대해서도 "난폭한 습속이 기강을 범하고 강상을 어지럽혔다"(자료 B의 ①)거나 "험준한 지세를 믿고 교만하게 구는가 하면 군주를 살해하고 백성을 학대하며 천명을 거역하였다"(자료 B의 ②)라고 표현하고 있다. 이러한 관념은 중국 측 입장과 같은 것으로 고구려가 멸망할 때까지 중국 역대 왕조와 끊임없이 항쟁해 왔고, 삼국 항쟁기에 신라와 고구려가 대립하였던 역사적 경험 때문일 것이다. 이러한 감정은 백제에 대해서도 비슷하게 나타나는데, "선조는 두 적국을 평정하여 사람들의 외면의 복식을 바꾸게 하였고"라는[23] 『문집』에 나오는 구절에서 단적으로 나타난다. 물론 고구려의 전통에 대한 최치원의 이 같은 표현은 고구려 자체에 대한 것보다 발해가 고구려의 후예라는 사실을 부각시켜 발해의 역사적 성격을 호전적이고 신라보다 문화적으로 열등한 것으로 규정하려는 의도가 작용한 것으로 풀이되며, 발해에 대한 적대 감정을 고구려, 백제를 적국이라고 한 것과 동일한 차원의 것으로 보기는 어렵다. 발해에 대한 당시 신라의 입장을 당을 대조大朝로, 신라를 대번大藩으로, 발해를 소번小藩으로 간주하는 신라의 국제질서 의식의 표현이라는 지적이 있다.[24] 이처럼 최치원은 현실적으로 발해가 신라와 함께 해동이라는 공통의 정치권을 구성한다는 사실을 부인하지 않으면서도 동시에 신라가 동방 세계의 주도 세력이라는 뚜렷한 의식을 가지고 있었다. 그가 작성한 「제왕연대력」에 발해를 포함시키지 않았을 가능성이 높고[25] 발해를 신라사회보다 역사적 전통에서 열등한 존재로 간주하려는 의식적인 노력이 작용한 것은 사실이나 발해를 왜나 중국과

23 "先祖平二敵國 俾人變外飾"(崔致遠, 「無染和尚碑銘幷書奉教撰」, 『孤雲先生文集』 2, 碑).

24 浜田耕策, 1978, 「唐朝における渤海と新羅の爭長事件」, 末松保和博士古稀記念会 編, 『古代東アジア史論集』 下, 東京: 吉川弘文館, p.353.

25 주 16 참조.

같이 한반도 역사와 유리된 별개의 대상으로 인식한 것으로 단정짓기도 어렵다.

이와 같이 최지원은 고구려, 백제에 대해서도 다소간의 이질감을 보이고 있으면서도 양국을 포함하는 삼국을 해동이라는 동일한 역사, 문화권으로 설정하고 있다. 그리고 발해를 고구려의 후예로 규정하고 종족적으로, 문화적으로 열등한 요소가 있음을 강조하는 것은 해동이라는 정치권의 중심 세력으로서 쇠하여 가고 있던 신라의 국제적 위치를 유지하려는 노력이라고 하겠다. 바꾸어 말하면, 발해를 신라사회의 역사적 전통과의 직접적인 관계 속에서 파악하기보다 동방 세계에서 삼국을 통합한 주체 세력인 신라보다 열등한 부차적인 존재임을 부각시키려는 의식이 작용하고 있다고 하겠다.

3. 고대사 인식 형태

자신이 단일한 역사권으로 설정한 '해동'이라는 대상에 대해 최치원은 어떠한 성격과 가치를 부여하였는가 하는 것이 또 하나의 의문이다. '동방'에 대한 최치원의 관념과 가치 기준을 보여 주는 자료들을 찾아보면 〈자료 C〉와 같다.

〈자료 C〉

①「왕제」에 "동방을 이夷라고 한다라는 말이 나오는데, 이夷에 대해서 범엽은 "이라는 것은 뿌리를 의미하니, 어질고 살리기를 좋아해서 만물이 땅에 뿌리를 박고 나오는 것을 말한다. 그렇기 때문에 천성이 유순하여 바른 도리로 다스리기가 쉽다(王制 東方曰夷 范曄云 夷者抵也 言仁也 而好生 萬物抵地而出 故天性柔順 易以道御). …「이아爾雅」에는 "**동쪽으로 해가 뜨는 곳**에 이르면 그곳이 태평이다"라고 하였고, 다시 "태평의 사람들은 어질다"라고 하였다(按爾雅云 **東至日所出**爲大平 大平之人仁). … 또『상서』에는 "희중에

게 명하여 **우이嵎夷**에 살게 하니 그곳이 양곡暘谷인데, 봄 농사를 고르게 다스리도록 하였다. 그러므로 우리 대왕의 나라는 날로 상승하고 달로 융성하는 가운데 물은 순조롭고 바람은 화기롭다(尙書曰 命羲仲宅**嵎夷** 曰暘谷 平秩東作 故我大王之國也 日昇月盛 水順風和).

—「선안주원벽기善安住院壁記」, 『문집』 1, 기—

② 오상五常의 방위를 나눌 때 동방에 배속된 것을 인仁이라고 한다. … 더군다나 동방의 제후로서 외방을 지키는 자로 우리보다 큰 나라가 없으며 …(五常分位 配東方者曰仁 … 矧東諸侯之外守者 莫我大也).

—「지증화상비명」, 『문집』 3, 비—

③ 천상의 조서가 한번 내려와 비치기만 하면 해 뜨는 해변을 빠짐없이 비추어 주고, 해 뜨는 해변의 사람들 또한 그 인자함을 일컬으면서 길이 천상에 인덕을 돌리리라(有以見天上之詔 惟昭也 能委照於日邊 日邊之人 謂**仁**乎 永歸仁於天上).

—「사사조서양함표謝賜詔書兩函表」, 『문집』 1, 표—

④ 그리하여 태화 4년(흥덕왕 5년, 830)에 귀국하니, 대각 상승의 빛이 우리 **인역仁域**을 환히 비췄다(乃於大和四年 來歸 大覺上乘 照我**仁域**).

—「진감화상비명眞監和尙碑銘」, 『문집』 2, 비—

이 자료들에서도 거듭 보이듯이 최치원은 중국 선진先秦 문헌에 나오는 동방, 동이세계의 중심을 신라라고 이해하면서 기본 성격을 '인仁'이라 규정하고 있다. 즉 '해동'이라는 자국 역사와 종족의 성격을 중국적 가치 기준에서 찾고, 자국 역사와 문화를 동방문화권의 중심으로 인식하고 있다. 특히 "더군다나 구주九疇의 남은 법도에 의지하고 일찌기 팔조八條의 교훈을 받았으니 … 이는 대개 인현仁賢의 교화를 받아서 군자의 나라라는 이름에 실제로 부합되었기 때문입니다"라든가,[26] "해인海仁이 동으로 흐르게 한 것이니, 군자의 고장에 법왕法王의 도가 스며드는 것이 날이면 날마다 깊어지고 또

깊어지는 것이 당연하다고 할 것이다"[27]라는 표현을 통해 신라가 일찍부터 기자箕子의 동래東來에 의해 중국문화를 받아들이고 있었음을 강조하고, 신라를 "군자지향君子之鄉"이라고 스스로 일컬음으로써 문화민족이라는 자부심을 나타내고 있음을 알 수 있다.

자국의 역사와 문화에 대한 객관적 가치 기준을 중국에 두려는 이 같은 의식적인 노력은 진한의 명칭과 기원에 대한 설명에서도 나타난다. 그는 중국 전국戰國시대 말 연제조燕齊趙 유민이 진역秦役을 피하여 한반도로 이주하여 진한을 세웠다는 『삼국지』 위서 동이전의 기록을 근거로 진한辰韓은 잘못된 명칭이며 진한秦韓으로 하는 것이 마땅하다는 주장을 펴기도 하였다.[28] 이처럼 최치원은 『사기史記』의 기자동래설箕子東來說과 『삼국지』, 『후한서』 동이전의 기록을[29] 근거로 신라가 일찍부터 그 문화의 기원을 중국에 두고 있다는 것을 강조함으로써 자신의 관념 세계를 합리화하고 있다.

또한 최치원이 지은 각종 기·비문 등에서도 거의 예외 없이 당의 연호가 사용되고 있음을 볼 때[30] 「제왕연대력」도 『삼국유사』 왕력처럼 각 왕조의 세차世次를 중국의 연호를 기준으로 정리하였으리란 추측은 틀리지 않을 것이다. 물론 그 당시 신라의 독자적인 연호가 없었기 때문에 편년 기준을 중국 연호에서 구하려는 것은 당연한 일인지도 모른다. 그러나 이러한 현상 역시 자국의 전통과 역사에 대한 최치원의 인식을 나타내는 것으로 보아도 큰 무리는 없을 것이다.

이처럼 최치원은 중국과 구별되는 자기 역사권 내지는 정치권을 설정하면

26 "**矧假九疇之餘範 早襲八條之敎源** … 盖稟仁賢之化 得符**君子之名**"(崔致遠, 「讓位表」, 『孤雲先生文集』 1, 表).

27 "海印東流 宜君子之鄕 染法王之道 日深又日深矣"(崔致遠, 「智證和尙碑銘」, 『孤雲先生文集』 3, 碑).

28 "臣以當國昔者周秦質代 燕趙多虞 佳人猶合浦珠移去 壯士若延津劒化來 胥興邑洛 助守藩隅 是以辰韓誤秦韓之名"(崔致遠, 「謝賜詔書兩函表」, 『孤雲先生文集』 1, 表); "伏以當蕃地號秦韓 道欽鄒魯 然而殷父師之始敎 蹔見貂親 孔司寇之欲居"(崔致遠, 「奏請宿衛學生還蕃狀」, 『孤雲先生文集』 1, 狀).

29 "其耆老 傳世自言 古之亡人 避秦役 來適韓國 … 有似秦人 … 今有名之爲秦韓者 …"(『三國志』 魏書 東夷傳 辰韓條); "辰韓耆老自言 秦之亡人 避苦役 適韓國 … 有似秦語 故或名之爲秦韓"(『後漢書』 東夷傳 韓條).

30 「善安住院壁記」에 '貞元 18年', '光化 3年' 등의 중국 연호가 사용되고 있으며 「新羅壽昌郡護國城八角燈樓記」(天祐 5年), 「眞監和尙碑銘」(大中 4 年) 등에서도 빈번히 보인다.

서도 이에 대한 성격과 가치 척도를 중국적 역사의식과 가치관 속에서 정립하려는 노력을 기울이고 있다. 이는 신라 고유의 특성과 토착 전통의 존중에서 역사적 가치와 기능을 부여하려던 김대문의 역사관과는 대조를 이룬다. 그 한 예로 김대문이 차차웅次次雄, 이사금尼師今, 마립간麻立干과 같은 신라의 전통적인 왕호에 대해 별다른 거부 반응 없이 이를 받아들여 그 어원을 설명하고 있는 데 반해,[31] 최치원은 이를 비루하다고 하여 「제왕연대력」에서 모두 ○○왕으로 개칭하였다는 사실을[32] 들 수 있다. 김대문의 사학이 신라 진골귀족의 전통을 찬양하고 전제왕권과 결부되어 있던 유교 사상을 배격하고 전통 사상을 옹호하는 입장에 있었다는 견해를[33] 참고할 때, 최치원의 역사 인식의 특징은 중국문화, 중국의 역사적 관념 속에서 자신들의 역사적 사실을 이해하고 가치를 정립해 보려던 당시 육두품 출신 유학자들의 비판적인 사상체계의 흐름 속에서 이해될 수 있다. 최치원에게 중국적 가치 기준은 바로 세계적 기준으로 최상의 객관성과 합리성을 지니는 것으로 인식되었을 것이다. 그러므로 한국 고대사 내지는 자국의 전통을 세계사적 관념과 기준 속에서 조명, 정립시키려는 노력이 최치원에게서 비롯되고 있었다는 것은 한국사학사상 역사 인식의 형성이란 측면에서 상당한 의미를 지닌다고 하겠다.

4. 역사 계승 의식

최치원은 신라문화의 시원을 중국에서 찾거나, 진한의 주체가 중국 성인이나 중국계 유민으로부터 비롯된다는 것을 의식적으로 강조할 뿐 이를 중심으로 종적인 체계화를 시도하고 있지는 않다. 그는 기자의 동래라는 사

31 『三國史記』 新羅本紀, 南解次次雄 즉위조; 『三國史記』 新羅本紀, 儒理尼師今 즉위조; 『三國史記』 新羅本紀, 訥祇麻立干 즉위조.

32 『三國史記』 新羅本紀, 智證麻立干 즉위조 참조.

33 이기백, 1978, pp.14~15.

실과 그로 말미암은 중국문화의 전파라는 점을 중시하는 데에 그칠 뿐 기자를 한국 고대사의 특정 시기의 시조로 인식하는 시조 관념으로까지 발전시키지는 않았다. 이러한 현상은 『삼국사기』에서도 마찬가지로 지적될 수 있다. 반면 『삼국유사』에 이르면 한국사의 시작 부분은 단군조선 → 위만조선 → 마한이라는 계기적 발전 관계로 체계화하면서 고대사의 인식 영역 자체도 삼한, 발해, 옥저, 부여 등으로 확대된다. 그러나 『삼국유사』에서도 고조선, 마한 이외의 부분에 대해서는 아직 체계적 발전 관계에 대한 인식이 이루어져 있지 않다. 기자의 동래와 기자조선이 한국 고대사의 역사 계승 체계 속에 편제되는 것은 『제왕운기帝王韻紀』 단계이다. 『제왕운기』에서 단군조선 → 기자조선 → 삼한이라는 발전 체계를 제시하고 옥저, 예맥, 부여 등을 모두 단군으로부터 나온 것으로 설명하여 역사 계승 의식이 비교적 뚜렷하게 작용하고 있다.[34] 이로써 한국 고대사에 대한 일단의 체계화 작업이 이루어졌다고 할 수 있다. 그러나 최치원은 아직 기자의 존재에 대해 중국문화의 전래자라는 측면에서 역사적 의미를 부여하고 있으며 한반도 고대사회에 대한 인식의 범위도 삼한 이전 단계로 소급하고 있지 않다.

그리고 최치원은 삼한에서 삼국으로 계승 발전한 것으로 인식하기보다는 삼한을 바로 삼국과 동일한 역사 주체로 이해하고 있다. 그러므로 삼한은 마한, 진한, 변한이면서 동시에 고구려, 신라, 백제 삼국과 같은 의미로 통용하였다. 이러한 그의 인식은 "동해 밖에 세 나라가 있는데 그 이름은 마한, 변한, 진한이다. 마한은 곧 고려이고 변한은 곧 백제이고 진한은 곧 신라이다"라는[35] 설명에서 직접적으로 나타난다. 그리고 "이러한 변화는 한번 돌보아 주심에 깊이 힘입은 바로, 삼한의 땅에 이 영광이 멀리 퍼지게 되었습니다"라는[36] 구절에서도 잘 드러난다. 그러나 최치원이 삼한을 삼국에 비정한 근

34 하현강, 1976, 「고려시대의 역사계승의식」, 이우성·강만길 편, 『한국의 역사인식』 (상), 창작과 비평사, p.209.
35 崔致遠, 「上太師侍中狀」, 『孤雲先生文集』 1, 狀.
36 "變化深資於一顧 光榮遠播於三韓"(崔致遠, 「與禮部裵尙書瓚狀」, 『孤雲先生文集』 1, 狀).

거가 무엇이었는지는 불확실하다. 『삼국지』와 『후한서』 동이전의 기록을 참조하였다면 최소한 마한과 고구려를 연결 짓는 논리가 나오기는 어렵다. 그런데 『삼국유사』 찬자는 『위지魏志』를 인용하여 위만에게 격파된 고조선 준왕準王이 좌우궁인左右宮人을 거느리고 바다를 건너[越海] 남주하여 마한을 개국한 것으로 서술하였다. 그리고 고구려 동명東明이 일어나서 마한을 병합하였기 때문에 마한을 고구려라 하였으며, 마한을 백제라고 하는 것은 모두 잘못이라고 하였다.[37] 또한 "변한의 후예가 낙랑의 땅에 있다"라는 『신당서新唐書』 신라전의 기록과 백제 땅에 원래 변산卞山이 있어 변한卞韓이라 하였으므로 백제가 변한이라는 최치원의 설이 옳다라고 서술하고 있으나[38] 오류가 많다.

『후한서』에 "고구려, 마한, 예맥이 현도성을 에워싸 부여왕이 아들을 보내어 주군州郡과 함께 힘을 합하여 격파하였다"라는 기록과 함께 "부여왕이 아들을 보내어 군사를 거느리고 현도를 구하여 고구려, 마한, 예맥을 격파하였고 사신을 보내 공물을 바쳤다"라는 기록이 있어[39] 이러한 자료를 통하여 마한이 고구려와 밀접한 관계에 있었다는 논리가 파생되었을지도 모른다. 그러나 최치원을 비롯하여 『삼국사기』, 『삼국유사』에서 모두 중국 사서와 달리 '弁韓변한'의 표기를 '卞韓'으로 하고 있어[40] 국내에서 편찬된 알려지지 않은 또 다른 자료를 근거로 하였을 가능성이 전혀 없는 것은 아니나 현재로서는 최치원이 고구려를 마한으로, 백제를 변한과 관련시킨 논거를 짐작할 수가 없다.

아무튼 삼한이 삼국이라는 최치원의 해석은 고려 초기 이래 그 의미가 확대, 변용되어 삼한은 조선시대에 이르기까지 한반도의 역사 주체를 총체적

37 『三國遺事』 紀異, 馬韓條.

38 『三國遺事』 紀異, 卞韓 百濟條.

39 『後漢書』 帝紀 安帝 建光 元年條, "高句驪馬韓穢貊圍玄菟城 夫餘王遣子 與州郡幷力 討破之"; 延光 元年條, "夫餘王遣子 將兵救玄菟 擊高句驪馬韓穢貊破之 遂遣使貢獻".

40 崔致遠, 「上太師侍中狀」, 『孤雲先生文集』 1, 狀.

으로 가리키는 용어가 되었다. 삼한에 대한 이러한 용례를 몇 가지 들어 보면 〈자료 D〉와 같다.

〈자료 D〉

① 우리 **삼한 공신**의 자손들은 매번 유지宥旨로 (포상과 등용을 이루고 있지만 아직 벼슬을 받은 사람 없고) … **삼한 통일 후에 입사入仕한 사람**에게도 역시 공을 참작해 관계와 관직을 내리신다면 … (我**三韓功臣**子孫 每宥旨 … 及三**韓後入仕者** 亦量授階職).

—『고려사高麗史』 93, 열전列傳 6, 최승로전崔承老傳—

② (만약 고을을 산의 남쪽으로 옮기고) 소나무를 심어 바윗돌이 드러나지 않도록 하면 **삼한**을 통합할 인물이 태어날 것이오 … 보육이 (일찍이 꿈에 곡령에 올라가) … 남쪽을 향해 소변을 보니, **삼한**의 산천이 오줌에 잠겨 은빛 바다로 변하였다(植松使不露巖石 則統合三**韓**者出矣 … 寶育 … 向南便旋溺溢 三**韓**山川 變成銀海).

—『고려사』, 고려세계조高麗世系條—

③ 용건 … **삼한**의 땅을 병탐할 뜻을 가져 …(龍建 … 有幷呑 三**韓**之志 …).

—『고려사』, 고려세계조—

④ 대저 동서 양반은 모두 **삼한 세족**世族입니다. 그 사이에는 간혹 한미한 자도 있으나, 모두 과거를 거쳐서 오른 것입니다(夫東西兩班 皆**三韓世族** 其間或有微者 皆由科目而進).

—『성종실록成宗實錄』 권140, 성종成宗 13년 4월 신해조辛亥條—

삼한에 대한 최치원의 이해는 삼한과 삼국을 상호 계승적 발전 관계로 파악하고 있지 않은 상태이다. 그러나 삼한과 삼국에 대한 이해가 보다 원숙해지는 후대에 이르러 삼한의 위치 비정 문제가 대두하게 되자 최치원의 설이 적지 않은 영향을 미쳤다. 삼한과 삼국을 동일시하는 대신 삼한의 지리적 위치를 삼국에 비정하려는 시도가 『삼국사기』, 『삼국유사』를 거쳐 조선시대의 사서에까지 이어졌다. 조선 초에 『동국사략東國史略』, 『동국통감東國通鑑』 등에서 부분적으로 최치원설의 오류가 지적되기도 하였으나[41] 삼한을 삼국에 비정하는 기본 입장은 변함없었다. 이러한 논리는 『신증동국여지승람新增東國輿地勝覽』에 이르기까지 거의 정론으로 인정되어 왔으며 조선시대 후기 실학자들에게까지도 영향을 미쳤다.[42] 그러나 삼한의 위치는 조선 중기 한백겸韓百謙이 『동국지리지東國地理志』에서 "호서, 호남을 합하여 마한이 되고, 영남 일도가 나뉘어 진·변한 이한二韓이 되었다"는 견해를 제시한 후 한강 이남 지역에 비정하는 것이 통설이 되었다. 이와 같이 삼한의 이해에 오류가 생긴 것은 아마 최치원 단계에서는 삼한 그 자체뿐 아니라 한반도 고대사회의 역사 발전 과정에 대한 지식이나 역사 인식이 체계적으로 정립되지 못하였기 때문이라 생각된다.

5. 맺는말

한국 고대사회에 대한 인식 수준과 형태가 각 시대에 따라 나름대로 변화와 발전을 거듭해 왔음은 널리 알려진 사실이다. 9세기 말엽 신라사회의 대표적인 학자이자 문장가로 알려진 최치원이 지닌 신라의 역사 발전 과정에 대한 역사 인식의 형태를 살펴본다는 것은 최치원의 또 따른 측면을 이해하는 데 도움을 줄 것이다. 그의 위치를 김대문의 사학과 『삼국사기』, 『삼국유사』를 비롯한 고려 중기 사학 사이에 둔다면 그는 한국사학사의 한 공백을 메우는 존재가 될 것이다. 그러나 그는 독립된 사서를 저술하지도 않았고 비록 「제왕연대력」을 작성하였다고 하나 현존하지 않기 때문에 그가 남긴 표, 기, 장, 비문 등을 통해 단편적인 모습만을 가늠해 볼 수 있을 뿐이다.

41 권근權近 등은 마한을 백제, 변한을 고구려에 비정하였다(『東國通鑑』 外紀 三韓條).

42 李睟光, 『芝峯類說』 2, 諸國部; 李瀷, 『星湖僿說』 卷下 三韓 金馬條.

한국 고대사회에 대한 역사 인식이란 면에서 그는 기본적으로 신라사회가 속한 '해동', '동방'이라는 역사 주체가 중국과는 구별되는 정치·역사 권역임을 분명히 인식하고 있나. 그리고 신라사회를 고구려, 백제, 신라 삼국을 통합한 주체로 파악함으로써 결과적으로 삼국을 하나의 역사권 내지는 단일한 역사 주체로 인식하고 있었다. 반면 발해에 대해서는 삼국과는 구별되는 일정한 이질감을 느끼고 있었던 것도 사실이다.

최치원은 독립된 역사권으로 인정한 '해동'이라는 역사 대상에 대해 중국적 가치 기준에서 이를 평가하고 이해하고자 하였으며, 신라를 동이의 중심으로 간주하면서 소중화적 자존의식을 나타내기도 하였다. 당시 그는 자국의 역사와 문화를 중국 기준에서 평가하는 것이 가장 객관적이고 합리적 기준이라 여겼을 것이다. 이러한 경향은 당의 문화를 깊이 소화하고 이에 심취하여 전통적 신라사회에 대해 비판적 세력으로 등장하던 육두품 출신 유학자들의 공통된 경향이었을 것이다.

최치원의 역사 인식의 또 한 가지 특징은 역사 계승 의식이다. 최치원 단계에서 기자는 아직 어느 특정 시기의 시조로 간주되지 않았고, 다만 중국 성인의 교화를 입음으로써 우리 문화의 기원이 중국에 있다는 점을 강조하는 데 그쳤다. 삼한과 기자, 삼한과 삼국의 관계를 선후 계승 발전 관계로 파악하려는 노력은 보이지 않는다. 그 결과 삼한을 삼국과 동일하게 이해하는 오류를 범하기도 하였다.

최치원의 역사 인식이란 문제는 그가 신라 말이라는 격동기에 처해 있었고 전통적 신라사회에 대해 비판 세력으로 등장하던 육두품 출신으로 오랫동안의 도당渡唐 생활을 통해 중국문화에 심취하고 있었다는 점 등에서 그 객관적 성격이나 위치가 파악되리라 본다. 이러한 의미에서 최치원의 자기 인식체계 내지는 역사세계를 통하여 그가 처해 있던 시기나 사회계층에 대한 이해를 조금이나마 증진시킬 수 있으리라 생각된다.

/ 참고문헌 /

김복순, 1980, 「고운 최치원의 사상연구」, 『사총』 24, 고대사학회

이기백, 1978, 「김대문과 그의 사학」, 『한국사학의 방향』, 일조각

이우성, 1975, 「남북국시대와 최치원」, 『창작과 비평』 10-4

조인성, 1982, 「최치원의 역사서술」, 『역사학보』 94·95합집

최경숙, 1981, 「최치원연구」, 『부산사학』 5, 부산경남사학회

최근영, 1981, 「고운 최치원의 사회개혁사상」, 한국사상사연구회, 『한국사상』 18, 경인문화사

최남선, 1946, 「삼국유사해제」, 『(증보)삼국유사』, 삼중당

최익한, 1941, 「최고운의 문화적 지위」, 『춘추』 2-6

하현강, 1976, 「고려시대의 역사계승의식」, 이우성·강만길 편, 『한국의 역사인식』(상), 창작과 비평사

……

末松保和, 1966, 「舊三國史と三國史記」, 『朝鮮學報』 39·40合

浜田耕策, 1978, 「唐朝における渤海と新羅の爭長事件」, 末松保和博士古稀記念会 編, 『古代東アジア史論集』 下, 東京: 吉川弘文館

II부

농업생산기술의 발전

/ 1장 /

한국 고대사회의 국가와 농민

1. 농민이란

농민이란 보통 시골에서 농사짓는 사람, 또는 농업에 종사하는 소생산자를 의미한다. 농민은 자기 자신과 가족의 노동력으로 자기 토지 또는 남의 땅을 빌려 집안 살림을 꾸려가므로 대규모 기업적 농장을 경영하는 사람들은 아니다. 인류는 지금으로부터 약 만여 년 전부터 이른바 신석기혁명이라 불리는 식량 생산 단계에 들어가면서 농사를 짓거나 가축을 길러 왔다. 수십만 년 동안 이어져 온 식물의 뿌리나 열매를 채집하고 사냥이나 고기잡이를 하여 식생활을 해결하는 채집 경제 단계에서 벗어나 작물과 짐승을 키우기 시작한 것이다. 한반도에서도 신석기문화인들이 자리 잡고 살기 시작한 이래 기원전 3500~기원전 3000년경 사냥이나 고기잡이 이외에 돌로 만든 보습, 괭이, 낫을 사용하여 피, 조, 등을 재배하는 원시농경이 시작되었다. 그 뒤를 이어 무문토기를 사용하는 새로운 주민들이 한반도로 이동해 오면서 작물의 종류도 늘어나 보리, 콩, 팥, 조, 수수, 기장 등이 재배되고, 청동기 전

기 말에는 중남부 지방을 중심으로 벼농사가 실시되면서 본격적인 농경생활이 전개되었다.[1]

그런데 인류학자들은 초기의 원시경작자들을 농민에 포함하지 않는다. 그들은 농민과 원시경작자의 차이점을 다음과 같이 설명한다. 미개인의 경제에서는 생산 목적이 교환과 이윤 획득에 있다기보다는 대체로 생산자 스스로 소비하거나 친족 간의 의무를 수행하는 데 있다. 이런 경제체제 아래에서는 강제와 착취라는 경제 관계나 이에 대응하는 지배와 복종이라는 사회관계는 성립하지 않는다. 하지만 문화가 발전함에 따라 사회 구성원들 중에 식량 생산 작업을 떠나 전문직에 종사하는 사람들이 생겨나고, 경작자들은 자기네가 생산한 잉여를 이들에게 넘겨주어 이들을 먹여 살려야만 한다. 동시에 일차적 생산자가 직접 관리하던 노동력을 비롯한 생산수단도 특별한 관리 기능을 행사하는 지배자집단으로 넘어가고, 집단 간의 대등하고 직접적인 물자 및 용역 교환이 어려워지고 물자와 용역이 한군데로 집중되며, 그 다음에 다시 재조정된다. 지배자와 식량 생산자 사이의 분업을 바탕으로 하는 이러한 복합사회체제의 발달을 흔히 문명의 발달이라고 한다. 문명과 미개의 결정적 구분 기준은 국가이며, 국가의 출현 여부가 곧 식량 생산자 일반과 농민 사이를 구분짓는 경계점이 되고 있다. 그러니까 경작자가 국가사회로 통합되어 자기와는 다른 계층의 권력자의 요구와 제재에 따르는 경우라야만 진정한 의미의 농민계층peasantry이라고 말할 수 있다는 것이다.[2] 국가권력의 요구에 의해 경작자들은 노동력과 생산물들을 바쳐야 하며 이러한 요구가 있느냐 없느냐야말로 미개 경작자와 농민 사이의 근본적 차이점이며, 결국 농민이란 말은 잉여 생산자와 지배자 사이의 불평등한 구조적 관계를 내포한다.

1 지건길·안승모, 1983, 「한반도 선사시대 출토 곡류와 농구」, 『한국의 농경문화』 1, 경기대학교박물관, p.75; 이현혜, 2013, 「한국 농업기술의 발전 과정과 연구 성과」, 한국고고학회 편, 『농업의 고고학』, 사회평론아카데미, p.16.

2 Eric Wolf, 1966, 『Peasants』, New Jersey: Prentice-Hall Inc.; 박현수 역, 1978, 『농민』, 청년사, pp.25, 27.

한국 고대 농민사회의 성격을 이해하는 데도 이러한 시각은 유용하게 활용될 수 있다. 먼저 잉여 생산자와 지배자 사이에 이런 구조적 관계가 한국 고대사회에서 언제부터 어떠한 과정을 거쳐 형성되었는가 하는 의문이 떠오른다. 이 의문은 학계에서 논쟁거리인 고대국가의 개념과 형성에 관한 제반 문제들과 무관하지 않다. 한국 고대사회에서도 시대적·문화적 배경을 달리하면서 여러 형태의 정치집단들이 출현하였다. 예컨대 청동기문화를 배경으로 하는 고조선, 철기문화를 배경으로 한반도 각지에서 등장한 소국小國들, 고구려, 백제, 신라로 대표되는 집권적 귀족국가들이 그러하다. 각 단계마다 지배자가 일반 경작자들을 통솔하고 지배하는 권력 기반은 서로 다르다. 시간이 지날수록 지배자가 장악한 권력의 크기가 점차 증대하여 강압적인 힘이 발휘되고, 계층 간 격차가 커지면서 농민들의 예속화가 가속화된다.

이 장에서는 넓은 의미에서 한국 고대사회의 농민의 범주 속에 이러한 각 형태의 사회체제에서 살고 있던 경작민들을 모두 포함시키고자 한다. 그리하여 지배자와의 상호 관계를 중심으로 하여 각 단계별로 변해 가던 농민들의 모습을 살피는 것이 주요 목적이다. 즉 경제적 계층화가 진행되면서 자유롭던 경작민들이 점차 소수의 지배집단에게 예속되어 가는 모습을 살피는 것이다. 내용적으로는 각 단계의 정치권력은 농민에게 어떠한 형태의 지배권을 행사하고 있었으며, 농민이 국가권력에 예속될 수밖에 없는 메커니즘은 무엇이었는지 가장 궁금하다. 그리고 국가라는 사회구성체 내에서 농민들은 사회경제적으로 어떠한 위치에 놓여 있었나도 의문이다. 여기에 대한 만족할 만한 설명은 기대하기 어렵겠으나 이러한 관점에서 시대별 특성을 나름대로 비교해 보는 것도 의미가 있을 것이다.

2. 농민 계층의 등장

본격적인 농경생활이 영위되는 청동기문화 단계에 들어오면 사유재산이 발생하고 개인 간에 또는 집단 간에 경제적인 격차가 발생하면서 수십만 년 동안 지속되어 온 평등한 사회관계가 깨어지기 시작한다. 신석기시대와 달리 청동기시대에는 사람이 죽으면 일정한 양식을 갖춘 무덤 속에 매장하였는데 사람에 따라 무덤의 크기나 함께 묻은 부장품의 질과 양에 큰 차이가 있다. 족장의 무덤으로 추정되는 지석묘만 해도 길이가 수 m가 넘는 거대한 돌을 올려놓은 것부터 1~2m 정도의 조그만 개석을 덮은 것까지 크기가 다양하다. 또 10여 점 이상의 정교한 청동기를 부장한 석관묘가 있는 반면 돌도끼나 돌화살촉만을 묻거나 전혀 아무런 부장품조차 발견할 수 없는 무덤들도 있다. 전남 지방에서 조사된 수백 기 이상의 지석묘들 중에서 청동기를 부장한 것은 겨우 몇 기뿐이다.[3] 무덤은 그 주인공의 경제적 능력이나 그가 누렸던 사회경제적 지위가 투영된 것으로 사람에 따라 매장을 위해 투입된 노동력과 부의 양이 서로 달랐다는 것을 의미한다. 특히 청동으로 만든 무기나 거울, 방울, 공구들은 당시 사람들에게는 쉽게 가지기 어려운 소중한 물품들이었다. 이 때문에 대부분의 사람들은 청동기의 편리함을 그다지 누리지 못하였으며 사회경제적으로 우월한 지위에 있던 소수의 사람들만이 청동제품을 사용하고 무덤에 함께 가져갈 수 있었다.

경제적인 측면에서 나타나는 이러한 계층화 현상은 생산력 증대, 잉여 생산물의 축적과 사유재산의 발달, 교역의 진행을 비롯하여 불평등한 사회구조의 발생을 뜻한다. 이러한 변화가 전개되는 과정과 진행의 정도는 농업생산력과 인구 밀도에 따라 지역적으로, 시기적으로 상당한 차이가 있다. 기원전 4~기원전 3세기경에 이르도록 집단 성원 사이의 경제적 격차가 그리 크

3 이영문, 1988, 「전남지방 지석묘 연구」, 단국대학교 석사학위논문, pp.50~52, 도표 참조.

지 않은 족장들이 이끄는 조그만 정치집단에 불과한 곳도 있었다. 반면 고조선처럼 인구가 밀집되고 농경 조건이 좋은 선진 지역에서는 이미 넓은 지역을 통괄하는 정치적 지배자가 출현해 있었다. 고조선의 8조 금법에 남의 물건을 도적질한 사람은 노예로 삼는다거나 남에게 상해를 입히면 곡물로 배상해야 한다는 규정들은 이 사회가 이미 사유재산제도를 기초로 하고 있음을 보여 준다. 사유재산의 발생은 경제적인 계층화를 초래하고 집단 성원 간에 지배·피지배의 구조적 관계를 낳게 된다. 말하자면 고조선은 이미 경제적인 불평등이 진행되고 잉여 생산자와 지배자 간의 불균등한 사회관계 형성, 즉 한국사상 최초로 농민이라는 사회계층이 출현한 사회이다.

그러면 계층화된 사회의 농민들은 무엇 때문에 잉여 산물을 바치면서 지배자의 명령에 복종하였을까? 농민과 지배자 사이에 지배·복종의 관계가 성립되는 이유에 대해서는 여러 가지의 주장이 있다. 국가와 지배자를 억압 착취 관계로 보는 시각에서는 빈부의 격차가 발생하면 계층 간에 갈등이 일어나고 사회적인 불안이 높아져 많은 재산을 소유한 집단들이 경제적인 불평등에 대항하는 가난한 자들을 억압하고 자신들의 재산을 지키기 위해 무기와 군대를 동원하여 물리적인 힘을 가하기 때문이라고 한다. 이와 달리 지배자는 집단의 공동 이익을 위해 권력을 행사한다고 주장하는 사람들은 농민들이 자신의 권리를 포기하고 이를 통치자에게 넘겨주는 것은 그로부터 뚜렷한 이익을 얻기 때문이라고 한다. 전쟁이 발생하였을 때, 필요한 물자를 얻기 위해 다른 지역과 교역이 필요할 때, 농사를 짓는 데 필요한 관개 시설을 만들 때, 그리고 사회 안에서 일어난 분쟁을 해결하는 과정에서 지배자는 이러한 일들을 잘 처리함으로써 집단 구성원들에게 순종을 받아 낼 만한 대가를 준다는 것이다.[4]

기원전 4~기원전 2세기 한반도 각지의 정치집단들은 신정정치 단계로 이

4 Jonathan Haas, 1982, 『The Evolution of the Prehistoric State』, New York: Columbia University Press, pp.47~48, 72~74.

사회의 지배자들은 제사장이라는 종교적인 권위를 바탕으로 세속적인 행정·군사 활동까지 관장하면서 농민들을 통솔 지배하고 있었다. 그들의 무덤에는 각종 무기 이외에 제의에 사용하는 청동방울, 거울, 방패 모양 청동기들이 함께 부장되어 있다. 그러므로 기원전 4~기원전 2세기 단계 한반도 각지의 지배자들과 농민들의 관계는 후대와는 다른 측면이 있다. 즉 지배자들이 농민들의 복종을 받아 내는 과정이 강압적이고 착취적이라기보다는 상대적으로 공동체의 이익을 앞세우는 자발적인 성격이 더 강하다고 하겠다. 단군신화에 나오는 홍익인간의 이념이 그 대표적 사례라 할 수 있다. 단군이 고조선이라는 국가를 세움으로써 널리 인간 세계에 이로움을 준다는 관념은 신정정치 단계의 정치권력의 일반적인 성격에 부합하는 것이다.

열매 채취나 고기잡이, 사냥으로 살아가던 시절과는 달리 농경 생산물에 대한 의존도가 전적으로 높아짐에 따라 홍수나 가뭄의 피해를 입지 않고 풍요로운 수확을 거두려는 경작자들의 한결같은 소망에서 농경생활에 절대적인 영향을 미친다고 믿는 여러 대상(태양신, 바람신, 비신, 구름신, 곡령신인 새 등)에 대한 제사 의례가 발달하고 전문화된 제사장이 출현한다. 제사장이 농경의례를 주관하는 것은 여러 신에게 풍요를 기원하는 종교적인 의미 이외에 농사기술을 지도한다는 실질적인 의미도 담겨 있다. 농사기술이 미숙하였던 시절에는 파종 시기를 잘못 잡거나 추수 시기를 놓치면 수확량에 막대한 손해를 입게 된다. 후대의 기록이지만 『삼국지』 위서 동이전을 보면 5월 각종 작물의 파종을 끝낸 뒤와 10월 농사일을 마친 뒤 두 차례에 걸쳐 제사를 지낸다고 하였는데, 이것은 바로 제사장이 파종과 추수 시기를 비롯하여 중요한 농사 일정을 판단하고 결정하였다는 뜻도 들어 있다. 이처럼 신정정치 단계에서는 제사장인 왕은 전체 구성원들의 이익을 위해 존재해야 하며, 농민들이 그의 명령에 복종하고 잉여 산물을 바치는 것은 그의 역할이 농민들의 생산 활동에 중요한 혜택을 준다고 믿었기 때문이다. 후대 부여 사회에서 그 편린이 보이듯이 만약 홍수나 가뭄으로 흉년이 들면 이는 모두 왕의 탓이라고 믿어 그를 죽이거나 다른 왕으로 교체해야 한다고 생각하였다.[5] 지배자에 대한 봉사와 복종의 대가로 농민들은 풍요로운 수확이 보장되기를 요구한 셈이다.

생산기술의 진전으로 각 집단이 생계를 유지하는 데 필요한 양 이상의 생산물, 즉 잉여 산물이 생산되면 각 집단 간에 교역이 이루어진다. 인간이란 본래 생계를 유지하는 데 필요한 최소한의 칼로리만 확보하게 되면 그 이상은 노동을 하지 않으려는 본성이 있다. 예를 들면 아마존의 쿠이쿠로Kuikuro 인디언의 경우 하루 세 시간 반만 일하면 최소한의 생계를 유지할 수 있으므로 그 이상은 일하려 하지 않는다. 그러므로 필요한 양 이상을 생산하여 세금을 내거나 지배자를 먹여 살리기 위해 더 많은 노동을 하는 것은 지배자의 강요, 즉 사회적 자극과 명령 때문이라는 주장도 있다.[6] 그러나 인간은 물그릇 하나 없이 살아갈 수 있지만 일단 문화적인 필수품을 알게 되면 이것을 가지고 싶어 하고 이것을 얻기 위해 잉여의 노력을 하게 된다는 것이다. 이러한 인간의 또 다른 속성이 작용함에 따라 여러 형태의 교역 활동이 전개된다. 아무튼 농경문화가 정착된 이래 생산력은 꾸준히 늘어났고, 후기 고조선의 중심지인 서북 지방에서는 나무삽과 나무괭이보다 작업 능률이 높은 나무후치(원시적인 형태의 나무쟁기)를 사용하는 등 선진적인 농업기술이 정착하였다. 한반도 서남부 지방 역시 온난한 기후와 점성이 강한 토양적 특성을 살려 벼농사 재배를 더욱 확대시켜 생산력이 크게 증대되는 효과를 누렸다.[7]

이 과정에서 자발적이든 강요에 의한 것이든 농민들은 더 많은 잉여 산물을 생산하고 이 잉여 물자들은 제사장에게로 모아져서 필수 자원이나 사치품의 교역에 쓰였다. 그러나 교역을 주관하고 그 혜택을 직접적으로 누린 것은 일반 농민들이 아니었다. 교역을 통해 들어오는 물자들 중에는 일반 농민

5 『三國志』 魏書 東夷傳 夫餘條.
6 에릭 R. 울프 저, 박현수 역, 1978, pp.19~20.
7 이현혜, 1987, 「한반도 청동기문화의 경제적 배경」, 『한국사연구』 56; 1998, 『한국고대의 생산과 교역』, 일조각.

들의 문화적 욕구를 충족시켜 주는 것도 일부 있었다. 그리고 청동 손도끼, 칼, 끌 등은 나무 농기구를 제작하는 데 아주 편리한 공구로 일반 경작자들이 흔하게 가질 수는 없으나 생산 활동에 도움을 주는 물품임에는 틀림없다. 청동제 의례용구도 집단의 안전과 생산의 풍요를 비는 제의에 사용하는 도구이므로 제사장 개인의 이익만을 위한 것은 아니다. 무기도 외부의 침입에 대비하여 집단의 안전을 지키는 데만 사용된다면 이 역시 모든 구성원의 삶을 위해 필요한 도구로 값비싼 대가를 지불하고 구입하고 제작할 만한 가치가 있다.

그러나 생산력이 더욱 늘어나고 교역 규모와 활동 범위가 확대되면서 제사장과 농민 간의 경제력 격차는 점점 더 벌어진다. 그리고 잉여 산물이 공공의 이익을 위해 사용되어야 한다는 요구는 농민들의 소망에 불과해진다. 대다수 경작자들의 잉여 노동 대가로 구입한 교역품들이 소수 지배자의 지배권력을 강화, 유지시키는 물리적 도구로 이용될 수 있다. 외적의 침입에 대비할 목적으로 갖춘 무기가 지배자의 강제력에 저항하고 경제적인 불평등을 감수할 것을 거부하는 일반인들을 위협하는 데 쓰이기도 한다. 제의 도구를 비롯한 각종 청동기들도 지배자의 권위의 상징으로 개인의 무덤에 부장된다. 반대로 일반 농민들은 불균등한 분배를 감수하고 지배체제의 유지에 필요한 각종 요구에 따라 더 많은 잉여 산물을 생산할 것을 강요당한다. 결과적으로 생산력 증대, 교역 발달, 전쟁 등은 빈부의 격차를 촉진시키고 농민이 지배자에게 예속화되는 길을 앞당기는 작용을 할 뿐이었다.

유물사관에 입각한 역사 발전 법칙에 따라 한국사를 정리하는 입장들 중에는 고조선과 진국 사회의 농업생산을 담당한 주요 계층은 노예라는 주장을 하기도 한다. 노예와 함께 상당수의 자영 소농민층도 있었으나 이들 역시 노예 소유자 집단의 끊임없는 착취로 노예와 비슷한 형편으로 전락해 갔다고 한다.[8] 이러한 설명은 유물론적 역사 발전 법칙이라는 고정된 틀 속에 한국사를 꿰맞추기 위해 단편적인 자료를 확대 해석한 결과로 역사의 실상과는 많은 차이가 있다. 전쟁 포로나 절도, 상해 등의 죗값으로 노예가 되어 인격적인 주체가 무시되고 소나 말처럼 부림을 받은 노예층이 있었던 것은 사실이나 이 사회의 농업생산을 담당한 주된 계층은 노예가 아니라 공동체의 일반 구성원들이었다.

지역에 따라 사정이 조금씩 다르겠지만 일반적으로 세형동검문화 단계(초기철기문화 단계)의 농민들은 후대의 농민에 비해 권력에 예속된 정도가 상대적으로 덜 강압적이었다. 계층화가 상당히 진행된 것은 분명하나 상대적으로 후대에 비해 계층 간 격차가 심하지 않았다. 말하자면 지배자와 일반 농민의 경제적인 차이가 상대적으로 크지 않기 때문에 강압적인 권력에 의해 농민들의 생활이 일방적으로 착취당하는 상태는 아직 아니었다. 농민들을 지배한 일차적인 힘은 물리적인 정치권력이라기보다 공동체의 규범이었다. 일반 농민들은 읍락이라는 공동체에 속해 있었으며 읍락의 크기는 보통 수천 명에서 만여 명 정도였다. 신라 육촌설화에서 각 촌마다 독립된 시조를 내세우고 있듯이 읍락의 구성원들은 의제적이기는 하나 동일한 조상의 후손이라는 관념을 가지고 서로 결합되어 있었다. 경제적으로도 읍락 구성원들은 다른 읍락과 구별되는 자기들만의 공동 활동 구역을 가지고 있었다. 후대 동예의 책화責禍라는 풍습에서 보듯이 경계 구역을 어기고 다른 읍락의 영역에 들어가서 사냥을 하거나 벌목을 할 수가 없었다.[9] 그리고 대외 관계에서 각 읍락이 현재 소속되어 있는 연맹 관계에서 빠져나오거나 소속을 바꿀 경우에도 읍락의 구성원인 농민들은 공동 보조를 취하고 동일 운명체가 되었다. 위만조선 말기에 우거왕右渠王과 뜻이 맞지 않았던 역계경歷谿卿이 2,000여 호의 주민들을 이끌고 동쪽 진국으로 갔다는 기록이 있다.[10] 이들은 힘들여 가꾼 농토를 버리고 새로운 정착지를 찾아 나서는 길을 택하였다.

8 사회과학원 력사연구소 편, 1979, 『조선전사 2: 고대편』, 과학·백과사전출판사, pp.78~79.
9 『三國志』 魏書 東夷傳 濊條.
10 『三國志』 魏書 東夷傳 濊條 所引 『魏略』.

이처럼 읍락이라는 존재는 독립성이 강하고 정치·경제·사회적으로 자족적인 기반을 가진 집단으로서 이를 구성하는 농민은 자유로운 공동체 성원으로 존재한다. 이들은 물리적인 강요에 의해 지연적인 기반에 예속된 존재들이 아니다. 읍락이라는 공동체를 떠나 지배자의 제재가 없는 자유로운 생활을 추구하지 않은 것은 읍락이라는 조직체야말로 농민들의 생존을 보장해주는 필연적인 사회단위로 믿었기 때문이다. 집단의 규모를 확대하거나 통합시켜야 할 외적·내적 자극이 주어지지 않는 한 읍락이란 당시의 생산기술로 농민들이 살아가면서 감당할 수 있는 가장 효율적인 단위였을 것이다. 그러므로 농민들이 읍락 지배자의 명령에 복종하여 노동력과 생산물을 바치는 것은 생존을 위해서이며 지배자에게 생존의 보장을 책임 지우는 것이었다. 이러한 사회 발전 단계에서는 생존을 위한 최소한의 권력은 인정될지언정 아직 농민의 생존을 위협할 정도의 강압적인 착취와 불합리한 통치권력은 용납되지 않는다. 관점에 따라 이들을 지배자ruler와 피지배 농민이라는 종속관계로 규정짓기보다 읍락 지도자leader와 읍락 구성원이라는 상하 위계관계로 볼 수도 있다.

3. 철기의 보편화와 농민의 계층 분화

철기라는 새로운 금속으로 만든 도구가 널리 보급되기 시작하면서 농민생활에도 많은 변화가 일어난다. 한반도에 철기문화가 전해진 것은 기원전 3~기원전 2세기경이지만 철기가 일반 농민들의 생활에 직접적인 영향을 줄 정도로 널리 확산되는 것은 이로부터 100~200년이 지난 후부터이다. 농민들이 일상생활에서 먼저 사용하기 시작한 철제 도구는 작은 손칼과 각종 도끼 종류였다. 초기에는 소수의 지배집단을 제외하고는 철제 생산도구의 보급은 제한적이었고 나무로 만든 따비나 삽, 괭이를 여전히 사용하였다. 하지만 철제 공구는 통나무를 자르고 쪼개거나 깎아서 나무 농기구를 만드는 데 아주 효율적이었다. 나무 농기구를 만들 때 문제가 되는 것은 적당한 수분이 포함된 상태에서 원하는 형태의 도구를 완성해야 하는데 돌도끼나 대패로는 제한된 기간 내에 작업을 끝내지 못하여 미완성 상태에서 폐기해야 하는 경우가 많았다.[11] 그러므로 철제 손칼이나 도끼의 보급으로 나무 농기구가 부러지거나 망가지더라도 제때에 필요한 양을 넉넉하게 공급할 수 있었다. 나무괭이의 공급이 원활해지면서 황무지 개척 등 농사지을 땅도 효율적으로 넓혀 나가게 된다. 그리고 이전까지 사용하던 반달모양 돌칼 대신 철제 손칼을 사용하여 늘어난 수확물을 능률적으로 거두어들이게 되었다.

여기에서 한 걸음 더 나아가 철기 제작 기술의 발달로 철기의 종류가 다양해지고 공급량이 늘어나면서 나무 농기구가 점차 철제로 전환되기 시작하였다. 지역에 따라 다르겠으나 일반 농민들도 쇠괭이를 비롯하여 쇠날을 끼운 따비를 사용하게 되었다.[12] 아직은 철기의 질이 강하기만 하고 질기지 못하여 잘 부스러지는 단점이 있었으나 철제 농기구가 나무괭이나 나무따비보다 효율적인 것만은 분명하였다. 잡초가 우거진 황무지 개간은 물론 논밭을 갈 때도 철제 농구를 쓰면 훨씬 깊이 흙을 일굴 수가 있어 손쉽게 풀이나 작물 뿌리를 제거하고 결과적으로 땅을 묵히는 기간을 단축시킬 수 있게 된다. 그리고 논농사에 꼭 필요한 배수로나 급수로를 파거나 물길을 터 주고 막는 작업을 하는 데에도 쇠괭이나 보습이 효율적인 것은 말할 것도 없다. 그리고 이 단계가 되면 손칼 대신 쇠낫을 사용하여 곡물을 거두어들이기도 하였다.

이처럼 효율적인 생산도구가 보급되면서 여러 가지 변화가 일어났다. 먼저 농경지 확대와 작업 효율화를 통해 농업생산력이 크게 늘어났다. 그리고 생산력 증대로 잉여 산물이 늘어나고 물자가 쌓이고 모이게 되면 물자 교류가 활발해지고 사유재산에 대한 개념이 더욱 뚜렷해졌다. 읍락 주민들 간에

11 根木修, 1976, 「木製農耕具の意義」, 『考古學研究』 22-4, pp.98~101.

12 이건무 외, 1989, 「의창 다호리유적 발굴진전보고(I)」, 『고고학지』 1, p.22.; 이현혜, 1998.

도 기본 생산수단인 토지 소유가 가부장家父長 가족을 단위로 세분되고 토지와 철제 생산도구를 많이 소유하여 그 혜택을 크게 누리는 집단과 그렇지 못한 사람들 간에 경제적 격차가 가속적으로 벌어졌다. 정치적으로는 여러 읍락이 통합되어 지연공동체로서 양적으로 확대되고 질적으로 보다 강압적인 권력을 행사하는 새로운 정치체들이 등장하였다. 북으로 남만주 일대와 압록강 유역을 무대로 고구려, 부여 국가가 그 모습을 드러내고 한반도 중남부 지방에서도 수많은 읍락이 지역별로 통합되어 70여 개의 소국이 등장하였다. 그리고 이들 가운데서 한강 유역의 백제국伯濟國과 경주의 사로국斯盧國을 중심으로 여러 소국이 소국연맹체를 형성하여 백제, 신라 국가의 토대가 이루어졌다.

이 과정에서 읍락의 혈연적인 공동체 기반은 급속도로 퇴색하여 읍락의 우두머리는 농민들을 집단적으로 통솔하는 지배자로 군림하고 일반 읍락민들의 경제적인 분화도 한층 촉진되었다. 3세기경 중국인들이 한반도의 사정을 기록하면서 이 단계의 농민들을 가리켜 민民 또는 하호下戶라는 용어를 쓰고 있다. 하호는 본래 중국 한나라에서는 가난한 소작농민을 일컫는 용어로[13] 당시 한반도 농민들의 넉넉하지 못한 경제 형편과 부자유스러운 처지를 시사한다. 각 지역의 사회 발전 수준에 따라 농민층의 분화 정도도 다르게 나타나는데, 고구려와 부여의 읍락민들은 부유한 호민층과 자영소농층, 무전無田농민들로 분화되어 있었다. 호민豪民들은 많은 토지와 재산을 가진 소수의 좌식坐食하는 지배집단이었다. 그리고 농민층의 일부는 개인 농지를 가진 소농층으로 집집마다 독립된 작은 창고를 가지고 있었으며 각자 부담으로 무기를 마련하여 전쟁 시에는 지배계급의 지휘 아래 전투에 참가하는 자급자족이 가능한 사람들이었다.[14] 그 나머지는 품팔이나 고용살이를 하여

13 武田幸男, 1974, 「魏志東夷傳にみえる下戶問題」, 旗田巍·井上秀雄 編, 『古代の朝鮮』, 東京: 學生社, p.20.
14 『三國志』 魏書 東夷傳 高句麗條 및 夫餘條.

생활을 영위하는 가난한 농민들이었다.[15]

비록 가난한 용작庸作농민이라 할지라도 신분적으로는 자유로운 양인良人이었다. 고구려 미천왕이 왕위에 즉위하기 이전 봉상왕의 정치적 압박을 피해 신분을 숨기고 음모陰牟라는 사람의 집에서 고달픈 고용살이를 하였으나 1년 후에는 주인집을 떠나 소금장수로 나서고 있다.[16] 또 한 예로 고국천왕이 사냥길에서 만난 가난한 농부는 흉년이 들어 품팔이조차 어려워 어머니를 봉양할 길이 없어 길바닥에 주저앉아 울고 있었으나 그는 독립된 가계를 꾸려 나가던 자유민이었다.[17] 그러나 경제적인 계층 분화가 가속화되면서 고구려와 부여의 하호들은 모두 노복奴僕(노객奴客)과 같다고 할 정도로 많은 수의 농민들이 빈농 내지는 권력자의 예속민으로 전락해 갔다. 그리고 동예나 옥저의 농민들은 고구려라는 정복집단에 집단적으로 예속되어 조세와 맥포貊布, 생선, 소금 등의 해산물을 져다 나르고 미인을 진상하는 등 가혹한 수취를 당하였다.[18]

삼한 지역의 농민사회 역시 적지 않은 계층 분화 과정을 겪었으나 고구려나 부여만큼 심하지는 않았다. 3세기경 부산 지역에 살던 주민들의 공동묘지의 하나인 노포동유적에는 수장의 것으로 추정될 만큼 많은 철기와 토기를 가진 큰 무덤도 소수 있으나 대부분이 몇 점의 토기나 철기를 부장한 조그마한 무덤들이다. 그리고 충남 아산 밖지므레유적을 보면 토광묘와 주구토광묘가 151기나 조사되었는데 묘광 길이 6m 이상인 것은 1기뿐이고 5~6m 미만인 것도 9기에 불과하다. 151기의 무덤 전체에서 나온 철모는 모두 48점 정도이다.[19] 말하자면 계층 분화가 진행되고 있었으나 농민들의 경

15 하호下戶의 성격에 대해서는 노예, 경제적 예속민, 농노, 가난한 양인良人농민층 등 그 견해가 분분하며, 다음 논문에 각 설에 대한 정리가 종합적으로 되어 있다. 武田幸男, 1974; 홍승기, 1974, 「1~3세기의 '민'의 존재형태에 대한 일고찰」, 『역사학보』 63.

16 『三國史記』 高句麗本紀, 美川王 元年조.

17 『三國史記』 高句麗本紀, 故國川王 16년조.

18 『三國志』 魏書 東夷傳 東沃沮條.

19 부산대학교 박물관, 1988, 『부산노포동유적』.; 충청남도역사문화연구원·삼성전자주식회사, 2011, 『아산명암리

제적인 몰락의 정도가 아주 크지는 않았다. 삼한의 농민들은 5월과 10월 농경의례를 거행하고 나면 모두 모여 연일 술을 마시고 춤추고 노래하며 읍락의 제사와 축제에 참가하여 함께 즐기는 자유로운 읍락공동체 구성원의 모습을 아직도 강하게 지니고 있었다. 중국 군현에 가까운 지역에 있으면서 대외적인 교섭 창구가 수장층에 의해 일원화되어 있지 않던 일부 지역의 주민들은 낙랑·대방군과의 교역에 직접 참가할 정도로 경제적으로 안정된 기반을 가지고 있었다.[20]

예외적으로 집단 예속민이 된 농민들은 잉여 농산물을 세금으로 바쳐야 하였으며 해안가의 주민들은 물고기와 소금 등 해산물도 지배자에게 져다 나르고 전쟁이 나면 식량을 비롯하여 필요한 물자를 조달해야만 하였다. 그리고 삼한에서처럼 성곽을 쌓거나 공공건물을 지을 때는 농민들은 지게를 지고 흙이나 돌을 나르면서 노동력을 제공해야 하였다. 설령 농민들의 생활이 상대적으로 빈한한 상태라고 하더라도 노예와는 분명 다른 신분에 속한다. 당시 대부분의 노예는 전쟁 포로와 살인자의 가족들, 도둑질을 하고 정해진 벌금을 물지 못한 자들로서 일체의 인격이 인정되지 않던 신분층이었다.

농민들이 열등한 처지로 밀려나게 되는 과정도 지역마다 조금씩 다르다. 농경지가 부족하였던 고구려 지배집단의 중요한 경제 기반은 약탈 전쟁과 피정복민들이 바치는 공물이었다. 반면 삼한 지역 지배자들의 일차적인 경제 기반은 농업생산이었다. 이들은 재력을 바탕으로 철제 농기구를 다량 확보하여 황무지를 개간하여 경작지를 늘려 가고 더 많은 생산물을 수확함으로써 부의 축적을 가속화하였다. 이 밖에 진·변한 지역의 지배자들은 철광석, 철정(철광석을 제련하여 얻은 철기를 만드는 소재) 혹은 완성품 철기의 생산과 관리를 독점하여 중국, 일본 등과 국제무역을 하기도 하고 일반 농민들에게 판매하여 많은 이익을 남겼다. 이와 같이 철기 보급이라는 기술 변화에 잘

박지므레유적: 고찰, 자연과학분석』, pp.73~77.
20 『三國志』 魏書 東夷傳 韓條.

부응하여 재력과 무력을 갖춘 읍락 수장들이 속속 출현하여 일반 농민들 위에 중층적으로 군림하였고, 농민들은 상대적으로 열등한 지위로 밀려났다.

경제적 지위의 하락과 더불어 농민들은 대외 교역권과 중요 자원에 접근할 수 있는 권한을 상실하였다. 각 소국의 수장들은 중국 군현으로부터 읍군, 읍장, 귀의후, 중랑장, 왕 등 중국의 관작과 관인官印을 받기를 즐겨하였는데 이것은 중국 군현과의 안정적인 교역권을 획득하는 길이었다. 즉 대외 교섭 창구가 지배집단 중심으로 일원화되면서 농민들의 자유로운 대외 활동은 제재를 받았다. 대외 교역은 경제적으로 큰 이익을 얻을 수 있고 교역품을 매개로 집단 구성원들을 통제하는 수단이 될 수도 있기 때문에 대외 교섭권의 상실로 말미암아 농민들의 권리는 더욱 축소되었다. 그리고 대내적으로도 철과 같은 핵심 자원에 대한 권한이 지배집단으로 넘어가고 철기 제작도 지배집단이 장악하였다. 신라 4대 석탈해왕의 집안도 본래 철을 다루던 야장이었다.

그렇다면 이때의 농민들은 지배집단과 어떠한 관계로 얽혀 있었을까? 삼한 지역의 토착사회는 이전보다 외부 세력과 접촉하고 위험에 노출될 기회가 절대적으로 늘어났다. 서북 지방에서 정치적 파동이 있을 때마다 유이민의 물결이 남쪽으로 밀려오고 중국인 관리와 상인들의 내왕도 잦아졌다. 또한 예와 마한과 왜가 철을 찾아 낙동강 하구로 몰려들었다.[21] 이러한 개방화 추세와 더불어 집단 간에 무력 대립이 빈번해졌다. 『삼국사기』에도 2세기 이후 전쟁 기사가 자주 나타난다. 고고학상으로도 2~3세기가 되면 무덤에 부장되는 철제 무기의 양이 크게 늘어나 이전과 다른 상황을 보여 준다. 이 단계에 이르면 전쟁 형태도 일과성 약탈 전쟁으로 끝나지 않는다. 요컨대 농민들은 세금을 내고 노동력을 제공하고 각종 권한을 포기하는 대신 지배집단들이 그들을 외부의 위협으로부터 보호해 주어 안정적으로 생업을 영위할

21 『三國志』 魏書 東夷傳 韓條.

수 있기를 기대한다. 불합리한 수취를 감수하더라도 전쟁에 져서 정복집단의 예속민으로 전락하는 것보다 나았기 때문이다.

이 단계가 되면 농민들이 경작하는 땅은 이미 약간의 노력만으로 쉽게 개간할 수 있는, 즉 쉽게 포기하고 떠날 수 있는 자원이 아니었다. 농민들이 소유한 경작지는 급수로나 배수로를 만들고 나무뿌리를 제거하는 등 상당한 기간 동안 많은 노동력을 투입한 중요한 자산이었다. 수탈을 당하더라도 새로운 땅을 개간하는 것보다 생산성이 더 높기 때문에 농민들은 울며 겨자 먹기로 지배집단의 요구를 거절하지 못하고 불평등을 감수하면서 일정한 체제 내에 순응할 수밖에 없었다. 동남아시아의 화전火田 경작자들은 새로 개간할 땅이 있는 한 많은 노동력을 투입한 계단식 논을 버리고 이동식 화전 경작 생활을 선택함으로써 지배자와의 불평등한 예속 관계를 거부한다고 한다. 왜냐하면 이 지역에서는 벌목 작업만으로 새로운 경작지를 확보할 수 있고 화전 경작만으로도 수전 농사 못지않은 생산물을 거둘 수 있다는 것을 이미 경험해서 알기 때문이다.[22] 신성한 제사장으로서 농사기술을 책임지던 청동기·초기철기시대 수장과는 달리 이 시대의 지배자는 유능한 군사 지휘자인 동시에 경제적으로 성공한 지배자였다. 역으로 농민들은 대등한 읍락 구성원의 지위에서 점차 예속적인 피지배 신분층으로 변해 가고 있었다.

4. 삼국의 발전과 농민의 지위 변화

질 좋은 철제 무기와 농기구의 대량 생산에 힘입어 고구려, 백제, 신라 삼국은 차례로 집권적 고대국가로 발전해 갔다. 정복 통합 과정에서 늘어난 인적·물적 자원을 효과적으로 관리하기 위해 각국은 보다 조직적인 통치제도

22 에릭 R. 울프 저, 박현수 역, 1978, p.51.

를 마련하는 데 고심하였다. 다원적인 질서를 청산하고 수직적이고 일원적인 체계 아래 새로운 정치·사회적 질서를 확립하기 위해 율령을 제정 반포하였다. 사람들의 신분도 새로운 기준에 의해 일단의 정리를 거쳐 각각의 등급으로 재편성되었다. 독립된 소국의 왕족들은 신라, 백제, 고구려 국가의 귀족 신분과 토지, 주택을 얻어 왕경으로 거주지를 옮겼다. 신라의 경우 지방에 남아 있던 종래의 읍락 우두머리들은 촌주라는 관직과 임무를 부여받고 하급 지배신분층으로 편제되었다.

그 나머지 일반 농민들은 노비를 제외하고는 모두 평민이라는 신분으로 편제되었는데 일부 상층부 농민들에게는 지방민에게 주는 말단의 관위가 주어지기도 하였다.[23] 읍락 수장에게 속해 있던 가난한 하층 농민들도 원칙적으로는 모두 귀족국가의 양인 농민의 신분을 얻었다. 집단 예속민으로 차별대우를 받고 있던 피정복 지역의 농민들도 율령 반포를 통해 일정한 신분을 보장받음으로써 사회적인 지위가 향상되었다.[24] 반대로 중앙정부의 명령을 어기고 반항할 경우 다른 지역으로 강제 이주당하거나 그 지역 전체가 향·부곡 등의 특수 천민집단으로 신분이 격하되었다. 이처럼 율령체제의 확립으로 농민들은 법제상으로는 읍락 수장의 사적 통제와 지배를 벗어나서 중앙정부의 법률과 명령에 따르는 귀족국가의 공민公民이 되었다.

중앙정부의 공권력이 미약하고 농민에 대해 읍락이나 부部의 장이 독자적인 지배권을 행사하던 시절에는 농민 통제에 왕권이 적극적으로 개입하기 어려웠다. 고구려 고국천왕 대(190)에 왕비족인 연나부椽那部 귀족들이 교만하고 사치하여 남의 자녀와 전택田宅을 뺏으므로 나라 사람들이 원망하였다는 말을 듣고 왕이 노하여 이들을 처벌하려 하였으나 오히려 연나부 족원들

23 경북 울진에서 발견된 「울진 봉평 신라비」(521년 건립)에 이 지역의 거벌모라居伐牟羅, 조시조촌蔦尸条村 등의 촌락민에게 주어진 일벌一伐, 아척阿尺 등의 관위명이 나온다(한국고대사연구회 편, 1992, 『한국고대사연구 2: 울진봉평신라비특집호』, 지식산업사).

24 「울진 봉평 신라비」에서 신라 법흥왕이 율령을 반포함으로써(520), 노인奴人 신분이었던 거벌모라居伐牟羅, 남미지촌男彌只村 주민의 처우에 변화가 있었음을 시사하고 있다.

과 함께 모반을 꾀하였다는 것은 바로 이전 단계의 농민 지배에 대한 왕권의 한계를 보여 주는 사건이다.[25] 궁극적으로 율령체제의 확립과 더불어 중앙정부는 임의적이고 가혹한 수장들의 사적인 수탈로부터 농민들을 보호하고 법률에 근거한 일률적인 수취제도를 실시하고자 하였다.

중앙정부가 수장의 가혹한 농민 수취에 제동을 걸면서 강력한 공권력을 확립해 나갈 수 있었던 기반은 무엇이었을까? 그리고 빈번한 전쟁을 치르면서도 사회체제의 지속적인 발달과 농민의 지위 향상이 가능하였던 원인은 어디에 있었을까? 가장 근본적인 것은 각종 수취를 당하면서도 농민들의 생산력이 꾸준히 늘어났기 때문이다. 4~5세기대에 이르면 쇠스랑, 살포, 낫을 비롯하여 여러 가지 철제 농기구가 널리 보급되고 일반 농가에서도 철제 농기구의 사용이 보편화되었다. 날 끝이 둘 또는 셋으로 갈라진 쇠스랑은 작물의 뿌리를 제거하거나 김매기 작업에도 아주 효과적인 도구였다. 낫의 사용으로 한 포기씩 이삭 베기하는 대신 여러 포기를 한꺼번에 그루터기 베기를 할 수 있게 되어 작업 능률이 크게 향상되었다. 더욱이 쟁기 농사의 실시로 농업생산력이 비약적으로 발전하였다. 처음에는 쟁기가 주로 왕실과 귀족의 토지를 중심으로 사용되기 시작하였을 것이다. 인력에만 의존하는 괭이, 따비 중심의 농경 체계와는 달리 축력을 이용하는 쟁기의 보급은 새로운 농경지를 개간하고 토지의 생산력을 높여 삼국의 농업생산력을 끌어올리는 데 획기적인 역할을 하였다.

또한 이 시기에 들어오면 농경 작물에도 상당한 변화가 있었다. 청동기시대나 초기철기시대의 유적에서는 보리나 밀의 출토가 상대적으로 적은 편인데, 『삼국사기』에는 맥작에 관한 기록이 아주 많이 나온다. 이는 맥작 농사의 비율이 늘어난 것을 시사한다. 다른 밭작물에 비해 보리나 밀은 경작 기간이 짧고 가뭄에 잘 견디며 늦어도 6월이면 추수할 수 있기 때문에 벼나 조

25 『三國史記』 高句麗本紀, 故國川王 12년조.

와 함께 일반 농민들의 중요 식량 공급원으로 기능하였다. 말하자면 철제 농토목구의 발달로 신개간지가 늘어나면서 계절에 따라 서로 다른 작물을 나누어 재배함으로써 한 작물이 피해를 입더라도 다른 작물이 이를 보충함으로써 전체적인 위험 지수를 줄일 수 있었다.

특히 신라, 백제 지역에서는 철제 농토목구의 발달로 수리시설이 확대되고 수전 개발이 활발해져 벼의 수확량이 크게 늘어났다. 신라 눌지마립간 때(429)에 쌓은 시제矢堤를 비롯하여 법흥왕의 제방 수리 명령(531)이나 법흥왕 대 영천에 축조된 청제菁堤(536), 그리고 백제 무령왕이 제방을 튼튼히 관리하도록 명령한 것(510) 등 수리 관련 기록은 모두 5~6세기에 집중되어 있다. 이때의 수전 농사 확대는 국가적 차원에서 중앙정부의 재정 기반을 튼튼히 하는 중요한 토대가 되었다. 이처럼 맥작과 벼농사의 비중이 높아지면서 파종과 추수를 중심으로 하는 농사 일정도 재조정되었다. 잡곡 농사 중심의 음력 5월, 10월 농경 축제 이외에 신라에서는 정월 대보름과 8월 한가위가 새로운 명절로 떠오르게 된다.[26]

이 단계에서 농업생산력 증대에 가장 큰 영향을 미친 것은 앞서 말한 대로 농기구의 변화인데 이를 적극적으로 주도한 세력은 다름 아닌 중앙정부이다. 3세기 신라 노례왕 대에 철제 보습날을 만들었다거나 6세기 지증왕 대에 우경牛耕을 실시하였다는 기록은 새로운 농기구와 기술 보급이 지배집단에 의해 주도되었다는 증거이다. 5세기 신라 내물왕 또는 눌지왕의 무덤으로 추정되고 있는 경주 황남대총 남분에는 각종 호화로운 장신구와 함께 무려 295점이나 되는 쇠괭이와 14점의 쇠삽날이 부장되어 있다.[27] 삼국은 권력을 강화하는 과정에서 일차적으로 생산도구의 생산·관리권을 장악하여 철제 농공구나 쟁기날 등의 제작과 보급을 독점하였다. 중국에서도 진秦, 한漢 이래 수隋, 당唐 왕조들이 모두 국가기관을 두어 농민들이 사용하는 모든 철

26 장주근, 1983, 「한국의 농경과 세시풍속」, 『한국의 농경문화』 1, 경기대학교박물관, pp.39~40.
27 문화공보부 문화재관리국, 1975, 『경주 황남동98호고분 발굴 약보고』, pp.35~36.

제 농구를 공급 관리해 왔다.[28] 이처럼 고대사회의 국가권력은 토지와 노동력, 그리고 생산도구로 구성된 기본 생산수단 중에서 철제 생산도구의 제작과 보급을 장악함으로써 노동력과 토지에 대한 지배력을 더욱 확장시켜 나갔다. 무기, 군대와 같은 물리적인 도구 못지않게 생산도구는 중앙정부로 하여금 수장 세력을 배제하고 생산 담당자인 농민들을 직접 통제하는 데 아주 효율적인 수단으로 기능하였다. 농민들의 불행은 생산도구의 자급자족권을 상실한 데서 비롯되었는지도 모른다.

아무튼 율령에 명시된 엄격한 신분제도의 실시로 농민들은 모두 피지배 신분층으로 고정되었다. 이렇게 한번 정해진 신분은 태어나면서부터 그리고 자손 대대로 세습되는 것이 원칙이었으며 아래로 떨어질지언정 더 나은 신분으로의 상승길은 막혀 있었다. 혼인도 같은 신분끼리 하였으며, 사회적으로 출세하는 것은 전혀 생각할 수도 없었다. 사회적인 활동뿐 아니라 의식주 전반에 걸친 일상생활 용품에 있어서도 신분에 따른 제약을 받았다. 또한 피지배 신분층인 농민들은 국가라는 권력 기구의 존속을 위해 지배 신분과 달리 각종의 의무를 짊어져야 하였다. 지배자의 눈에 비친 농민들이란 국가와 귀족의 권력을 유지하는 데 필요한 노동력과 물자의 원천일 뿐이었다.

삼국의 부세제도에 대해서는 확실한 내용을 알 수 없지만 대체로 인정人丁을 기준으로 세금이 부과되었던 것으로 보인다. 고구려에서는 1년에 베 5필과 조 5석을 인두세人頭稅로 부과하였으며, 백제에서도 쌀과 포, 견사, 마 등을 징수하였다.[29] 이러한 인두세는 아마도 15세 이상의 남자와 여자를 기준으로 하였을 것이다. 인두세 이외에 삼국 모두 농민들에게 각 가호별로 호세戶稅를 물렸다. 고구려에서는 각 호의 경제 능력을 3등급으로 나누어 상등호上等戶는 1석, 차호次戶는 7두, 하호는 5두씩의 호세로 곡물을 징수하였는

28 李京華, 1985, 『河南古代鐵農具』. 『農業考古』 1985年 1期, pp.56~57.

29 『隋書』 東夷列傳 高麗條; 『周書』 異域列傳 百濟條; 김기흥, 1987, 「6·7세기 고구려의 조세제도: ≪수서≫ 고려전의 조세조항 분석」, 『한국사론』 17, 서울대학교 국사학과, pp.31~36.

데, 호세에 비해 인세人稅의 비중이 훨씬 무겁다. 말하자면 개인이 소유한 토지 면적에 비례하여 세금을 부과하는 것이 아니라 생산 활동에 투입될 수 있는 노동력의 크기에 더 큰 비중을 두는 것이 특징이다.

당시 국가의 일차적인 관심은 농민들이 소유한 토지가 얼마나 되는가보다 노동력을 제공할 수 있는 사람의 숫자가 몇 명이나 되는가에 있었다. 신라에서도 사정은 비슷하여 충북 단양에서 발견된 「단양 신라 적성비丹陽 新羅 赤城碑」에서 나타나듯이 6세기 중엽경 중앙정부는 15세 미만의 소년, 소녀를 소자小子, 소녀小女로 구분하는 등 각 호별로 연령별, 성별 인구수를 파악하고 있는데[30] 조세와 역역 징수를 위한 것이다. 이러한 형식의 농민 지배 방식이 채택된 것은 삼국시대만 해도 토지 생산성이 낮아 부의 크기는 소유한 토지의 면적보다 농사를 지을 수 있는 노동력의 양에 따라 좌우되었기 때문이다.

인두세, 호세와 더불어 농민들에게는 역역 징발이라는 또 하나의 의무가 부과되었다. 15세 이상의 남자들은 궁궐을 수리하거나 성을 쌓고, 제방을 축조, 수리하는 등의 토목공사에 동원되어 작업해야 할 의무가 있었다. 특히 귀족국가의 통치 기반이 확고하게 다져지는 5~6세기에 들어오면 백제, 신라에서는 국가권력을 발동하여 수전 개발에 힘쓰는데, 각종 수리 시설의 축조와 수리는 모두 농민들의 역역 동원에 의해 이루어졌다. 이러한 토목공사에는 보통 수천 명 규모의 농민들이 동원되었다. 그러나 농민들이 노동력을 제공하였다고 해서 농민들의 경작지가 수리시설의 혜택을 받는 것은 아니다. 이때의 수전농사 확대는 국가의 재정을 튼튼히 해 주는 경제 기반이 되었을 뿐이며, 이를 위해 농민들이 노동력을 제공하는 것은 당연한 의무로 여겨졌다.

고구려가 평양으로 수도를 옮기고 삼국 간의 대립이 본격화하면서 중앙

30 단국사학회, 1978, 『사학지』 12-1.

정부에서는 막대한 인력을 동원하여 각지에 수많은 산성을 축조하였다. 신라 자비마립간 때(470)에 삼년산성은 성을 쌓는 데 삼 년씩이나 걸렸고, 소지마립간 때(486)에 삼년산성, 굴산산성 두 산성을 개축하는 데에만 선산 지방의 15세 이상 남자가 3,000명이나 동원될 정도였다. 그리고 신라 진평왕 때(591)에 경주의 남산신성을 축조하기 위하여 충북 옥천, 경북 상주, 선산, 경남 함안, 칠원 등 전국 각지로부터 200여 개의 집단이 참여하였는데 농민들은 지방관의 명령을 받은 촌주의 인솔 아래 각 촌을 단위로 집단적으로 축성공사에 동원되었다.[31]

삼국 간의 항쟁이 치열해지고 병력 수요가 늘어나면서 농민들은 이러한 노역 이외에 군대의 하급 병졸로 전투에 참가하거나 수자리 근무, 군량과 장비의 수송에 동원되었다. 예를 들면 신라에서는 일정한 수의 정남丁男들을 차출하여 이들을 법당法幢이라는 군단에 소속시켜 농한기에는 군사 훈련을 하고, 전쟁 시에는 지역 방어에 동원하여 중앙에서 파견한 군대와 함께 전투에 투입하였다.[32] 신라 진평왕 대에 경주 설씨녀薛氏女의 늙은 아버지를 대신하여 수자리 근무에 나간 가실嘉實이라는 청년은 약정 기간인 3년이 훨씬 지난 6년 후에야 돌아왔다. 이처럼 군역 의무 기간은 사정에 따라 연장되기도 하였다. 과거에는 지배집단의 의무이자 특권으로 간주되던 전투 수행이 농민들에게까지 확산되는 현상을 두고 피지배 신분층으로서의 농민의 사회적 지위가 상대적으로 개선된 것으로 보기도 한다. 농민들의 병역 의무는 전쟁이 종식된다고 가벼워지는 것도 아니었다. 신라 원성왕 때(798)에 영천 청제를 수리하는 데 14,140명의 법당 소속 농민 부대가 참여하고 있듯이 통일신라기에 들어오면서 오히려 법당 군단 소속 농민군들은 노동 부대로서 성이나 제방을 쌓는 토목공사에 동원되었다.[33] 이 밖에도 중앙정부는 뽕나무, 잣

31 이종욱, 1974, 「남산신성비를 통하여 본 신라의 지방통치체제」, 『역사학보』 64, p.11, 22.
32 이인철, 1988, 「신라 법당군단과 그 성격」, 『한국사연구』 61·62합집, pp.39~42.
33 이기백, 1974, 「영천 청제비 정원수치기의 고찰」, 『신라정치사회사연구』, 일조각, p.295.

나무, 대추나무 등을 집단으로 심어 농민들에게 관리 책임을 맡겼으며 마전麻田을 촌락별로 할당하여 공동 경작시켰다.

정부로부터 부과된 이러한 각종 부담 이외에 삼국의 농민들은 아직도 귀족들의 전통적인 수취로부터 완전히 벗어나지 못하였다. 삼국 사회에서는 국가의 승인 아래 식읍과 녹읍 형태로 귀족들의 농민 지배가 존속하여 상당수의 농민이 이중의 무거운 부담에서 벗어나지 못하였다. 여기에다 삼국 간의 장기간 항쟁으로 농민들의 생활은 극도로 피폐해졌다. 일부 상층부 농민들 중에는 고용인을 써서 농사를 지을 만큼 넉넉한 토지를 확보하거나 이자놀이를 하여 재산을 불릴 만큼 경제적으로 향상된 경우도 없지 않았다. 그러나 일반적으로 하층 농민들의 경제적인 몰락은 가속화되어 흉년이 들면 자식을 판다든가 소나무 껍질로 연명하거나 굶주림에 시달리는 자가 허다하였다. 설사 자영농민이라 할지라도 경제 기반은 취약하여 한 철만 흉년이 들어도 정부에서는 세금을 면제시켜 주거나 진휼곡뿐 아니라 종자곡까지 지급해주어야 할 정도였다. 전쟁의 종식과 함께 중앙정부는 농민층의 몰락을 방지하고 과다한 수취를 지양할 수 있는 새로운 형태의 지배 기준을 모색해야만 하였다.

5. 맺는말

농경도구와 농경기술의 발전으로 사람들이 섭취하는 칼로리의 양이 꾸준히 늘어나고 생활수준이 개선되어 왔다. 이와 더불어 필요량 이상의 잉여 산물의 축적은 사유재산의 발달을 촉진하고 사람과 사람 간, 집단과 집단 간의 경제적 차이를 유발하여 궁극적으로 지배와 예속이라는 사회적인 관계를 발생시켰다. 이 과정에서 생산 담당자인 농민들은 피지배층으로 밀려나고 각 단계별 생산기술과 생산력 수준에 따라 서로 다른 메커니즘에 의해 지배집단에게 예속되었다. 예컨대 4~5세기를 지나 생산력이 좀 더 발달하면 생산도구와 노동력의 장악을 통해 농민들을 지배하던 전통적인 관계를 벗어나서 모든 토지는 국가 내지는 국왕의 소유라는 관념을 내세워 농민에 대한 각종 수취를 합리화해 나갔다. 통일신라기에 들어오면 전쟁의 위험으로부터 벗어나고 국왕의 통치권이 더욱 강화되면서 녹읍의 혁파,[34] 관료전의 지급[35] 등으로 귀족들의 전통적인 농민 지배 형식이 점차 배제되는 경향이 나타난다. 그리고 농민들을 대상으로 토지를 매개로 하는 새로운 차원의 지배 방식을 추구해 나갔다. 성덕왕 대에 백성들에게 처음으로 정전丁田을 나누어 주었는데(722), 농민들에게 전적으로 새로운 토지를 지급해 준 것이라기보다 대개는 이전부터 농민들이 소유하고 있던 토지의 실상을 조사하여 국가가 경작권을 인정해 주는 조처였다.[36] 이는 토지에 대한 국가의 배타적인 지배권을 주장함으로써 농민과 국가 사이에 새로운 형태의 지배·피지배 관계가 성립되는 과정이다. 토지를 매개로 하는 농민의 수취는 인간 노동력에 비례하여 세금을 거두어 가던 이전의 수취 방식에서 한 걸음 진보한 것이다. 동시에 이는 토지 생산성의 증대로 생산수단의 각 요소들 중에서 토지가 차지하는 비중이 그만큼 높아졌다는 증거이기도 하다.

그 결과 일본 정창원正倉院에 소장되어 있는 신라 촌락문서에서 보듯이 국가에서는 경작지의 종류와 면적을 구체적으로 조사하고 토지 면적과 인구수를 종합하여 9등급으로 훨씬 세분화된 수취체계를 세울 수 있었다. 이는 경제적으로 다양하게 분화되고 있던 촌락의 현실을 반영하는 것으로 이전보다

34 『三國史記』 新羅本紀, 神文王 9년조.

35 『三國史記』 新羅本紀, 神文王 7년조.

36 정전丁田 지급에 대한 해석도 서로 다르다. 당의 균전제를 모방하여 정전제를 실시한 것이라는 해석도 있고(강진철), 과거 촌주 또는 족장들이 가진 토지 지급권을 국가가 가지면서 귀족이나 촌주들에게 평민 토지가 흡수되는 것을 막기 위한 방법으로 정전이 지급되었다는 주장도 있다(김철준). 이 밖에 무주지, 진전陳田을 정남丁男을 중심으로 나누어 준 것이라는 해석도 있다(김기홍). 강진철, 1969, 「신라의 녹읍에 대하여」, 이홍직 박사 회갑기념 논문집간행위원회, 『이홍직박사회갑기념 한국사학논총』, 신구문화사, p.78; 김철준, 1975, 「신라귀족세력의 기반」, 『한국고대사회연구』, 지식산업사, p.234; 김기홍, 1990, 「삼국 및 통일신라기 세제의 연구」, 서울대학교 박사학위논문.

농민들에게 좀 더 합리적인 수취 근거를 제시한 것이다. 특히 이것은 하층 농민의 경제적 몰락을 방지하여 이들에 대한 귀족들의 사적인 수탈을 줄이고 가난한 양인 농민들의 신분 하락을 막는 역할도 겸하였다. 이러한 제도적 장치는 결국 농민들이 국가권력에 예속될 수밖에 없는 새로운 구속력을 발휘하게 된다. 그리고 지배자와의 사이에 토지라는 생산수단을 매개로 하는 새로운 형태의 사회관계가 전개될 조짐을 보여 준다.

/ 참고문헌 /

강진철, 1969, 「신라의 녹읍에 대하여」, 이홍직 박사 회갑기념 논문집간행위원회, 『이홍직박사회갑기념 한국사학논총』, 신구문화사

김기흥, 1987, 「6·7세기 고구려의 조세제도: ≪수서≫ 고려전의 조세조항 분석」, 『한국사론』 17

______, 1990, 「삼국 및 통일신라기 세제의 연구」, 서울대학교 박사학위논문

김철준, 1975, 「신라귀족세력의 기반」, 『한국고대사회연구』, 지식산업사

단국사학회, 1978, 『사학지』 12

문화공보부 문화재관리국, 1975, 『경주 황남동98호고분 발굴 약보고』

부산대학교박물관, 1988, 『부산노포동유적』

이건무 외, 1989, 「의창 다호리유적 발굴진전보고(I)」, 『고고학지』 1

이기백, 1974, 「영천 청제비 정원수치기의 고찰」, 『신라정치사회사연구』, 일조각

이종욱, 1974, 「남산신성비를 통하여 본 신라의 지방통치체제」, 『역사학보』 64

이영문, 1988, 「전남지방 지석묘 연구」, 단국대학교 석사학위논문

이인철, 1988, 「신라 법당군단과 그 성격」, 『한국사연구』 61·62 합집

이현혜, 1987, 「한반도 청동기문화의 경제적 배경」, 『한국사연구』 56

______, 1998, 『한국고대의 생산과 교역』, 일조각

______, 2013, 「한국 농업기술의 발전 과정과 연구 성과」, 한국고고학회 편, 『농업의 고고학』, 사회평론아카데미

장주근, 1983, 「한국의 농경과 세시풍속」, 『한국의 농경문화』 1, 경기대학교박물관

지건길·안승모, 1983, 「한반도 선사시대 출토 곡류와 농구」, 『한국의 농경문화』 1, 경기대학교박물관

충청남도역사문화연구원·삼성전자주식회사, 2011, 『아산명암리 밖지므레유적: 고찰, 자연과학분석』

홍승기, 1974, 「1~3세기의 '민'의 존재형태에 대한 일고찰」, 『역사학보』 63

……

根木修, 1976, 「木製農耕具の意義」, 『考古學硏究』 22-4

武田幸男, 1974, 「魏志東夷傳にみえる下戸問題」, 旗田巍·井上秀雄 編, 『古代の朝鮮』, 東京: 學生社

……

李京華, 1985, 「河南古代鐵農具」, 『農業考古』 1985年 1期

……

Haas, Jonathan, 1982, 『The Evolution of the Prehistoric State』, New York: Columbia University Press

Wolf, Eric, 1966, 『Peasants』, New Jersey: Prentice-Hall Inc.; 박현수 역, 1978, 『농민』, 청년사

/ 2장 /

한국 농업기술의 발전 과정과 연구 성과

1. 자료와 방법론

청동기문화 단계에 농경 중심 생업 경제가 확립된 이래 20세기 초에 이르기까지 한국인의 주된 생산 기반은 농업이었다. 농업은 개인의 식생활과 의생활에 필요한 물자를 공급하였고, 국가 운영의 재정적 토대가 되었다. 그리고 오랜 세월 농업은 기술적으로 여러 단계의 질적·양적 변화를 거치면서 각 시대의 역사 발전에 중요한 영향을 미쳤다. 그러므로 농업기술에 대한 연구는 옛사람들의 삶의 모습을 생동감 있게 복원하고 생산력과 역사 발전의 상호 관계를 밝히는 지름길이다.

농업기술 연구의 목적은 역사와 문화가 변화하고 발전하는 과정에서 기술과 생산력의 변화가 어떠한 작용을 하였는가를 밝히는 것이다. 농업생산력은 작물, 농기구, 관개 시설, 파종법, 시비법, 제초법, 작무법 등과 같은 기술적인 요소뿐만 아니라 좀 더 큰 차원에서 자연환경과 기후 변화, 인구 증감 등과 밀접한 관계가 있다. 따라서 농업기술을 연구하려면 이러한 각 부문에서 나타나는 변화에 대해 두루 주목해야 한다. 하지만 자료의 제약으로 연구 분야가 일정 부문에 국한되는 한계를 면할 수가 없다. 문헌 기록이 전혀 없거나 희소한 선사와 고대의 농경 연구는 고고학자료에 대한 의존도가 절대적이다. 반면 고려·조선시대의 농업기술 연구는 관찬 사서, 농서, 문집, 공문서, 일기 등 문헌자료를 통해 농법을 연구하고 논밭의 모습과 농민들의 작업 과정을 머릿속에서 그리고 있다. 일부 기후 변화나 인구 자료를 활용하여 농업기술의 변화 과정을 설명하려는 시도가 있어 고무적이기는 하나 자료가 너무 부족하여 논리적 어려움을 겪고 있다.

다행히 고고학의 발달과 활발한 발굴 조사에 힘입어 땅속에 묻혀 있던 다양한 물질 자료들이 세상에 모습을 드러내면서 농업기술 연구의 시간적·공간적 폭이 지속적으로 확대되어 왔다. 특히 1990년대 이후 무덤이나 집자리 이외에 저습지 유적, 경작 유구, 수혈 유구 등 생활 유적에 대한 고고학 발굴 조사가 급격히 증가하면서 농업기술 연구는 새로운 지평을 열어 가고 있다. 「농경문청동기」에 새겨진 나무괭이와 따비, 평행선 모양의 밭고랑을 실물로 확인할 수 있게 되었고, 농서 속에 갇혀 있던 조선시대 밭고랑과 논이 눈앞에 펼쳐지고 있는 것이다.

농업기술 연구의 기본 자료는 문헌 기록을 비롯하여 농기구, 식물유체, 경작 유구, 수리시설, 꽃가루, 인골, 토양 등 광범위하다. 선사, 고대의 농경을 연구하는 데는 고고학자료 이외에 민족지자료가 요긴하게 활용되기도 한다. 그런데 자료 확보 못지않게 중요한 것은 농업기술의 단계별 발달 과정을 체계적으로 설명할 수 있는 기준을 찾는 것이다. 예를 들면 선사와 고대의 농업기술의 발전 단계를 도구와 에너지를 기준으로 굴봉掘棒 사용 단계-서鋤·초鍬농법 단계-이경犁耕 단계로 나누는 경우도 있다. 이러한 구분 방법은 비록 선사와 고대 농경 연구에 국한되는 한계는 있지만 나름대로 유용하다. 새로운 농기구의 도입으로 절감된 노동력을 새로운 경작지 개간에 투입하거나, 기경법의 개선으로 단위면적당 생산량을 늘려 나갈 수 있기 때문이다. 이와 달리 토지 활용 방식의 변화에 따라 장기 휴경 단계-중기 휴경 단계-단기 휴경 단계-연작상경(連作常耕: 땅을 묵히지 않고 매년 경작하는 것) 단계-다모작多毛作 단계로 구분하는 방법도 있다.[1] 기술, 인구, 환경 등 각 요소들이 복합적으로 작용한 결과가 토지 활용 방식에 반영되기 때문에 이 기준은 선사, 고대부터 근대에 이르기까지 거시적인 관점에서 생산기술의 변화 추세를 파악하고 체계화하는 데 유용하다.[2]

이 장에서는 한국 농업기술의 발달 과정을 개관하면서 각 시대별로 연구자들이 관심을 기울여 온 중요 주제를 중심으로 그 성과와 과제를 일별하고자 한다.

2. 선사시대

(1) 신석기시대

농경의 시작

농경의 시작은 신석기혁명이라고 불릴 만큼 인류 문화의 발전 과정에서 아주 획기적인 변화로 인식되었다. 그리하여 우리 학계도 한반도 농경문화의 기원과 진래 과정을 밝히는 데 많은 노력을 기울여 왔나. 2000년대 이후에는 수렵, 채집 경제에서 농경으로의 진행이 상당히 복잡하고 오랜 기간에 걸쳐 이루어진 것임을 주지시키면서 농경의 기원이라기보다 농경으로의 전

1 Ester Boserup, 1984, 『Population and Technological Change』, Chicago: University of Chicago Press.

2 인구 밀도가 희박하고 자원이 풍부한 단계에서는 자연적으로 지력이 회복될 때까지 10~20년씩 경작지를 휴경할 수 있지만, 인구 밀도가 점차 높아지고 개간 대상지가 한계에 이르면 휴경 기간을 10년 미만으로 다시 2, 3년 간격으로 줄여 나갈 수밖에 없고 결국에는 경작지가 쉴 틈을 주지 않고 1년에도 두 차례 이상 연속으로 경작을 하게 되는 것이다. 이처럼 휴경 기간을 줄여 나가는 과정에서 시비법을 개발하고 기경법과 농기구를 개선하고 품종을 개량해 나갔던 것이다.

이 과정이라는 개념으로 접근하고 있다.[3]

한반도 농경의 시작을 입증하는 유적으로 가장 주목을 많이 받은 것은 농기구, 탄화곡물, 조리도구 세트가 함께 출토된 황해도 봉산 지탑리 집자리 유적이다. 농경 개시에 관한 초창기의 연구는 대부분 지탑리유적의 편년이나 문화 계통을 밝히는 데 집중되었다. 그 결과 편년이나 문화 계통에 대한 해석도 다양하였고, 농경 개시 연대도 기원전 2500년, 4000년, 5000년 등으로 편차가 아주 컸다. 이러한 농경 연구 초기에는 자료의 부족과 방법론의 한계로 농기구와 작물 자료를 육안으로 관찰하여 형태와 종류를 분류하고 전파 루트를 추정하는 데 그쳤다.

이후 신석기시대의 농경활동을 뒷받침하는 석제 기경구나 갈돌, 작물 자료들이 한강, 금강, 남강 유역 등지에서 널리 확인되었다. 그리고 그동안에 축적된 방사성 탄소연대 측정 자료와 작물 채집 자료를 토대로 기원전 3500~기원전 3000년경 한반도 남부 지역까지 기장과 조를 재배하는 원시적인 밭농사가 실시되었다는 것이 정설로 자리 잡았고, 여기에서 한 걸음 더 나아가 농경 개시 연대가 신석기시대 전기까지 소급되고 있다.[4] 이는 식물유체를 체계적으로 수습하고 식물고고학적 연구방법을 활용하여 농경을 뒷받침하는 작물 자료를 적극 확보한 덕분이다.[5]

이처럼 신석기시대에 농경이 시작된 것은 분명하나 한반도 신석기시대 주민들이 작물을 재배하기 시작한 원인이 무엇인가에 대해서는 아직도 다수가 공감할 만한 설명이 이루어지지 못하고 있다. 다만 농경 우위설에 입각

3 이준정, 2011, 「작물 섭취량 변화를 통해 본 농경의 전개 과정」, 『한국상고사학보』 73.

4 小畑弘己·眞邊彩, 2012, 「昌寧 飛鳳里遺蹟出土土器の 壓痕調査」, 『비봉리II: 창녕 비봉리양배수장 신축공사 부지내 신석기시대 패총』, 국립김해박물관; 小畑弘己·眞邊彩, 2013, 「東三同貝塚出土土器の壓痕調査報告」, 『(동삼동패총정화지역) 즐문토기』, 복천박물관; 小畑弘己, 2013, 「동삼동패총·비봉리유적 출토 기장·조 압흔의 동정과 그 기준」, 『한국신석기연구』 25.

5 하인수, 2001, 「동삼동패총1호주거지 출토 식물유체」, 『한국신석기연구』 2; 이경아, 2001, 「상촌리출토 식물유체 분석」, 『진주상촌리선사유적』, 동아대학교 박물관; 이경아·윤호필·고민정·김춘영, 2011, 「신석기시대 남강유역 식물자원 이용에 대한 고찰」, 『영남고고학』 56.

한 문화전파론적 해석을 비판하고 기원전 3500년경의 급격한 환경 변화와 인구 증가, 사회적 복합성 증대 등 다양한 가능성을 염두에 두면서 접근하고 있다.[6]

벼 재배

농경 시작 문제와 더불어 제기되고 있는 또 하나의 의문은 한반도에서의 벼농사 시작에 관한 것이다. 종래 벼농사는 잡곡 농사보다 훨씬 늦은 기원전 10세기 이후 청동기시대에 시작되었다는 것이 통설이었다. 그런데 1990년대 초 한강 하류 경기도 김포군과 고양군에서 신석기시대의 토탄층에서 탄화된 볍씨가 발견되었고, 출토된 빗살문토기의 바탕흙에서 벼의 특징인 부채형 식물규산체plant-opal가 발견되었다. 그리고 충북 옥천 대천리 집자리 유적에서도 벼 껍질과 탄화미가 출토되어 신석기시대 주민들의 벼 재배 가능성을 시사한 적이 있었다.[7] 하지만 벼의 전파 경로나 언제부터 어떠한 계기로 벼라는 새로운 작물을 재배하게 되었는지, 어떤 품종을 어떠한 방식으로 재배하였는지 아직도 해결해야 할 많은 의문이 남아 있다.

농경 형태

신석기시대의 작물 경작 방식도 의문이다. 현재로서는 농기구 자료를 통해 당시의 농경 방식이 원시적인 벌목화경slash and burn cultivation 형태였던 것으로 추정하는 정도이다.[8] 원시적인 벌목화경 농법에서는 숲이나 덤불을 불태워 경지를 마련하고 돌따비나 보습을 사용하여 재가 쌓인 토양 표면을

6 이준정, 2011; 송은숙, 2001, 「신석기시대 생계방식의 변천과 남부 내륙지역 농경의 개시」, 『호남고고학보』 14; 안승모, 2005, 「한국 남부지방 신석기시대 농경 연구의 현상과 과제」, 『한국신석기연구』 10.

7 보고서 간행 이후 실시한 연대 측정에서 벼는 기원전 100년 전후와 기원후 100~400년 사이의 것으로 신석기시대 주거지 연대와 불일치한다는 결과가 나왔다. 한창균·구자진·김근완, 2014, 「대천리 신석기유적 탄화곡물의 연대와 그 의미」, 『한국신석기연구』 28, p.53.

8 이현혜, 1998, 『한국고대의 생산과 교역』, 일조각.

긁듯이 지나가면서 선 모양의 파종구를 만들거나 나무 그루터기를 피해 적당한 간격으로 파종 구멍을 만들어 씨를 뿌린다.[9] 지탑리유적을 남긴 주민들이 그처럼 크고 무거운 석제 굴지구를 사용한 원인이 여기에 있는 것 같다. 이와 달리 지역에 따라 강기슭 충적대지를 경작지로 활용할 경우, 이와 다른 경작 방식을 채용하였을 가능성도 제기되고 있다.[10] 이러한 문제는 신석기시대 유적 주변의 고환경에 대한 지식이 필요한 부분이다. 아무튼 신석기시대 후기로 가면서 석제 굴지구의 크기가 점차 작아지는 것으로 보아 농경지 상태나 경작 방식에서 변화가 진행되었던 것으로 생각된다. 이러한 변화의 배경과 과정, 그리고 생업 경제에서 곡물이 차지하는 비중의 증가 여부를 주목할 필요가 있다.

(2) 청동기시대 및 초기철기시대

수렵, 채집 경제 활동의 보조적인 위치에 있던 농경이 청동기문화 단계에 이르러 한반도 주민들의 주된 생업으로 자리 잡았다. 한반도에서 발달한 지석묘문화, 동검문화, 그리고 고조선과 같은 정치체 등장의 경제적 기반은 바로 농업이었다. 특히 중남부 지방에는 송국리문화松菊里文化 단계를 전후하여 논농사가 도입되어 논농사와 밭농사를 겸하는 복합적인 농경 체계가 확립되었다. 그리하여 지역별로 자연환경과 문화 전통에 따라 작물 구성이나 농경기술의 변화 과정도 다양하게 전개되었다. 이러한 농경 체계는 초기철기시대(세형동검문화 단계)에 이르러 더욱 안정적으로 발전하였고 이후 한국 농업기술 전개의 토대가 되었다. 2000년대 이후 그동안 축적된 자료를 바탕으로 작물의 종류와 지역별, 시기별 작물 조성에 대한 구체적인 양상을 밝히

9 이러한 원시적인 벌목화경 단계에서는 한 번 개간한 경작지는 2~3년 연속 이용한 후 삼림이 원상 회복될 때까지 10년 이상 휴경한다. 이 경우 토양 상태가 단단하고, 여러 곳에 타다 남은 풀뿌리와 나무 그루터기가 남아 있다.
10 송은숙, 2001.

려는 노력들이 이어지고 있다.[11] 그리고 청동기시대의 경작 방식에 대해서도 새로운 사실들이 많이 밝혀졌다.

목제 농기구와 경작 유구

1970~1980년대까지만 해도 청동기시대의 농경 연구는 소수의 농기구와 작물 자료에 전적으로 의존하였다. 작물 자료 리스트도 한두 페이지를 겨우 채울 정도였고, 농기구 자료라고 해도 반월형 석도와 같은 수확구가 대부분이었다. 단지 석제 굴지구가 급격히 소멸하는 대신 끌, 대패, 유구석부 같은 석제 공구가 크게 늘어나는 것을 보고 농토목구 대부분이 목제였을 것으로 추정할 뿐이었다. 그리고 「농경문청동기」에 새겨진 쌍날따비나 괭이, 일본 야요이문화유적에서 나온 목제 농토목구와 민속자료를 보면서 목제 농기구의 형태를 짐작하는 데 그쳤다. 다행히 1990년대 이후 농경 관련 연구 자료가 전체적으로 크게 증가하였는데 상대적으로 많은 혜택을 누린 것이 청동기시대 농경 연구이다. 특히 저습지 유적과 논 유구, 관개시설 등 생산 유적 발굴의 활성화로 각종 형태의 목제 농기구 자료가 축적되었고 고무래나 따비편으로 추정되는 목기까지 확인하는 등 자료가 지속적으로 늘어났다.[12]

1992년 한강 유역 미사리에서 최초로 백제 밭이 발굴된 이래 중남부 지역 곳곳에서 청동기시대부터 조선시대에 이르는 각 시대의 밭 유구들이 지속적으로 확인, 조사되었다.[13] 그리고 각종 형태의 고랑과 이랑, 경작 흔적을 통해 청동기시대의 밭작물 재배 방식, 경지 활용 방식 등에 대해 다양한 연구

11 안승모, 2008, 「한반도 청동기시대의 작물조성: 종자유체를 중심으로」, 『호남고고학보』 28; 정유진, 2010, 「식물유체를 통해 본 원삼국시대 도작의 성격」, 『한국상고사학보』 69; 이희경, 2010, 「원삼국시대 중부지방 작물조성의 특징과 그 형성 요인」, 『한국고고학보』 75.

12 김권구, 2008, 「한반도 청동기시대의 목기에 대한 고찰: 남한지역의 목기를 중심으로」, 『한국고고학보』 67; 조현종, 2014, 「목기의 종류와 특징」, 이청규·손준호 편, 『청동기시대의 고고학 5: 도구론』, 서경문화사; 김도헌, 2016, 「고대의 목제 기경구 연구」, 『중앙고고연구』 21, 중앙문화재연구원.

13 윤호필, 2013, 「한반도 출토 경작유구(논유구·밭유구) 집성표」, 한국고고학회 편, 『농업의 고고학』, 사회평론아카데미.

성과들이 축적되었다.[14] 경작 유구의 발굴로 청동기시대 농경 연구는 새로운 전환점에 접어들었다고 해도 과언이 아닐 정도이다.

경작 방식

청동기시대 전기의 경작 방식에 대해 화경火耕 여부를 두고 다양한 논의가 진행되고 있으나 구체적인 양상은 여전히 의문이다.[15] 청동기 후기 단계의 경우, 목제 농기구의 존재와 밭 유구를 통해 밭농사에서의 토지 활용 방식을 일부 엿볼 수 있다. 나무 농기구가 일반화된 중요 배경은 논농사 실시와 밭농사에서의 휴경 기간의 단축이었다. 나무 농기구는 돌과 달리 깎고 조립하는 것이 쉽기 때문에 용도에 따라 여러 가지 형태의 농기구를 만들 수 있고, 무게도 가벼워 작업 효율을 크게 높일 수 있다. 하지만 휴경 기간을 10년 미만으로 줄여 풀뿌리가 깊고 단단해지기 전에 경작지를 반복 활용해야만 나무 농기구를 사용할 수 있다. 이렇게 하면 관목이나 수풀 더미를 불태우는 것만으로도 경작지를 확보할 수 있다.

청동기시대의 밭고랑을 보면 고랑의 깊이, 너비, 간격 등은 매우 다양하지만 밭의 크기에 상관없이 동일 구획 안에 들어 있는 고랑끼리는 서로 평행선을 이룬다. 원시적인 벌목화경 단계에서는 타다 남은 나무뿌리를 남겨 둔 채로 파종하므로 규칙적으로 끊어지지 않고 길게 이어지는 평행선 모양의 고랑, 이랑은 만들 수 없다. 요컨대 목제 농기구와 평행선을 달리는 고랑과 이랑의 존재만으로도 청동기시대 후기~초기철기시대에 이르러 휴경 기간이 크게 줄어들었음을 알 수 있다. 밭 유구 발굴 시 휴경 중이던 경작지를 구분

14 이현혜, 2002, 「한국고대의 농업」, 한국고대사회연구소 편, 『강좌 한국고대사 6: 경제와 생활』, 가락국사적개발연구원; 최덕경, 2002, 「고대한국의 한전경작법과 농작제에 대한 일고찰」, 『한국상고사학보』 37; 이상길, 2003, 「남강유역의 선사농경과 취락」, 인제대학교 가야문화연구소 편저, 『진주 남강유적과 고대일본』, 신서원; 김병섭, 2003, 「한국의 고대 밭유구에 대한 검토」, 『고문화』 62; 윤호필, 2013, 「경작유구를 통해 본 경지이용방식의 변천 연구」, 한국고고학회 편, 『농업의 고고학』, 사회평론아카데미.

15 안재호, 2000, 「한국농경사회의 성립」, 『한국고고학보』 43; 고일홍, 2010, 「청동기시대 전기의 농경방식 재조명」, 『한국상고사학보』 67.

해 낼 수 있다면 이는 경작지 활용 방식을 밝힐 수 있는 아주 중요한 단서가 될 것이다. 매몰 당시 휴경지에는 잡초나 관목이 자라고 있었을 것이므로 고랑, 이랑의 형태를 관찰하는 것 이외에 토양 분석 등을 통해 개별 밭들의 상태와 잡초의 양 등을 서로 비교해 볼 필요가 있다. 토양 분석을 활용한 고대 농경 복원 방법론에[16] 많은 기대를 하는 이유이다.

논농사의 정착과 확산

청동기시대의 농경에서 밭농사 못지않게 중요한 것은 논농사이다. 1980년대까지도 벼농사의 전파 경로에 관한 것이 청동기시대 농경 연구의 절대 다수를 차지하였다. 하지만 탄화미나 토기의 표면에 찍힌 볍씨 자국, 화분, 식물규산체 검출 등을 통해 벼농사의 존재를 확인할 뿐 경작 방식을 알 수 없었다. 그러나 1993년 부여 궁남지에서 백제 논 유구가 처음 발견된 이래 청동기시대뿐만 아니라 삼국시대, 조선시대 논 유구가 곳곳에서 발견되어[17] 논농사에 대한 연구가 활기를 띠기 시작하였다. 논농사의 정착과 확산 과정에 대한 심도 있는 논의를 진행하고, 논의 크기 및 형태를 비롯하여 논이 만들어진 곳의 지형적 특성을 분석하고, 물웅덩이, 보, 수로 등 급배수 시설까지 찾아냈다.[18] 그리고 삼국시대 수리시설의 발굴 조사에도 힘을 기울여 2010년에는 그동안의 성과를 모아 『한국 고대의 수전농업과 수리시설』이 발간되었다. 수리시설에 대한 연구는 이후에도 꾸준히 이어지고 있다.[19]

이처럼 유적의 숫자도 많이 늘어났고 연구 성과도 많아졌지만 아직도 재

16 이희진, 2013, 「토양을 활용한 고대 농경 복원」, 한국고고학회 편, 『농업의 고고학』, 사회평론아카데미.

17 안재호, 2010, 「각 지역의 경작유구」, 한국고고환경연구소 편, 『한국고대의 수전농업과 수리시설』, 서경문화사; 윤호필, 2013.

18 이홍종, 2000, 「우리나라의 초기 수전농경」, 『한국농공학회지』 42-3; 김도헌, 2003, 「선사·고대 논의 관개 시설에 대한 검토」, 『호남고고학보』 18; 이한상, 2007, 「청동기시대의 관개시설과 안동 저전리유적」, 계명사학회 편, 『한·중·일의 고대 수리시설 비교 연구』, 계명대학교출판부; 조현종, 2008, 「한국 초기 도작문화 연구」, 전남대학교 박사학위논문; 한국고고환경연구소, 2010, 『한국고대의 수전농업과 수리시설』, 서경문화사.

19 허의행, 2015, 「청동기시대 수리시설물의 구조와 변천」, 『야외고고학』 23, 한국문화재조사연구기관협회; 성정용, 2015, 「우리나라 선사~중세수리시설의 유형과 발달과정」, 『한국상고사학보』 87.

배 방식이나 수도작의 비율 등 핵심적인 문제들은 고스란히 의문으로 남아 있다. 논 유구 토양 분석을 통해 청동기시대에는 자연적으로 물이 고이는 곳에 벼를 경작하는 것이 일반적이었고 인위적인 담수는 매우 제한적이라는 견해가 있어[20] 관개 수도작 비율에 대한 면밀한 검토의 필요성을 제기하고 있다. 실제 논 유구 발굴 숫자에 비해 최초의 용수원으로부터 논에 이르는 급수의 전 과정이 제대로 밝혀진 유적은 드물다. 발굴 범위가 제한된 것이 원인일 수도 있고 천수답 방식의 논이 의외로 많았기 때문일 수도 있다. 앞으로 관개 수도작의 비율이나 증가 추세를 파악하는 것도 중요한 과제이다.

그리고 논농사의 확산이 농업생산력 증대와 식생활에 어느 정도의 영향을 미쳤는가 하는 것도 의문이다. 유적에서 출토된 인골에 대한 과학적 분석 결과를 통해 청동기시대 후기 이후에는 논농사의 보급으로 벼농사의 비중이 컸을 것이라는 종래의 인식은 재고되어야 한다는 견해도 있다.[21] 작물 유체 자료상으로는 쌀 관련 자료가 큰 비중을 차지하는 것과 다른 결과이다. 또 다른 분석에 의하면 벼 식물유체의 출토 비율은 청동기·초기철기시대보다 원삼국시대가 되면 감소하는데 한반도 중남부 지방을 기준으로 남쪽보다 북쪽의 비율 감소가 큰 것으로 나타난다고 한다. 반면 벼 낟알의 크기는 청동기시대, 초기철기시대에 비해 원삼국시대로 갈수록 길이와 폭이 커지고 정형화되는데 우수한 종의 선택적 재배, 시비법 발달, 새로운 품종의 도입 결과로 해석하고 있다.[22] 이처럼 벼농사와 밭농사 비율은 지역적 편차가 크고, 시대에 따라 기후 환경의 변화에 따라 다양하게 바뀌어 갔을 것이므로, 좀 더 세분화된 논의가 필요하다고 생각된다.

20 이희진, 2012, 「토양분석을 통해 본 한반도 초기 수전농경의 일면」, 한국고고학보』 82.
21 이준정, 2011.
22 정유진, 2010.

3. 삼국시대

철제 농기구 보급과 우경 실시

일반적으로 철제 농기구가 보급되면 농업생산력이 크게 증진되고 이것이 역사 발전의 중요 계기가 되는 것으로 설명한다. 그러나 철기가 등장하더라도 이들이 정치·사회적 변화의 중요 변수로 작용하게 되는 것은 철기 보급이 상당히 진행된 후이다. 무엇보다도 철제 기경구起耕具 보급이 일반화되기까지 상당한 기간이 경과하였다. 고구려 지역에는 기원전 3~기원전 2세기경에 이미 중국 전국계 철제 농기구가 유입되었고 우경도 일찍 시작되었으나 백제, 신라 지역은 이보다 늦다.

중부 이남 지역에서는 1990년대 이후 철제 농기구 자료들의 출토가 급속도로 증가하였다. 특히 영남 지방을 중심으로 기원전 1세기에서 기원후 3세기 단계의 목관묘, 목곽묘 유적이 활발하게 조사되면서 수확에 쓰이는 낫이나 손칼 이외에 철제 따비, 삽날, 쇠스랑과 같은 철제 기경구들이 두루 출토되어 철제 농기구가 보급되어 가던 과정을 알 수 있게 되었다. 그리고 고분 이외에 주거지, 성곽, 보루 등으로 발굴 대상이 확대되면서 삼국시대와 통일신라시대의 철제 농기구와 보습 자료들도 많이 축적되었다.[23] 특히 경기도 용인 수지 지역의 4~5세기 백제시대 집자리 유적에서 낫, 쇠괭이, U자형 삽날 등 철제 농기구가 무려 32점이나 출토되어 철제 농기구가 일반화되어 가던 양상을 실감하게 하였다.

권력 집중화의 기반

종래 삼국시대의 농경 연구는 우경 시작 문제에 집중되었으나 이처럼 자료가 늘어나면서 연구 시각도 확대되어 갔다. 예컨대 철제 농기구 소유 관계

23 송윤정, 2009, 「통일신라시대 철제 우경구의 특징과 발전양상」, 『한국고고학보』 72.

를 통해 고총고분의 출현이나 집권적 귀족국가의 등장과 같은 한국 고대사회의 권력 집중화 과정을 설명하는 것도 그중 하나이다.[24] 철제 농기구와 우경의 실시로 삼국시대에는 논과 밭의 절대 면적이 크게 늘어났다. 절약된 노동력은 새로운 밭 개간에 투입되었고, 국가 주도로 대규모 수리시설을 축조함으로써 관개 논의 면적도 늘어났다. 이러한 혜택을 집중적으로 누린 것은 왕실과 귀족이었다. 철제 농기구와 우경구牛耕具의 제작, 유통을 국가가 관리하였기 때문이다. 특히 급배수가 안정적으로 이루어지는 양질의 논은 왕실과 귀족 소유가 되어 권력 집중화를 가속화시키는 중요한 물적 토대가 되었다.

휴한농법 확립

논과 밭의 양적 팽창뿐 아니라 삼국시대에는 밭농사에서 휴한농법 확립이라는 기술상 성과가 있었다. 한국 농업기술사에서 흔히 휴한법이라고 칭하는 것은 1~2년 휴경하는 단기 휴경농법을 뜻한다. 연작상경 단계에서 보면 휴한법은 미숙한 기술 단계임이 분명하나 이 단계에 이르기까지도 많은 시간과 기술의 축적이 있어야만 하였다. 그러므로 안정적인 휴한농법 확립은 농업기술 발전 과정에서 중요한 획기이다. 1~2년으로 휴경 기간을 줄이기 위해서는 경전耕田, 시비, 제초 등 각 부문에서 새로운 기술과 추가 노동력 투입이 필요하다. 특히 토지에 비해 노동력이 부족하던 고대에는 거름주기보다 갈이에 힘써 가능한 한 깊이 갈고 때맞추어 반복 기경을 함으로써 지력을 보강해 나갔다. 이러한 작업을 가능하게 한 것이 철제 농기구와 우경의 보급이다.[25]

우경을 실시하려면 쟁기를 끄는 소가 있어야 하고 보습과 장착 도구를 제작하는 기술을 가져야 한다. 하지만 이것 못지않게 중요한 것은 경작지의

24 전덕재, 1990, 「4~6세기 농업생산력의 발달과 사회변동」, 『역사와 현실』 4; 이현혜, 1998.
25 이현혜, 1998.

상태이다. 쟁기갈이를 하려면 나무뿌리가 완전히 제거되어야 하고 풀뿌리가 깊지 않아야 한다. 경작지를 이와 같은 상태로 유지하려면 휴경 기간을 3년 이하로 단축해야 한다. 5년만 묵혀도 쟁기갈이는 어렵고 따비로 기경해야 한다. 따라서 쟁기갈이를 하였다는 것은 휴경 기간이 3년 이하였다는 뜻이다. 삼국시대 밭 유구 중에서 경작토가 부드러운 것, 이랑이 낮고 불선명하며 경작토가 굳어 있는 것, 이랑이 거의 확인되지 않고 경작면이 평탄하게 되어 버린 것 등 매몰 당시의 경작지의 서로 다른 상태를 판별할 수 있는 경작 유구가 발견되기를 기대해 본다.

삼국시대 논밭 유구 발굴은 철제 농기구 사용과 우경 실시로 그동안 논밭의 모습이 어떻게 달라졌는지를 보여 주었다. 청동기시대의 소규모 부정형 논은 쟁기의 회전 반경과 횟수를 고려하여 쟁기갈이에 편하도록 좁고 길다란 모양으로 바뀌고, 가장자리가 들쑥날쑥하던 청동기시대의 밭고랑과 달리 삼국시대 밭고랑은 곧고 길게 뻗어 있다. 청동기시대는 위험을 분산시키기 위해 두 가지 이상의 작물을 혼합해서 파종하거나 구획을 작게 하여 여러 작물을 함께 재배하였기에 좁은 면적 안에 각종 형태의 고랑, 이랑이 혼재하였다. 그러나 삼국시대가 되면 단일 작물을 보다 넓은 면적에서 대규모로 재배하는 것이 일반화되었다. 그만큼 밭농사 기술이 안정되어 간 것이다.

이처럼 삼국시대의 농업생산력 연구는 도구의 변화에 초점이 맞추어져 진행되어 온 것이 사실이다. 4~6세기는 2~3세기에 비해 기온이 따뜻해지던 시기인 만큼 앞으로 기후 문제라든가 인구 문제, 국가권력 등도 함께 고려하여 농업생산력 증대 과정을 다각적으로 설명할 필요가 있다.

4. 고려와 조선 전기

초기 한국 농업기술사 연구는 고려나 조선의 토지제도나 수취제도, 토지 소유 관계를 다룬 사회경제사 연구자들로부터 시작되었다. 이들은 농업생산력의 변화를 통해 토지 소유 관계나 국가권력의 농민에 대한 지배 양식의 변화를 파악하고자 하였다. 이 같은 이념적·제도사적 관점에서의 연구는 농업기술을 연구하는 데 힘을 쏟는 것이 아니라 도식화된 역사 발전의 법칙에 한국사의 발전 과정을 대입하는 것이 목적이었다. 이 때문에 농업기술에 대한 구체적이고 실증적인 연구가 미흡하였다.

1980년대에 들어오면서 이러한 한계를 극복하고 농업기술 변화의 진정한 의미와 영향력을 밝히려는 노력이 이어졌다. 이들은 보다 실증적인 연구를 바탕으로 한국사의 중요한 변혁기의 새로운 정치 세력 대두나 사회적 발전 과정을 농업기술과 생산력의 변화를 통해 설명하였다.[26] 이 같은 연구 성과는 농업기술 연구에 대한 인식을 바꾸어 놓았고, 소수에 불과하던 농학사적 측면에서의 연구가 활성화되는 계기를 마련하였다. 이론이나 법칙 검증에 치중한 이전 연구의 한계를 직시하고 사실 고증의 중요성을 절감하였기 때문이다. 특히 1990년대 이후에는 농서 이외에 문집, 일기 등으로 자료의 폭을 넓혀 가면서 기경법, 작무법, 시비법, 파종법, 이앙법 등 농법 자체에 대한 실증적인 연구로 무게 중심이 이동하였다.

2001년에는 근현대 농업사 연구자들이 뜻을 함께하여 한국농업사학회를 만들어 2002년 『농업사연구』라는 학술지를 창간하고 중국, 일본 연구자들과 연계하여 국제학술회의를 개최하는 등 활발한 연구 활동을 하고 있다. 이들의 활약으로 농업사 연구가 근현대를 넘어 우루과이 라운드, FTAFree Trade Agreement 등의 위기를 계기로 현대 한국 농업과 농촌 문제로까지 연구 영역을 확대하였다.

26 예컨대 고려 말 조선 초 신흥사대부의 대두와 조선왕조의 건국을 논농사와 밭농사에서의 휴한법의 전면 극복이라는 농업기술의 발달 결과로 파악하거나(이태진, 1986, 『한국사회사연구: 농업기술 발달과 사회변동』, 지식산업사), 조선 후기 사회 내부에서 근대 자본주의 사회로 이행할 수 있는 내재적 발전 요소를 논농사에 있어서의 이앙법(모내기) 보급과 도맥이모작稻麥二毛作 실시, 밭농사에 있어서의 견종법畎種法 보급이라는 농법의 변화를 통해 설명하는 것이다(김용섭, 1974, 『조선후기농업사연구 II: 농업변동·농학사조』, 일조각).

휴한농법의 극복

고려시대와 조선시대 농업기술 연구에서 중요한 쟁점의 하나는 휴한법 극복에 관한 것이다. 농업기술 발달 과정에서 휴한법 극복은 또 하나의 중요한 획기이기 때문이다. 한국사 연구자들도 일찍부터 휴한 극복에 대해 많은 관심을 기울여 왔고 극복 시기에 대해서도 통일신라시대, 고려 말 등으로 견해가 다양하나 현재까지는 통일신라시대까지 휴한농법이 일반적이었다는 것이 다수의 견해이다.[27]

고려시대에 이미 연작상경이 일반화되었다는 주장도 있지만 다수의 견해를 종합해 보면 고려시대는 휴한법을 극복하고 연작상경을 확대시켜 나가는 과정으로 파악할 수 있다.[28] 고려왕조는 농지를 묵혀 경작하는 것을 줄이고 상경화를 촉진하기 위해 적극적인 권장 정책을 펴 나갔다. 그러나 12세기까지도 여전히 1년 또는 2년 묵히는 토지가 적지 않아 토지 등급을 상(불역전不易田)·중(일역전一易田)·하(재역전再易田) 세 등급으로 나누고 세금 징수율을 차등 적용하는 등 이를 현실적으로 인정하였다. 휴한법의 극복은 정부의 의지만으로 일시에 실현되는 것은 아니며 노동력의 증가, 시비기술의 발전 등 여러 요소가 복합되어야 하므로 전환 과정이 점진적이며 단순하지 않다. 그러나 고려 후기를 거치면서 인구 증가, 중국의 선진 농법 도입, 저지 개간 등 그동안의 노력이 축적되어 논밭농사에서 모두 1년 1작이 일반화되었다.[29]

조선을 건국한 신흥사대부 세력들은 14세기 이래의 발전 추세를 계승하여 농업생산력을 높여 백성들의 식생활을 풍요롭게 하고 국가 재정을 튼튼히 하는 것을 국가 통치의 중요 목표로 삼았다. 그리하여 세종은 『농사직설農事直說』(1429)이라는 우리나라의 풍토에 맞는 우리의 농서를 최초로 간행

27 그 중요한 근거는 7세기 말(695, 효소왕 4년)에 작성된 신라 촌락문서村落文書이다. 이 문서에 나오는 논과 밭의 결수結數와 인정人丁 숫자를 비교해 보면 각 호당 논밭을 합쳐 4~9결을 경작하는 것으로 되어 있어 후대에 비해 지나치게 넓다. 이것은 휴한을 전제로 하지 않으면 이해할 수 없는 수치이다(이태진, 1986).

28 김기섭, 2008, 「토지제도와 경제생활」, 『새로운 한국사 길잡이』 상, 지식산업사.

29 이태진, 1986; 김기섭, 2008; 염정섭, 2002, 『조선시대 농법 발달연구』, 태학사.

하여 전국에 보급하였다. 『농사직설』에는 지력 보강을 위해 전통적인 시비법(두과녹비豆科綠肥)은 물론 중국 강남 지방의 새로운 시비법이 소개되어 있다.[30] 그리고 정부에서는 농서에 실린 대로 때맞추어 농사 일정을 수행할 수 있도록 과학 지식을 동원하여 천체를 관측하고 우리의 달력을 만드는 등 기술 지원을 병행하였다. 이 같은 노력의 결과 조선 전기에는 논농사, 밭농사 모두 땅을 묵히지 않고 매년 경작하는 1년 1작이 안정적으로 실시되었고, 일부 밭농사에서는 2년에 세 번 수확이 가능할 정도로 농업기술이 크게 향상되었다. 그리하여 세금을 징수할 때 고려시대와는 달리 묵히는 토지를 일절 인정하지 않았고, 대부분의 토지 등급을 상향 조정하는 동시에 세율은 인하하였다.[31]

5. 조선 후기

이앙법 보급

조선 후기에 이르면 한국 농업기술 발달사에서 또 한 차례의 획기가 그어진다. 밭농사에서 2년 3작 또는 1년 2작이 이루어지고, 벼농사에서 이앙법이 일반화된 것이다.[32] 그리하여 농법과 농업 경영 문제가 조선시대 농업사 연구의 중요 주제가 되고 있다.[33] 특히 조선 후기 농법 변화에서 가장 많은 주목을 받고 있는 것은 이앙법 보급 문제이다. 모내기를 하면 논에 직접 볍씨를 뿌리는 직파법直播法보다 종자곡이 절약되고 김매기 횟수를 줄일 수 있어 노동력 절감 효과가 크다. 그러나 수리시설이 제대로 갖추어지지 않으면

30 초목비草木肥와 객토, 누에와 소, 말의 배설물, 인분을 거름으로 경작지 전면에 깔아 주는 분전糞田 등의 시비법.
31 이태진, 1989, 『조선유교사회사론』, 지식산업사.
32 김용섭, 1974; 염정섭, 2002; 김건태, 2008, 「농업생산력과 농업경영」, 한국사연구회 편, 『새로운 한국사 길잡이』 상, 지식산업사.
33 김건태, 2008.

직파하는 것보다 실농失農의 위험이 훨씬 높아 조선 전기에는 국가에서 이앙을 금지하는 조치를 내리기도 하였다. 그런데 후기에 이르러 수리시설의 축조가 늘어나고 노동력 절감 요구가 높아져 16세기를 거쳐 17세기 후반에는 이앙법이 일반화되었다. 더욱이 금강 이남 지역 양반들은 18세기 중후반부터 벼를 수확한 후 논에 보리를 심는 벼·보리 이모작까지 실현하였다.[34]

밭농사 이모작

이처럼 이앙법이 빠르게 확산되면서 밭농사에서는 1년 2작 또는 2년 3작 방식이 정착되었다.[35] 조선시대 연구자들은 이 같은 성과를 이앙법 보급으로 인한 노동력 절감과 시비법, 작무법 등 여러 방면에 걸친 기술 개선의 결과로 파악하고 있다. 예를 들면 조선 전기에는 가공하거나 부식시키지 않은 생분을 거름으로 사용하였으나 후기에는 작물에 따라 다양한 가공 과정을 거쳐 만든 속효성 있는 거름 제조법이 개발되었다. 그리고 쟁기의 기능 향상은 갈이 작업은 물론 작무법에도 많은 영향을 주어 조선 초기의 평휴법平畦法과 달리 후기에는 다양하고 정제된 작무법으로 바뀌었다.[36] 밭농사에서의 이 같은 농법의 변화는 목화 등 특수작물의 재배에도 응용되어 상업용 농산물 재배를 활성화시켰다고 한다. 문헌 연구자들은 이처럼 작무법이 세밀하고 치밀하게 정립되어 나가는 과정을 경작 유구와 토양 분석을 통해 확인할 수 있기를 기대하고 있다.[37] 이미 이러한 요구에 부응하여 고려와 조선의 경작 유구의 세부적인 속성을 분석하고, 고고학적으로 휴한지와 연작상경지를 판별할 수 있는 가능성을 검토하고 있는 것은[38] 대단히 고무적이다. 고고학자들

34 염정섭, 2002.
35 보리를 벤 자리에 콩, 조를 심기도 하고(근경根耕, 그루갈이), 봄철 보리가 자라고 있는 밭에 조 또는 콩을 함께 파종하는 방식(간종間種법, 섞어짓기)으로 이모작 또는 2년 3작을 실현하였다.
36 민성기, 1988, 『조선농업사연구』, 일조각; 염정섭, 2002.
37 염정섭, 2012, 「중·근세의 농법과 수리시설」, 『중앙고고연구』, 10, 중앙문화재연구원.
38 윤호필, 2012, 「경작유구를 통해 본 중·근세 농업의 경지이용방식 연구」, 『중앙고고연구』 10, 중앙문화재연구원.

의 연구 대상이 고려·조선시대로 확대되어야 할 이유가 하나 더 추가된 것이다.[39]

6. 맺는말

지금까지 살펴본 대로 1990년대 이후 한국 농업기술 연구는 괄목할 만한 성과를 거두었다. 연구 자료도 크게 늘어났고 연구 시각도 넓어지고 관심도 높아졌다. 이러한 추세가 이어진다면 한국 농업기술사 연구가 본궤도에 오를 날도 멀지 않을 것 같다. 한국고고학회가 주기적으로 개최한 농경 관련 학술회의가 이런 날을 보다 앞당기는 견인차 역할을 하리라 믿어 의심치 않는다(15회, 25회, 36회 한국고고학 전국대회). 하지만 각 시대마다 그들은 어떠한 방식으로 농사를 지었으며, 왜 그러한 방식을 채용하였는지, 그리고 각 시대마다 가장 큰 변화와 그 변수는 무엇이었는지, 농경지의 경관은 어떻게 달라져 왔는지, 농경지를 누가 어떻게 소유하고 경작해 왔는지 등등 아직도 의문은 끝이 없다.

이러한 의문을 풀기 위해서 기본적으로 보다 많은 자료를 축적하고 정리하여 연구의 토대를 다지는 것이 중요함은 두말할 필요가 없다. 동시에 이러한 자료를 분석하고 체계화하는 방법론에 대한 모색도 병행해야 한다. 선사농경 분야에서는 이미 새로운 모색을 향한 적극적인 의지가 실천에 옮겨지고 있다.[40] 이 같은 시도가 삼국시대와 그 이후 시기로까지 확대, 적용될 수 있을 것으로 기대한다. 다 알다시피 자료 축적과 방법론 모색은 서로 주고받는 관계이다. 아무리 근사한 틀이 있더라도 적용할 자료를 확보하지 못한다

39 고려·조선시대 농업기술에 대한 자세한 내용과 일제 강점기 이후 현대에 이르기까지의 농업기술 발달 과정은 다음 책을 참조하기 바란다. 염정섭·소순열, 2021, 『농업기술과 한국문명』, 들녘.

40 안승모·이준정 편, 2009, 『선사 농경 연구의 새로운 동향』, 사회평론.

면 그것은 그림의 떡일 뿐이다. 마찬가지로 동일한 자료를 다루더라도, 그리고 동일한 유구를 발굴하더라도 관점에 따라 시료 채취나 주목하는 부분이 달라질 수 있다. 이 두 과정은 경중을 따지거나 선후 순서를 가리기 어려울 정도로 밀착되어 있다.

아무튼 지금 우리가 관심을 기울여야 할 과제의 하나는 한국 농업기술의 발전 과정을 좀 더 다양하게 이해하고 설명할 수 있는 관점이나 체계를 모색하여 검증해 보는 것이다. 기술·환경·인구 변화를 함축하고 있는 여러 현상, 예컨대 토지 활용 방식의 변화, 도구의 변화, 농경지 경관의 변화, 논밭 비율의 변화, 토지 소유 및 경작 형태의 변화 등 여러 기준이 있을 것이다. 또는 농업생산력 증대 과정을 '확장'과 '집약'이라는 관점에서 설명할 수도 있을 것이다.[41] 확장은 새로운 농경지의 개척으로 농경지의 절대 면적이 늘어나는 과정이고, 집중은 고정된 경작 면적 안에서 단위면적당 생산량이 늘어나는 과정이다.

한국 농업기술사의 전개 과정을 보면 논 또는 밭 개발이 활발하였던 시기가 있고 그렇지 않은 시기가 반복적으로 나타난다. 논농사와 밭농사의 서로 다른 특성[42] 때문에 시대마다 밭이나 논을 늘리거나 생산력 증진을 이룩하게 된 배경은 서로 다르다. 기후 변화가 원인일 수도 있고, 국가를 운영하는 이데올로기의 변화나 인구 증가 또는 전쟁, 자연재해, 기근, 질병 등으로 인한 인구 감소 등 시대마다 서로 다른 요인들이 복합적으로 작용하였을 것이다.

이 때문에 시대와 지역에 따라 논과 밭의 비율에 많은 차이와 변화가 있었다. 신라시대 충주 지역의 촌락문서 자료를 보면 논(45%)보다 밭(55%)이 더 많다. 고려시대에는 산전山田과 임야 개간이 활발하게 진행되어 밭의 비율

41 김민구, 2010, 「영산강유역 초기 벼농사의 전개」, 『한국고고학보』 75.

42 논농사는 잡곡농사에 비해 단위면적당 수확량이 두 배가 넘지만 입지 조건의 제약이 크고 기반 시설을 축조하고 관리, 유지하는 데 많은 노동력이 투입되어야 한다. 반면 밭은 논에 비해 개간 대상지가 훨씬 개방되어 있고 농경지 유지, 관리를 위한 노동력이 거의 필요하지 않다. 더욱이 밭의 개간은 논과 달리 노동력을 집단적으로 동원하지 않아도 되며 소규모의 개별적인 노동력 투입만으로도 충분하다.

이 더욱 높아졌다. 그리하여 15세기 조선시대 세종 대에는 논이 전체 농경지의 30% 정도에 불과하였다. 그러나 조선왕조는 초기부터 논농사의 비중을 늘리기 위해 국가적으로 많은 노력을 기울였고, 그 결과 조선 후기 정조 대인 18세기 말에는 논이 전체 농경지의 약 53%를 차지하여 비로소 논이 밭의 면적을 앞질렀다. 이 같은 논농사의 확대 추세는 근대화의 물결을 타고 더욱 가속화되어 오늘에 이르렀다.

이처럼 시대별 양적·질적 변천 과정을 추적하는 한편, 공간적으로 지역별 특성을 파악하는 것도 중요하다. 청동기시대에 형성되기 시작한 지역별 특성이 삼국시대, 그리고 그 이후에 어떠한 양상으로 변해 가는지 그 과정과 이유를 추적하는 것이다. 고구려는 밭이 많아 조를 세금으로 징수하였고, 백제는 삼국 중 논농사의 비중이 상대적으로 높아 벼가 징세 곡물의 주가 되었다. 신라에서는 귀족·관리의 녹봉과 군량미, 상금 등을 벼와 조로 지급하여 이를 국가 재정 운영의 기본 곡물로 삼았다. 18세기에 이르면 지역차는 더욱 두드러져 평안도, 함경도는 논밭 비율이 1:10에 가깝고, 영남과 호서 지방은 1:1이고, 호남 지방은 2:1로 가장 높았다.[43] 이러한 지역별 특성은 국가 운영이나 특정 세력의 성장과도 밀접한 관계가 있어 역사 해석의 중요 자료가 될 수 있다.

다른 하나는 고고학자료, 특히 경작 유구와 관련된 것이다. 경작 유구는 그동안 숫자도 늘어났고, 발굴 면적도 크게 늘어났다. 그럼에도 불구하고 여전히 코끼리 다리 만지는 느낌을 떨쳐 버릴 수 없다. 식물유체나 토양 분석과 같은 과학적 분석을 더욱 확대함과 동시에 경작지에 대한 보다 큰 그림을 그려 나갈 수 있도록 발굴 면적을 넓혀 나가야 한다. 논 유구의 관개 시스템, 밭의 경계나 구획 상태, 휴경지의 분포 양상, 논밭 비율, 그리고 이들의 시대별·지역별 변화 양상 등 농업기술사의 핵심 내용 등 밝혀내야 할 내용들이

43 염정섭, 2002.

너무나 많다. 이는 미시적인 자료 분석의 토대 위에서 거시적인 변화의 흐름을 함께 파악하기 위한 것이다.

제36회 한국고고학 전국대회에서 세부적 과제들이 분야별로 자세하게 다루어지기 시작하였다.[44] 다만 한두 가지 덧붙인다면 논 유구 조사를 통해 휴한 여부와 이앙 여부를 확인할 수 있기를 기대한다. 제초를 위해 중국 강남 지방에서는 한대漢代까지도 논농사에서 1년을 휴한하였다. 한국사, 특히 고려·조선시대의 농업기술사에서 논농사에서의 휴한 극복과 이앙 문제는 여전히 중요한 논쟁거리이다. 이앙은 제초를 위한 다른 하나의 방안이다. 만약 논 유구 안에서 이앙의 흔적을 찾아낸다면 벼 경작 방식을 연구하는 데 있어서 중요한 성과가 될 것이다.

경작 유구에 거는 또 다른 기대는 토양 분석의 활성화를 통해 시비 여부와 거름 성분의 변화를 알아내는 것이다. 아직도 인분이나 가축 배설물을 언제부터 본격적으로 거름으로 활용하였는지, 부분 시비를 하였는지 전면 시비를 하였는지를 두고 고려·조선시대 연구자들 간에 논의가 분분하다.[45] 휴한 기간이 같더라도 거름하는 방식과 거름 성분에 따라 생산력의 차이가 적지 않기 때문이다.

끝으로 목간자료에도 관심을 기울여야 한다. 부여 궁남지에서 출토된 백제의 목간에 "매라성邁羅城 법리원法利源에 있는 수전水田(답畓) 오형五形"이라는 구절이 있는데, '형形'은 논의 면적 단위로 보고 있다. 그리고 전남 나주 복암리 출토 백제의 목간에는 '수전水田', '백전白田(전畠)', '맥전麥田'이라는 글자가 쓰여 있어 일반 밭과 맥전을 구분하고 있다.[46] 앞으로 목간을 통해서도 농업기술사 연구에 필요한 소중한 정보를 얻을 수 있을 것이다.

44 한국고고학회 편, 2013, 『농업의 고고학』, 사회평론아카데미.
45 위은숙, 1998, 『고려후기 농업경제연구』, 혜안.
46 문화재청 국립나주문화재연구소, 2010, 『나주 복암리유적 I: 1~3차 발굴조사보고서』.

/ 참고문헌 /

고일홍, 2010, 「청동기시대 전기의 농경방식 재조명」, 『한국상고사학보』 67

곽종철, 2002, 「우리나라의 선사~고대 논밭 유구」, 한국고고학회 편, 『한국 농경문화의 형성』, 학연문화사

______, 2010, 「시대별·지역별 각종 수리시설」, 한국고고환경연구소 편, 『한국고대의 수전농업과 수리시설』, 서경문화사

김건태, 2008, 「농업생산력과 농업경영」, 한국사연구회 편, 『새로운 한국사 길잡이』 상, 지식산업사

김권구, 2008, 「한반도 청동기시대의 목기에 대한 고찰: 남한지역의 목기를 중심으로」, 『한국고고학보』 67

김기섭, 2008, 「토지제도와 경제생활」, 『새로운 한국사 길잡이』 상, 지식산업사

김도헌, 2003, 「선사·고대 논의 관개시설에 대한 검토」, 『호남고고학보』 18

______, 2016, 「고대의 목제 기경구 연구」, 『중앙고고연구』 21, 중앙문화재연구원

김민구, 2010, 「영산강유역 초기 벼농사의 전개」, 『한국고고학보』 75

김병섭, 2003, 「한국의 고대 밭유구에 대한 검토」, 『고문화』 62

김용섭, 1974, 『조선후기농업사연구 II: 농업변동·농학사조』, 일조각

문화재청 국립나주문화재연구소, 2010, 『나주 복암리유적 I: 1~3차 발굴조사보고서』

민성기, 1988, 『조선농업사연구』, 일조각

성정용, 2015, 「우리나라 선사~중세수리시설의 유형과 발달과정」, 『한국상고사학보』 87

小畑弘己, 2013, 「동삼동패총·비봉리유적 출토 기장·조 압흔의 동정과 그 기준」, 『한국신석기연구』 25

송윤정, 2009, 「통일신라시대 철제우경구의 특징과 발전양상」, 『한국고고학보』 72

송은숙, 2001, 「신석기시대 생계방식의 변천과 남부 내륙지역 농경의 개시」, 『호남고고학보』 14

안승모, 2005, 「한국 남부지방 신석기시대 농경 연구의 현상과 과제」, 『한국신석기연구』 10

______, 2008, 「한반도 청동기시대의 작물조성: 종자유체를 중심으로」, 『호남고고학보』 28

안승모·이준정 편, 2009, 『선사 농경 연구의 새로운 동향』, 사회평론

안재호, 2000, 「한국농경사회의 성립」, 『한국고고학보』 43

______, 2010, 「각 지역의 경작 유구」, 한국고고환경연구소 편, 『한국고대의 수전농업과 수리시설』, 서경문화사

염정섭, 2002, 『조선시대 농법 발달연구』, 태학사

______, 2012, 「중·근세의 농법과 수리시설」, 『중앙고고연구』, 10, 중앙문화재연구원

염정섭·소순열, 2021, 『농업기술과 한국문명』, 들녘

위은숙, 1998, 『고려후기 농업경제연구』, 혜안

윤호필, 2012, 「경작유구를 통해 본 중·근세 농업의 경지이용방식 연구」, 『중앙고고연구』 10, 중앙문화재연구원

______, 2013, 「경작유구를 통해 본 경지이용방식의 변천 연구」, 한국고고학회 편, 『농업의 고고학』, 사회평론아카데미
______, 2013, 「한반도 출토 경작유구(논유구·밭유구) 집성표」, 한국고고학회 편, 『농업의 고고학』, 사회평론아카데미
이경아, 2001, 「상촌리출토 식물유체분석」, 『진주상촌리선사유적』, 경상남도·동아대학교박물관
이경아·윤호필·고민정·김춘영, 2011, 「신석기시대 남강유역 식물자원 이용에 대한 고찰」, 『영남고고학』 56
이상길, 2003, 「남강유역의 선사농경과 취락」, 인제대학교 가야문화연구소 편, 『진주 남강유적과 고대일본』, 신서원
이준정, 2011, 「작물 섭취량 변화를 통해 본 농경의 전개 과정」, 『한국상고사학보』 73
이태진, 1986, 『한국사회사연구: 농업기술 발달과 사회변동』, 지식산업사
______, 1989, 『조선유교사회사론』, 지식산업사
이한상, 2007, 「청동기시대의 관개시설과 안동 저전리유적」, 계명사학회 편, 『한·중·일의 고대 수리시설 비교 연구』, 계명대학교출판부
이현혜, 1998, 『한국고대의 생산과 교역』, 일조각
______, 2002, 「한국고대의 농업」, 한국고대사회연구소 편, 『강좌 한국고대사 6: 경제와 생활』, 가락국사적개발연구원
이홍종, 2000, 「우리나라의 초기 수전농경」, 『한국농공학회지』 42-3
이희경, 2010, 「원삼국시대 중부지방 작물조성의 특징과 그 형성 요인」, 『한국고고학보』 75
이희진, 2012, 「토양분석을 통해 본 한반도 초기 수전농경의 일면」, 『한국고고학보』 82
______, 2013, 「토양을 활용한 고대 농경 복원」, 한국고고학회 편, 『농업의 고고학』, 사회평론아카데미
전덕재, 1990, 「4~6세기 농업생산력의 발달과 사회변동」, 『역사와 현실』 4
정유진, 2010, 「식물유체를 통해 본 원삼국시대 도작의 성격」, 『한국상고사학보』 69
조현종, 2008, 「한국 초기 도작문화 연구」, 전남대학교 박사학위논문
______, 2014, 「목기의 종류와 특징」, 이청규·손준호 편, 『청동기시대의 고고학 5: 도구론』, 서경문화사
최덕경, 2002, 「고대한국의 한전경작법과 농작제에 대한 일고찰」, 『한국상고사학보』 37
하인수, 2001, 「동삼동패총1호주거지 출토 식물유체」, 『한국신석기연구』 2
한창균·구자진·김근완, 2014, 「대천리 신석기유적 탄화곡물의 연대와 그 의미」, 『한국신석기연구』 28
허의행, 2015, 「청동기시대 수리시설물의 구조와 변천」, 『야외고고학』 23, 한국문화재조사연구기관협회

……

小畑弘己·眞邊彩, 2012, 「昌寧 飛鳳里遺蹟出土土器の 壓痕調查」, 『비봉리 II: 창녕 비봉리양배수장 신축공사 부지내 신석기시대 패총』, 국립김해박물관
______, 2013, 「東三洞貝塚出土土器の壓痕調查報告」, 『(동삼동패총 정화지역) 즐문토기』, 복천박물관

……

Boserup, Ester, 1984, 『Population and Technological Change』, Chicago: University of Chicago Press

/ 3장 /

토지 활용 방식을 통해 본 한국 고대 농업기술의 발전 과정

한국 농업기술의 연구 현황을 살펴보면 연구자에 따라 연구 목적이나 접근 방법이 다양하다. 예컨대 유물사관의 발전 도식을 한국사에 적용하는 과정에서 농업기술을 나누기도 하고, 각 시대의 토지제도나 수취제도의 변화를 농업기술과 연계시켜 파악하기도 한다. 또는 사회사적 관점에서 정치사회적 발전 과정을 설명하는 중요 근거로 농업기술의 변화를 주목하는 경우도 있다.[1]

농업기술의 정치사회적 기능을 밝히기 위해서는 먼저 농업기술의 발달 과정을 체계화할 수 있는 기준이 필요하다. 농업기술의 발달 과정에 대해서는 도구나 에너지를 기준으로 삼기도 하고, 토지 활용 방식을 기준으로 발전 단계를 나누기도 한다. 특히 토지 활용 방식은 각 단계별 농업기술의 수준을 가늠할 수 있는 중요한 척도가 될 수 있다. 토지 활용 방식을 결정짓는 핵심

1 이현혜, 1998, 『한국고대의 생산과 교역』, 일조각, pp.4~9.

요소는 기술, 인구, 환경 등이다. 이 각 요소들이 복합적으로 작용한 결과가 토지 활용 방식으로 나타나기 때문에 역으로 토지 활용 방식을 통해 생산기술의 변화 과정을 살펴보는 것도 하나의 방법이다.

이 장에서는 토지 활용 방식을 기준으로 한국고대 농업기술의 변화 추이를 살펴보고자 한다. 토지 활용 방식의 발전 단계는 Forest fallow(장기 휴경)-Bush fallow(중기 휴경)-Short fallow(단기 휴경)-Annual cropping(1년 1작)-Multicropping(다모작)으로 구분한 에스더 보저럽Ester Boserup의 분류기준을 참고할 것이다.[2] 보저럽의 기준은 민족지자료 및 고고학자료를 활용하여 인구 밀도와 농업생산기술의 상호 관계에 대한 연구를 바탕으로 한 것이며 연구 대상 지역이 대부분 밭농사 지대이다. 그러므로 일찍부터 논농사를 겸해 온 한반도의 경우, 적용 범위를 밭농사에 국한시켜야 하는 한계가 있다. 그리고 한국 선사시대나 고대사 분야에서는 아직도 인구 문제에 대한 연구 사례가 거의 없어 보저럽의 발전 도식을 적용하고 검증할 만한 연구 토대가 형성되어 있지 않다. 그러나 시간적·공간적으로 다양한 자료를 종합한 이 같은 설명의 틀을 한국 고대 밭농사 기술의 발전 과정에 적용해 봄으로써 한국 고대 농업기술의 발전 과정의 방향성과 보편성을 확인할 수 있다.

1. 신석기시대의 토지 활용 방식

지금까지의 연구에 의하면 한반도에 살던 주민들은 신석기시대 전기부터 기장과 조, 그리고 일부 지역에서는 팥도 재배한 것으로 밝혀졌다. 과거 탄화곡물의 발견에만 의존하던 연구 방식에서 한 걸음 더 나아가 토기 압흔 분석 방법을 활용하여 보다 많은 식물자원을 검출함으로써 신석기시대 작물

2 Ester Boserup, 1984, 『Population and Technological Change』, Chicago: University of Chicago, p.19.

재배 시작 시기가 종래 알려진 것보다 1,000~1,500년 거슬러 올라가게 되었다. 즉 신석기 전기에 해당하는 기장, 조 압흔이 부산 동삼동패총과 경남 창녕 비봉리유적에서 검출되었다.[3] 그리고 동해안 오산리유적 C지구(조기 단계)를 비롯하여 인천 운서동유적(전기 후반 단계)에서는 팥 압흔까지 확인되었다. 신석기 중기 단계에 이르면 팥은 기장, 조, 콩, 들깨와 함께 동해안과 중서부 지역에서 널리 재배되었을 가능성이 높다고 한다.[4] 그리하여 한반도 남부 지역에서는 적어도 신석기 전기 단계에 기장, 조 재배가 시작되었고 신석기 중기 단계에 이르면 기장, 조, 팥 등을 재배하는 잡곡 농사가 한반도 각지에 확산되어 정착한 것으로 추정되고 있다. 이 밖에 밀, 보리와 같은 맥류의 재배에 대해서는 의문이 있었다. 그러나 충북 옥천 대천리 신석기시대 집자리유적에서 출토된 밀, 보리에 대한 보고서 간행 이후 AMS 연대 측정을 추가로 실시한 결과 기원전 3500~기원전 3000년경으로 나와 신석기 중기 단계에는 밀과 보리도 함께 재배되었음이 확인되었다.[5]

연구사적으로 황해도 봉산 지탑리유적(2지구)은 잡곡 재배를 확실하게 뒷받침하는 대표적인 유적으로 손꼽혀 왔다. 이곳 2호 집자리에서 조 또는 피로 추정되는 탄화곡물과 돌로 만든 경작 도구와 갈돌이 한꺼번에 출토되었기 때문이다.[6] 이 유적은 기원전 3500년 이전[7] 또는 기원전 3000년대로 편년되고 있다.[8] 원시농경 단계에서는 나무로 만든 굴봉掘棒(digging stick)만을 사

3 小畑弘己·眞邊彩, 2012, 「昌寧 飛鳳里遺蹟出土土器の 壓痕調査」, 『비봉리 II: 창녕 비봉리양배수장 신축공사 부지내 신석기시대 패총』, 국립김해박물관; 2013, 「東三洞貝塚出土土器の壓痕調査報告」, 『(동삼동패총 정화지역) 즐문토기』, 복천박물관; 小畑弘己, 2013, 「동삼동패총·비봉리유적 출토 기장·조 압흔의 동정과 그 기준」, 『한국신석기연구』 25.

4 조미순·조은하·신이슬·서민석·小畑弘己·이경아, 2014, 「토기압흔법을 활용한 중부 동해안지역 신석기시대 식물자원 이용 연구」, 『한국신석기연구』 28; 조미순·강소희·신이슬·서민석·이경아, 2015, 「중부 동해안지역 신석기시대 식물자원 이용 연구」, 『한국신석기연구』 30.

5 한창균·구자진·김근완, 2014, 「대천리 신석기유적 탄화곡물의 연대와 그 의미」, 『한국신석기연구』 28, p.48. 반면 대천리유적 출토 탄화벼의 AMS 연대 측정 결과는 기원후 100~400년으로 나왔다.

6 황기덕·도유호, 1961, 조선 민주주의 인민 공화국 과학원 고고학 및 민속학 연구소, 『지탑리 원시 유적 발굴보고: 유적발굴보고 8』, 과학원출판사.

7 안승모, 1998, 『동아시아 선사시대의 농경과 생업』, 학연문화사, p.14, 383.

8 황기덕, 1984, 『조선원시 및 고대사회의 기술발전』, 과학·백과사전출판사, p.74; 정징원, 1997, 「신석기시대의 유

용하여 농사를 짓는 경우도 있으므로 농기구가 나오지 않는다고 해서 농경 실시를 부인할 수는 없다. 마찬가지로 지탑리유적보다 앞선 신석기시대 전기의 유적에서도 뿔괭이와 같은 굴지구掘地具가 출토되고 있으나 채집 활동 시 식물뿌리를 캐는 데 사용되었을 가능성이 있으므로 뿔괭이만으로 농경 실시를 단정할 수도 없었다. 그런데 지탑리유적에서는 굴지구, 돌낫, 갈돌 등 기경, 수확, 조리의 전 과정에 사용된 도구들이 탄화곡물과 함께 출토되어 농경 사실을 구체적으로 뒷받침하고 있다.

지탑리에서 불과 8km 떨어진 봉산군 마산리 7호 집자리에서도 탄화된 조가 출토되었는데 토기, 갈돌, 보습 등 유물, 유적의 성격이 지탑리와 유사한 것으로 밝혀졌다.[9] 이 밖에도 두만강, 한강, 금강 유역 등 한반도 각지의 신석기시대 중기~후기 유적에서도 지탑리유적에서 나온 것과 유사한 석제 굴지구들이 출토되었다. 서울 암사동유적,[10] 평양 금탄리유적 신석기문화층,[11] 경북 금릉군 송죽리유적,[12] 대전 둔산 지역 신석기시대 문화층[13] 등을 들 수 있다. 이 유적들은 농기구의 형태만 닮은 것이 아니라 토기와 주거지의 입지 조건, 석촉, 갈돌 등 생활과 관련된 각종 도구들이 많은 공통점을 가지고 있으므로 이들은 서로 비슷한 농경 형태를 영위하였던 것으로 볼 수 있다. 따라서 이를 기원전 4000년 이래 한반도에 살고 있던 신석기시대 주민들에게 널리 보급된 농경의 한 유형으로 간주할 수 있다.

그런데 이 같은 농경 유형이 토지 활용 방식이란 기준에서 볼 때 어느 단계에 속하였는지 의문이다. 보저럽의 발전 도식에 의하면 인구가 가장 희박한 단계에서 나타나는 토지 활용 방식은 Forest fallow(장기 휴경)이며 휴경

적과 유물」, 『신편 한국사 2』, 국사편찬위원회, p.375.

9 변사성·고영남, 1989, 「마산리유적의 신석기시대집자리에 대하여」, 『조선고고연구』 1989-4, pp.17~19.

10 국립중앙박물관, 1994, 『암사동』, p.188(도면 65-⑥), p.192(도면 67-④).

11 김용간, 1964, 『유적발굴보고 10: 금탄리원시유적발굴보고』, 사회과학원출판사, p.8.

12 계명대학교 박물관, 1994, 『금릉송죽리유적: 특별전도록』, PL 16.

13 충남대학교 박물관, 1995, 『둔산』, pp.246~252.

기간은 10년 이상이다. 이 단계에서는 삼림을 개간하여 농경지로 이용하기 때문에 나무를 채벌하고 불에 태우는 벌목화경伐木火耕을 기본으로 한다.[14] 작업 과정은 벌목, 파종, 수확의 세 부분만 이루어지고, 주요 생산도구는 벌목용 돌도끼, 굴지구, 수확구이다. 민족지자료에 의하면 벌목화경 지역의 주된 굴지구는 굴봉이며, 여러 종류의 작물을 섞어서 파종하는 경우가 많다고 한다.[15]

지탑리 유형의 농경을 영위하던 주민들이 경작에 사용하던 주된 도구는 석제 도구였다.[16] 지탑리 등지에서 출토된 돌도끼는 보통의 돌도끼보다 훨씬 큰 것으로 길이 20cm, 너비 5.5cm 정도이다(그림 II-3-1, 그림 II-3-2). 이러한 돌도끼는 경작지 개간 작업에 필요한 벌목 도구로 추정되며[17] 지탑리유적 주민들의 농경 방식이 벌목화경에 의한 것이었음을 시사한다. 그런데 원시적인 벌목화경 단계에서는 한 번 개간한 경작지는 2~3년 연속 이용한 후 삼림이 원상 회복될 때까지 휴경하는데, 삼림 회복 기간은 기후와 자연환경에 따라 다양하다. 휴경 기간이 길수록 토양 상태가 단단하고, 나무가 우거지게 되므로 벌목하여 불태우더라도 경작지 여러 곳에 타다 남은 풀뿌리와 나무그루터기

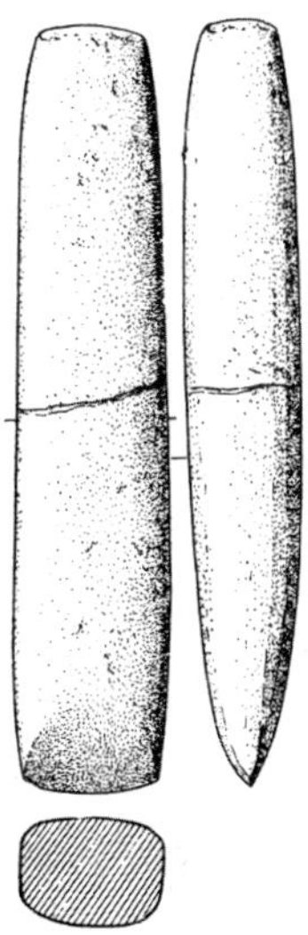

그림 II-3-1
황해도 봉산 지탑리유적 벌목용 도끼 모식도
(과학원 고고학 및 민속학 연구소 편, 1961, 『지탑리 원시 유적 발굴보고』, 과학원출판사)

그림 II-3-2
함북 웅기 서포항유적 벌목용 도끼
(조선유적유물도감편찬위원회 편, 1990, 『조선유적유물도감 1: 원시편』, 동광출판사)

14 이러한 농경 형태는 화전火田, 도경화종刀耕火種, 소전燒田, shift cultivation 등으로 부른다.

15 D. B. Grigg, 1974, 『The Agricultural System of the World: An Evolutionary Approach』, New York: Cambridge University Press, pp.57~58.

16 황기덕·도유호, 1961, pp.41~52.

17 황기덕, 1984, p.67.

그림 II-3-3
평양 금탄리유적 돌따비
(조선유적유물도감편찬위원회 편, 1990)

그림 II-3-4
경북 금릉 송죽리유적 돌따비
(계명대학교박물관, 1994, 『금릉송죽리유적: 특별전도록』)

가 남아 있다. 그러므로 이러한 조건의 경작지에서는 무거워도 대형의 석제 굴지구를 사용하는 것이 효과적이다.

이를 뒷받침하듯이 지탑리 유형 농경 유적에서 널리 출토되는 굴지구는 돌따비와 돌보습이다. 발굴보고서에서는 돌따비를 돌괭이라고 부르고 있지만, 20cm를 전후하는 길고 무거운 돌도구를 괭이처럼 사용하는 것은 기능상 무리이다. 즉 지탑리 등지에서 출토된 이른바 신 바닥 모양 괭이라고 하는 석제 도구는 괭이로 조합하는 데는 적합하지 않으며 날과 자루가 일직선을 이루는 굴봉 내지는 돌따비로 보아야 한다(그림 II-3-3, 그림 II-3-4). 이러한 모양의 굴봉은 민족지자료에서도 널리 확인되는 도구이다. 그러므로 이 유형의 유적에서 출토되는 길이 약 20~25cm가량 되는 신 바닥 모양 기경구를 괭이로 부르는 것은 도구 본래의 기능과 맞지 않으므로 돌따비로 고쳐 불러야 한다. 그리고 돌보습은 돌따비보다 훨씬 크다. 지탑리유적 2지구에서 출토된 돌보습 중 형태가 완전한 것만도 22개나 되며 큰 것은 길이 50~65cm

에 이르며 작은 것이라고 해도 30~40cm 정도이다(그림 II-3-5).[18] 돌보습의 사용 방법은 정확히 알 수 없지만 앞에서 끌면서 토양 표면을 얕게 긁어 파종구를 만드는 데 쓰인 도구일 것이다.

그림 II-3-5
황해도 봉산 지탑리유적 돌보습
(조선유적유물도감편찬위원회 편, 1990)

논농사에서는 원시농경 단계에서도 농경지의 특성 때문에 뼈 또는 나무로 만든 농기구가 사용되었다.[19] 반면 밭농사에서는 인구 밀도가 낮고 휴경 기간이 길어 토지 활용도가 낮은 단계일수록 석제 기경구의 사용 빈도가 높다. 휴경 기간이 긴 농경 형태에서는 숲과 덤불을 불태워 경지를 확보한다. 이 경우 재가 토양 위에 쌓이게 되어 흙을 깊이 파지 않더라도 파종이 가능하고 석제 굴지구만으로도 파종구를 만들 수 있다. 즉 파종을 위해 재가 쌓인 토양 표면을 긁듯이 지나가면서 선 모양의 파종구를 만들거나 나무그루터기를 피해 적당한 간격으로 둥근 파종구만 만들면 된다. 특히 나무그루터기가 많이 남아 있을 경우, 부정형 파종구를 만드는 것이 유리하다. 이런 작업을 하는 데는 괭이형의 농기구보다 굴봉류의 도구가 더 편리하다. 괭이는 날과 손잡이자루가 'ㄱ' 자 모양을 이루며 몸쪽으로 끌어당기면서 작업을 하는 도구이다. 그러나 따비형은 날 끝과 자루가 일직선으로 조합되는 것이 기본이다.

요컨대 지탑리 유형의 농경 유적에서 기경 작업을 하는 데 돌따비나 돌보습 같은 대형의 석제 굴지구를 주로 사용하였다는 것은 경작지가 장기간의 휴경으로 그만큼 단단한 상태였다는 뜻이다. 그리고 이 유형의 유적들에서는 돌화살촉, 어망추 등 수렵, 어로 도구가 농기구 못지않게 큰 비중을 차지하여 당시의 생업 경제가 농경 의존도가 상대적으로 낮고 채집 활동을 병행

18 황기덕·도유호, 1961, p.42.
19 浙江省文物管理委員會 外, 1978, 「河姆渡遺址第一期發掘報告」, 『考古學報』 1978-1.

그림 II-3-6
함북 무산 호곡동유적 돌괭이
(조선유적유물도감편찬위원회 편, 1990)

하는 형태였음을 나타낸다. 채집 경제와 농경을 병행하는 것은 벌목화경 단계의 일반적 특징의 하나로 지적되고 있어 이 점 역시 지탑리 유형 토지 활용 방식을 장기 휴경 단계로 추정하는 근거가 된다.

이러한 유형의 농경은 사냥감과 식물의 열매 등 수렵 채집 자원을 급속히 감소시키므로 삼림자원에 비해 인구가 희박하고 농경 의존도가 낮은 단계에서 유용하였다. 인구 밀도가 희박한 함경도 지역에서는 청동기시대 유적에서도 삼림 벌채에 사용되었을 것으로 추정되는 대형 돌도끼가 다수 발견된다.[20] 특히 함북의 회령 오동유적이나 무산 호곡동유적에서는 탄화된 기장, 수수와 함께 곰배괭이로 불리는 타제打製 굴지구가 다수 출토되었다(그림 II-3-6). 무산 호곡동유적에서는 곰배괭이가 10여 점이나 출토되었고, 8호 집자리에서는 14자루의 돌도끼가 출토되어 이 지역에서는 벌목화경에 의한 농경이 청동기시대까지 지속되었던 것으로 추정되고 있다.[21] 벌목화경의 유형도 아주 원시적인 것으로부터 상당히 체계화되고 발달한 유형에 이르기까지 기술 수준의 편차가 다양하므로 지탑리 유형의 농경이 어느 수준에 이른 것이었는지는 불확실하다.

신석기시대 석제 굴지구 연구에 의하면 시기와 지역에 따라 굴지구의 형태도 다양하다. 크기를 기준으로 길이 20cm 이상 대형 굴지구의 출토량은 상대적으로 전기와 중기 단계에 많다. 하지만 신석기시대 전 시기를 통하여

20 황기덕, 1984, 『조선의 청동기시대』, 사회과학출판사.
21 황기덕, 1970, 「두만강 류역의 청동기시대문화」, 사회과학원 고고학연구소 편, 『고고민속론문집』 2, 사회과학출판사.

지역마다 시기마다 변화가 있음에 불구하고 가장 일반적이면서 지속적으로 사용된 경작 도구는 10~17cm 미만의 석제 굴지구였다.[22] 이러한 양상을 감안할 때 지탑리 유형과 같은 농경 방식이 중서부 지역을 넘어 어디까지 확산되었는지, 언제까지 존속되었는지, 또한 휴경 기간이 좀 더 단축된 발달된 농경 단계로의 전환이 언제 어떻게 진행되었는지가 앞으로의 연구 과제이다. 다만 지역별 자연환경과 인구 밀도에 따라 차이는 있지만 한반도에서도 휴경 기간 단축을 향한 변화가 진행되었던 것은 분명하다.

2. 청동기시대·초기철기시대의 토지 활용 방식

(1) 휴경 기간의 단축 징표

보저럽은 장기 휴경 다음 단계로 Bush fallow(중기 휴경) 단계를 설정하였다. 그리고 중기 휴경 단계의 경우 농경 의존도에 따라 목축에 농경을 겸하는 조방적인 형태와 농경에 가축 사육을 겸하는 집약적인 형태로 구분하였다.[23] 한반도 청동기시대 주민들은 본격적인 식량 생산 단계로 진입하면서 작물 재배와 더불어 가축을 사육하였으므로 후자의 유형으로 분류될 수 있다. 한반도 농업기술의 전체적인 발달 과정에서 보면 청동기시대와 초기철기시대의 밭농사 기술은 화전농경에서 벗어나 단기 휴경 단계로 발달해 가는 중간 단계에 속한다.

22 박성근, 2016, 「신석기시대의 채집·농경구」, 중앙문화재연구원 편, 『신석기시대 석기론』, 진인진, pp.222~230; 윤정국, 2020, 「신석기시대 굴지구의 변천과 의미」, 『호남고고학보』 65, pp.29~37.

23 Ester Boserup, 1984, p.45.

석제 굴지구의 소멸과 목제 농기구의 발달

도구상으로 나타나는 변화를 보면 청동기시대 유적에서는 석제 굴지구의 양이 크게 줄어들 뿐 아니라 크기도 작아진다. 그리고 수확구인 돌칼은 크게 늘어나지만 기경구의 비율은 오히려 줄어들거나 확인되지 않는 경우가 많다. 반면 돌로 만든 대패, 끌, 자귀 등 공구들은 양도 늘고 형태도 정교해진다. 좋은 예로 서북한 청동기시대 팽이형토기문화의 대표적 유적인 황해도 송림 석탄리유적을 들 수 있다. 이 유적은 장기간에 걸쳐 주민들이 거주하던 취락 유적으로 이곳에는 100여 기 이상의 집자리가 밀집해 있다. 이곳에서 나온 석제 유물을 보면 27기의 집자리에서 굴지구는 돌괭이 1점뿐인 데 비해 수확구인 돌칼은 60개나 되고 대패, 끌은 약 30개에 달한다.[24] 마찬가지로 평양 금탄리유적(팽이그릇층)에서도 석제 굴지구는 돌괭이 편 1점 정도로 아주 적고, 수확구와 돌도끼, 자귀, 대패, 끌 같은 공구 및 화살촉, 석검과 같은 무기들이 대부분이다.[25] 이처럼 청동기시대 전기에서 후기로 갈수록 집자리 유적에서 석제 굴지구가 점차 소멸하고 목제를 다루는 공구가 큰 비중을 차지하게 되는데 이는 토지 활용 방식상 휴경 기간 단축을 시사하는 중요 징표이다.

석제 굴지구의 급격한 소멸은 중남부 지방의 청동기시대 유적에서도 마찬가지이다. 수확구인 돌칼의 수량에 비해 굴지구의 존재가 미미한 것은 석제 대신 목제 기경구가 사용되었다는 것을 시사한다. 그동안 중남부 각지에서 저습지 유적에 대한 조사가 활발하게 진행되어 목제 농기구 자료가 크게 증가하고 다양해졌다(그림 II-3-7, 그림 II-3-8). 신석기시대부터 청동기시대, 삼국시대에 이르는 각종 목제 농토목구들이 출토되었고, 이를 토대로 다수의 연구 성과가 축적되고 있다.[26] 중부 이남 지역에서 목제 농토목구의 사용 빈도

24 리기련, 1980, 『석탄리유적발굴보고: 유적발굴보고 12』, 과학·백과사전출판사.

25 한영희, 1983, 「각형토기고」, 『한국고고학보』 14·15, pp.104~106, 표 4 참조; 김용간, 1964, 『유적발굴보고 10: 금탄리 원시유적 발굴보고』, 사회과학원출판사, p.46.

26 김권구, 2008, 「한반도 청동기시대의 목기에 대한 고찰: 남한지역의 목기를 중심으로」, 『한국고고학보』 67; 권귀

대구 서변동유적 출토　　경북 안동 저전리유적 출토　　울산 교동리유적 출토　　강원도 원주 문막리유적 출토

※ 축척부동

그림 II-3-7
청동기시대 농토목구
(김도헌, 2016)

가 늘어나는 데에는 논농사 발달이 중요한 배경으로 작용하였다. 그리고 밭농사에서 휴경 기간 단축이라는 중요한 변화가 함께 이루어지고 있었기 때문이다.

휴경 기간을 단축하면 토양이 단단해지기 전에 기경을 하게 되므로 무겁고 둔탁한 석제 기경구 대신 목제 기경구를 사용할 수 있다. 반면 휴경 기간 단축으로 인한 지력地力 부족을 보충하기 위해서는 기경과 제초 작업에 더 많은 노동력을 투입해야 한다. 그리고 생산성을 높이기 위해 작물 특성에 맞는 파종처를 만들고 제초 작업의 편의성까지 고려해야 한다. 결과적으로 이전 단계보다 발토 깊이, 발토량, 토양의 이동량이 늘어난다. 휴경 기간 단축과 더불어 나무 농기구의 필요성과 효용성이 높아지는 까닭이다.

향, 2009,「창원 신방리 저습유적 출토 목제품 소고」, 동아세아문화재연구원,『창원 신방리 저습유적』; 이동관, 2011,「고대 따비에 대한 고찰」,『한국고고학보』 78; 조현종, 2012,「신창동유적의 목기와 칠기」,『신창동유적의 목기와 칠기: 중국 및 일본과 비교』, 광주 신창동유적 사적지정 20주년 기념 국제학술심포지엄 발표문, 국립광주박물관.; 조현종, 2014,「목기의 종류와 특징」, 이청규·손준호 편,『청동기시대의 고고학 5: 도구론』, 서경문화사, pp.124~125, p.128; 김도헌, 2016,「고대의 목제 기경구 연구」,『중앙고고연구』 21, 중앙문화재연구원.

그림 II-3-8
청동기시대 목제 농기구
(조현종, 2014)

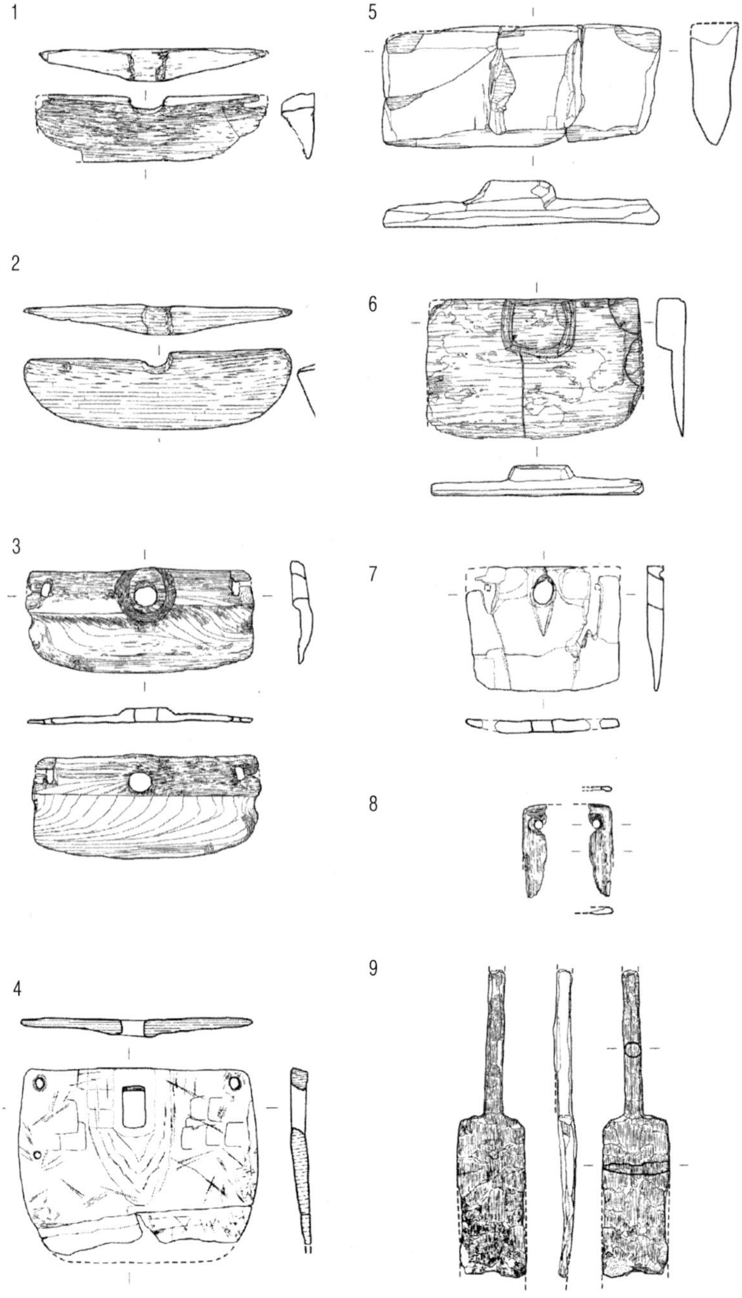

1, 2 대구 마천동　3 광주 동림동　4 전북 고창 황산　5, 6 충남 논산 마전리
7 광주 노대동　8 광주 동림동　9 전남 나주 횡산

그림 II-3-9
경남 진주 대평리 어은지구 청동기시대 밭
(경상남도 · 남강유역발굴조사단, 1998, 『남강선사유적』)

고랑·이랑의 출현

휴경 기간 단축을 입증하는 다른 하나의 자료는 밭 유구이다. 경남의 진주 대평리유적, 진주 평거동유적을 비롯하여 중남부 지방 곳곳에서 청동기시대의 경작 유구들이 조사되어 청동기시대 밭농사의 토지 활용 방식을 좀 더 구체적으로 검토할 수 있게 되었다.[27] 청동기시대 중기에 속하는 진주 대평리와 평거동 밭 유구를 보면 거의 모든 밭에서 고랑과 이랑이 평행선상으로 배열되어 있다(그림 II-3-9). 대평리유적보다 늦은 초기철기시대의 유물인 「농경문 청동기」에도 평행선상의 밭고랑이 뚜렷하게 새겨져 있다(그림 II-3-10). 밭의 크기에 상관없이 각 단위별로 동일 구획에 들어 있는 고랑끼리는 서로 평행선을 이룬다. 그리고 대평리에서 멀지 않은 진주 평거동유적에서도 청동기시

27 곽종철, 2002, 「우리나라의 선사~고대 논밭 유구」, 한국고고학회 편, 『한국 농경문화의 형성』, 학연문화사; 김병섭, 2003, 「한국의 고대 밭유구에 대한 검토」, 『고문화』 62.

그림 II-3-10
「농경문청동기」에 묘사된 밭고랑과 따비
(조현종, 2014)

대의 대규모 밭 유구가 조사되었는데[28] 밭의 길이는 대부분 60m 이상이며 120m에 달하는 것도 있다. 그러므로 대평리, 평거동 등지의 평행선상의 밭고랑 흔적들은 당시의 농경지 활용 상태를 나타내는 중요한 징표이다.

그런데 대평리유적의 평행선상의 고랑과 이랑의 존재를 휴경 기간을 추정하는 중요 근거로 삼은 것에 대하여 의문이 제기되었다.[29] 신석기시대 밭 유구로 알려진 강원도 고성 문암리 유적에서 이미 평행선상의 고랑이 확인되었기 때문이라는 것이 중요 이유이다. 고성 문암리유적이 신석기시대의 경작 유구라는 발표 당시에 필자는 신석기시대에 평행선상의 고랑을 남길 정도로 경작지 활용 수준이 높았다는 사실에 놀라고 의아해하였다. 농경기술 발전의 거시적인 맥락에서 볼 때 상다수의 신석기시대인들은 벌목화경을 실시하였고 벌목화경을 하던 한반도 신석기시대인들의 밭에 이처럼 또렷한 평행선상의 고랑 흔적이 남았다는 사실이 쉽게 납득이 되지 않았지만 새로운 자료나 해석이 나오기만을 기다릴 수밖에 없었다. 그런데 2019년 문암리 경작 유구가 신석기시대 경작층이라는 주장이 성립할 수 없다는 연구 발표가 나왔다.[30] 문암리유적에서 토양(VII-1층)을 시료로 한 탄소연대나 OSLOptically Simulated Luminescence 연대가 신석기

28 동아세아문화재연구원, 2010, 『진주 평거동 한전유적: 3지구 II-2구역 한전』; 경남문화재연구원, 2011, 『진주 평거동유적: 진주 평거 3택지 개발사업지구(2지구) II: 경작유적』, 한국토지주택공사·경남문화재연구원; 경남발전연구원 역사문화센터, 2011, 『(진주 평거 3지구 택지개발사업지구 내) 진주 평거 3-1지구 유적 III: 본문』; 2012, 『(진주 평거 3지구 택지개발사업지구 내) 진주 평거 4-1지구 유적 II』.

29 김도헌, 2016.

30 소상영, 2019, 「중부지역 신석기 고고학의 쟁점」, 『쟁점 중부고고학, 무엇이 중요한가?』, 2019년 중부고고학회 정기학술대회 발표문, pp.177~182; 2019, 「고성 문암리 유적 경작유구의 재검토」, 『한국신석기연구』 38.

시대라고 하더라도 이는 토양이 퇴적된 시기를 나타내는 것이지 사용된 시기는 아니라는 것이다. 즉 상층 밭(조선시대)과 하층 밭은 양자 사이에 간층이 거의 없이 맞닿아 있는 형태이며, 신석기시대층으로 발표된 하층 밭은 독립된 경작층이라기보다 상층 밭(조선시대)의 하단부일 가능성이 높다는 것이다. 그리고 하층 밭이 상층 밭보다 벼 규소체 산출량이 많아 하층 밭은 수전일 가능성마저 있어 하층 밭이 독립된 경작층이 아닐 가능성을 높여 준다는 것이다.

뒤이어 이에 대한 재검토 의견이 나왔다.[31] 이희진은 토양 분석 결과를 토대로 하층 밭이 독립된 경작층임을 재확인하였으나 결론적으로 이것이 신석기시대의 경작층임을 입증하지는 못하였고 후대 역사시대의 경작층일 가능성을 열어 놓았다. 하층 밭의 고랑, 이랑 방향이 상층 조선시대 밭의 고랑, 이랑 방향과 일치하는 것도 의문이고, 신석기시대 토기에서 벼의 압흔은 전혀 발견되지 않고 조와 기장의 압흔만 발견되는 것도 합리적으로 설명할 수 없었다. 그리고 유럽 등지의 신석기시대 농경 연구에서 제시된 다양한 형태의 경작 방식이나 경작지의 입지를 고려하더라도 현재까지 영국을 포함한 유럽에서도 고랑과 이랑의 구조를 갖춘 밭에 대한 보고 및 연구는 신석기시대는 거의 없고 청동기시대부터 많아진다는 것이다.[32]

밭고랑과 밭이랑의 존재와 그 형태는 여러 가지 기술적 요소를 암시한다. 원시적인 벌목화경 방식을 채용하던 곳에서는 불태우고 남은 나무뿌리들이 곳곳에 박힌 채로 그 사이사이 남은 공간에 작물 종자를 흩뿌리거나 파종구를 만들어 경작하므로 규칙적인 평행선상의 고랑, 이랑을 만들 수가 없다. 이러한 경작 방식을 취할 수 있었던 것은 굳이 묵은 나무뿌리를 제거하는 수고를 하지 않아도 지력이 다할 때쯤 다른 경작지를 확보할 수 있는 환경적

31 이희진, 2020, 「고성 문암리 유적의 토양분석과 신석기시대 경작지에 대한 소고」, 『한국신석기연구』 40, pp.38~39.
32 이희진, 2020, pp.39~40, 44.

여력이 있었기 때문이다. 한반도와 같은 기후 조건에서도 장기 휴경 하는 벌목화경 단계에서는 고랑, 이랑은 출현하기 어렵다는 뜻이다. 벌목화경 방식이나 기술 수준도 다양하고,[33] 지역마다 경작지의 입지에 따라 흔적도 다를 수 있다. 하지만 대평리나 평거동 유적의 밭고랑, 밭이랑 사이 어느 곳에도 묵은 나무뿌리의 흔적은 없다. 규칙적인 고랑, 이랑을 만들 수 있을 정도의 경작지 상태를 유지하려면 수목이 우거지기 전에 일정한 간격을 두고 경작을 되풀이해야만 한다. 자연환경에 따라 다르겠으나 일반적으로 휴경 기간이 10년을 넘으면 수목이 무성해지고 풀뿌리도 깊어진다. 반면 휴경한 후 5년 미만 된 경지에는 큰 나무 대신 관목(높이 3m 이내의 키가 크지 않은 떨기나무: 앵두나무, 진달래, 사철나무 등)이나 풀이 우거지는 정도이다. 그러므로 이러한 상태에서 다시 개간하여 경작을 되풀이하면 큰 나무가 더 이상 자라지 못하게 된다. 거시적인 맥락에서 볼 때 평행선상의 고랑, 이랑의 출현을 휴경 기간의 단축을 추정하는 척도로 삼는 것은 방법론적으로 큰 문제가 없다. 휴경 기간의 단축은 환경 변화나 인구압 같은 사회적인 요인과 더불어 기술적 요인이 복합적으로 작용한 결과물이고 그 흔적의 일부가 평행선상의 고랑과 이랑의 형태로 남는 것이다. 고랑, 이랑의 종류와 형태 변화에 주목하는 이유가 여기에 있다.

목제 농기구의 분화

청동기시대 중기 이후 중남부 지역의 농업생산력의 비약적 발전은 논농사와 밭농사를 겸하는 복합적인 농경 체계를 토대로 하였고, 이러한 농경 체계는 초기철기시대에 이르러 더욱 안정적으로 발전하였다. 한반도 초기철기시대는 세형동검문화로 특징지어지며 청동기 제작과 보급이 다량으로 이루어진 시기였다. 이 단계에서는 청동기가 많이 보급되고 철기도 일부 등장하지

33 고일홍, 2010, 「청동기시대 전기의 농경방식 재조명」, 『한국상고사학보』 67.

그림 II-3-11
광주 신창동유적 목제 농기구
(30.5cm, 국립광주박물관, 1998, 『영산강의 고대문화』)

그림 II-3-12
광주 신창동유적 나무괭이
(33.1cm, 국립광주박물관, 1998)

그림 II-3-13
광주 신창동유적 나무괭이(전체)
(91cm, 국립광주박물관, 1998)

만 금속은 의기나 무기 제작에 주로 사용되었고 여전히 목제가 농기구의 주류였다(그림 II-3-11, 그림 II-3-12, 그림 II-3-13, 그림 II-3-14). 그리고 청동 및 철제 공구의 보급은 목제 농토목구의 기능 분화와 정밀도를 높이는 데 기여하였다.

청동기시대 이래 가장 기본적인 목제 농기구는 따비와 괭이이다. 목제 주걱형 따비는 원삼국시대 유적에서 흔히 나오는 철제 따비의 원형이다. 목제 쌍날따비의 경우(그림 II-3-14), 초기에는 곡병부(가지형) 괭이류에 포함시켰으나 세밀한 관찰을 통해 차이점을 발견하여 쌍날따비를 구분해 냄으로써 그 실물이 드러나게 되었다.[34] 「농경문청동기」에 새겨진 그림과 민속품자료를 통해 짐작만 해 왔던 목제 쌍날따비의 실물 자료를 확보하게 된 것은 아주

34 권귀향, 2009; 김도헌, 2016.

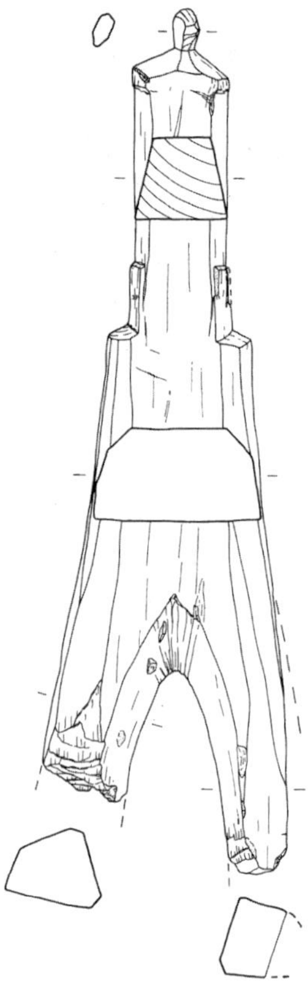

그림 II-3-14
광주 신창동유적 목제 쌍날따비
(49.2cm, 국립광주박물관, 2001, 『광주 신창동 저습지 유적 II』)

중요한 연구 성과라 하겠다. 그런데 쌍날따비의 등장 시기를 초기철기시대로 보고 청동기시대의 목제 기경구에서 이를 제외하는 견해가 있다.[35] 현재까지 확인된 쌍날따비의 자료가 모두 초기철기시대 이후의 것이라는 것이 중요 근거이다. 쌍날따비는 주걱형이나 송곳형보다 발달한 형태임이 분명하나 처음 출현한 시기를 단정하기에는 풀어야 할 문제가 적지 않다.

중국에서는 일찍이 금문金文이나 갑골문에 나오는 '뇌耒' 자의 모습이 쌍날따비와 유사하고,[36] 은殷·주周대의 목제 또는 청동제 뇌가 고고유물로도 확인되어[37] 쌍날따비가 당시 사람들이 일상적으로 사용하던 목제 기경구임을 알 수 있다. 따비는 삽과 더불어 원시농경 단계의 기본 도구인 목제 굴봉에서 발전한 것이다. 재료도 돌따비에서 나무따비로, 다시 철제 따비로 변화하였다. 따비날의 형태는 주걱형, 송곳형을 기본으로 하여 쌍날따비, 말굽형 따비 등으로 다양화되었고, 토양 상태에 따라 손잡이도 직선 혹은 곡선으로 달랐고, 착장 각도나 방법도 점차 정교해졌다. 요컨대 따비는 삽과 함께 청동기시대 이래 중요한 농구의 하나였다. 청동기시대의 따비가 금속제 공구의 보급으로 세부적으로 좀 더 정교하고 기능이

35 김도헌, 2016.
36 天野元之助, 1962, 『中國農業史研究』, 東京: 御茶の水書房, p.708.
37 최덕경, 1994, 『중국고대농업사연구』, 백산서당, p.84.

향상된 기경구로 발전하였을 가능성은 크지만 초기철기시대에 처음 등장하는 도구로 보기는 이르다. 고랑, 이랑을 남길 정도로 기경 작업을 하려면 발토량이나 토양 이동량이 전 단계에 비해 훨씬 많아진다. 기능상 따비의 사용을 배제하고 목제 괭이만으로 대평리나 평거동 밭 유구에서 보이는 각종 형태의 고랑과 이랑, 작물 재배 흔적들을 설명하기에는 역부족이다.

그림 II-3-15
따비갈이 모습(1885년, 전남 거문도)
(김재승, 1997, 『근대한영해양교류사: 한영관계 200년 속에서 본』, 인제대학교 출판부)

아무튼 초기철기시대의 토지 활용 상태가 어떠한 수준이었는지 추정할 직접적인 자료는 없지만 이 같은 농기구의 변화를 통해 청동기시대 중기 이래 휴경 기간의 단축 추세가 지속되었으리란 추정은 가능하다. 이 단계의 대표적인 청동기 유물인 「농경문청동기」에는 쌍날모양 따비가 그려져 있다(그림 II-3-10 참조). 이것과 동일한 형태의 따비는 20세기 초반까지도 도서 지역이나 산간 지역에서 묵힌 땅을 기경하는 데 사용되었다(그림 II-3-15). 제주도의 따비갈이 조사 자료에 의하면, 따비갈이를 할 경우 경작지 조건은 띠나 잔디의 삭은 뿌리가 박힌 '무석은 땅'이어야 하며 이러한 땅은 기름져서 한 번 따비갈이를 하면 거름을 하지 않아도 5년 연속 경작이 가능하다고 한다. 그런데 띠나 잔디 뿌리가 썩으려면 5년 이상의 기간이 소요되기 때문에 '무석은 땅'을 골라 경지로 삼기 위해서는 5년 정도의 주기로 돌려가며 경작하는 계획적인 경지 이용법이 필요하다고 한다.[38] 제주도 지역에서 조사된 따비는 날 끝이 철제이므로 5년 휴경 후 5회 연속 경작이 가능하지만 나무날 따비를 사용하던 초기철기시대의 토지 이용률은 이것과는 구분되어야 할 것이다. 다만 5년여 묵힌 후 1회째 경작 시의 경작지 상태는 아마도 서로 비슷하여 풀뿌리는 깊을지라도 최소한 묵은 나무뿌리는 제거된 상태였을 것이다. 즉 이러한 민속자료를 통해 유추할 수 있는 것은 목제 따비를 기경구로 사용하려면 휴경 기간이 5년을 넘지 말아야 한다는 점이다.

(2) 휴경 기간 단축을 위한 노력

삼림자원의 자연적인 회복 기간을 기다리지 못하고 인위적으로 휴경 기간을 줄이기 위해서는 어떤 형태로든 지력을 보강할 수 있는 방법을 강구해야 한다. 인공 시비가 보편화되기 이전 가장 전통적인 지력 보강 방법은 반복 기경과 심경이다. 특히 기경은 실시 시기와 방법 여하에 따라 작물 생장과 노동 효율에 큰 영향을 미칠 수 있다. 반복 기경과 제초, 복토 등 집약적인 농경지 관리를 위해서는 효율적인 도구가 필수이며 이것이 각종 목제 농기구의 발달을 가져왔다.

또 다른 지력 보강 방법은 불 지르기이다. 청동기시대나 초기철기시대에는 불지르기를 하여 휴경으로 인해 우거진 덤불이나 풀을 제거하고 지력을 보강하였다. 대평리 어은 1지구 밭고랑과 두둑에서는 초본과의 식물을 태운 것으로 보이는 작은 목탄알갱이가 전면에 섞여 있었던 것으로 조사되어 이를 뒷받침한다.[39]

이 밖에도 대평리유적을 보면 지력을 최대한으로 활용하기 위해 여러 가지 형태로 경작지를 이용한 흔적을 확인할 수 있다. 동남아시아 화전농경민

38 고광민, 1993, 「제주도 '따비'로 본 농경문청동기 해석」, 한국상고사학회 제9회 학술대회논문집, pp.56~57.
39 이상길, 1997, 「진주 대평리 전작지의 구조와 의의」, 『호남고고학의 제문제』, 제21회 한국고고학전국대회 발표문, p.185.

의 사례를 보면 삼림 개간 후 경작 횟수가 1년 차에 그치는 경우도 있지만 대개 2~3년간 작물을 바꾸어 가며 반복 경작하는 경우가 많다.[40] 중국 선진先秦 문헌인 『시경詩經』에도 묵힌 땅을 개간한 후 경작한 햇수에 따라 농전을 구분하였다.[41] 한반도 청동기시대의 밭농사에서도 5년 미만의 휴경 기간을 가정한다면 개간 후 다시 휴경하기까지 동일 경작지에서 최소한 2회에 걸쳐 연속하여 작물을 재배하였을 가능성이 높다. 이 경우 작물을 바꾸어 가면서 경작하는 방법, 경작처를 바꾸는 방법, 작물과 경작처 모두를 바꾸는 방법 등을 상정할 수 있다.

대평리 밭 유구 중에는 고랑이 서로 엇갈리게 교차한 것이 있다(그림 II-3-16, 그림 II-3-17). 이것은 전회의 경작처와 겹치는 부분을 최소화하려는 의도가 분명하다. 이 방법은 고랑, 이랑을 교대하는 방식보다는 덜 집약적인 방법이다. 다른 하나는 동일 포장 안에서 고랑, 이랑으로 경작처를 바꾸어 가면서 작물을 재배하는 방법이다. 예컨대 고랑 파종을 하여 1차 경작한 후(그림 II-3-18) 고랑 가장자리를 따라 둥근 구덩이 모양 파종구를 만들어 2차로 전해와 다른 종류의 작물을 재배한다면 〈그림 II-3-19〉와 같은 경작지 모습이 될 것이다. 이처럼 이랑에 비해 고랑이 지나치게 넓거나 반대로 고랑은 아주 좁고 이랑은 아주 넓게 만들어져 있는 것은 작물의 특성에 따라 파종처를 달리하면서 고랑, 이랑을 번갈아 가면서 작물 재배처로 활용한 결과일 것이다. 이 밖에도 당시 사람들은 파종구의 모양도 선상과 원형을 적절히 선택하는 등 부족한 노동력과 목제 농기구를 가지고 최대의 효과를 거두기 위해 노력하였다. 대평리 밭 유구의 고랑, 이랑의 형태와 크기가 다양하고 복잡한 이유가 여기에 있다.

40 佐佐木高明, 1971, 『稻作以前』, 東京: 日本放送出版協會, pp.52~53, 166~167.
41 『詩經』, 爾雅篇, 釋地第九, “田一歲曰菑 二歲曰新 三歲曰畬”.

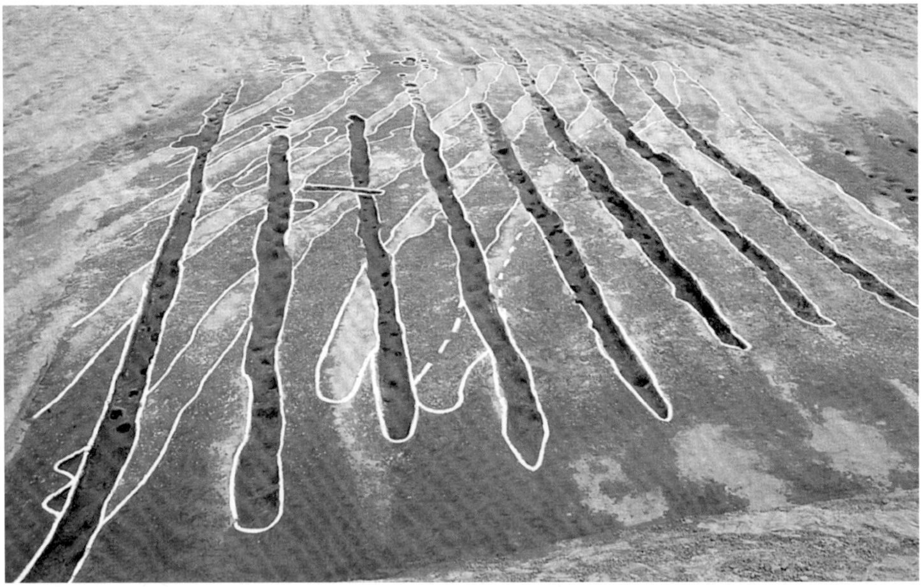

그림 II-3-16
경남 진주 대평리 옥방 6지구 밭
(경상남도·동아대학교박물관, 1999, 『남강유역문화유적발굴도록』)

그림 II-3-17
경남 진주 대평리 어은 1지구 밭
(경상남도·동아대학교박물관, 1999)

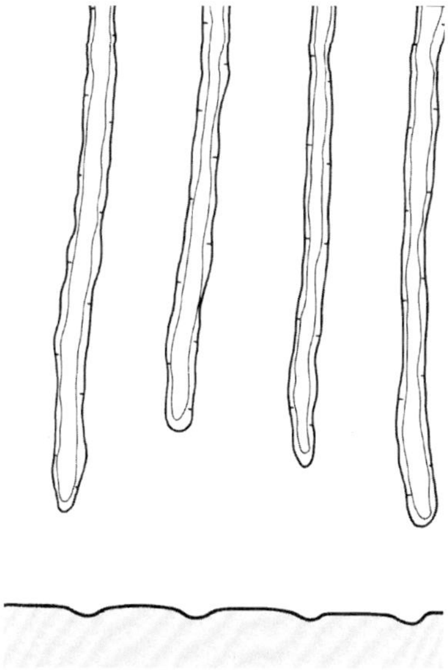

그림 II-3-18
경남 진주 대평리 옥방 3지구 11호 밭
(경상남도·경상대학교박물관, 2001, 『진주 대평리 옥방 3지구 선사유적』)

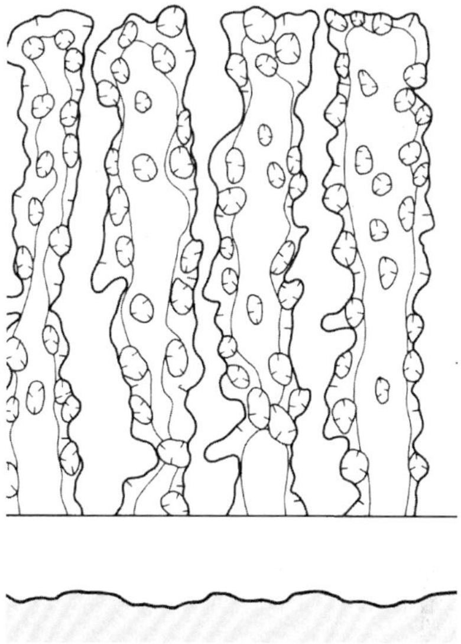

그림 II-3-19
경남 진주 대평리 옥방 3지구 10호 밭
(경상남도·경상대학교박물관, 2001)

3. 삼국시대의 토지 활용 방식

(1) 휴한법 확립과 기술적 배경

한국 농업기술사에서 흔히 휴한법休閑法이라고 하는 것은 1~2년 휴경의 단기 휴경농법을 가르킨다. 연작상경連作常耕 단계에서 보면 휴한법은 미숙한 단계임이 분명하다. 그러나 이 단계에 이르기까지도 많은 시간과 기술의 축적 과정이 있었으므로 휴한농법의 성립이라는 것도 농업기술 발전에서는 중요한 획기이다. 따라서 휴한법의 극복만이 아니라 휴한농법이 성립하여 안정적으로 확립되는 과정도 중요한 연구 과제로 인식할 필요가 있다.

1~2년으로 휴경 기간을 단축하기 위해서는 경전耕田, 시비, 제초의 각 과

정에서 새로운 기술과 작업이 강구되어야만 한다. 이 가운데서도 휴한농법 성립 초기 단계에서는 주로 경전과 제초 작업을 중심으로 지력 보강을 꾀하였던 것 같다. 기원전 1세기대의 농서인 『범승지서氾勝之書』에 밭은 2년 연속 경작하지 말고 1년씩 휴경하라고 하여[42] 당시 중국 화북 지방 밭농사는 단기 휴경을 전제로 하고 있다. 『범승지서』에는 지력 보강을 위한 여러 가지 내용이 실려 있지만 토양의 성질과 절후에 따른 경전 시기, 경전 방법, 경전 횟수 등에 대한 내용이 큰 비중을 차지한다. 예를 들면 하지가 지난 후 90일경 추분에 한 번 갈면 5배의 기경 효과가 있다거나, 맥전麥田은 항상 5월에 한 번 갈고 6월에 재경再耕하며 7월은 갈이를 하지 말아야 하는데 1회 갈이 효과가 5월은 세 배이고 6월은 두 배이며, 7월은 5회를 갈아도 효과는 1회에 불과하다는 등의 내용이다.[43] 그리고 때맞추어 반복 기경을 실시하여 강토强土, 약토弱土, 경토硬土 등을 다스리는 방법 등이 서술되어 있다. 토양과 기후 조건을 고려한 이 같은 집약적인 경전 방식은 철제 농기구와 이경구犂耕具 발달을 전제로 한다.

물론 지력을 보강하기 위해서는 인공 시비도 고려할 수 있지만 노동력이 부족할 경우 시비를 하면 풀이 더욱 무성해질 뿐 아니라 거름을 확보하는 데도 적지 않은 노동력이 투입되어야 한다. 이 때문에 철제 농기구와 쟁기갈이가 보편화된 뒤에도 경지 정리 과정에서 전통적인 불 지르기 방법을 그대로 사용하여 시비와 제초 효과를 거두고 있었다. 6세기 중국 농서인 『제민요술齊民要術』에는 경작지를 1년 휴한 후 개간할 때는 휴한 기간 중에 풀을 베어 말려 불태우고 이듬해 봄에 기경하는 것으로 되어 있다. 13세기 말~14세기 초반경의 가장 선진적인 농업기술을 다룬 『왕정농서王禎農書』에서도 계절별로 풀을 베어 말려서 불태우거나 갈아엎어 거름으로 사용하는 내용이 실려 있다. 15세기 조선시대 농서인 『농사직설農事直說』에도 기장, 콩, 조를 경작

42 "田二歲不起稼 則一歲休之". 石聲漢, 1956, 『氾勝之書今釋』, 北京: 科學出版社, p.8.
43 石聲漢, 1956.

한 후 대소맥大小麥을 연작할 경우, 풀을 베어 밭두둑에 쌓아 두었다가 불태운 후 재가 흩어지기 전에 대소맥을 파종하는 방법이 소개되어 있다. 이러한 기록들은 늦은 시기까지 지력 보강을 위해 불 지르기의 시비 효과와 제초 효과를 최대한으로 활용하고 있었던 상황을 나타낸다.

수목이나 풀을 태우면 유기질이 인산이나 칼리의 형태로 바뀌어 비료 효과를 나타내며 동시에 소토燒土효과를 얻는다. 즉 불을 지르면 토양 온도가 상승하여 작물의 뿌리가 효과적으로 양분을 흡수할 수 있도록 토양 성분이 변한다. 그리고 잡초의 싹이나 종자를 죽여 잡초 생육을 억제하고 해충 제거 효과를 거둘 수 있다고 한다.[44] 그러므로 토지에 비해 노동력이 부족한 단계에서는 인공 시비보다 적절한 시기를 선택하여 불 지르기를 하고 가능한 한 깊이 갈고 되풀이 기경을 함으로써 지력을 보강하고 제초 문제를 해결하는 것이 더 효율적이다. 휴한농법 확립 배경으로 철제 농기구와 우경牛耕의 보급이라는 기술적 측면을 우선적으로 주목해야 하는 이유가 여기에 있다.

한반도에서도 철기문화가 보급되면서 점진적으로 목제 농기구가 철제로 전환되기 시작하였으나 철제 기경구의 보급이 일반화되기까지 상당한 기간이 경과하였다. 그리고 철제 농기구의 유입과 보급 과정에서 지역별 편차도 적지 않았다. 압록강 중류 지역에서는 기원전 3~기원전 2세기경 이미 중국 전국戰國계 철제 농기구가 유입되었고, 기원후 1~3세기경에는 이경犁耕도 실시되었다. 반면 중부 이남 지역에서는 1~3세기를 거치면서 철제 따비, 괭이, 쇠스랑, 철제 삽 등 철제 기경구 보급이 진행되었고, 4세기 이후에는 지배계급을 중심으로 대량 보급이 이루어졌다.[45] 4~5세기 백제의 철제 농기구 보급 상태를 단적으로 보여 주는 것은 경기도 용인 수지 집자리 유적이다. 6기의 집자리와 다수의 수혈 유구에서 각종 철기가 무려 73점이나 출토되었

44 佐佐木高明, 1971, pp.95~96.

45 이현혜, 1990, 「삼한사회의 농업 생산과 철제 농기구」, 『역사학보』 126; 1991, 「삼국시대의 농업기술과 사회발전: 4~5세기 신라사회를 중심으로」, 『한국상고사학보』 8; 1992, 「한국고대의 이경에 대하여」, 『국사관논총』 37, 국사편찬위원회.

고 그중 32점이 낫, U자형 삽날, 쇠괭이 등의 농기구이다.[46] 철제 농기구를 관에서 공동으로 관리하던 당시의 상황을 고려하더라도 왕족이나 귀족의 무덤도 아닌 집자리에서 이렇게 많은 철제 농기구가 출토되었다는 것은 그만큼 철제 농기구의 보급이 일반화되었음을 말해 준다.

5~6세기경에는 백제, 신라 지역에서도 우경이 이루어졌다.[47] 그러므로 지역적인 차이는 있으나 4세기 이후가 되면 백제, 신라 지역에서도 휴경 기간을 단축시킬 수 있는 기술적 토대가 마련되었고 우경의 실시는 이러한 추세를 더욱 확대, 정착시키는 촉진제 역할을 하였다. 우경을 실시하려면 쟁기를 끄는 소가 확보되어야 하고, 보습과 장착 도구를 제작하는 기술을 습득하여야 하지만 이에 못지않게 중요한 것은 경작지의 상태이다. 쟁기갈이를 하려면 나무뿌리가 완전히 제거되어야 하고 풀뿌리가 두껍지 않아야 한다. 앞에서 살펴본 대로 경작지를 이와 같은 상태로 유지하려면 휴경 기간이 3년 이하로 단축되어야 한다. 5년 정도 묵힐 경우 쟁기갈이는 어렵고 따비로 기경할 수밖에 없다. 각종 따비가 사라지지 않고 후대까지 존속한 것은 자갈 섞인 땅이나 묵힌 땅, 산지의 좁은 경사진 농경지에는 쟁기 사용이 어렵기 때문이다. 즉 우경이 실시되었다는 것은 3년 이내에 반복 경작이 이루어졌다는 뜻이다. 바꾸어 말하면 삼국시대에 이르러 철제 기경구와 우경의 보급이라는 도구의 변화가 진행되었다는 것은 휴한농법이 안정적으로 확립되었다는 뜻이기도 하다.

(2) 작물 구성과 경관의 변화

맥류 재배의 증가

휴경 기간 단축은 생산력 증대만이 아니라 작물 재배 방식이나 작물의 구

46 한신대학교박물관, 1998, 『용인 수지 백제 주거지』, pp.150~158.
47 이현혜, 1992.

성 비율에도 영향을 미쳤다. 산술적으로 휴경 기간이 단축되면 경작 면적이 늘어나게 된다. 여기에 더하여 기경구의 발달로 절약된 노동력이 새로운 논, 밭 개간에 투입될 여지도 많다. 그러나 기장, 조, 수수와 같은 추곡秋穀들과 벼는 생장 기간이 서로 겹치므로 노동력이 뒷받침되지 않는 한 무한정 재배 면적을 늘릴 수가 없다. 반면 보리나 밀은 일반 잡곡과 생장 시기가 달라 추곡 추수가 끝나고 이듬해 새로운 농경 일정을 시작하기 이전, 일손이 쉬는 시기에 작업을 하게 되므로 노동력 투입 시기가 벼나 추곡의 재배 시기와 중복되지 않는다. 맥류麥類는 다른 작물에 비해 생산성이 낮고 쉽게 이삭이 꺾어지며 병충해에 약한 단점이 있다. 그러나 새로이 경작지를 늘려 맥류를 재배한다면 노동력 배분 면에서도 여유가 생기고 가뭄, 홍수로 인한 흉작의 피해를 분산, 보완하는 효과도 있다. 맥류는 건조하고 차가운 기후에 잘 견디므로 봄가뭄이 심한 우리나라 기후 조건에 적합하며 생장 기간이 짧고 쌀, 기장, 조 등 주곡이 바닥날 시기에 수확하므로 농민들의 식량 해결에도 많은 도움을 주었다.

『삼국사기』 기록에도 맥작麥作 피해 기사가 빈번하게 나온다.[48] 그리고 기존의 탄화곡물 자료 이외에 경작 유구 등의 새로운 발굴 자료를 통해서도 맥류 재배 증가를 확인할 수 있다. 진주 평거동(3-2지구, 남측) 밭 유구에서 검출된 식물유체 통계를 보면 보리가 청동기시대 층에서 6개, 삼국시대 층에서 10개, 통일신라 층에서 19개로 점차 증가한다. 반면 삼국시대 층에서 조의 유체가 검출되지 않는 것은 해당 지역에서는 상대적으로 조 재배 비중이 낮았음을 시사한다.[49] 그리고 연접한 진주 평거동 3-1지구 A지구 경작 유구에서 검출된 식물유체 통계에서는 밀이 아주 우세하게 나타난다. 특히 생활 유구(집자리, 수혈, 제사 유구) 출토 식물유체표를 보면 청동기시대에 비해 삼국시대 집자리에서는 밀과 보리, 콩, 팥 종류가 압도적으로 많이 나온다. 청동기

48 이현혜, 1998, p.258.
49 동아세아문화재연구원, 2010, pp.247~248.

시대의 6개 유구 중에서 밀이 나온 곳은 1곳인 데 반해 삼국시대 집자리 18곳 중 12곳에서 밀, 보리가 나왔다. 벼가 나온 곳이 4곳인 것과 대조적이다. 이곳에서는 밀, 보리뿐 아니라 콩과 팥이 압도적으로 많은 데 비해 조, 기장이 나온 집자리는 겨우 1곳에 불과하다.[50] 이러한 맥류 재배의 증가는 새로운 농경지의 확대와 밀접한 관계가 있다.

지력 보강 기술이 미숙하던 시기에는 기장, 조, 콩과 같은 밭작물과 보리, 밀을 동일한 밭에서 연속으로 재배하기는 어려웠다. 중국에서도 추곡과 맥류를 같은 밭에서 재배하게 된 것은 당唐대 이후이며 그 이전에는 맥전麥田이 따로 있었다고 한다.[51] 삼국시대에도 맥전이 따로 있었음을 입증하는 자료가 출토되었다.[52] 전남 나주 복암리 수혈 유구에서 출토된 7세기 백제 목간(5호 목간)에 수전水田, 백전白田(畠), 맥전麥田 세 종류의 경작지가 나온다. 수전은 논이고, 백전을 붙여서 전畠으로 읽어[53] 일반 밭으로 본다면 맥전은 이와 다른 맥류 재배용 밭으로 해석될 수 있다. 그리고 목간에 "맥전 일형반을 득경得耕하였다(得耕麥田 一形半)"라고 쓰여 있는데, '득경'을 '새롭게 개간하였다'로 해석하는 견해가 있다.[54] 이를 취하면 목간의 맥전은 맥류를 재배하기 위해 새로 개간한 밭으로, 추곡을 재배하던 일반 밭과 구분한 것으로 볼 수 있다. 한반도에서도 중국과 마찬가지로 건조한 고전高田은 조, 기장 재배지로, 상대적으로 평지에 인접한 하전下田은 맥전으로 활용되었을 가능성이 높다. 이처럼 기경구 발달과 휴한 기간 단축으로 경작지 면적이 늘어나는 추세 속에서 맥전 내지는 맥류 재배의 상대적인 비율이 늘어났던 것으로 생각된다.

50 경남발전연구원 역사문화센터, 2011, p.448.

51 西嶋定生, 1981, 『中國古代の社會と經濟』, 東京: 東京大學出版會, p.108.

52 문화재청 국립나주문화재연구소, 2010, 『나주 복암리유적 I: 1~3차 발굴조사보고서』.

53 平川南, 2010, 「日本古代の地方木簡と羅州木簡」, 『6~7세기 영산강유역과 백제』, 국립나주문화재연구소 5주년 기념 국제학술대회 발표문, p.203.

54 윤선태, 2010, 「나주 복암리 출토 목간의 용도」, 『6~7세기 영산강유역과 백제』, 국립나주문화재연구소 5주년 기념 국제학술대회 발표문, p.165.

경작지 경관의 변화

삼국시대가 되면 밭의 경관도 달라진다. 1992년 한강 유역의 서울 미사리에서 백제시대 밭 유구가 발굴된 이래[55] 중남부 각지에서 삼국시대 밭 유구들이 속속 조사되었다.[56] 가장 규모가 큰 것은 경남 진주 대평리유적과 진주 평거동유적이다. 평거동유적에서는 밭과 밭의 경계구(평거동 3-1지구)와 수로도 확인되었다(평거동 4-1지구).

고랑의 세부 형태를 보면 청동기시대의 밭고랑은 가장자리가 들쑥날쑥 불규칙한 데 비해 삼국시대의 밭고랑은 가장자리가 매끈하고 곧게 뻗어 있다(그림 II-3-20). 이것은 따비로 기경한 것과 철제 기경구, 특히 쟁기로 갈이한 것과의 차이이다. 그리고 삼국시대의 밭은 청동기시대의 밭에 비해 고랑, 이랑의 형태가 단순하고 고랑과 이랑의 너비가 비슷하게 만들어진 것이 압도적으로 많다. 충남 서천 송내리유적이나 경기도 화성 먹실유적처럼[57] 예외적인 것도 있지만 삼국시대 밭이랑의 너비는 대체적으로 60~70cm 전후이다.

이처럼 밭 유형이 단순화하고 대형화하는 것은 철제 농기구와 우경 보급, 경작 방식 변화 등과 깊은 관계가 있다. 일단 소규모로 구획된 논이나 밭에서는 쟁기갈이가 어렵고 효율이 떨어지므로 논두둑과 밭두둑의 구획을 헐고 쟁기갈이에 적합하도록 농경지를 정리해야 한다. 울산 무거동 옥현유적에서 청동기시대의 부정형 소구획 논이 삼국시대에 이르러 폭이 좁고 길다란 모양으로 바뀐 것은 쟁기의 회전 반경과 횟수를 고려하여 경지를 정리한 결과일 것이다(그림 II-3-21, 그림 II-3-22). 이러한 양상은 진주 평거동 3-1지구 경작유구에서 더욱 분명하게 나타난다. 소구획 논과 계단식 논이 섞여 있던 청동기시대의 논들이 삼국시대가 되면 모두 계단식으로 구획된다. 그리고 청동

55 최종택, 1993, 「미사리출토 밭의 구조와 연대에 대하여」, 『서울대학교 박물관 연보』 5.

56 김병섭, 2003; 허의행, 2006, 「백제시대 농업기술 연구」 『금강고고』 3, 충청문화재연구원; 김재홍, 2008, 「백제의 농경」, 충청남도역사문화연구원, 『유적·유물로 본 백제 (I): 정치와 사회·경제』.

57 충청매장문화재연구원, 2001, 『서천 송내리유적』, pp.162, 343; 기전문화재연구원, 2004, 『화성동탄지구내 석우리먹실유적 발굴조사 I·II 현장설명회자료』.

그림 II-3-20
경남 진주 대평리 옥방 3지구의 청동기시대 밭(위, 하층밭)과 삼국시대 밭(아래, 상층밭).
(경상남도·경상대학교박물관, 2001)

그림 II-3-21
울산 무거동 옥현유적 청동기시대 논
(경남대학교박물관·부산대학교박물관, 2015, 『울산 옥현 택지개발사업지구 내 울산 무거동 옥현유적』)

그림 II-3-22
울산 무거동 옥현유적 삼국시대 논
(경남대학교박물관·부산대학교박물관, 2015)

그림 II-3-23
경남 진주 평거동유적 삼국시대 논의 소·사람 발자국과 토기편(오른쪽)
(경남발전연구원 역사문화센터, 2011, 『(진주 평거 3지구 택지개발사업지구 내) 진주 평거 3-1지구 유적 IV: 유구도판·부록』)

기시대 논 면의 평균 넓이는 4~5평이었으나 삼국시대가 되면 300~500평으로 청동기시대에 비해 20배에서 많게는 125배 이상 넓어진다. 논바닥에는 우경을 뒷받침하는 소 발자국, 쟁기 흔, 사람 발자국들이 남아 있다(그림 II-3-23).[58]

이러한 변화는 밭에서도 진행되었다. 경작기술이 미숙하였던 청동기시대에는 위험을 분산시키기 위해 두 가지 이상의 작물을 혼합해서 파종하거나 구획을 작게 하여 여러 작물을 함께 재배하였다. 이로 인해 좁은 면적 안에 각종 형태의 고랑, 이랑 흔적이 혼재하는 경우가 많았다. 그러나 삼국시대가

58 경남발전연구원 역사문화센터, 2011, pp.434~436.

되면 기술의 발달로 단일 작물을 보다 넓은 면적에서 대규모로 재배하는 것이 일반화되었고 이것이 밭의 경관을 변화시키는 배경이 되었다. 경남문화재연구원이 진주 평거동 경작 유구 일부 구간에서(3-2지구, IV-2층) 삼국시대 밭을 전면 노출시켜 밭의 개별 면적을 확인하는 작업을 진행하였다. 그 결과 흥미롭게도 면적을 기준으로 밭이 5개 그룹으로 구분되며 각 그룹이 약 600평을 단위로 면적이 증가한다고 한다(약 600평, 1,150평, 1,800평, 2,178평).[59]

그리고 삼국시대 밭고랑은 대부분 등고선과 평행한다. 반복된 범람으로 지형의 평탄화가 진행된 것도 한 원인이겠지만 그것보다 기경구 발달로 이랑 파종이 늘어났기 때문이다. 철제 기경구와 쟁기를 사용하면 발토량이 많아지고 토양 이동이 용이하게 된다. 그러므로 이랑짓기가 쉬워지고 고랑과 이랑의 교대 경작 효과도 높아진다. 이랑짓는 것이 수고스럽기는 하지만 이랑을 지어 작물을 파종하고 재배하면 배수 효과도 좋고 제초 작업도 용이하여 생산력 증대 효과가 높다.

목제 기경구를 사용하던 시기에는 전경全耕을 하여 고랑, 이랑을 짓는 것이 아니라 파종에 필요한 만큼만 최소한으로 기경하는 것이 일반적이었다. 배수를 위해 등고선과 직교하는 방향으로 고랑을 만들어 고랑에 파종하는 경우가 많았고, 작물이나 지형의 특성상 불가피한 경우에만 이랑 파종을 하였다. 그러나 철제 기경구와 쟁기의 보급으로 경전 단계에서 발토량이 많아져 이랑 파종 비율을 크게 늘려 갈 수가 있었다. 이것은 휴한농법의 안정적 운영과도 깊은 관계가 있다.

59 경남문화재연구원, 2012, 『진주 평거동유적: 진주 평거 3택지 개발사업지구(2지구) IV: 종합고찰 및 부록』, 한국토지주택공사·경남문화재연구원, p.115.

4. 통일신라시대의 토지 활용 방식

농업기술 발달 과정에서 휴한농법 극복은 중요한 획기의 하나이다. 한국사 연구자들도 일찍부터 휴한 극복 시기와 역사적 배경에 관해 많은 관심을 기울여 왔고 견해도 다양하다. 예컨대 삼국시대에 이미 상경화(1년 1작)가 시작되거나 널리 이루어졌다는 견해가 있다.[60] 이 견해대로라면 통일신라시대는 휴한농법을 극복하고 상경화 단계에 도달한 것이 된다. 이와 달리 신라 말, 고려 초에 상경화가 진행되기 시작하여 고려 전기에 산전山田에만 휴한농법이 남아 있었다거나[61] 휴한농법의 완전한 극복은 고려 말에 달성되었다는 등 다른 견해도 있다.[62]

삼국시대설은 우경의 보급을 토지 상경화의 중요 계기로 주목한다. 예를 들면 우경 실시로 고랑과 이랑을 교대로 경작하는 것이 가능해졌고, 이것은 중국 한漢나라 대전법代田法에 비견될 수 있는 상경농법의 시작이라는 것이다.[63] 삼국시대가 되면 고랑과 이랑의 너비가 비슷한 밭이 압도적으로 많아지는데 이것이 고랑, 이랑 경작처 교대 활용이 늘어나는 추세를 반영하는 것은 분명하다. 진주 평거동 삼국시대 밭 유구에서도 고랑과 이랑을 번갈아 가면서 경작한 흔적이 확인되었다.[64] 그러나 고랑, 이랑의 경작처 교대를 곧바로 휴한농법의 극복으로 속단하기는 어려우며 이를 한대漢代 조과趙過의 대전법과 연관시켜 이해하는 것은 문제가 있다.

60 사회과학원 역사연구소, 『조선전사』 4, 1979, p.203; 김기흥, 1995, 「미사리 삼국시기 밭 유구의 농업」, 『역사학보』 146, pp.37~38.

61 김용섭, 1975, 「고려시기의 양전제」, 『동방학지』 16, 연세대학교 국학연구원; 위은숙, 1985, 「나말여초 농업생산력 발전과 그 주도 세력」, 『부대사학』 9, 부산대학교 사학회; 이경식, 1986, 「고려전기의 평전과 산전」, 이원순교수화갑기념사학논총간행위원회, 『이원순교수화갑기념사학논총』, 교학사.

62 이태진, 1986, 『한국사회사연구: 농업기술 발달과 사회변동』, 지식산업사; 宮嶋博史, 1980, 「朝鮮農業史における十五世紀」, 『朝鮮史叢』 3; 이호철, 1986, 『조선전기농업경제사』, 한길사.

63 김기흥, 1995; 전덕재, 2007, 「농업」, 『백제의 사회경제와 과학기술』, 백제문화사대계 11, 충청남도역사문화연구원, pp.184~185.

64 윤호필·고민정·김춘영·정익환, 2008, 「진주 평거동 유적 발굴조사 개요」, 『한·일교류의 고고학』, 제8회 영남·구주고고학회 합동고고학대회 발표문, pp.217~218.

대전법의 실상에 대해서는 많은 해석이 있지만 기본적으로 대전법에서는 약 140cm(6척尺) 너비의 이랑 위에 3줄의 파종구를 만들고(일무삼견一畝三甽) 파종처 너비와 파종처 사이의 간격을 각각 23.1cm(1척)로 서로 같게 만들며 해마다 파종처를 서로 교대하여 경작한다는 것이다. 대전법에서는 너비 140cm(1무畝의 너비)를 기본 단위로 하여 밭을 세부 구획하고 무畝와 무 사이에서 김을 매거나 작물을 돌보게 되어 있으므로 삼국시대의 밭고랑, 밭이랑과는 기본 형태가 다르다. 삼국시대 밭의 경우 고랑과 이랑의 너비가 거의 비슷하므로 밭의 절반가량을 비워 두는 셈이다. 이처럼 배수나 김매기를 위한 최소한의 작업 공간을 넘어설 정도로 고랑이 차지하는 면적이 넓은 것은 토양을 쉬게 하려는 의도로 풀이된다. 이론상 2년 휴경 후 동일 포장에서 경작처를 교대하여 연속 2회 경작을 하면 3년 휴경한 것과 비슷한 지력 보강 효과가 있다. 또는 1년 휴경 후 경작처를 교대하여 연속 두 번 경작하면 2년 휴경한 토양을 경작에 활용하는 효과를 얻을 수 있다. 그러므로 고랑과 이랑으로 경작처를 교대 활용하는 방식은 휴한농법 단계에서도 필요하고 유용하다. 어쩌면 2~3년 미만으로 휴경 기간을 단축하기 위해 이와 같은 규칙적인 토지 활용 방안이 강구되어야만 하였고, 이것을 가능하게 한 것이 철제 기경구와 우경의 보급일 것이다.

즉 삼국시대 밭에서 고랑, 이랑의 규칙적인 교대 경작이 확인된다면 이는 휴한농법이 안정적으로 운영되고 있었던 증거로 보아야 한다. 일본에서도 화산재에 매몰된 6세기경의 밭 유구(구로이미네黒井峯유적 등)에서 이랑이 높고 명료하게 남아 있고 경작토가 부드러운 것, 이랑이 낮고 불선명하며 경작토가 굳어 있는 것, 이랑이 거의 확인되지 않고 경작면이 평탄하게 되어 버린 것 등 세 종류가 있어 휴한농법이 실시되었음을 확인시켜 주었다.[65] 경남 진주 평거동의 6~7세기경 밭 유구에서도 고랑과 이랑의 면이 볼록한 것과

65 能登健, 1991, 「畑作農耕」, 石野博信 外, 『古墳時代の研究 4: 生産と流通 Ⅰ』, 東京: 雄山閣出版, p.94.

평편한 것으로 구분된다고 하였는데[66] 휴경 흔적으로 해석될 여지가 많다.

현재까지는 통일신라시대까지도 휴한농법이 일반적이었다는 주장이 다수이다. 통일신라시대 휴한농법 단계설의 가장 중요한 근거는 7세기 말(695, 효소왕 4년)에 작성된[67] 신라 촌락문서村落文書이다. 이 문서에 나오는 전답田畓 결수結數와 인정수人丁數를 비교한 결과 정남丁男, 정녀丁女 1인당 경작 면적이 후대에 비해 지나치게 넓다.[68] 즉 당시 청주 지역에 살고 있던 신라의 촌락민들은 10인 정도로 구성된 한 가호가 가장 적게는 9결結(하하연下下烟), 가장 많게는 21결(중하연仲下烟)에 이르는 넓은 농경지를 경작한 것으로 분석되었다.[69] 이 지역은 일반 촌락과는 다른 왕실 직속촌으로 추정되므로[70] 한 가호당 평균 1.2두頭 정도의 소가 사육될 정도로 소가 특별히 많다는 점을 감안하더라도 노동력에 비해 지나치게 많은 농경지가 할당되어 있다. 이러한 자료들은 통일신라시대의 농법이 휴한농법 단계에 있었음을 전제로 하지 않으면 이해하기 어렵다.

11세기 고려시대에도 3년 이상 휴경하는 토지와 단기 휴경이 실시되던 토지, 그리고 연작이 실시되던 경작지가 공존하였다. 고려 문종 8년(1054)의 전품田品 규정에서 토지의 등급을 토지 활용도에 따라 상(불역전不易田), 중(일역전一易田), 하(재역전再易田)로 구분한 것이 이를 뒷받침한다.[71] 그리고 12세기 고려 예종 대까지도 일역전, 재역전과 3년 이상 묵힌 진전陳田 개간에 관한

---

66 윤호필·고민정·김춘영·정익환, 2008, p.218.

67 윤선태, 1995, 「정창원 소장 「신라촌락문서」의 작성연대: 일본의 『화엄경론』 유통상황을 중심으로」, 『진단학보』 80, pp.30~31.

68 이태진, 1979, 「신라 통일기의 촌락지배와 공연: 정창원 소장의 촌락문서 재검토」, 『한국사연구』 29. 각 촌별 공연孔烟 1호당 평균 전답수田畓數는 A村; 14結 19負 2束, B村; 11結 19負 2束, C村; 15結 93負 4束, D村; 10結 21負 8束이다.

69 이인철, 1986, 「신라 통일기의 촌락지배와 계연」, 『한국사연구』 54.

70 김기홍, 1989, 「신라 「촌락문서」에 대한 신고찰」, 『한국사연구』 64; 이태진, 1990, 「신라 촌락문서의 우마」, 벽사이우성교수정년퇴직기념논총간행위원회, 『민족사의 전개와 그 문화 (상): 벽사 이우성교수정년퇴직기념논총』, 창작과비평사, p.129.

71 "文宗八年三月判 凡田品不易之地爲上 一易之地爲中 再易之地爲下 其不易山田一結准平田一結 一易田二結准平田一結 再易田三結准平田一結"(『高麗史』 志 32, 食貨 1, 經理).

규정이 있는 것으로 보아[72] 휴한 극복을 장려하는 정부의 노력과 함께 여전히 휴한을 전제로 하는 토지가 공식적으로 인정되고 있음을 알 수 있다.

그러나 고려시대 자료에서 1년 1작이 실시된 경작지의 존재가 나타난다는 것은 신라시대와는 다른 새로운 변화이다. 또한 신라 촌락문서에서 명시되지 않던 토지 등급과 등급별 수취량이 정해졌다는 것도 그사이 달라진 상황을 반영한다. 통일신라시대에도 토지 면적에 비례하여 일정한 세율을 적용하는 동적이세同積異稅의 원칙이 적용되었던 것으로 추정되므로 토지 결수結數와 함께 토지 등급도 명시되어야만 조세액을 정확하게 파악할 수 있다. 그런데 조세 수취 자료를 파악하기 위해 작성한 촌락문서에 전답 구분과 면적 표시만 있고, 토지 등급에 대한 내용은 명시되어 있지 않다. 토지의 등급을 매기는 것은 토지마다 생산력 차이가 발생하였기 때문이며, 신구 방법이 혼재할 때일수록 생산력의 상대적 격차는 벌어지게 마련이다. 다시 말하면 휴한농법이 일반적이던 단계에서 휴한을 하지 않는 경작지가 출현한다면 등급 구분을 하여 조세액에 차등을 두는 것은 당연한 조치이다. 요컨대 고려시대와 달리 신라의 촌락문서에서 토지의 등급별 표시가 없다는 것은 토지의 경작 조건이 비슷하였다는 뜻이다. 6세기 중국 농서인 『제민요술』에서 화북 지방 밭농사가 1년 휴한농법을 기본으로 함을 고려할 때, 7세기 촌락문서에 기재된 통일신라시대의 밭이 휴한농법 단계에 있었다고 해도 이상할 것이 없다.

그러나 통일신라시대 말이 되면 쟁기의 기능이 삼국시대보다 개선되어 상대적으로 더 깊이 갈이하여 지력 보강 효과를 높이는 등의 변화를 예상할 수는 있다. 예를 들면 쟁기에 볏을 장치하면 기경한 흙을 좌우 양쪽으로 고르게 가르거나 한쪽 방향으로 몰아서 넘기는 작업이 쉬워진다. 따라서 볏 달

72 "光宗二十四年十二月判 陳田墾耕人 私田則初年所收全給 二年始與田主分半 公田限三年全給 四年始依法收租", "睿宗六年八月判 三年以上陳田墾耕所收 兩年全給佃戶 第三年則與田主分半 二年陳田 四分爲率 一分田主 三分佃戶 一年陳田 三分爲率 一分田主 二分佃戶"(『高麗史』 志 32, 食貨 1, 租稅).

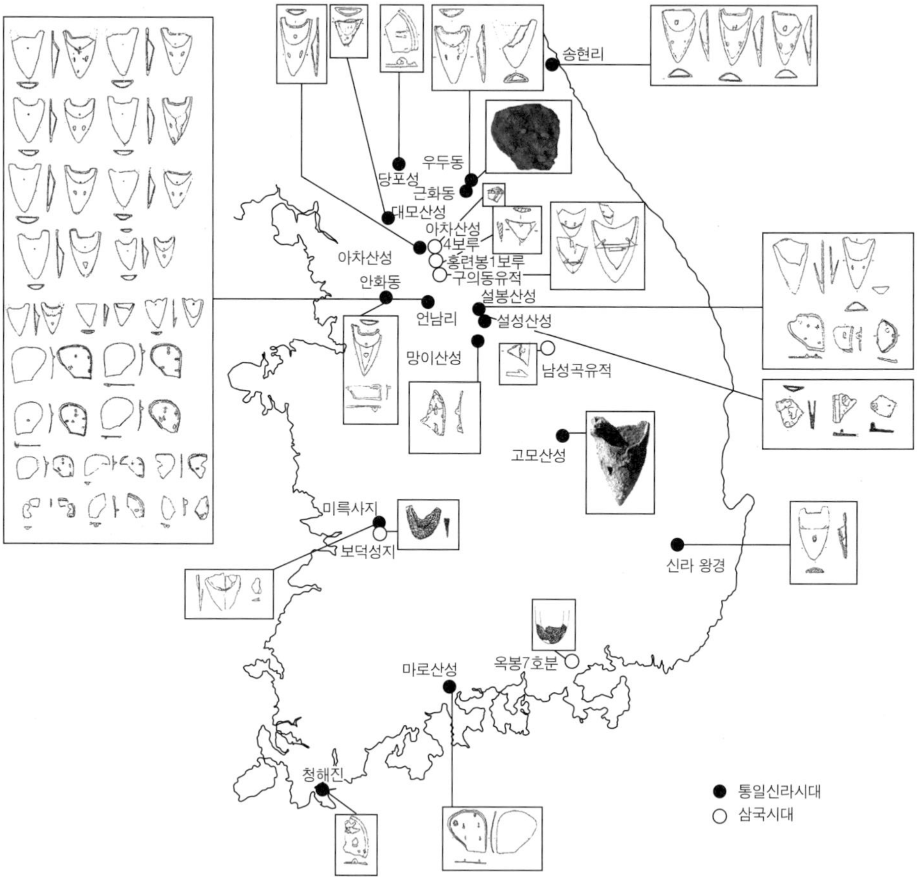

그림 II-3-24
삼국시대와 통일신라시대 우경구 출토 유적 분포도(송윤정 제공)
(송윤정, 2009)

린 쟁기를 사용하면 이랑짓는 작업이 한결 쉬워지고 이랑의 높이도 좀 더 높게 만들 수 있다. 그리고 고랑, 이랑 교대 경작이나 이랑 파종의 효과를 높여 동일한 면적에서 동일한 간격으로 휴한을 실시하더라도 이전 단계보다 생산력을 증대시킬 수 있다.

중국에서도 초기의 볏은 주로 보습의 등대 기능을 보완하여 흙을 양쪽으로 가르는 정도였으나 점차 발달하여 흙을 넘기거나 번토翻土하는 기능을 발휘하였다. 일본에서도 8세기경 이미 볏 달린 쟁기을 사용하였다는 사실을 문헌자료를 통해 확인할 수 있다.[73] 신라에서도 경기도 이천 설봉산성에서 함통咸通 6년명銘(신라 경문왕 5년, 865) 벼루와 철제 보습이 함께 출토되었고 그 옆 토광에서 철제 볏이 3점 출토되었다.[74] 볏의 모양은 흙을 양쪽으로 가르는 좌우 대칭형이 아니고 흙을 한쪽 방향으로 넘어가게 하는 발달한 형태의 것이다. 뒤를 이어 각지의 산성과 중요 거점 취락 등지에서 통일신라시대의 보습과 볏 자료들이 광범위하게 출토되어(그림 II-3-24, 그림 II-3-25) 볏 달린 쟁기 사용이 일반화되어 가던 과정을 보여 준다.[75] 이처럼 8~9세기에 이르면 도구의 개선이나 작무법의 개선, 시비법 등 휴한농법 극복에 필요한 기술적인 토대가 조금씩 마련되어 가고 있었다. 그러나 고려시대의 경작지 상황을 통해 알 수 있듯이 토지 상경화는 기술적 토대만이 아니라 인구 증가라는 사회적 여건이 결합되어야만 진전될 수 있음을 고려해야 한다.

그림 II-3-25
경기도 용인 언남유적 출토 볏과 보습
(국립중앙박물관, 2000, 『겨레와 함께 한 쌀』, 새천년 특별전 도작문화 3000년, 통천문화사)

5. 맺는말

기원전 3500년경 한반도에 거주하던 신석기문화 단계의 주민들은 어로와

---

73 이현혜, 1998, p.211.
74 손보기 외, 1999, 『이천 설봉산성 1차 발굴조사 보고서』, 단국대학교출판부, pp.192, 264~268.
75 송윤정, 2009, 「통일신라시대 철제 우경구의 특징과 발전양상」, 『한국고고학보』 72.

채집 활동을 겸하면서 원시적이나마 밭농사를 실시하였다. 나무숲을 불태워 재를 거름으로 삼고 돌따비와 돌보습을 사용하여 얕은 파종구를 만들어 씨를 뿌리고, 곡물이 익으면 돌낫, 뼈낫을 사용하여 이삭을 수확하였다. 한 번 마련한 경지는 2~3회 연속 경작한 후 지력이 회복될 때까지 10년 이상 휴경하였다. 이러한 황해도 봉산 지탑리 유형의 농경 방식은 인구 밀도가 희박하고 삼림자원이 풍부한 상태에서 가능하였고 생산력이 낮고 농경 의존도가 높지 않았다.

청동기시대에 이르면 농업 중심의 생업 경제 체계가 확립되고 조, 수수, 기장, 콩, 팥 등 각종 작물이 안정적으로 재배되었다. 초기에는 함북 무산 호곡동 유형처럼 타제 굴지구를 사용하는 등 경작지 활용 면에서 신석기시대의 농경 요소가 일부 잔존하였고 인구 밀도와 자연조건에 따라 잔존 기간이 긴 지역도 있었다. 그러나 석제 굴지구가 점차 소멸되고 목제 농기구를 주로 사용할 수 있을 정도로 휴경 기간이 10년 미만으로 단축되자 농경지 활용도가 크게 높아졌다. 특히 청동기 중기 이후 중부 이남 지역으로 논농사가 확대되면서 목제 농기구가 다양하게 분화 발전하였고, 집약적인 작물 관리가 밭농사에도 영향을 주어 휴경 기간을 5년 미만으로 단축시키는 주요 배경이 되었다. 또한 이 시기가 되면 휴경 기간의 단축뿐 아니라 지력을 보완하고 토지 활용도를 높이기 위해 작물의 특성에 따라 고랑과 이랑의 너비와 방향, 파종 방식 등을 다양하게 조정하였다. 경남 진주 대평리와 평거동 밭 유구에서 조사된 여러 형태의 밭고랑과 밭이랑의 모습은 생산력과 토지 활용도를 높이기 위한 당시 사람들의 노력을 보여 주는 자료들이다.

삼한 및 삼국시대를 거치면서 철제 농기구 보급과 우경 실시로 밭과 논의 절대 면적이 늘어났을 뿐 아니라 경작기술도 크게 향상되었다. 특히 밭농사에서는 휴경 기간이 3년 이하로 단축된 단기 휴경 단계에 들어갔다. 휴한 기간을 줄이면서도 생산량을 안정적으로 확보하기 위해서는 새로운 기술과 노동력 투입이 필요하였다. 대개 휴한농법 성립 초기 단계에서는 지력을 보강하기 위해 심경深耕과 반복 기경를 실시하면서 경전耕田 횟수를 크게 늘렸다. 그리고 토양의 성질과 절기에 따라 경전 시기, 경전 방법, 경전 횟수 등을 조정하면서 효과를 극대화하기 위한 노력을 기울였다. 이 같은 경전 방식을 가능하게 한 것은 철제 농기구와 이경구犁耕具의 발달이다.

삼국마다 우경 시작 시기는 조금씩 다르지만 우경의 실시는 새로운 농경지의 확대와 더불어 휴한농법을 확대시켜 나가는 가장 중요한 기술적 배경이 되었다. 축력이라는 새로운 에너지를 활용하고 쟁기라는 새로운 도구를 사용하기 위해서는 경작지가 나무뿌리나 굳은 풀뿌리가 제거된 상태여야 한다. 그러므로 우경을 실시한다는 사실 자체가 3년 미만의 휴한 기간을 의미한다.

통일신라시대가 되면 쟁기의 구조 면에서 상당한 발전이 있었으나 신라촌락문서에 나오는 경작지 면적과 사람 수의 비율로 미루어 통일신라시대까지는 휴한농법이 일반적이었다. 그러나 휴한농법이 안정적으로 운영되는 과정에서 도구의 개선이나 작무법의 개선, 시비법 등 휴한농법 극복에 필요한 기술적인 토대가 조금씩 마련되어 가고 있었을 것이다. 이처럼 한국의 농업기술 역시 장기 휴경 단계에서 점차 휴경 기간을 단축시키는 방향으로 변화와 발전을 거듭해 왔다는 점에서 세계사적인 보편성을 나타낸다고 할 수 있다.

앞으로 기술적인 측면만이 아니라 인구의 변화가 휴경 기간 단축 배경에 어떠한 작용을 하였는지 양자의 작용 관계를 검증하는 작업이 남아 있다. 그리고 근래 논 유구 중에서 논두둑 구획 안에 평행선상의 밭고랑 흔적이 발견되는 사례가 늘어나고 있어 경작지 활용 방식을 둘러싸고 의견이 분분하다. 이 같은 흔적이 확인된 곳은 청동기시대의 충남 논산 마전리 논 유구,[76] 삼국시대의 충남 부여 구봉리 논 유구, 경남 창원 반계동 논 유구,[77] 경남 진주 평거

76 고려대학교 매장문화재연구소, 2004, 『마전리유적: C지구』, pp.136~137.
77 창원대학교박물관·한국수자원공사, 2000, 『창원 반계동유적 II』, pp.120~121.

동 논 유구[78] 등으로 시대와 지역이 광범위하다. 현재로서는 이것이 논과 밭을 자유롭게 전환하여 경작하던 흔적인지, 벼를 기장이나 조처럼 이랑 위에서 재배하던 이랑 재배 흔적인지,[79] 아니면 가뭄과 같은 불가피한 사정 때문에 논농사를 포기하고 밭으로 활용하던 상황에서 만들어진 것인지 불확실하다.

그러나 논산 마전리 논 유구의 경우, 토양 분석 결과 벼 이외에는 아무런 작물 흔적이 확인되지 않는다고 한다.[80] 지금까지 조사된 유구들은 모두 논 전체가 아니라 논의 일부 면에서만 고랑이 발견되기 때문에 경작지 전면에 걸쳐 전환이 이루어진 것은 아니다. 논과 밭을 겸용할 수 있는 경작지는 배수와 급수가 자유로워야 하고 우기雨期에도 지하수의 영향을 받지 않는 곳에 위치해야 한다. 그리고 고랑과 이랑의 높이 차이를 크게 하여 배수 효과를 높여야 한다. 만약 이러한 조건을 충족시키면서 지력 보강을 목적으로 논에서 밭으로, 밭에서 논으로 전환하여 반복 경작이 이루어진 것이라면 이는 논농사와 밭농사를 겸하는 지역에서 개발된 수준 높은 토지 활용 방식의 하나로 간주될 수 있을 것이다.

78 윤호필·고민정·김춘영·정익환, 2008, p.216.
79 허의행, 2006, pp.52~53.
80 이홍종·허의행, 2005, 『부여구봉리유적』, 고려대학교 매장문화재연구소.

/ 참고문헌 /

경남대학교박물관·부산대학교박물관, 2015, 『(울산 옥현 택지개발사업지구 내) 울산 무거동 옥현유적』

경남문화재연구원, 2011, 『진주 평거동유적: 진주 평거 3택지 개발사업지구(2지구) II: 경작유적』

______, 2012, 『진주 평거동유적: 진주 평거 3택지 개발사업지구(2지구) IV: 종합고찰 및 부록』, 한국토지주택공사·경남문화재연구원

경남발전연구원 역사문화센터, 2011, 『(진주 평거 3지구 택지개발사업지구 내) 진주 평거 3-1지구 유적 III: 본문』

______, 2012, 『(진주 평거 4지구 도시개발사업지구 내) 진주 평거 4-1지구 유적 II』

경상남도·남강유적발굴조사단, 1998, 『남강선사유적』

계명대학교박물관, 1994, 『금릉송죽리유적: 특별전도록』

고려대학교 매장문화재연구소, 2004, 『마전리유적: C지구』

고일홍, 2010, 「청동기시대 전기의 농경방식 재조명」, 『한국상고사학보』 67

과학원 고고학 및 민속학 연구소 편, 1961, 『지탑리 원시 유적 발굴보고』, 과학원출판사

곽종철, 2002, 「우리나라의 선사~고대 논밭 유구」, 한국고고학회 편, 『한국 농경문화의 형성』, 학연문화사

국립광주박물관, 1998, 『영산강의 고대문화』, 국립광주박물관 20주년 기념 특별전도록

______, 2001, 『광주 신창동 저습지 유적 II』

국립중앙박물관, 1994, 『암사동』

국립진주박물관, 2002, 『청동기시대의 대평·대평인』

권귀향, 2009, 「창원 신방리 저습유적 출토 목제품 소고」, 동아세아문화재연구원, 『창원 신방리 저습유적』

김권구, 2008, 「한반도 청동기시대의 목기에 대한 고찰: 남한지역의 목기를 중심으로」, 『한국고고학보』 67

김기흥, 1989, 「신라 「촌락문서」에 대한 신고찰」, 『한국사연구』 64

______, 1995, 「미사리 삼국시기 밭 유구의 농업」, 『역사학보』 146

김도헌, 2008, 「선사·고대의 농구 조합과 생산력의 변화: 영남지역을 중심으로」, 『영남고고학』 47

______, 2016, 「고대의 목제 기경구 연구」, 『중앙고고연구』 21, 중앙문화재연구원

김병섭, 2003, 「한국의 고대 밭유구에 대한 검토」, 『고문화』 62

김용간, 1964, 『유적발굴보고 10: 금탄리 원시유적 발굴보고』, 사회과학원출판사

김용섭, 1975, 「고려시기의 양전제」, 『동방학지』 16, 연세대학교 국학연구원

김재홍, 2008, 「백제의 농경」, 충청남도역사문화연구원, 『유적·유물로 본 백제 (I): 정치와 사회·경제』

동아세아문화재연구원, 2010, 『진주 평거동 한전유적: 3지구 II-2구역 한전』

리기련, 1980, 『석탄리유적발굴보고: 유적발굴보고 12』, 과학·백과사전출판사
문화재청 국립나주문화재연구소, 2010, 『나주 복암리유적 I: 1~3차 발굴조사보고서』
박성근, 2016, 「신석기시대의 채집·농경구」, 중앙문화재연구원 편, 『신석기시대 석기론』, 진인진
변사성·고영남, 1989, 「마산리유적의 신석기시대집자리에 대하여」, 『조선고고연구』 1989-4
소상영, 2019, 「고성 문암리 유적 경작유구의 재검토」, 『한국신석기연구』 38
小畑弘己, 2013, 「동삼동패총·비봉리유적 출토 기장·조 압흔의 동정과 그 기준」, 『한국신석기연구』 25
小畑弘己·眞邊彩, 2012, 「昌寧 飛鳳里遺蹟出土土器の 壓痕調査」, 『비봉리 II: 창녕 비봉리양배수장 신축공사 부지내 신석기시대 패총』, 국립김해박물관
______, 2013, 「東三洞貝塚出土土器の壓痕調査報告」, 『(동삼동패총 정화지역) 즐문토기』, 복천박물관
송윤정, 2009, 「통일신라시대 철제우경구의 특징과 발전양상」, 『한국고고학보』 72
안승모, 1998, 『동아시아 선사시대의 농경과 생업』, 학연문화사
위은숙, 1985, 「나말여초 농업생산력 발전과 그 주도 세력」, 『부대사학』 9, 부산대학교 사학회
윤선태, 1995, 「정창원 소장 「신라촌락문서」의 작성연대: 일본의 『화엄경론』 유통상황을 중심으로」, 『진단학보』 80
윤정국, 2020, 「신석기시대 굴지구의 변천과 의미」, 『호남고고학보』 65
윤호필·고민정·김춘영·정익환, 2008, 「진주 평거동 유적 발굴조사 개요」, 『한·일 교류의 고고학』, 제8회 영남·구주고고학회 합동고고학대회 발표문
이경식, 1986, 「고려전기의 평전과 산전」, 이원순교수화갑기념사학논총간행위원회, 『이원순교수화갑기념사학논총』, 교학사
이동관, 2011, 「고대 따비에 대한 고찰」, 『한국고고학보』 78
이인철, 1986, 「신라 통일기의 촌락지배와 계연」, 『한국사연구』 54
이태진, 1979, 「신라 통일기의 촌락지배와 공연: 정창원 소장의 촌락문서 재검토」, 『한국사연구』 29
______, 1986, 『한국사회사연구: 농업기술 발달과 사회변동』, 지식산업사
이현혜, 1990, 「삼한사회의 농업 생산과 철제 농기구」, 『역사학보』 126
______, 1991, 「삼국시대의 농업기술과 사회발전: 4~5세기 신라사회를 중심으로」, 『한국상고사학보』 8
______, 1992, 「한국고대의 이경에 대하여」, 『국사관논총』 37, 국사편찬위원회
______, 1998, 『한국고대의 생산과 교역』, 일조각
이홍종·허의행, 2005, 『부여구봉리유적』, 고려대학교 매장문화재연구소
이희진, 2020, 「고성 문암리 유적의 토양분석과 신석기시대 경작지에 대한 소고」, 『한국신석기연구』 40
전덕재, 2007, 「농업」, 『백제의 사회경제와 과학기술』, 백제문화사대계 11, 충청남도역사문화연구원
조미순·강소희·신이슬·서민석·이경아, 2015, 「중부 동해안지역 신석기시대 식물자원 이용 연구」, 『한국신석기연구』 30
조미순·조은하·신이슬·서민석·小畑弘己·이경아, 2014, 「토기압흔법을 활용한 중부 동해안지역 신석기시대 식물자원 이용 연구」, 『한국신석기연구』 28
조현종, 2014, 「목기의 종류와 특징」, 이청규·손준호 편, 『청동기시대의 고고학 5: 도구론』, 서경문화사

창원대학교박물관·한국수자원공사, 2000, 『창원 반계동유적 II』
최덕경, 1994, 『중국고대농업사연구』, 백산서당
최종택, 1993, 「미사리출토 밭의 구조와 연대에 대하여」, 『서울대학교 박물관 연보』 5
충남대학교박물관, 1995, 『둔산』
충청매장문화재연구원, 2001, 『서천 송내리유적』
한신대학교박물관, 1998, 『용인 수지 백제 주거지』
한창균·구자진·김근완, 2014, 「대천리 신석기유적 탄화곡물의 연대와 그 의미」, 『한국신석기연구』 28
허의행, 2006, 「백제시대 농업기술 연구」, 『금강고고』 3, 충청문화재연구원
황기덕, 1970, 「두만강 류역의 청동기 시대문화」, 사회과학원 고고학연구소 편, 『고고민속론문집』 2, 사회과학출판사
______, 1984, 『조선원시 및 고대사회의 기술발전』, 과학·백과사전출판사
______, 1984, 『조선의 청동기시대』, 사회과학출판사

……

宮嶋博史, 1980, 「朝鮮農業史における十五世紀」, 『朝鮮史叢』 3
西嶋定生, 1981, 『中國古代の社會と經濟』, 東京: 東京大學出版會
佐佐木高明, 1971, 『稻作以前』, 東京: 日本放送出版協會
天野元之助, 1962, 『中國農業史硏究』, 東京: 御茶の水書房

……

石聲漢, 1956, 『氾勝之書今釋』, 北京: 科學出版社
浙江省文物管理委員會 外, 1978, 「河姆渡遺址第一期發掘報告」, 『考古學報』 1978-1

……

Boserup, Ester, 1984, 『Population and Technological Change』, Chicago: University of Chicago
Grigg, D. B., 1974, 『The Agricultural Systems of the World: An Evolutionary Approach』, New York: Cambridge University Press

/ 4장 /

한반도 청동기시대의 밭농사 기술

—진주 대평리유적을 중심으로—

1. 청동기시대의 농업기술과 농경 유구

여러 관점에서 농업기술의 변화와 발달 과정에 대한 연구는 한국사 연구자들의 중요 관심 분야의 하나이다. 선사시대 이래 한반도 주민들은 농경을 생업으로 삼아 왔으므로 농업기술 연구는 그들의 역사와 문화의 변천 과정을 이해하고 설명하는 중요 주제로 주목받기에 충분하다.

특히 청동기시대에 이르면 벼를 비롯하여 기장, 조, 수수, 보리, 밀, 콩 등 기본 작물들이 두루 재배되었다. 논농사와 밭농사 기술도 안정적인 수준에 도달하여 이를 토대로 농경 중심의 생업 경제가 확립되었다. 농업기술의 전체적인 발달 과정에서 보면 청동기시대의 밭농사기술은 화전火田농경에서 벗어나 단기 휴경(1, 2년 휴경) 단계로 발달해 가는 중간 단계에 속한다. 그러므로 청동기시대 농경기술에 대한 연구는 당시 사람들의 경제적인 토대를 이해하는 것뿐 아니라 한국 농업기술의 체계화 작업을 위해서도 대단히 중요하다.

1990년대 이후 고고학계의 활발한 발굴 성과에 힘입어 한반도에서도 청동기시대뿐 아니라 삼국시대, 통일신라시대의 밭 또는 논 유구가 여러 곳에서 조사되었다.[1] 여러 가지 사정으로 농경지의 일부만을 발굴하거나 유구 확인 작업에 그친 것이 많다. 하지만 경남 진주 대평리유적처럼 청동기시대의 밭이 수천 평 이상 대규모로 발굴된 곳도 있다. 대평리유적에서는 농경지 이외에 주거지와 환호, 무덤 등 일련의 유구들이 함께 조사되어 당시 사람들의 생활상을 복원하는 데 유용한 자료가 되고 있다. 특히 작물을 재배하던 밭의 발굴로 도구 등 간접적인 자료들을 통해 그동안 막연하게 추정되어 왔던 청동기시대 주민들의 농경 형태를 좀 더 구체적으로 검토할 수 있게 되었다.

이 장에서는 대평리 밭 유구를 중심으로 청동기시대 밭농사의 토지 활용 방식과 경작 형태를 검토하고자 한다. 일반적으로 토지 활용 방식이라든가 농경 작업의 각 과정들은 각 시기의 농경기술 수준을 반영하는 척도가 된다. 이런 의미에서 대평리 밭의 휴경 기간, 개간, 기경, 파종 방식 등은 한반도 청동기시대 밭농사기술의 수준을 가늠하는 중요 요소로서 주목할 가치가 있다.

2. 휴경 기간과 농경지의 조건

원시농경 단계에서는 삼림 개간 후 경작지로 활용하는 기간이 평균 2~3년 정도로 아주 짧아 거의 매년 새로운 삼림을 개간하여 경지를 마련한다. 이러한 농경 형태는 화전, 벌목화경, 도경화종刀耕火種, 소전燒田, 이동경작shifting cultivation 등으로 불린다. 휴경 기간이라는 관점에서 보면 화전농경은 장기 휴경 단계에 속한다. 한반도에서도 화전농경이 일반적으로 행해지던 단계가 있었으나 점차 그 비율이 감소하면서 소수 예외적인 농경 형태로

1 곽종철, 2001, 「우리나라의 선사~고대 논 밭 유구」, 『한국농경문화의 형성』, 제25회 한국고고학전국대회 발표문, pp.64~66.

잔존하였다.

화전농경의 극복 시기는 불분명하지만 청동기·철기시대를 거치면서 새로운 농경기술 단계에 들어섰고 이후 점진적인 발달 과정을 거쳐 철제 기경구와 쟁기가 보편화되는 삼국시대에 이르러 단기 휴경이 실현되었다.[2] 이처럼 거시적으로 보아 청동기시대의 밭농사 기술이 화전농경에서 벗어나 단기휴경으로 발달하는 중간 단계에 있었다고 하나 그것이 구체적으로 어떠한 형태의 것인지 알지 못한다. 예컨대 경지 개간 형태라든가 활용 기간, 경작방식 등에 대해 구체적으로 밝혀진 것은 거의 없다. 비록 고고학 발굴을 통해 조사된 청동기시대의 도구와 경작지 자료가 있다고 해도 그 자체만으로는 이러한 의문을 풀어 나가는 데 한계가 있다. 그러므로 고고학자료들을 이해하고 설명하는 실마리를 찾기 위해 민족지자료나 후대의 농서農書 기록과 같은 보조적인 자료를 함께 활용할 필요가 있다. 이러한 자료들은 청동기시대 이전 단계의 화전농경 모습부터 후대까지 잔존하던 원시농경 단계의 편린들을 보여 주기 때문이다.

일본과 동남아시아 화전농경민에 대한 조사 자료에 의하면 화전농경의 유형도 아주 원시적인 것부터 상당히 체계화되고 발달한 유형에 이르기까지 기술 수준의 편차가 다양하다.[3] 그러나 일반적으로 화전농경민들은 삼림을 개간하여 일정 기간 경작한 후 8~15년간 휴경한다(평균 12년). 이들은 삼림을 불태운 후 남은 큰 나무의 뿌리들을 완전히 제거하기 위해 특별한 노력을 기울이지 않는다.[4] 대개는 나무뿌리들이 완전히 썩어 없어지기 전에 경작지를 휴경하기 때문이다. 불을 지른 후의 추가 작업은 덜 탄 가지들을 모아 한 번 더 불을 지르거나 굴봉을 사용하여 풀뿌리나 작은 나무뿌리를 제거하는 정도에 그친다. 그리고 타다 남은 나무줄기나 뿌리가 군데군데 남겨진 상

2 이현혜, 1998, 『한국고대의 생산과 교역』, 일조각, pp.9~25.

3 J. E. Spencer, 1966, 『Shifting Cultivation in Southeastern Asia』, Berkeley and Los Angeles: University of California Press, pp.24~25, pp.141~148.

4 佐佐木高明, 1971, 『稻作以前』, 東京: 日本放送出版協會, p.187.

태에서 그 사이사이에 산파散播하거나 파종 구멍을 만들어 파종한다. 이들이 사용하는 도구 역시 단순하여 벌목에 필요한 도끼류[종부縱斧(날을 세로방향으로 장착한 것), 횡부橫斧(날을 가로 방향으로 장착한 것)], 파종구를 만드는 데 필요한 굴봉, 파종 후 복토覆土하거나 제초하는 데 사용하는 괭이 정도에 불과하다.[5] 그러므로 이러한 농경 형태에서는 대규모의 평행선 모양의 규칙적인 고랑, 이랑 흔적은 만들어지지 않는다.

그런데 진주 대평리 밭 유구를 보면 거의 모든 밭에서 고랑과 이랑이 평행선상으로 배열되어 있다(그림 II-4-1). 그동안 「농경문청동기」에 새겨진 그림을 통해 막연히 추정해 왔던 농경지의 모습이 대평리 밭 유구를 통해 드러난 것이다.[6] 전체 유적지의 일부가 발굴된 것임에도 불구하고 발굴, 조사된 청동기시대 밭 유구만도 수천 평이 넘는다. 주 검토 대상으로 삼을 옥방 2·3지구에서만도 4,000여 평의 청동기시대 밭이 발굴되었다.[7] 대개 밭고랑 방향은 등고선과 직교하며 밭고랑의 깊이는 8~15cm, 너비는 20~40cm, 40~100cm 등으로 다양하다. 밭고랑의 평균 길이는 20~30m 정도이며 긴 것은 35m에 달하기도 하고 일부 고랑은 중간에서 끊어지거나 교란된 것도 있다.[8] 옥방 3지구에서는 구획을 달리하는 밭끼리는 고랑의 방향이 서로 엇

5 佐佐木高明, 1971, pp.88~152.

6 경상남도·남강유적발굴조사단, 1998, 『남강선사유적』; 동아대학교박물관·경상남도, 1999, 『남강유역문화유적 발굴도록』.

7 옥방 2지구에서 1,500평, 3지구에서 2,500평의 청동기시대 밭이 조사되었고 중복과 파괴, 미발굴을 고려할 때 이것은 전체 밭의 일부에 지나지 않는다고 한다. 이 외에도 옥방 1·4·5·6·8·9지구(800평), 어은 1지구(1,600평)에서 밭이 발굴되었다. 경상남도·경상대학교박물관, 1999, 『진주 대평리 옥방 2지구 선사유적』, pp.174~178; 경상남도·경상대학교박물관, 2001, 『진주 대평리 옥방 3지구 선사유적』, p.218; 이상길, 1997, 「진주 대평리 전작지의 구조와 의의」, 『호남고고학의 제문제』, 제21회 한국고고학전국대회 발표문, p.177; 동아대학교박물관·경상남도, 1999, p.158.

8 옥방 2지구 밭 규모는 남북 33m, 동서 152m, 1,500평 이상이며, 가장 긴 고랑 길이는 34m이다. 고랑의 단면은 U자형이며, 너비는 28~40cm, 깊이는 8~10cm이며, 이랑의 너비는 28~44cm이다. 재배작물의 자연과학 분석 결과 벼의 식물규산체가 혼입된 것이 확인되었으며, 밭작물은 검출되지 않았다고 한다. 옥방 3지구 6호(고랑 40~50cm, 이랑 80~100cm, 그림 8), 옥방 3지구 8호 세 번째 밭(고랑 30~70cm, 이랑 60~100cm), 옥방 3지구 12호(고랑 40~60cm, 이랑 60~80cm, 누운 S자형, 그림 9,) 옥방 3지구 13호(고랑 40~60cm,이랑 60~80cm, 누운 S자형, 그림 10)(경상남도·경상대학교박물관, 2001, pp.200~204).

옥방 3지구 청동기시대 밭 6호, 8호에서 소량의 벼가 검출되었고, 옥방 2지구 6피트, 12호 주거지, 14호 주거

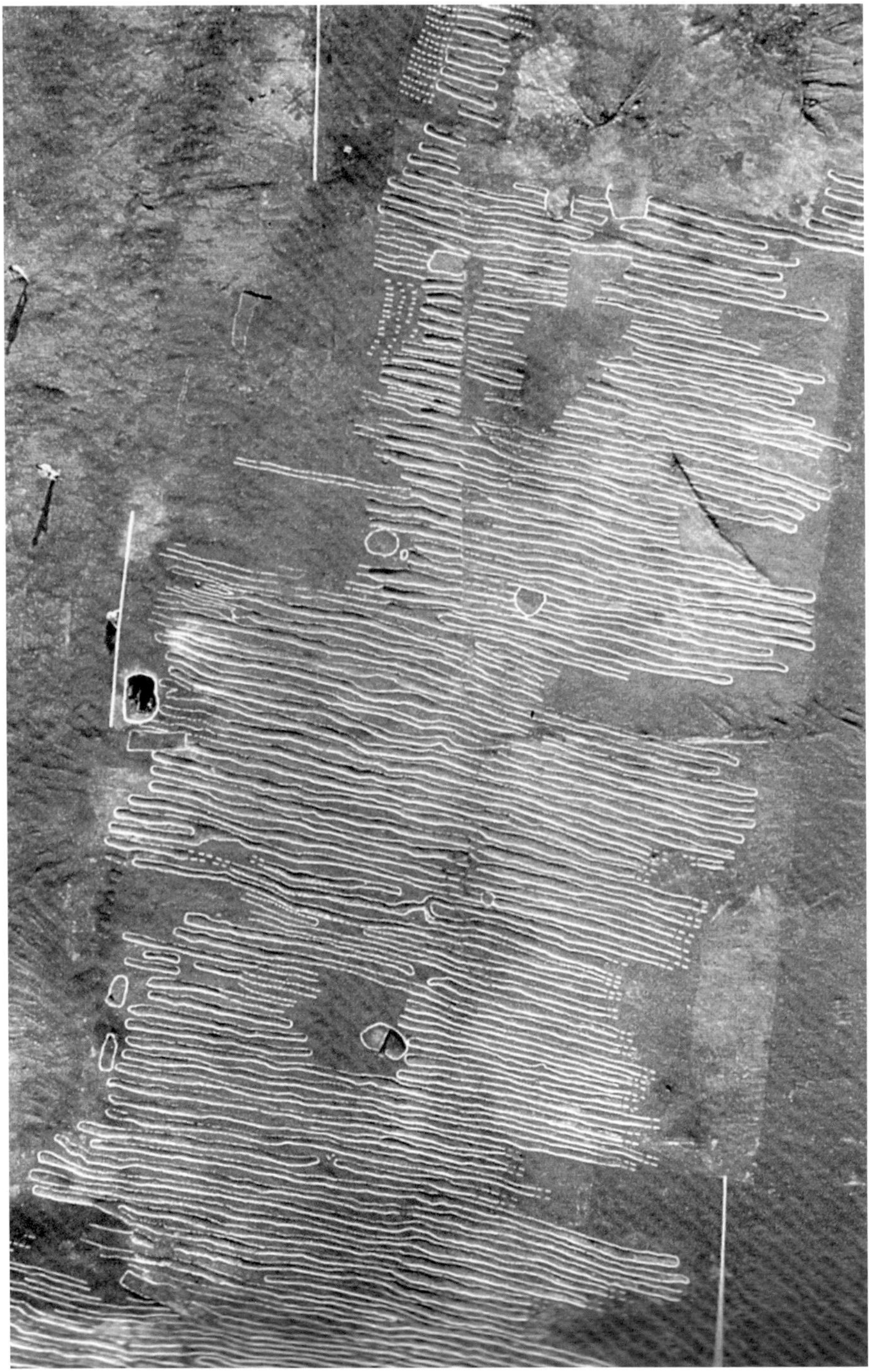

그림 II-4-1
경남 진주 대평리 옥방 2지구 청동기시대 밭
(경상남도·경상대학교박물관, 1999, 『진주 대평리 옥방 2지구 선사유적』)

갈리는 곳도 있다. 하지만 밭의 크기에 상관없이 각 단위별로 동일 구획에 들어 있는 고랑끼리는 서로 평행선을 이룬다. 만약 화전농경에서처럼 나무뿌리들이 불규칙하게 남아 있는 상태에서 경작하였다면 이 같은 연속적인 평행선상의 고랑이 남을 수 없다. 그러므로 대평리의 밭고랑 흔적들은 당시의 농경지 활용 상태를 나타내는 중요한 지표가 된다.

평행선상의 고랑, 이랑을 만들려면 나무뿌리와 같은 장애물이 먼저 제거되어야 한다. 토양 상태와 도구, 수령樹齡에 따라 차이가 있으나 삼림 개간 후 나무뿌리가 완전히 제거되기까지는 많은 노력과 시간이 소요된다. 중국 농서에 의하면, 삼림을 개간하여 땅속에 박힌 나무뿌리를 완전히 제거하는 데 1~3년 정도의 기간이 걸리며 각종 도구와 많은 노동력이 투입된다. 특히 큰 나무가 우거진 경우, 나무줄기를 쪼개고 껍질을 벗겨 선 채로 나무가 말라 죽게 하고 3년 동안 임의대로 경작하다가 나무의 뿌리와 줄기가 썩으면 불에 태웠다.[9] 이것은 수목이 우거진 산기슭이나 황전(연산沿山 또는 노황지老荒地)을 쟁기갈이가 가능한 일반 농경지로 개간하는 과정으로 경작지 방기를 전제로 하는 화전농경민의 경지 개간 의도와는 차이가 있다. 이러한 기록들은 철제 농공구와 축력을 활용하는 후대에도 삼림이나 황지를 개간하여 일상적인 농경지로 만드는 데는 상당한 기간이 소요되고 많은 노동력이 투입됨을 말해 준다.

그뿐만 아니라 경지 개간 후 나무뿌리가 제거되기까지 최소한 2~3년이

지에서도 소량의 벼가 검출되었다. 14호 주거지에서는 강아지풀속형이 소량 검출되어 주변에서 조가 재배되었을 가능성이 있다고 한다(경상남도·경상대학교박물관, 1999, p.178; 경상남도·경상대학교박물관, 2001, pp.317~318).

어은 1지구 밭고랑의 길이는 최고 35m, 너비는 35cm 내외이며, 밭이랑의 너비는 50cm 내외, 깊이는 8~10cm 이다. 밭 크기는 1,600평 정도이며, 주거지 내부에서 조가 출토되었고, 야외 노지에서는 쌀과 조가 출토되었다(이상길, 1997).

9 삼림 개간 시 보통은 곽钁, 이도劙刀, 축력을 이용하여 나무뿌리나 풀뿌리를 제거하였다. 면적이 넓을 경우 1~2년에 걸쳐 나무줄기와 가지를 쪼개어 나무뿌리 위에 덮고 마르기를 기다려 불태워 뿌리가 쉽게 썩게 하거나 또는 나무뿌리를 빨리 죽이기 위해 여름을 지나 비가 온 후 육독磟碡 혹은 곤자輥子라는 도구를 소에 매어 끄는 방법도 소개되어 있다. 『齊民要術』 卷一, 耕田 第一; 『王禎農書』 卷二, 農桑通訣二 墾耕篇 第四.

경과한 후에도 규칙적인 고랑, 이랑을 만들 정도로 경작지 상태를 유지하려면 일정한 간격으로 경작을 되풀이해야 한다. 자연환경에 따라 다르겠으나 일반적으로 휴경 기간이 10년을 넘으면 수목이 무성해지고 풀뿌리도 깊어진다. 일본 및 동남아시아 화전농경민의 경우 휴경 기간이 20~30년(서남 일본), 12~15년(인도 중부, 미얀마 북부), 8~10년(타이 북부)으로 다양하며, 휴경 기간이 짧은 것도 5~10년(대만 중남부, 인도 아삼 지방)이다.[10] 휴경한 후 5년 미만된 경지는 높이 3m 이내의 키가 크지 않은 관목이나 풀이 우거지는 정도이다. 제주도 민속 조사 자료에서도 5년 정도 묵힌 '띠나 잔디가 덮인 무석은 땅'은 기름져서 따비로 개간한 후 몇 번 연속 경작이 가능하다고 한다.[11] 이러한 사례들을 종합해 보면 청동기시대 대평리 지역 밭의 휴경 기간 역시 5년을 넘지 않았을 것으로 생각된다.

대평리유적에서 출토되는 도구의 구성도 대평리 밭의 휴경 기간이 나무가 크게 자랄 정도로 길지 않음을 뒷받침한다. 만약 휴경 기간 5년 미만의 경지를 다시 개간한다면, 벌목 작업이나 벌목용 도끼는 거의 필요 없다. 그러나 10년 이상 묵힌 땅을 개간, 경작하는 화전농민들에게 벌목용 도끼는 공구가 아니라 농구로 간주될 정도로 삼림 벌채는 필수 작업이다.[12] 그런데 옥방 2·3지구에서 발견된 석기는 880점으로 도끼는 50여 점에 불과하여 다른 석기 유물에 비해 도끼의 출토량이 적다. 게다가 도끼의 대부분이 턱자귀 또는 횡부橫斧로 분류되는 주상편인석부柱狀片刃石斧(23점)와 목제의 세부 가공에 사용되는 편평편인석부扁平片刃石斧(25점)이며, 벌목용 종부縱斧의 숫자는 미미하다.[13] 종부와 횡부가 모두 벌목에 사용되지만[14] 한반도에서 널리 사용

10 佐佐木高明, 1971, pp.166~167.

11 고광민, 1993,「제주도 '따비'로 본 농경문청동기 해석」, 한국상고사학회 제9회 학술대회 논문집, pp.56~57.

12 張春輝 編著, 1998,『中國古代農業機械發明史』(補編), 北京: 清華大學出版社, p.6.

13 옥방 3지구 보고서에는 벌목용 유견석부有肩石斧가 인부刃部와 신부身部 일부가 결실된 상태로 28호 주거지와 98호 수혈에서 각 1점씩 출토된 것으로 나와 있다. 옥방 2지구 보고서에서는 주상편인석부柱狀片刃石斧를 벌목용 도끼로 보고 있다. 경상남도·경상대학교박물관, 2001, pp.226~228; 경상남도·경상대학교박물관, 1999, p.235.

되어 온 벌목용 도끼의 전형은 종부이다. 대표적인 예로 화전 경작을 실시하였던 것으로 추정되는 황해도 봉산 지탑리유적이나 함북 회령 오동유적, 함북 무산 호곡동유적 등에서는 합인석부蛤刃石斧, 비뚠날 도끼 등 각종 벌목용 도끼가 다량 출토되었다.[15] 그리고 평양 남경유적, 경기도 여주 흔암리유적 단계에 이르러서도 이전 단계보다 도끼의 수량과 도끼의 평균 크기는 줄었으나 벌목용 합인석부나 비뚠날 도끼는 빠짐없이 출토된다.[16] 이에 비해 대평리유적에서는 벌목용 도끼의 출토량이 현저하게 적다. 이것은 농경과 관련된 벌목 작업의 빈도가 그만큼 낮았다는 증거이다. 그러므로 이 지역에서는 새로운 농경지 개간 작업의 비율이 상대적으로 적었고, 수목이 크게 자라기 전에 토지가 반복 활용되었던 것으로 해석될 수 있다.

다음으로 청동기시대에 이처럼 대규모 경작지가 조성될 수 있었던 데는 토지 활용 기간과는 다른 측면에서의 조건이 함께 작용한 것 같다. 먼저 주목되는 것은 대평리 밭의 입지 조건이다. 대평리 밭 유구는 하천에 인접한 자연제방의 배후 경사면에 조성되었으며 토양은 사질토 또는 사질점토이다. 탄화된 벼와 잡곡이 출토되어 유명한 경기도 여주 흔암리유적도 강에 인접해 있고 이 일대의 토양은 사양토이다.[17] 하천가 사질토양에서 자라는 나무는 상대적으로 뿌리가 덜 깊어 산지보다 개간이 손쉽다. 그리고 천변川邊의 지연제방 사면은 수해의 위험은 있으나 기경 및 배수에도 편리하다. 이 때문에 하천가 자연제방은 조선 전기에도 저지 개간이 활발해지면서 개간 대상지로 선호되었다.[18] 주거지의 입지 조건들을 보면 하천가 자연제방이

14 佐原眞, 1994, 『斧の文化史』, 東京: 東京大學出版會, p.12.

15 과학원 고고학 및 민속학 연구소 편, 1961, 『지탑리 원시 유적 발굴보고』, 과학원출판사, pp.41~52, 도판 CXVI~CXVII; 과학원 고고학 및 민속학 연구소 편, 1959, 『회령 오동 원시유적 발굴보고』, 과학원출판사, 도판 XLIV~XLV; 황기덕, 1975, 「무산 범의구석유적 발굴보고」, 고고학연구소, 『고고민속론문집』 6, 사회과학출판사.

16 김용간·석광준, 1984, 『남경유적에 관한 연구』, 과학·백과사전출판사, p.105; 서울대학교박물관·서울대학교 인문대 고고학과, 1978, 『흔암리주거지 4: 1976·1977년도 발굴 진전보고』, 도판 37, 43, 65.

17 서울대학교박물관·서울대학교 인문대 고고학과, 1978, pp.4, 31~33; 평양 금탄리유적도 하천가에 위치한다(김용간, 1964, 『금탄리원시유적발굴보고: 유적발굴보고 10』, 사회과학원출판사).

18 이태진, 1990, 「조선초기의 화경 금지」, 이재룡박사환력기념한국사학논총간행위원회 편, 『(이재룡박사환력기

청동기시대 주민들이 선호하던 생활 공간의 하나임은 분명하다. 옥방 2·3 지구 역시 주거지는 자연제방 정상부와 사면 높은 쪽에 조성되어 있고(해발 39m 이상), 주거지역 아래 자연제방 배후 사면에 밭이 만들어져 있다(해발 35~39m 범위).[19] 그러므로 밭이 만들어진 곳은 제방을 넘어 주거지역을 완전히 매몰시킬 정도의 대규모 홍수가 일어나지 않는다면 비교적 안전한 구역이었던 것으로 여겨진다. 다시 말하면 대평리와 같은 하천가 자연제방 일대는 노동력이 부족하고 도구가 미흡한 청동기시대 사람들이 개간하여 농사짓기에 편리한 토양과 지형 조건을 갖춘 곳으로 이런 지역에 대규모 밭이 조성되었다는 것은 우연이 아니다.

3. 경지 개간

(1) 개간 방식

농사짓기는 개간과 기경起耕으로 시작한다. 개간은 삼림이나 황전荒田을 농경지로 개발하는 것이며, 기경은 파종을 위해 흙을 일구고 잡초나 전 작물前作物의 뿌리 등을 제거하는 것을 말한다.[20] 따라서 대부분의 중요 농서들이 경전耕田, 간경墾耕, 경지耕地 등의 항목으로 시작하고 그 내용도 자세하다. 개간과 기경은 그 실시 시기와 방법 여하에 따라 작물 생장과 노동 효율에 지대한 영향을 주는 것으로 알려져 있다. 『왕정농서王禎農書』에서는 간경이

념) 한국사학논총』, 한울, pp.394~395; 2002, 『의술과 인구 그리고 농업기술: 조선 유교국가의 경제발전 모델』, 태학사, pp.180~181. "무식한 무리들이 강둑[川畔]의 나무를 베어 땔나무로 하거나 심하면 갈아서 밭을 만들기 때문에 물을 막을 수 없어 피해가 막심하므로 이를 금지하였다(『成宗實錄』 卷9, 成宗 元年 10월 甲寅條)"는 기록이 한 예이다. 이 기록에서 언급된 자연제방의 구체적인 입지가 수해에 취약한 조건이었는지 아니면 개간 위치에 문제가 있었는지는 불분명하나 저지 개간이 유행하면서 하천 근처 제방이 개간지로 관심을 끈 것은 사실이다.

19 경상남도·경상대학교박물관, 2001, p.222.

20 "墾除荒也 耕犂也"(『王禎農書』 卷二, 農桑通訣二 墾耕篇 第四).

'농부[공功]의 첫 번째 의義(의무)'라고 서술할 정도이다.[21] 이러한 사실들은 농경 활동에서의 개간과 기경의 중요성을 말해 준다.[22]

청동기시대 대평리 주민들 역시 경작지의 지력을 최대한으로 높이고 작물 생장에 유리한 조건을 유지할 수 있도록 그들 나름대로의 개간과 기경 방식을 가지고 있었을 것이다. 일반적으로 경지 개간과 기경 방식은 농경지의 입지와 휴경 기간에 따라 달라지며, 휴경 기간은 자원과 인구 밀도, 기술 등에 의해 크게 영향을 받는다. 청동기시대 대평리 지역 주민들의 토지 활용 방식이 휴경 기간 5년 미만으로 단축되는 과정이나 배경은 알 수 없으나 적어도 그들의 농경지 개간과 기경 방식도 휴경 기간과 직접적인 관계를 가진 것은 분명하다.

화전농경의 경지 개간 방식은 수목을 벌채하여 마르기를 기다렸다가 적당한 시기를 선택하여 이를 불태우는 것이다. 이 과정에서 재가 만들어지고 이것이 중요한 거름이 된다는 것이 통설이다.[23] 수목이나 풀을 태우면 유기질이 인산이나 칼리의 형태로 바뀌어 비료 효과를 나타내는 것도 사실이나 이것 못지않게 중요한 것은 소토燒土 효과를 얻는다는 의견도 있다. 즉 불을 지르면 토양 온도가 상승하여 작물의 뿌리가 효과적으로 양분을 흡수할 수 있도록 토양 성분이 변한다는 것이다. 또한 지표면을 충분히 태우면 잡초의 싹이나 종자를 죽여 잡초 생육을 억제하고 해충 제거 효과를 거둘 수 있다고 한다.[24] 화전농경에서 경작지를 방기하는 이유 중 하나는 표토 유실이나 지

21 "墾耕者 其農夫(明本作 功)之第一義歟"(『王禎農書』 卷二, 農桑通訣二 墾耕篇 第四). 『齊民要術』 卷一, 耕田 第一條에도 삼림 개간, 황전 개간, 풀밭 개간 방법과 함께 농경지 기경 방법이 자세하게 기록되어 있다.

22 자원, 인구, 기술 수준에 따라 차이는 있으나 새로운 농경지 확보를 위한 개간 작업은 지속적으로 이루어져 왔다. 그러나 농경기술이 발달하면서 개간된 농경지가 반복 활용되므로 전체 경작지 중에서 신개간지가 차지하는 비율이 감소하거나 소멸되는 것이 일반적인 추세이다. 개간 대상에는 갈대밭이나 저지도 들어 있으나 연원이 가장 오래되고 광범위한 것은 삼림 개간이다.

23 칼륨이 축적되고 작물 생장에 유용한 아인산염이 나오며 산성은 감소된다(Evelyne Hong, 1989, 『Natives of Sarawak: Survival in Borneo's Vanishing Forests』, Penang: Institut Masyarakat, p.26).

24 실험을 통해 지표 가까운 부분의 토양 온도가 상승하면 암모니아 형태의 질소, 칼리의 양이 2~2.5배로 증가하고 이로 인해 물에 녹기 어려운 형태의 비료 성분이 물에 녹기 쉬운 형태로 변한다고 한다(佐佐木高明, 1971, pp.95~96).

력 감퇴도 원인이지만 보다 중요한 것은 잡초의 번성 때문이라고 한다.[25]

이처럼 불 지르기가 다양한 효과를 가진다면 화전농경이 극복된 이후에도 그 전통은 쉽게 사라지지 않았을 것이다. 실제 철제 농기구와 쟁기 사용이 일상화되고, 각종 시비기술이 개발된 단계에서도 삼림 개간과는 관계없이 경지 정리 과정에서 불 지르기 관행이 잔존한 것을 알 수 있다. 『제민요술齊民要術』에는 황전荒田(1년 휴한전休閑田)을 개간할 때는 7월에 풀을 베어 마르기를 기다려 불태우고 이듬해 봄에 기경하는 것으로 되어 있다.[26] 『왕정농서』에서는 좀 더 세분하여 봄에는 풀이 마른 상태이므로 그냥 불태우고(요황燎荒), 여름철에는 풀을 갈아엎고(엄청稖青), 가을에는 풀이 무성하므로 베어 햇볕에 말린 뒤 불태우고(삼이芟夷), 이듬해 봄에 기경하는 것으로 되어 있다.[27] 『농사직설農事直說』에도 기장, 콩, 조를 경작한 후 연이어 대소맥을 재배할 경우, 미리 자루가 긴 큰 낫으로 풀을 베어 밭두둑에 쌓아 두었다가 곡물 수확이 끝난 후 밭에 풀을 두툼하게 깔아 불태운 후 재가 흩어지기 전에 갈아서 대소맥을 파종하는 방법이 소개되어 있다.[28] 이러한 자료들은 한결같이 후대까지도 활용되고 있던 불 지르기의 비료 효과와 제초 효과를 뒷받침하는 것이다.

더욱이 돌이나 나무 농기구를 사용하던 청동기시대 사람들에게 있어서 휴경으로 인해 우거진 덤불이나 풀을 제거하는 데는 불 지르기보다 더 효과적인 방법은 없을 것이다. 비록 수목을 태우는 것에는 미치지 못할지라도 불 지르기의 각종 효과를 감안할 때 이를 생략할 이유가 없다. 대평리 어은 1지구 밭고랑과 밭두둑에서는 초본과의 식물을 태운 것으로 보이는 작은 목탄 알갱이가 전면에 섞여 있었던 것으로 조사되었다.[29] 이러한 자료들은 경지

25 佐佐木高明, 1971, pp.99~100.

26 한 해 묵힌 경작지의 경우, 봄철 마른 풀을 세운 채로 태우기보다 풀이 우거진 가을에 낫으로 벤 후 불태우면 재의 양도 늘어나고 지표면에 불기운을 골고루 퍼지게 하여 비료 효과와 제초 효과를 더욱 높일 수 있을 것이다.

27 『王禎農書』의 봄철 요황燎荒은 연작連作 단계의 상황이다(『王禎農書』 卷二, 農桑通訣二 墾耕篇 第四).

28 『農事直說』 種大小麥條. 耕地條에도 유사한 기록이 있다("旱田初耕後 布草燒之 又耕則其田自美").

29 이상길, 1997, p.185.

개간 과정에서 행해진 불 지르기 작업과 연관지어 해석될 수 있다.

그리고 불 지르기에 앞서 관목가지나 덤불을 자르고 건조시키는 과정이 있었을 것이다. 『왕정농서』처럼 연속하여 경작하거나 땅을 묵히는 기간이 짧은 경우에는 봄철에 전작물 줄기나 풀들을 마른 상태에서 쉽게 불태워 제거할 수 있다. 그러나 풀뿌리가 깊거나 덤불이 우거진 경지에서는 줄기나 풀뿌리를 자르거나 말리는 등 일정한 작업 과정을 거쳐서 불 지르기를 하면 재의 양도 많아지고 고루 태울 수 있어 소토 효과도 훨씬 높아진다. 청동기시대 유물 중에서 이러한 작업에 사용되었음직한 도구를 든다면 석검石劍이나 낫, 'ㄱ' 자형 석기들이 있다.[30] 돌낫은 신석기시대 유적인 황해도 봉산 지탑리유적에서도 이미 출토된다. 지금까지 돌낫은 곡물 이삭을 자르거나 나무를 다루는 데 주로 사용되었고, 석검은 무기나 일상 생활 용구로만 이해되어 왔다. 그러나 필요에 따라 돌낫이나 석검이 덤불 제거 작업 등에 사용되었을 가능성이 있다.[31] 동남아시아 화전농민들도 경지 개간 시 도끼 이외에 낫 또는 긴 칼을 사용하는 예가 있다.[32] 청동기시대의 대표적인 수확 용구는 석도石刀이며 옥방 2·3지구에서도 30여 점의 석도가 출토되어 석도가 수확을 담당한 중심 도구임을 알 수 있다.[33] 대평리유적에서는 옥방 2·3지구에서만도 돌낫이 5점이 출토되어[34] 다른 청동기시대 유적에 비해 돌낫이 많이 출토된 편이다. 수확 도구의 다양성은 재배 작물과 수확 작업의 다양성을 반영한다. 그러나 아직도 이삭따기가 일반적이었던 단계에서 석도 이외에 돌낫이 이처

30 경상남도·경상대학교, 2001, pp.211, 212, 도면번호 136-621, 돌낫으로 추정된 이형석기, 채집품; 황성동유적 발굴조사단, 1991, 「경주 황성동유적 제1차 발굴조사 개보」, 『영남고고학』 8, p.11.

31 멕시코 동남쪽 치아파스Chiapas 지역에서 화전농경을 하는 라칸돈 마야Lacandon Maya족에 대한 조사 자료에 의하면 이들은 제초 작업에 철제로 된 긴 칼을 사용하고 있다. R. Jon McGee and Michael Kruse, 1986, 『Swidden Horticulture among the Lacandon Maya』(videorecording), Berkeley: University of California Extension Media Center.

32 佐佐木高明, 1971, p.114; Verrier Elwin, 1950, 『Bondo Highlander』, Oxford: Oxford University Press, p.47.

33 경상남도·경상대학교박물관, 2001, p.227.

34 옥방 2·3지구에서는 5점의 돌낫 이외에 돌낫으로 추정되는 석기 2점이 출토되었다(경상남도·경상대학교박물관, 2001, p.228). 이 밖에 대평리 옥방 5지구 C구역 4호 주거지, 경남 진주 상촌리 7호 청동기시대 주거지에서도 돌낫이 출토되었다(동아대학교박물관·경상남도, 1999, pp.107, 200).

럼 많이 출토된다는 것은 돌낫이 수확 이외의 다른 용도에도 사용되었다는 반증이 될 수 있다.

(2) 개간 시기

경지 개간이 끝나면 기경 작업을 거쳐 파종을 한다. 각 과정에 투입되는 노동력 비중에 따라 개간, 기경, 파종이 한꺼번에 연속적으로 이루어지기도 하고 각 작업 사이에 일정한 간격을 두기도 한다. 일본 규슈九州 산지 이츠키무라五木村의 화전농경민들은 작물 파종 시기에 맞춰 7~8월 또는 9월 중순~10월 중순경에 삼림을 개간한다.[35] 이츠키무라의 또 다른 마을에서는 전해에 벌목해 두었다가 봄철에 불을 지르고 4, 5월경 조, 콩, 피를 파종한다. 조, 피, 콩 등 잡곡을 주로 재배하는 일본 호쿠리쿠北陸 지방 화전민 역시 전해 9, 10월경에 미리 벌목해 두었다가 이듬해 5월 상순~6월 상순경 불 지르기를 한 후 이튿날부터 파종 작업에 들어간다. 육도陸稻와 잡곡을 재배하는 인도 아삼 지방 화전농경민들은 1월에 불 지르기를 한 후 우계雨季 또는 파종에 적당한 때를 기다려 4월에 파종한다.[36] 이처럼 개간과 파종 사이에 일정한 기간을 두는 것은 화전농경에서는 벌목과 건조, 불 지르기 과정에 많은 노동력이 투입되는 반면 기경, 파종 작업은 간단하기 때문이다.[37]

청동기시대 대평리 지역의 경우 개간, 기경, 파종 작업 사이에 일정한 간격이 있었는지 아니면 이 세 가지 작업이 연속적으로 실시되었는지 궁금하다. 먼저 가정해 볼 수 있는 것은 봄철 파종을 위해 전해 가을에 미리 경지를 정리해 두는 경우이다. 가을에는 덤불과 풀이 무성하여 이를 베어 말리는 데 노동력이 많이 든다. 그 대신 가을에 경지를 정리해 두면 봄철 파종 시 기경

35 7~8월(메밀 파종용), 9~10월(가을 보리, 또는 이듬해 봄 피 재배용). 佐佐木高明, 1971, p.92.

36 佐佐木高明, 1971, pp.103, 114, 115, 173.

37 하루에 10a의 화전을 벌채하는 데 남자 4~5인의 공동 노동력이 필요하나, 파종하는 데는 1인이 1일 만에 10a를 파종한다고 한다. 佐佐木高明, 1971, pp.92, 98.

작업이 쉬워지는 이점이 있다. 특히 일정 기간 휴경한 후 경작을 재개하는 경지의 경우, 전해에 미리 경지를 손질해 둔다면 노동력 배분 면에서도 유리한 점이 있다. 이런 이유로 전해 가을에 덤불이나 갈대, 풀을 미리 정리해 두었을 가능성은 있으나 그때까지도 불태우고 기경하는 데까지 이르지는 않았을 것이다.

왜냐하면 휴경 기간이 단축되면서 화전농경 단계와는 달리 개간 작업보다 기경에 점차 더 많은 노동력이 투입된다. 그러므로 불 지르기도 노동 효율 면에서 기경 및 파종 작업에 도움을 줄 수 있는 가까운 시기에 행해졌을 가능성이 높다. 겨울을 지나면서 풀과 나뭇잎은 마르게 되고 봄철 해빙기가 되면 흙이 부풀어 올라 풀뿌리가 위로 뜨게 된다. 여기에다 『왕정농서』에 의하면 풀뿌리가 깊은 평원은 봄철에 불을 지르면 지기地氣가 통하여 풀싹이 돋으려고 뿌리가 부드럽고 약해져서 기경하기 쉽다는 기록이 있다.[38] 『범승지서氾勝之書』에도 진근陳根 제거나 강토强土 기경에 가장 좋은 시기는 언 땅이 녹아 부풀어 오르는 음력 정월 또는 입춘 후 20일 이내로 되어 있다.[39] 『제민요술』에 인용된 『사민월령四民月令』에서도 진근 제거나 강토 기경은 음력 정월에, 미전완토美田緩土와 하천, 물가에 있는 땅은 음력 2월에 기경하는 것이 좋다고 하였다.[40]

청동기시대는 이러한 후대 농서農書 단계에 비해 경지 상태가 훨씬 단단하고 기경구도 미숙하다. 그러므로 불 지르기나 계절에 따른 토양 상태의 변화에 더욱 의존적일 수밖에 없다. 따라서 덤불이나 잡초 제거는 가을에 미리

38 "春曰 燎荒, 如平原草萊深者 至春燒荒 趂地氣通潤 草芽欲發 根核柔脆 易爲開墾"(『王禎農書』卷二, 農桑通訣集之二 墾耕篇 第四).

39 氾勝之, 『氾勝之書』一, 耕田, "春地氣通 可耕堅硬强地黑壚土 … 立春後土塊散上沒橛 陳根可拔 此時二十日以後和氣去卽 土剛 以此時耕一而當四 和氣去耕四不當一".

40 "崔寔 四民月令曰 正月 地氣上騰 土長冒橛 陳根可拔 急菑强土黑壚之田, 二月 陰凍畢澤 可菑 美田緩土 及河渚水處, 三月 杏華盛 可菑沙白輕土之田." 농서農書에서 이처럼 기경 문제를 중요시하는 것은 기경구 발달과 휴경 기간 단축으로 지력 보완 수단으로써 기경에 대한 의존도가 높아졌기 때문이다. 그리하여 기경 횟수도 늘어나고 기경 효과를 높이기 위해 기경 시기와 방법을 중요시하였다.

할 수도 있고 경작지 상태에 따라 봄철에 할 수도 있으나 불 지르기 작업은 가을보다는 봄철에 하는 것이 효율적이었을 것으로 생각된다.

4. 기경과 파종

(1) 기경구

파종처의 형태와 작성 방법은 기경구의 발달 수준과 밀접한 관계가 있다. 기경구가 발달하면서 고랑과 이랑으로 경작처를 교대하거나 경지 전체를 기경하여 일정한 너비와 간격으로 파종처를 만들었다. 그러므로 기경 후 파종하기까지 흙덩이를 부수어 고르거나 이동시키면서 이랑이나 고랑을 만드는 등 중간 작업 과정이 늘어났다. 반면 기경구가 덜 발달할수록 이러한 과정은 생략되거나 간략하였으며 기경과 동시에 파종 작업이 이루어지기도 하였다.

옥방 2·3지구 발굴보고서에서는 청동기시대 대평리 지역에서는 석제와 목제로 된 기경구가 사용되었던 것으로 추정하였다.[41] 석제 기경구는 모두 타제이며 형태에 따라 괭이(4점), 보습(3점), 가래(1점) 등으로 분류되었다. 이들은 평균적으로 크기가 작은 편이며 그 가운데는 보습처럼 용도가 불확실한 것도 포함되어 있다(그림 II-4-2 ③).[42] 타제 괭이는 폭이 좁고 몸체가 긴 것과(그림 II-4-2 ①, 그림 II-4-2 ②) 곰배괭이류가 있다. 곰배괭이의 경우 날이 얇고 둥그스름한 것과(그림 II-4-2 ⑥) 수평 형태의 것이 있는데 옥방 2·3지구에서 출토된

41 경상남도·경상대학교박물관, 2001, p.219.

42 옥방 3지구 출토 석제 유물(경상남도·경상대학교박물관, 2001, pp.71, 29, 209)
- 20호 주거지 출토 사암제 가래: 일부 결실, 길이 15.6cm, 너비 12cm, 두께 1.7cm.
- 채집 유물 사암제 보습: 길이 10.4cm, 너비 6.0cm, 두께 1.1cm, 무게 103g.
- 27호 주거지 출토 사암제 보습: 일부 결실, 길이 11.5cm, 너비 8.5cm, 두께 0.3~1.5cm, 무게 219g.

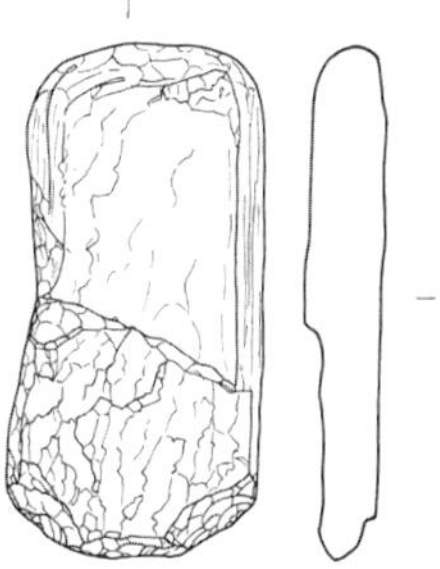

그림 II-4-2 ①
경남 진주 대평리 옥방 3지구 채집품 돌괭이
(경상남도·경상대학교박물관, 2001)

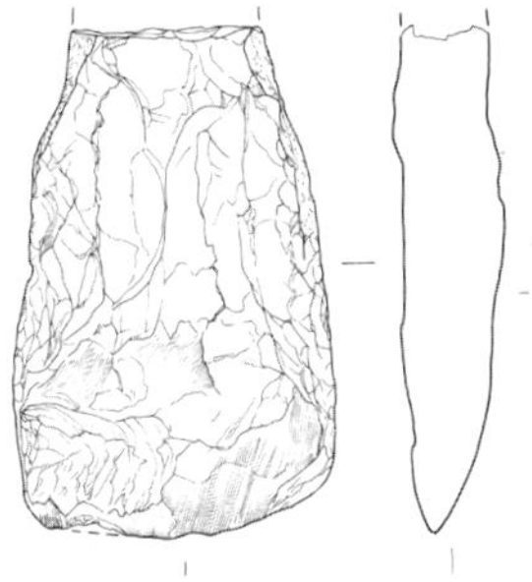

그림 II-4-2 ②
경남 진주 대평리 옥방 2지구 19호 주거지 돌괭이
(경상남도·경상대학교박물관, 1999)

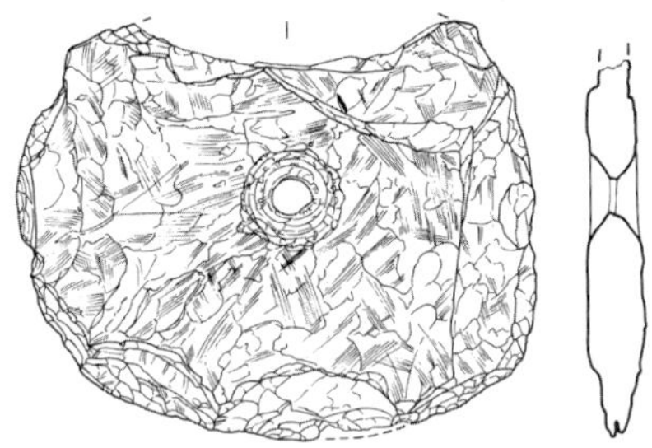

그림 II-4-2 ③
경남 진주 대평리 옥방 3지구 20호 주거지 석제 굴지구
(경상남도·경상대학교박물관, 2001)

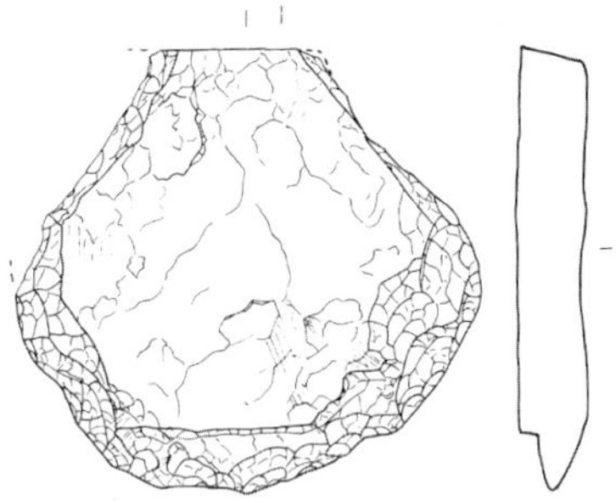

그림 II-4-2 ④
경남 진주 대평리 옥방 3지구 채집품 곰배괭이
(경상남도·경상대학교박물관, 2001)

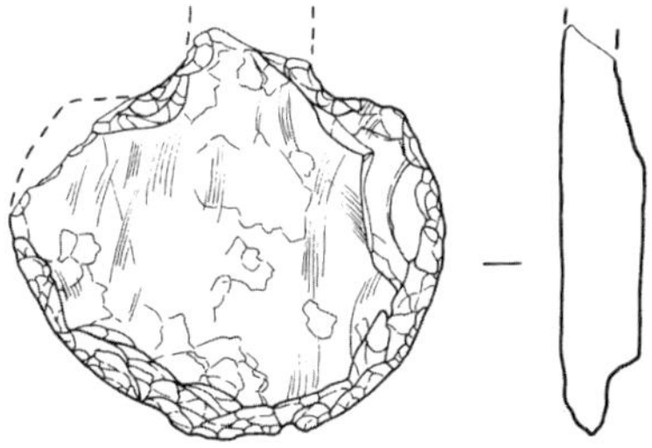

그림 II-4-2 ⑤
경남 진주 대평리 옥방 3지구 27호 주거지 곰배괭이
(경상남도·경상대학교박물관, 2001)

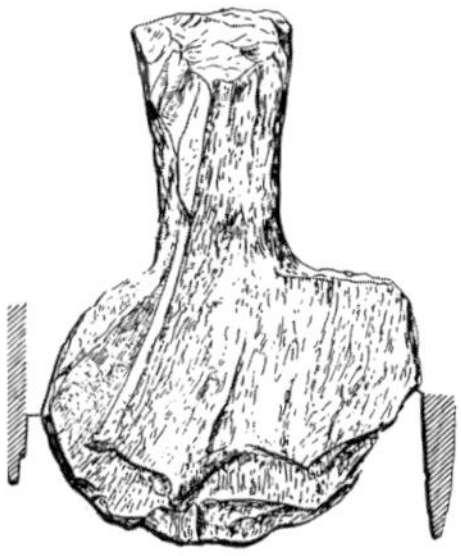

그림 II-4-2 ⑥
함북 회령 오동유적 곰배괭이
(과학원 고고학 및 민속학 연구소 편, 1961)

※축척부동

2점은 날이 둥근 것이다(그림 II-4-2 ④, 그림 II-4-2 ⑤).[43] 이러한 타제 굴지구掘地具들은 지금까지 화전농경민들이 주로 사용하던 도구로 알려져 왔다. 화전 경작에서는 기경 과정이 아주 간략하고 지표면이 단단하여 석제 도구가 더 적합하기 때문이다. 그러나 타제 굴지구는 표면이 거칠고 무거워 기경구로 그다지 효율적이라고 할 수 없다. 이들은 흙을 깊이 파기보다는 구덩이를 파거나 파종 후 종자를 복토하는 작업에 더 적합해 보인다.

타제 굴지구의 주된 용도를 기경보다 밭 개간 시 억새뿌리를 자르거나 풀, 관목을 제거하는 도구로 보는 견해도 있다. 민족지 조사 자료에 의하면 화전농경 단계에서도 경지 개간에 버금가는 많은 노동력이 제초 작업에 투입되고 있다. 그럼에도 불구하고 일본 규슈 산지의 경우 주변부로부터 번져 오는 잡초에 의해 매년 경작 면적이 10~20% 정도 줄어들며 이 비율은 해마다 늘어나기 때문에 4년째 해에는 경지 면적이 반 이하로 줄어든다는 것이다.[44] 원시농경 단계에서도 이처럼 제초 작업이 큰 비중을 차지한다면 석제 굴지구의 중요 용도의 하나로 제초 기능을 인정해야 할 것이다.

타제 굴지구의 기경구로서의 역할이 이와 같이 제한적이라면 실물 자료는 발견되지 않았더라도 대평리유적 보고서의 견해대로 목제 기경구의 존재를 상정하지 않을 수 없다. 아무리 사질토라고 하더라도 석제 굴지구만으로는 지금까지 드러난 것과 같은 다양한 형태의 밭고랑과 밭이랑으로 구성된 대규모 경작지의 조성 과정을 이해하기 어렵기 때문이다. 한반도에서는 신석기시대 말 내지는 청동기시대 전기부터 이미 석제 굴지구 이외에 목제 농기구가 사용되었을 것으로 추정되며, 점차 시간이 지나면서 석제 굴지구는 사라지고 목제 농기구가 중심이 되었다.[45] 30여 점에 달하는 석제 곰배괭이

43 경상남도·경상대학교박물관, 2001, p.71, 209.

44 예를 들면 일본 기타규슈北九州 산지 화전민의 경우, 면적 10a당 삼림 벌채에 4~5인의 노동력이, 파종에 1인의 노동력이 드는 데 비해 제초 작업에 최소한 8~10인의 노동력이 소요된다는 것이다(佐佐木高明, 1971, pp.54, 55, 97~100).

45 이현혜, 1998, pp.225~242.

가 출토된 함북의 회령 오동유적과 무산 호곡동유적에 비해[46] 대평리유적은 석제 굴지구 사용이 상당히 쇠퇴한 상태이다. 시기적으로 대평리유적 주민들은 나무 농기구를 주로 사용하는 수전 농사의 존재를 이미 알고 있었고 그 영향을 받았을 가능성이 높다.[47]

널리 알려진 대로 선사시대의 농기구 모습을 보여 주는 것으로 「농경문청동기」가 있다(그림 II-4-3 ①). 이것은 농경의례에 사용된 의기이며, 여기에 새겨진 그림은 파종, 추수 등 농경의례와 관련된 중요 행위들이다.[48] 이 중 주목되는 것은 기경 장면에 묘사된 끝이 두 갈래로 갈라진 쌍날따비이다(그림 II-4-3 ②). 따비는 목제로 만든 대표적인 기경구로 발로 밟아 날을 흙 속에 밀어 넣은 후 자루를 몸 아래쪽으로 젖히는 힘을 이용하여 흙 속에서 날을 빼내면서 발토한다. 삽과 달리 발로 밟는 턱이 부착되어 있고 날과 자루가 일정한 각도로 꺾여 있어 입토와 발토 시 도구가 받는 저항이 상대적으로 적다. 그리고 괭이보다 발토량이 많아 기경 작업에는 효율적인 도구이다.

따비날의 형태도 경작지의 상태나 기경 목적에 따라 모양이 다양하다. 주걱형 따비는 굴봉 기능에 가장 가까운 것으로 파종 구멍을 파거나 풀이나 식물의 뿌리를 캐는 데 적당하다. U자형(말굽형) 따비는 발토량은 많으나 폭이 넓적하여 단단한 상태의 토양보다 반복 활용으로 부드러워진 토양에 좋다.[49] 쌍날따비는 묵힌 땅이나 자갈 섞인 땅을 기경하는 데 사용된다. 그러므로 「농경문청동기」에 그려진 기경구가 쌍날따비라는 사실은 경작지 상태를 시사하는 것으로 대평리 밭 유구의 고랑, 이랑의 작성 과정을 추정하는 데 참

46 과학원 고고학 및 민속학 연구소 편, 1959; 황기덕, 1975.

47 대평리유적은 나무 농기구가 일반화된 한반도 서북 지역 팽이토기문화의 중심 유적인 평양 남경유적이나 황해도 석탄리유적에 비해서 석제 굴지구의 비중이 높은 편으로, 이것이 문화 계통과 관련된 것인지 연대상 문제인지 검토가 필요하다.

48 한병삼, 1971, 「선사시대 농경문청동기에 대하여」, 『고고미술』 112, p.6.

49 옥방 3지구 보고서에서는 밭에 남아 있는 구덩이의 폭이 비교적 넓고 깊이는 얕으며 기경 면은 울퉁불퉁해 매끄럽지 않기 때문에 폭이 넓은 U자형 따비가 사용된 것으로 추정하였다(경상남도·경상대학교박물관, 2001, p.219).

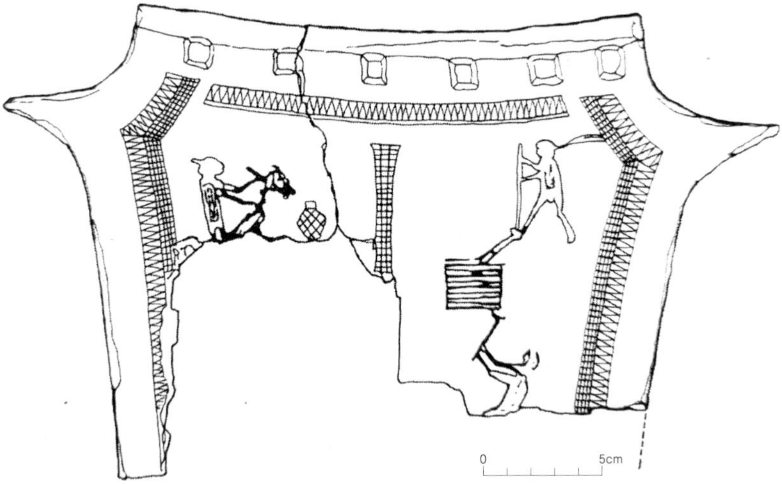

그림 II-4-3 ①
「농경문청동기」
(이현혜, 1998)

그림 II-4-3 ②
쌍날따비
(이현혜, 1998)

고가 된다.[50]

연대상으로 대평리 밭 유구는 청동기시대 전기에 해당되므로 「농경문청동기」의 초기철기시대보다 앞 단계이다. 도구상으로도 대평리 유구에는 각종 석제 굴지구가 잔존하는 데 비해 「농경문청동기」 단계는 이미 석제 굴지구가 거의 소멸되는 등의 변화가 있다. 하지만 대평리 밭의 토양 상태나 목제 기경구를 추정하는 데 「농경문청동기」를 참고하여도 큰 문제는 없다. 목제 쌍날따비는 중국에서도 신석기시대 후기 이래

50 「농경문청동기」의 따비갈이 장면을 상전上田에서 전해 수확 후 제전除田해 둔 상태에서 파종 전 춘경春耕(재경再耕)하는 모습으로 해석한 견해가 있다(최덕경, 2002, 「고대한국의 한전경작법과 농작제에 대한 일고찰」, 『한국상고사학보』 37, p.5). 그러나 대평리 밭 유구에서 보듯이 기경의 정도가 깊지 않으며 불지르기 과정과 쌍날따비 사용을 전제로 한다면 달리 해석될 여지가 있다. 가을에 초경初耕을 해 둔 밭을 파종 직전 재경하는 것이라면 크고 무거운 쌍날따비를 굳이 사용할 필요가 없을 것 같다. 쌍날따비는 날 길이, 너비, 전체 크기에서 외날따비나 말굽형 따비보다 훨씬 크다. 「농경문청동기」에 새겨진 쌍날따비 역시 자루와 날이 길게 묘사되어 있다.

지속적으로 사용되어 온 전통이 오랜 목제 기경구이다.[51] 그러므로 「농경문 청동기」의 쌍날따비 역시 한반도에서 이전부터 사용되어 오던 목제 기경구의 전통을 보여 주는 것으로 보아도 잘못이 없을 것이다.

(2) 파종처

대평리 밭 유구를 볼 때 먼저 떠오르는 의문은 파종처가 어디였을까 하는 것이다. 후대 농서에 의하면 밭작물이 재배되는 곳은 이랑이었고, 고랑은 경작 교대처로서 또는 사람의 통행로나 배수구 기능을 하였다. 이것은 기경구 발달로 발토량이 많아지고 토양 이동이 용이함으로써 이랑 재배가 일반화한 단계의 모습이다. 이러한 단계에 이르기까지 농업기술의 발달과 더불어 파종처의 너비나 형태도 다양한 변화를 거쳐 왔다.[52] 기원전 239년경에 저술된 『여씨춘추呂氏春秋』에서는 '상전기무上田棄畝', '하전기견下田棄甽'이라 하여 경작지의 입지에 따라 작물을 고랑에 심기도 하고 이랑에 심기도 하였다. 철제 농기구가 널리 사용되던 『여씨춘추』 저술 당시에도 이처럼 고랑 파종이 병행되고 있었던 것은 나름대로 기술적 한계가 있었기 때문일 것이다. 하물며 대평리유적과 같이 목제, 석제 도구에 의존하던 시대는 이보다도 훨씬 원시적인 단계에 속하므로 파종이나 기경 작업의 형태가 후대와는 상당히 다를 것으로 생각된다.

대평리에서는 고랑, 이랑의 모양이 서로 다른 여러 유형의 밭들이 공존하고 있다. 그리고 밭 유형 분류도 연구자에 따라 조금씩 다르다.[53] 옥방 2·3지구 발굴보고서는 청동기시대 밭을 그 형태에 따라 다음 여섯 가지로 구분하였다(그림 II-4-4). A, B, C형은 고랑 파종, D형은 이랑 심기, E, F형은 홈 심기

51 최덕경, 1994, 『중국고대농업사연구』, 백산서당, pp.73~74, 84.

52 최덕경, 1994, pp.181~237.

53 이상길, 2003, 「남강유역의 선사농경과 취락」, 인제대학교 가야문화연구소 편저, 『진주 남강유적과 고대 일본』, 신서원, p.292.

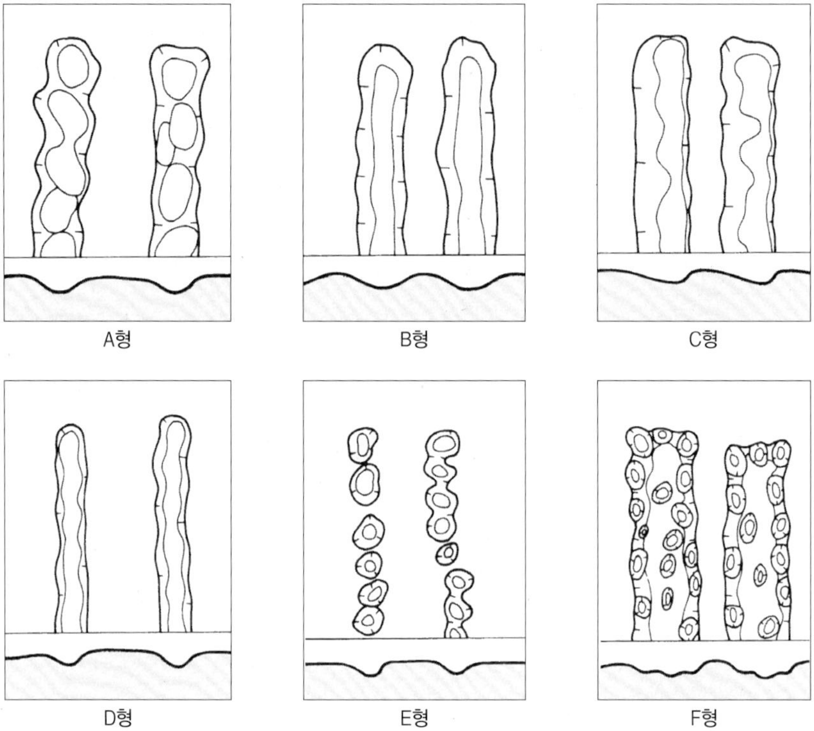

그림 II-4-4
경남 진주 대평리 옥방 2·3지구 밭 유형 모식도
(경상남도·경상대학교박물관, 2001)

방식으로 분류하여 전체적으로 고랑과 홈에 파종하는 것이 우세한 것으로 파악하였다.[54]

- A형: 부정형 홈이 줄지어 연결되어 고랑을 이루고, 고랑보다 이랑의 너비가 조금 넓다.
- B형: 고랑이 비교적 매끄럽고 고랑과 이랑의 너비가 거의 비슷하며 단면은 완만하게 누운 S자의 파상형이다.

54 경상남도·경상대학교박물관, 2001, pp.219~221.

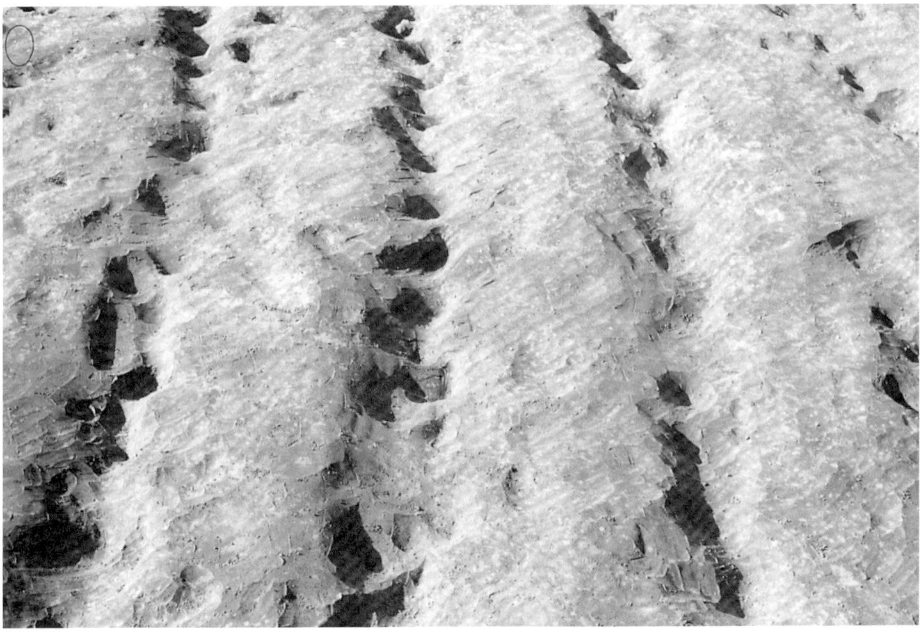

그림 II-4-5
경남 진주 대평리 옥방 3지구 8호밭(벼 식물 규산체 확인됨)
(경상남도·경상대학교박물관, 2001)

- C형: 고랑 한쪽은 깊이 패이고 다른 한쪽은 경사지게 올라가다 이랑과 이어져 단면 거치상을 이룬다.
- D형: 고랑은 부정형이며 고랑 너비가 다른 밭에 비해 매우 좁고 이랑이 넓은 형태이다.
- E형: 부정원형 홈이 이어져 점열선상의 고랑을 이루며, 고랑보다 이랑이 훨씬 넓다.
- F형: 고랑이 이랑보다 매우 넓으며 큰 고랑 안에 부정원형 홈이 형성되어 있다.

이 같은 여러 유형의 밭 유구 중에서 고랑에 작물이 재배되었음을 뒷받침하는 대표적인 유구는 옥방 3지구 8호밭(A형, 그림 II-4-5)과[55] 12호밭(그림 II-4-6)

55 경상남도·경상대학교박물관, 2001, p.260, 사진 28-2.

그림 II-4-6
경남 진주 대평리 옥방 3지구 12호밭
(경상남도·경상대학교박물관, 2001)

이다. 이들 밭은 고랑 내부에 둥근 구멍이나 선상의 흔적이 남아 있다.[56] 이랑을 만드는 과정에서 고랑 바닥에 생긴 기경구 흔적이라면 작물 재배 중 행해지는 제초, 배토, 배수, 사람의 통행 등으로 흔적이 흐려졌을 가능성이 높다. 그러므로 이 둥근 구멍은 작물 재배 흔적으로 생각된다. 만약 따비로 기경한 후 괭이 등을 사용하여 기경한 흙을 부수고 정리한 후 일정한 간격으로 작물을 파종하여 재배한다면 8호밭같이 고랑 바닥에 둥근 구멍 흔적이 남게 될 것이다. 만약 같은 방식으로 기경하되 작물에 따라 점파가 아니라 조파할 경우에는 고랑 바닥에 규칙적인 구멍 흔적이 없는 옥방 3지구 12호밭처럼 될 것이다.

56 이러한 구덩이 흔적에 대해서 기경구 흔적이냐 작물 흔적이냐의 논란이 있는 것 같다(경상남도·경상대학교박물관, 2001, p.221, 주 9, 10 참조).

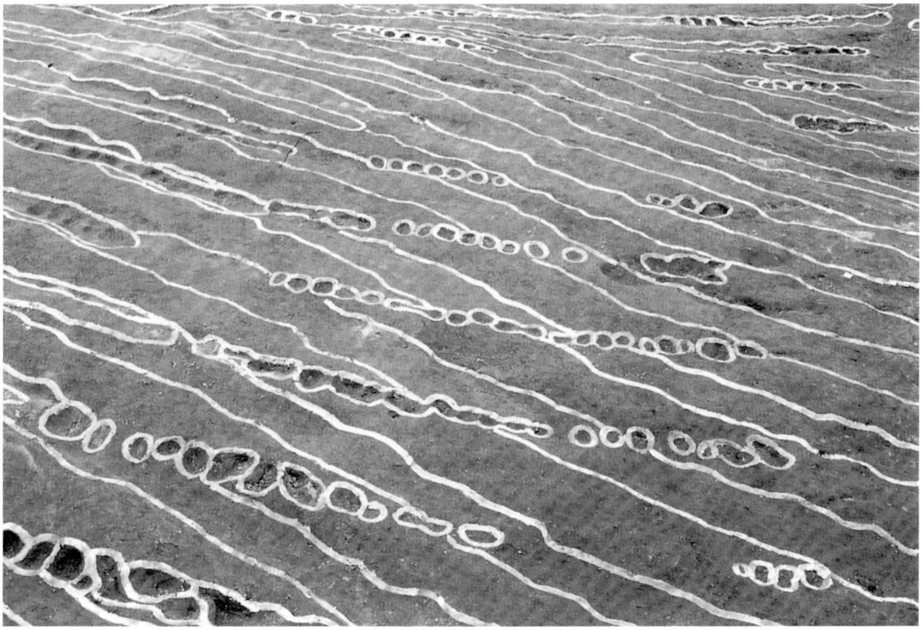

그림 II-4-7
경남 진주 대평리 옥방 3지구 11호밭
(경상남도·경상대학교박물관, 2001)

또한 대평리 밭 중에는 둥근 구덩이가 사슬처럼 연결되거나 부정원형 홈(직경 20~30cm)이 연속되어 고랑 형태를 이루는 것이 있다(그림 II-4-7).[57] 이러한 구덩이들은 파종구 또는 농작물을 수확한 흔적으로 이해되고 있다. 구덩이 파종은 화전농경민들이 굴봉으로 작성하는 파종혈 전통이 확대, 발달한 것으로 생각된다. 화전농경에서도 보다 원시적인 단계에서는 작물에 대한 특별한 고려 없이 임의대로 파종혈을 만들었으나 점차 작물에 따라 토양, 생장 기간 등을 고려하여 파종혈 작성에도 일정한 형태를 갖추어 간다고 한다.[58]

하지만 이렇게 파종할 경우 배수 기능이 떨어지는데, 대평리의 토양이 사

57 경상남도·경상대학교박물관, 2001, pp.200, 201.
58 J. E. Spencer, 1966. p.142.

질토라는 사실은 배수 문제 해결에 긍정적인 조건이다. 거기에다 발굴자들이 공통으로 지적하고 있듯이 청동기시대 밭고랑 방향은 예외 없이 등고선과 직교한다. 이것은 이미 지적된 것처럼[59] 집중 강우기에 고랑 파종 또는 구덩이 파종이 가지는 배수 문제 해결을 위한 것으로 이해된다. 그러나 고랑 파종이 작물 재배에 항상 불리한 것은 아니다. 벼는 작물 특성상 여름철에 뿌리가 물에 잠기는 것이 성장에 도움을 준다. 그리고 사질토양은 물이 잘 빠지지만 또한 쉽게 건조하므로 가뭄이 들 경우 고랑이나 구덩이 파종이 더 나을 수도 있다. 보리나 밀처럼 봄철 건조기를 견뎌야 하고 여름철 집중 강우기 이전에 수확하는 작물일 경우 고랑 파종이 유리하다.

파종 방식은 작물의 종류에 따라 다르지만 이것 못지않게 기경구와 경작지의 여건에 따라 동일한 작물도 파종 형태를 달리할 수 있다. 밭벼, 논벼가 그 좋은 예이다.[60] 대평리 밭은 휴경 등으로 인해 단단해진 경작지를 개간하여 돌이나 나무 기경구만으로 기경하던 단계의 경작 흔적이다. 이러한 단계는 후대에 비해 상대적으로 기경 과정이 간략하고 기경과 파종에 투입되는 노동력이 낮은 것이 특징이다. 만약 둥근 구덩이나 홈에 파종하거나 좁은 선상線上의 파종구만 만들어 파종한다면 흙을 번토하거나 크게 이동할 필요가 없어 작업 과정이 간단하고 노동력이 훨씬 적게 든다. 그렇다면 기경구 미발달과 노동력 부족이라는 한계를 안고 있던 청동기시대 대평리 사람들에게는 작물에 따라 배수에 유리한 지형과 토양을 선택하여 고랑이나 구덩이를 파서 파종하는 것이 오히려 효율적인 경작 방식이었을 것이다.

작물의 특성상 고랑에 파종하는 것이 아주 불리할 경우, 일정한 범위에 산파하고 주변의 흙을 긁듯이 파서 복토覆土하는 방식을 생각해 볼 수 있다. 동남아시아 화전농민들은 작물에 따라 혈파穴播와 산파散播로 파종 방식을 달

59 경상남도·경상대학교박물관, 1999, p.232; 최덕경, 2002, p.7.

60 인도 아삼 지방 화전농경민들은 육도陸稻를 재배할 때 굴봉으로 구멍을 파서 파종한다(佐佐木高明, 1971, p.173). 그리고 조선시대 『농가집성農家集成』에는 밭에서 벼를 경작할 때는 족종足種한다고 하였다(種山稻法條).

리하는데, 산파할 경우 불 지른 후 재 덮인 땅 위에 그대로 흩어서 파종하고 재가 섞인 주변의 흙을 긁거나 쓸어 모아 파종곡을 덮기 때문에 깊이 파거나 번토하지 않는다.[61] 산파 방식이 좀 더 발달하면 파종처가 일정하게 정돈되고 발토, 복토도 좀 더 체계화한다. 조선시대 『농사직설』에도 청량속靑粱粟이라는 만종晩種의 조를 심을 때는 흙이 두껍고 오래 묵힌 땅을 골라 5월경 풀을 베어 마르기를 기다려 불을 태운 후 재가 식기 전에 씨앗을 흩어 뿌리고(산척撒擲) 쇠스랑으로 기토起土하여 흙을 덮는다고 하였다. 그리고 세주細註에 묵힌 땅보다 더 좋은 것은 삼림을 개간한 땅이며, 재가 식으면 거미가 지면에 거미줄을 쳐서 종자가 흙에 닿지 못한다고 하였다.[62] 청량속은 당시 일반적으로 재배되던 조와는 파종 시기나 파종 방법이 다른 예외적인 것으로 원시적인 조 재배 전통이 잔존한 것으로 생각된다. 만약 이러한 방식으로 파종한다면 흙밥을 만들기 위한 기경 작업은 간략해지고 작물이 자라는 중 사람의 통행과 제초, 배토 작업을 하면서 고랑 형태가 뚜렷해질 것이다.

5. 경작지 활용 방식

대평리 밭 유구에서 또 하나 의문인 것은 경작지 활용 방식이다. 동남아시아 화전농경민의 사례를 보면 삼림 개간 후 경작 기간이 1년에 그치는 경우도 있지만 2~3년간 작물을 바꾸어 가며 반복 활용하는 경우도 많다.[63] 중국 선진先秦시기 문헌인 『시경詩經』에는 농전을 치菑(묵정 밭 또는 개간 첫해 밭), 신新, 여畬(개간 후 2년 또는 3년째 된 밭)로 구분하였다.[64] 경지 휴한이 일반적인

61 佐佐木高明, 1971, p.54; J. E. Spencer, 1966, p.142.

62 "粟又有晩種早熟 如靑粱之類者 擇土厚久陳地 種之 五月伐草 待乾火之 灰未冷時(灰冷卽蜘蛛遍網地面 種不至地) 撒擲粟種 以鐵齒擺 起土覆種".

63 佐佐木高明, 1971, pp.52~53, 166~167.

64 『詩經』, 爾雅篇 釋地第九, "田一歲曰菑 二歲曰新 三歲曰畬".

단계에서 개간 후 경작한 횟수에 따른 구분인 것 같다. 조선시대의 『농사직설』에는 초목 우거진 곳을 개간하여 수전을 만들 경우, 불을 질러 화전 경작한 지 3~4년 후에는 토양 성분을 살펴 거름을 한다는 기록이 있다. 이 기록은 삼림 개간 후 3~4년간은 인공 거름 없이 경작이 이루어졌다는 뜻이다.[65]

청동기시대 밭농사에서도 5년 미만의 휴경 기간을 가정한다면 개간 후 다시 휴경하기까지 동일 경작지에서 두 번 이상 연속하여 작물을 재배하였을 가능성이 있다. 그러므로 대평리 밭 유구 검토 시 유의할 점은 이 유적은 홍수에 의해 한꺼번에 매몰된 것이므로[66] 이 일대에는 여러 상태의 밭이 공존하였을 것이라는 점이다. 즉 휴한 중이던 밭, 개간 후 첫 작물을 재배하던 밭, 두 번째 또는 세 번째 작물을 재배하던 밭 등이 일시에 매몰되었을 것이란 점이다. 따라서 파종 방식, 재배처의 위치와 아울러 경작지 활용 방식이란 관점에서 고랑, 이랑의 형태를 볼 필요가 있다.

외형상으로 대평리 밭은 고랑, 이랑의 너비가 다양하다. 전체적으로 고랑과 이랑의 너비가 비슷한 것이 많다. 그런데 옥방 2·3지구 밭 유구 도면을 보면 고랑과 이랑의 좁고 넓음과 상관없이 1개의 고랑과 1개의 이랑을 합한 너비는 평균 120cm(100~130cm) 전후로 거의 비슷하다(그림 II-4-8).[67] 옥방 3지구의 6호밭(고랑 40~50cm, 이랑 80~100cm, 그림 II-4-9), 8호밭(고랑 30~70cm, 이랑 60~100cm, 그림 II-4-5), 13호밭(고랑 40~60cm, 이랑 60~80cm, 그림 II-4-10)이 그렇다. 다시 말하면 120cm 정도의 너비 안에 고랑, 이랑이 비슷한 비율로 나누어져 있거나 고랑이 넓으면 이랑은 좁게, 이랑이 넓으면 고랑은 좁게 배분되어 있다.[68] 이러한 현상은 경작지의 반복 활용과 관련이 있어 보인다.

예를 들어 6호밭, 13호밭에서 1차 경작한 후, 또는 경작 말미에 고랑 측면

65 『農事直說』, 種稻附旱稻條, "若新墾草木茂密處 爲水田者 火而耕之 三四年後 審其土性用糞".
66 경상남도·경상대학교박물관, 2001, pp.221~222.
67 경상남도·경상대학교박물관, 2001, pp.202~203 도면 참조.
68 예를 들면 고랑 너비를 40~60cm, 50~60cm 정도로 비슷하게 만들거나 또는 고랑 너비를 20~30cm 정도로 좁게 만들고 고랑 사이의 간격을 80~100cm 정도로 넓게 띄웠다.

그림 II-4-8
경남 진주 대평리 옥방 3지구 청동기시대 밭 유구 배치도
(경상남도·경상대학교박물관, 2001)

그림 II-4-9
경남 진주 대평리 옥방 3지구 6호밭(벼 식물 규산체 확인됨)
(경상남도·경상대학교박물관, 2001)

그림 II-4-10
경남 진주 대평리 옥방 3지구 13호밭
(경상남도·경상대학교박물관, 2001)

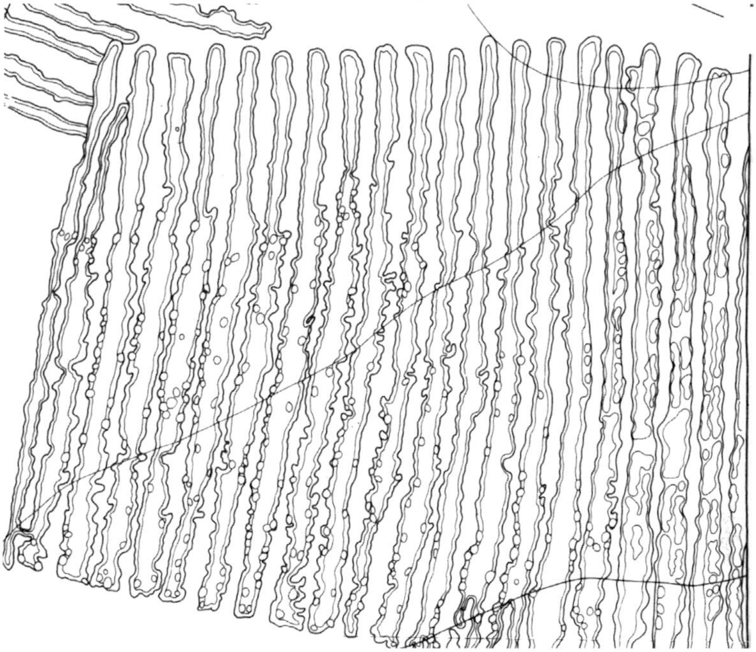

그림 II-4-11 ①
경남 진주 대평리 옥방 3지구 10호밭
(경상남도·경상대학교박물관, 2001)

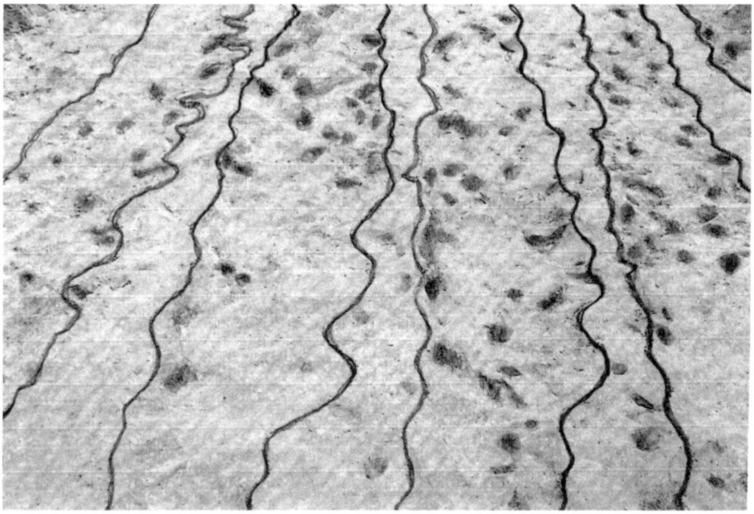

그림 II-4-11 ②
경남 진주 대평리 옥방 3지구 10호밭 세부
(경상남도·경상대학교박물관, 2001)

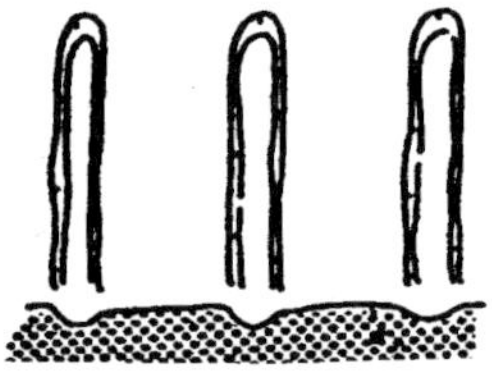

그림 II-4-12 ①
경남 진주 대평리 옥방 4지구 밭 유형 모식도
(이상길, 2003)

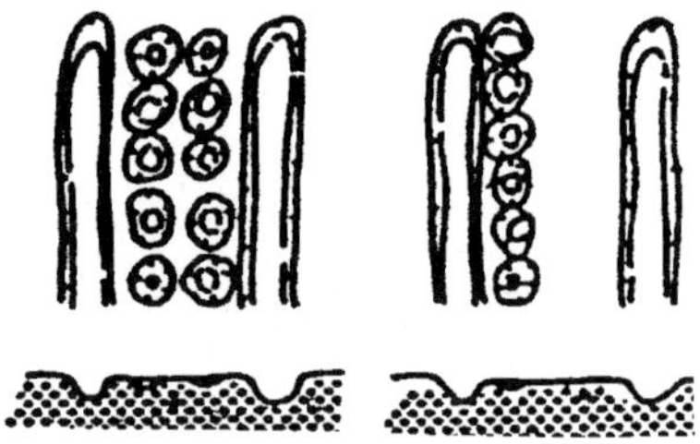

그림 II-4-12 ②
경남 진주 대평리 옥방 4지구 밭 유형 모식도
(이상길, 2003)

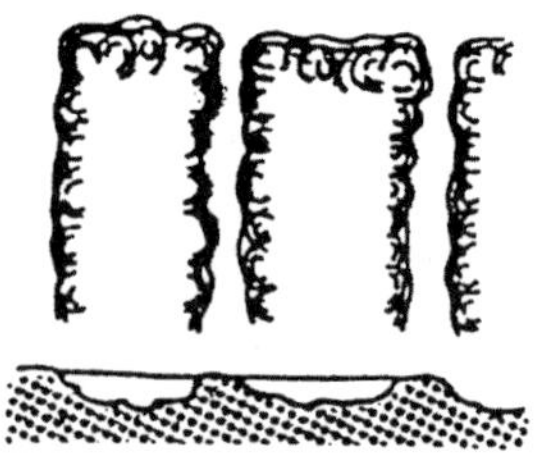

그림 II-4-12 ③
경남 진주 대평리 옥방 4지구 밭 유형 모식도
(이상길, 2003)

이랑의 가장자리 양쪽에 파종구를 만들어 후속 작물을 재배한다면 3지구 10호밭(그림 II-4-11 ①, ②)과 같은 흔적이 남을 수 있다. 10호밭은 고랑은 넓고(40~100cm) 이랑은 좁으며(30~60cm) 고랑 내부에 부정원형의 소형 홈(20~30cm 정도)이 남아 있는데 소형 홈은 주로 고랑 양단을 따라 형성되어 있다.

옥방 4지구에도 3지구와 마찬가지로 고랑이 좁고 이랑이 넓은 형태(그림 II-4-12 ①), 3지구 10호밭처럼 이랑이 아주 좁고 고랑이 넓은 형태(그림 II-4-12 ③, 그림 II-4-14), 고랑은 좁고 이랑은 넓으며 이랑 위에 한두 줄 둥근 경작흔이 이어져 있는 형태(그림 II-4-12 ②, 그림 II-4-13) 등 적어도 세 가지 이상의 서로 다른 형태의 밭이 연접해 있다.[69] 각 밭들이 모두 같은 해에 개간된 것이라면 이러한 광경은 여러 작물이 다양한 방식으로 재배되던 모습으로 해석될 수 있다. 그러나 각 밭의 개간 시기가 서로 다르다면 이러한 차이는 경작지의 다양한 활용 모습을 반영하는 것으로 해석될 여지가 있다. 〈그림 II-4-12 ①〉처럼 좁은 고랑에 파종하여 작물을 재배하고 난 뒤,[70] 1차 경작 시 활용하지 않은 넓은

69 동아대학교박물관 · 경상남도, 1999, p.92 사진.

70 옥방 3지구 발굴보고서에서 두둑(이랑)파종으로 분류된 D형 역시 고랑이 파종처였을 가능성이 높다. D형에 속하는 옥방 3지구 11호밭 고랑은 너비가 20~40cm의 직선 모양이며 고랑과 고랑 사이의 간격이 80~100cm로 넓다. 고랑 바닥은 편평하기도 하고 둥그스름한 홈이 고랑을 따라 이어진 곳도 있다. 만약 파종처가 이랑이라면 산

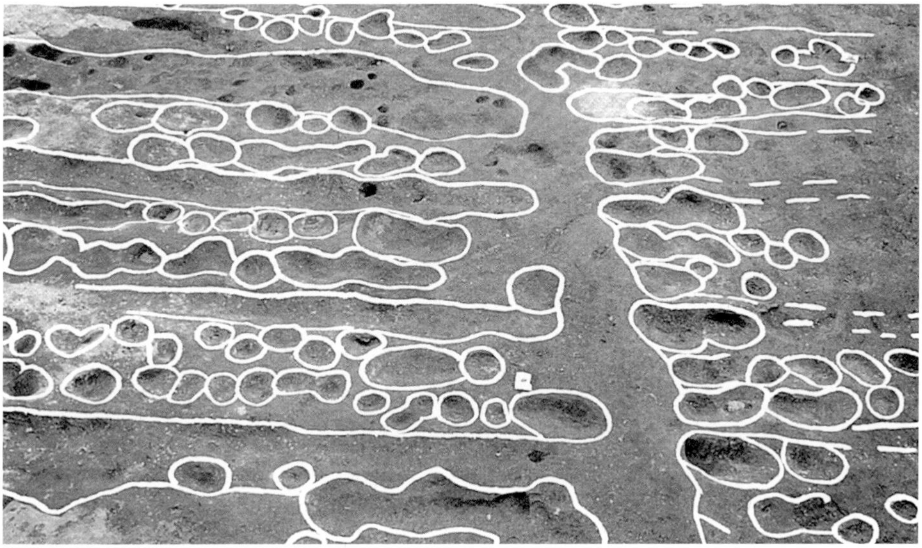

그림 II-4-13
경남 진주 대평리 옥방 4·5지구 청동기시대 밭
(국립진주박물관, 2002)

이랑 부분으로 파종처를 옮겨 2차로 작물을 재배하는 것이다. 두 번째 경작할 때는 작물을 달리하여 이랑 부분에 한두 줄씩 홈을 파서 경작한다면 〈그림 II-4-12 ②〉, 〈그림 II-4-13〉과 같이 될 것이다. 그리고 고랑, 이랑을 비슷한 너비로 만들어 고랑에서 1차 경작한 경우, 2차 경작 때는 고랑 양쪽 가장자리를 따라 파종구를 만들어 반복 경작하면 고랑은 넓어지고 이랑은 좁아져 〈그림 II-4-12 ③〉, 〈그림 II-4-14〉와 같은 경작 흔적이 남을 것이다.

청동기시대의 경지 활용 방식을 보여 주는 또 다른 예가 있다. 옥방 3지구 11호밭은 12호밭 위에 만들어졌는데(그림 II-4-7), 고랑이 20~40cm 정도로 좁고 이랑은 80~100cm 정도로 넓다.[71] 옥방 6지구에서도 하층에 먼저 조성된 밭이 있고 그 위에 3지구 11호밭처럼 고랑이 좁고 바닥에 둥근 구덩이 흔

파한 것일 텐데 이랑에 비해 고랑 너비가 너무 좁고 얕아 고랑에서 판 흙으로 이랑에 뿌려진 작물 종자를 복토하기에는 부족할 것 같다.

71 경상남도·경상대학교박물관, 2001, p.201.

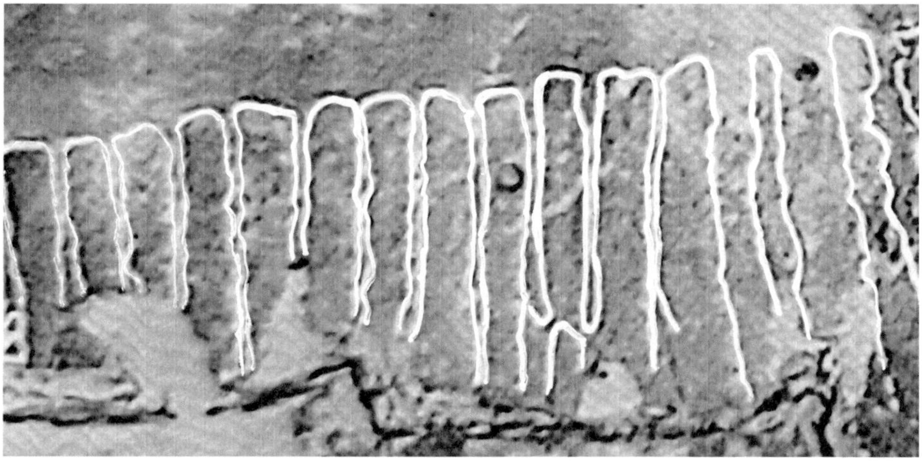

그림 II-4-14
경남 진주 대평리 옥방 4지구 밭
(동아대학교박물관·경상남도, 1999)

적이 있으며 고랑 간의 간격이 아주 넓은 밭이 중복되어 있다(그림 II-3-16 참조).[72] 이 두 곳의 하층 밭은 공통적으로 고랑, 이랑의 너비가 같은 유형이다. 그리고 상층 밭은 고랑이 좁기 때문에 하층 밭의 이랑 부분에 고랑을 만들었더라면 경작처 중복을 피할 수도 있다. 그런데도 상하 밭의 고랑들을 서로 엇갈리게 만든 것은 상층 밭을 만들 때 하층 밭의 고랑, 이랑의 흔적을 특별히 의식하지 않았다는 증거이다. 이것은 일정 기간 휴경한 후 경작이 재개되던 상황을 반영하는 것이거나, 아니면 연속하여 경작할 때 전 작물 재배처를 피하기 위한 방법의 하나였을 것으로 추정된다.

이런 관점에서 보면 부정형 홈이 줄지어 연결되어 고랑을 이루면서 고랑보다 이랑이 넓은 밭(A형, **그림 II-4-4 참조**), 그리고 고랑 한쪽은 깊이 패이고 다른 한쪽은 경사지게 올라가다 이랑과 이어져 단면 거치상을 이루는 밭(C형, **그림 II-4-4 참조**)은 첫 회 경작 중이던 밭으로 분류될 수 있다.

대평리 지역에서 조사된 삼국시대 밭이 한결같이 고랑, 이랑 너비가 같은

72 동아대학교박물관·경상남도, 1999, p.118 사진 상.

것과 비교할 때 이러한 밭의 모습들은 청동기시대 경지 활용 방식의 특징으로 간주된다. 삼국시대 밭은 대평리뿐 아니라 다른 지역의 삼국시대 밭 유구도 고랑, 이랑의 간격이 거의 같다. 이것은 청동기시대에서 삼국시대로의 변화의 방향성을 시사하는 것으로 그 속에는 많은 내용이 함축되어 있을 것으로 생각된다. 예를 들면 두 가지 이상의 작물을 섞어서 파종하거나 추가로 파종하는 비율이 줄고, 동일 포장 내에 여러 가지 작물을 다양하게 재배하는 방식에서 점차 벗어나서 한 가지 작물의 재배 단위가 커지는 것이다. 그리고 철제 기경구나 쟁기 사용으로 기경이 쉬워지면서 고랑 파종이 점차 줄고 이랑 재배가 늘어나는 것 등이다. 만약 이러한 추세 파악이 틀리지 않는다면 대평리의 밭 유구 중에서도 고랑과 이랑의 너비 비율이 크게 차이 나는 것은 비율이 같은 것에 비해 오랜 방식에 속하는 것이고, 고랑과 이랑의 너비 비율이 같은 것은 상대적으로 발달한 방식이라 할 수 있다. 그러나 고랑과 이랑의 형태는 기술적인 측면만이 아니라 재배 작물과도 밀접한 관계를 가지는 것이므로 이에 대한 고려도 아울러 필요하다.

6. 맺는말

이 장에서는 청동기시대의 경남 진주 대평리 밭 유구를 중심으로 한반도 청동기시대 밭농사의 토지 활용과 경작 방식에 대하여 검토하였다. 고고학 자료를 중심으로 동남아시아 화전농경민에 대한 민족지자료와 중국 농서 기록을 주요 자료로 활용하였다. 일반적으로 농경기술의 수준은 경작지의 휴경 기간에 영향을 주며 휴경 기간에 따라 경작 방식이 달라진다. 따라서 휴경 기간과 개간, 기경, 파종 등 경작 방식은 각 단계의 농경기술 수준을 직접적으로 반영한다.

민족지자료에 의하면 휴경 기간이 5~20년에 이르는 화전농경 단계에서는 개간 이후에도 큰 나무뿌리가 남아 있는 상태에서 경작이 이루어진다. 그리고 큰 나무뿌리들이 제거되기 이전에 다시 휴경에 들어가기 때문에 규칙적인 고랑, 이랑은 만들어지지 않는다. 그러므로 대평리의 청동기시대 밭들이 평행선상의 고랑과 이랑으로 이루어졌다는 사실은 큰 나무뿌리가 이미 제거된 상태에서 경작이 이루어졌으며, 휴경 후 수목이 우거지기 전 5년 이내에 다시 개간하여 경작이 반복되었음을 뜻한다. 또한 대평리유적에서는 벌목용 도끼의 출토량이 많지 않아 이러한 추정을 뒷받침한다.

이처럼 휴경 기간이 5년 미만으로 단축되면 경지 개간 시 벌목 작업은 생략되나 불 지르기 작업은 지속되었다. 불 지르기는 시비, 소토, 제초 등 여러 가지 효과가 있을 뿐만 아니라 목제나 석제 도구를 사용하던 단계에서 개간과 기경 노동력을 절약할 수 있는 효과적인 방법이었기 때문이다. 대평리유적에서는 타제 굴지구가 적지 않게 출토되는 것으로 미루어 비록 휴경 기간이 단축되었다고 하나 개간 직후의 경지는 상대적으로 단단한 상태였을 것으로 추정된다. 경지가 기름지기는 하나 아직도 단단할 경우 기경 방식도 밭고랑 파종이나 구덩이 파종 등으로 토양 이동이 적고, 좁고 얕게 파는 방식이 선호되었을 것이다. 그리고 재 덮인 경작지 위에 종자를 산파한 후 주변의 흙을 얕게 긁어서 복토하는 파종 방식도 여전히 남아 있었을 것이다. 그뿐만 아니라 고랑을 등고선과 직교하도록 만든 것도 고랑 파종으로 인한 배수 문제에 대한 대응으로 생각된다.

밭의 고랑, 이랑의 크기와 모습이 다양한 것은 작물과 재배 방식의 다양성만을 시사하는 것은 아니며 청동기시대 밭농사의 경작지 활용 방식의 편린을 보여 주는 것으로 이해된다. 예컨대 경지 개간 후 작물에 따라 1회 경작에 그친 것도 있었을 것이나, 적어도 2회 이상 연속적으로 경작하였을 가능성도 고려되어야 한다.

이처럼 대평리 밭 유구는 청동기시대 사람들의 생산 활동에 대한 소중한 단서들을 제공하고 있다. 그러나 아쉽게도 전체 유적의 일부만 발굴되었고,

그 나머지 대부분이 물속에 잠겨 버렸다. 그중에서도 이 장에서 활용한 자료들은 앞서 보고서가 출간된 옥방 2·3지구가 중심이다. 나머지 각 지구의 경작지 자료들은 일부만 언급되었으나 밭 유구의 구성이나 형태 등 기본적인 성격은 대동소이하다. 이 장은 청동기시대의 농경생활에 대한 수많은 의문을 풀어 가는 첫걸음일 뿐이다. 여기에서 제시된 가설적인 내용들은 앞으로 새로운 자료들을 토대로 좀 더 구체적인 검토가 이루어져야 할 것이다.

추기

2008년 옥방 4지구유적에 대한 보고서 출간을 끝으로 진주 대평리 선사유적 보고서 출간이 마무리되었다.[73] 그리고 2005~2009년에 걸쳐 진주 대평리유적에서 남강을 따라 하류로 조금 내려 온 진주 평거동유적에서 국내 최대 규모의 경작지 유구가 조사되어 대평리유적에서의 아쉬움을 크게 덜 수 있게 되었다.[74] 평거동의 청동기시대 밭 유구의 입지나 외관은 대부분 대평리유적과 비슷하다. 그러나 대평리와 달리 여러 지점에서 전면 발굴을 실시함으로써 보다 풍부한 정보를 축적하는 성과를 거두었다. 예컨대 청동기시대 밭의 전체 길이와 너비를 확인하는 등 밭의 단위면적에 대한 지식을 높일 수 있게 되었다. 그뿐만 아니라 밭과 밭 사이의 경계구와 수로 등이 확인되어 청동기시대 밭 경관을 일부나마 복원할 수 있는 토대가 마련되었다.[75] 특히 채집된 곡물 자료를 보면 보리와 밀의 출토량이 상대적으로 많아 당시 작물 구성을 이해하는 데도 많은 도움을 준다. 무엇보다도 평거동유적에서는 밭 유구의 가장자리 배후습지에서 대평리유적에서 확인하지 못하였던 청동기시대, 삼국시대, 통일신라시대 등 각 시대의 논 유구가 층위별로 조사되었다.[76] 이는 당시 사람들이 논농사와 밭농사를 겸하였음을 재확인시켜 줄 뿐 아니라 각 시대별 논의 형태 변화를 구체적으로 살필 수 있는 소중한 자료가 되고 있다.

73 동의대학교 박물관, 2008, 『진주 대평리 옥방4지구 선사유적』; 동아대학교박물관·경상남도, 2002, 『진주 옥방유적: 울산 굴화리유적』; 경상남도·국립창원문화재연구소, 2003, 『진주 대평리 옥방 8지구 선사유적』.

74 최은아 외, 2010, 『진주 평거동 한전 유적: 3지구 II-2구역』, 동아세아문화재연구원; 경남문화재연구원, 2011, 『진주 평거동유적: 진주 평거 3택지 개발사업지구(2지구) II: 경작유적』; 경남발전연구원 역사문화센터, 2011, 『(진주 평거 3지구 택지개발사업지구 내) 진주 평거 3-1지구 유적 III: 본문』, 2부 3장, 5장 참조; 2012, 『(진주 평거 3지구 택지개발사업지구 내) 진주 평거 4-1지구 유적 II』.

75 경남문화재연구원, 2011; 경남발전연구원 역사문화센터, 2012.

76 경남발전연구원 역사문화센터, 2011.

/ 참고문헌 /

경상남도·경상대학교박물관, 1999, 『진주 대평리 옥방 2지구 선사유적』

______, 2001, 『진주 대평리 옥방 3지구 선사유적』

경상남도·남강유적발굴조사단, 1998, 『남강선사유적』

과학원 고고학 및 민속학 연구소 편, 1959, 『회령 오동 원시유적 발굴보고』, 과학원출판사

______, 1961, 『지탑리 원시 유적 발굴보고』, 과학원출판사

곽종철, 2001, 「우리나라의 선사~고대 논 밭 유구」, 『한국 농경문화의 형성』, 제25회 한국고고학전국대회 발표문

김용간, 1964, 『금탄리 원시유적 발굴보고: 유적발굴보고 10』, 사회과학원출판사

김용간·석광준, 1984, 『남경유적에 관한 연구』, 과학·백과사전출판사

동아대학교박물관·경상남도, 1999, 『남강유역문화유적발굴도록』

서울대학교박물관·서울대학교 인문대 고고학과, 1978, 『흔암리주거지 4: 1976·1977년도 발굴 진전보고』

윤호필·고민정, 2006, 「밭유구 조사법 및 분석방법」, 『야외고고학』 창간호, 한국문화재조사연구기관협회

이상길, 1997, 「진주 대평리 전작지의 구조와 의의」, 『호남고고학의 제문제』, 제21회 한국고고학전국대회 발표문

______, 2003, 「남강유역의 선사농경과 취락」, 인제대학교 가야문화연구소 편저, 『진주 남강유적과 고대 일본』, 신서원

이태진, 1990, 「조선초기의 화경 금지」, 이재룡박사환력기념한국사학논총간행위원회 편, 『(이재룡박사환력기념) 한국사학논총』, 한울

이현혜, 1998, 『한국고대의 생산과 교역』, 일조각

최덕경, 1994, 『중국고대농업사연구』, 백산서당

______, 2002, 「고대한국의 한전경작법과 농작제에 대한 일고찰」, 『한국상고사학보』 37

한병삼, 1971, 「선사시대 농경문청동기에 대하여」, 『고고미술』 112

황기덕, 1975, 「무산 범의구석유적 발굴보고」, 고고학연구소, 『고고민속론문집』 6, 사회과학출판사

황성동유적발굴조사단, 1991, 「경주 황성동유적 제일차 발굴조사 개보」, 『영남고고학』 8

……

佐原眞, 1994, 『斧の文化史』, 東京: 東京大學出版會

佐佐木高明, 1971, 『稻作以前』, 東京: 日本放送出版協會

……

張春輝 編著, 1998, 『中國古代農業機械發明史』(補編), 北京: 淸華大學出版社

……

Elwin, Verrier, 1950, 『Bondo Highlander』, Oxford: Oxford University Press

Hong, Evelyne, 1989, 『Natives of Sarawak: Survival in Borneo's Vanishing Forests』, Penang: Institut Masyarakat

McGee, R. Jon and Kruse, Michael, 1986, 『Swidden Horticulture among the Lacandon Maya』 (videorecording), Berkeley: University of California Extension Media Center

Spencer, J. E., 1966, 『Shifting Cultivation in Southeastern Asia』, Berkeley and Los Angeles: University of California Press

/ 5장 /

백제 지역의 농경생활

1. 농경생활 연구 자료

이념과 물질은 별개의 영역임에도 불구하고 서로 간에 긴밀한 영향을 주고받으면서 사회의 변화와 발전을 이끌어 왔다. 물적 기반의 핵심 부문을 구성하는 것은 물자의 생산과 유통이다. 백제를 비롯하여 한국 고대국가의 생산 기반은 농업이다. 농업은 개인의 식생활과 의생활에 필요한 물자를 공급하였고, 국가 운영의 재정적 토대가 되었다. 그러므로 농경생활에 대한 연구는 당시 사람들의 삶의 모습을 생동감 있게 복원하고 생산력과 역사 발전의 상호 관계를 밝히는 지름길이다.

이왕의 농업생산에 대한 연구는 전적으로 문헌자료에 의존하였고, 사회사나 제도사적 관점의 연구가 많았다. 한때는 농업 연구를 통해 유물사관의 역사 발전 도식을 한국사에 적용하는 데 역점을 두기도 하였다. 다행히 고고학의 발달과 활발한 발굴 조사에 의해 땅속에 묻혀 있던 실물 자료들이 속속 세상에 모습을 드러내고 있다. 특히 1990년대 이후 농업, 수공업 등 생산 유적에 대한 조사가 급격히 증가하여 문헌자료만으로는 복원할 수 없는 역사의 소중한 부분이 고고학자료를 통해 채워질 전망이다. 농경 관련 자료만 해도 그동안 농기구, 탄화곡물, 농경 유구 등 다양한 자료가 조사되어 생활사 내지는 기술사적 관점에서 농경 문제에 접근할 수 있는 토대가 마련되어 가고 있다. 이 장에서는 고고학자료를 중심으로 백제 지역에서 전개되어 온 농경생활의 이모저모를 살펴보고자 한다.

2. 농경의 시작

농경의 시작은 신석기혁명이라고 불릴 만큼 인류 문화의 발전 과정에서 아주 획기적인 변화이다. 이 때문에 각 지역마다 언제부터 무슨 작물을 어떠한 방식으로 재배하기 시작하였는가 하는 것이 중요한 연구 과제가 되고 있다. 백제 국가의 무대가 되었던 경기도, 충청도, 전라도 지역의 자연환경은 산과 들, 강과 바다가 잘 어우러져 사람들이 정착하여 삶을 영위하기에 적합한 조건을 갖추었다. 이를 뒷받침하듯 백제 지역에는 농경생활의 흔적을 보여 주는 수많은 유적이 분포한다.

종래 한반도 최초의 농경은 신석기시대 중기에 조 등을 재배하는 잡곡농사로 시작되었으며, 황해도 봉산 지탑리유적은 이를 뒷받침하는 가장 대표적인 유적으로 알려져 왔다. 그리고 경기도 여주 흔암리유적과 평양 남경유적에서 출토된 탄화미를 근거로 벼농사는 잡곡농사보다 훨씬 늦은 기원전 10세기 이후 청동기시대에 시작되었다는 것이 통설이었다. 그런데 1990년대에 들어와 5,000여 년 전 신석기시대 중기에 이미 벼농사가 시작되었음을 입증하는 자료들이 한강과 금강 유역에서 잇달아 발견되었다. 1990년 경기도 김포군 통진면 가현리 토탄층에서 볍씨가 검출되었다는 보고가 있었으나[1] 의문을 제기하는 연구자들이 많았다. 그러나 뒤이어 일산 신도시 건설 과정에서 경기도 고양시 일산지구 1지역 가와지층(갈색토탄층)과 2지역 1지구 대화리층(청회색 뻘층)에서 신석기시대 볍씨 20여 알이 출토되었다.[2] 특히 3지역(주엽리)에서 출토된 빗살문토기의 바탕흙 성분을 분석한 결과 벼의 부채형 식물규소체가 확인되어[3] 회의론을 잠재웠다.[4]

더욱이 2000년에는 충북 옥천군 대천리 신석기시대 중기 집자리에서 벼 껍질과 탄화된 쌀알 6톨이 나왔다. 당초 대천리유적은 경부고속철도 개설을 위해 너비 20m밖에 되지 않는 아주 좁은 범위에서 이루어진 구제 발굴이었고, 확인된 신석기시대 집자리도 겨우 1기뿐이었다. 일산지구의 볍씨가 토탄층에서 출토된 것인 데 비해 대천리유적의 쌀알은 집자리에서 발견되었다는 점에서 신석기 중기 벼 재배설에 힘을 실어 주기도 하였다.[5] 하지만 이후 실시한 연대 측정에서 집자리 유적과 탄화미의 연대가 일치하지 않아 새로운 의문이 제기된 상태이다.[6]

벼농사와 관련하여 1977년 흔암리유적에서 탄화미가 발견되었을 때 한반도의 벼농사 개시기를 1,000년 가까이 올리는 중요한 성과로 평가받았다. 이는 1920년 일본인이 발굴한 경남 김해 회현리패총에서 1세기 초엽경의 탄화미가 처음 발견된 이래 60여 년 만에 이루어진 기록 갱신이었다. 그런데 한강 하류 유역의 토탄층에서 나온 20여 알의 볍씨가 또다시 벼농사의 시작 시점을 2,000여 년 이상 올려놓았고, 30여 년 만에 다시금 기존 설을 수정하게 만들었다. 그리고 충북 청원 소로리유적에서 구석기시대의 야생벼를 발견하였다는 주장도 있을 뿐만 아니라 중국에서도 양쯔강 유역 하모도河姆渡 유적을 필두로 6,000~7,000년 이전의 벼농사 유적이 날로 증가하고 있으므

1 임효재, 1990, 「경기도 김포반도의 고고학적조사연구」, 『서울대학교 박물관 연보』 2.
2 한국선사문화연구소·경기도 편, 1992, 『일산 새도시 개발지역 학술조사 보고 1』.
3 김정희, 1997, 『우리나라 선사시대 벼농사의 새로운 연구: 한강유역의 토기 바탕흙에 대한 식물 규소체 분석자료를 중심으로』, 충북대학교 석사학위논문.
4 안승모, 2001, 「한국과 일본의 초기도작: 미완의 과제들」, 『호남고고학보』 13, p.11.
5 한남대학교중앙박물관·한국고속철도건설공단 편, 2003, 『옥천 대천리 신석기유적』.
6 한창균·구자진·김근완, 2014, 「대천리 신석기유적 탄화곡물의 연대와 그 의미」, 『한국신석기연구』 28.

로 앞으로도 기록 갱신의 가능성은 열려 있다.

밭작물의 경우, 대천리 집자리에서 탄화된 보리와 밀이 함께 출토되었는데 연대 측정 분석 결과 신석기시대 집자리와 동일한 수치가 나와 맥작麥作 시기가 신석기시대 중기로 올라갔다.[7] 이전까지 보리나 밀은 여주 흔암리유적이나 충북 충주 조동리유적과 같은 청동기시대 집자리 유적에서 출토된 것이 가장 오래된 것이었다. 그러나 대천리유적의 발굴 이후 한반도에서도 일본, 중국과 비슷한 시기에 맥작이 실시되었을 가능성이 한층 높아졌다.[8] 아직도 검증 대상에서 완전히 자유로워진 것은 아니지만 이러한 고고학자료의 발굴은 빗살문토기를 사용하던 신석기시대 사람들의 농경생활을 새로운 각도에서 바라보게 하며, 작물의 전래 경로와 품종, 재배 방식 등을 둘러싸고 새로운 해석과 다양한 논의를 불러일으켰다.

3. 논농사의 발달과 관개시설

이처럼 신석기시대에 이미 각종 작물이 재배되기 시작하였지만 아직도 수렵, 고기잡이, 채집 활동의 비중이 높고 농경 의존도는 상대적으로 낮았다. 명실상부한 농경 중심 생업 경제가 확립된 것은 청동기시대에 들어와서이다. 청동기시대가 되면 한반도 안에서도 각 지역별 자연환경에 따라 서로 다른 농경 유형이 확립되었다. 예컨대 서북 지방과 동북 지방은 밭농사 중심이고, 중남부 지방에서는 밭농사와 논농사가 함께 발달하였다.

특히 백제 지역은 기후나 자연환경이 논농사에 아주 유리하다. 『삼국사기』 백제본기에는 초기부터 관개시설 축조와 논 개발 기사가 자주 나온다.[9]

7 한창균·구자진·김근완, 2014.

8 안승모, 2003, 「대천리 유적 맥류로 본 동아시아 맥작의 초보적 검토」, 한남대학교중앙박물관·한국고속철도건설공단 편, 『옥천 대천리 신석기유적』.

9 이현혜, 1998, 『한국고대의 생산과 교역』, 일조각, p.138; 신광섭 외, 1993, 「부여 궁남지 제2·3차 발굴조사개보」,

고고학적으로도 중부 지방의 철제 농기구와 작물유체 자료 분석을 토대로 백제 국가 형성기에 경기 남부 지역을 중심으로 수전 농경의 확대에 따른 전문화가 진행되었을 것이란 견해가 있다.[10] 중국 기록에도 국가의 중요한 세금 징수 대상 곡물이 고구려는 조이고 백제는 쌀로 되어 있다. 『주서周書』와 『수서隋書』에 백제는 경작지가 낮고 습하며 사람들은 모두 산에 거주한다는 기록이 있다. 아마도 구릉이나 산기슭에 취락이 위치하고, 낮은 평지나 저지에 농경지가 펼쳐져 있던 모습을 표현한 것이라 생각된다. 백제의 어느 지역을 보고 기록한 것인지 알 수 없지만 논이 널리 분포하였던 자연경관을 떠올리게 하는 구절이다. 그리고 부여 궁남지에서 발굴된 목간에 "매라성 법리원에 있는 수전水田 오형五刑" 운운하는 구절이 적혀 있어 백제시대에 이미 수전이라는 용어를 사용하고 있었음을 알 수 있다. 이러한 자료들은 모두 논농사가 백제 농업에서 아주 중요한 위치를 차지하고 있음을 전해 준다. 고고학자료상으로도 전북 지역 2~7세기 고대 취락의 각종 유구에서 출토된 작물 분석 결과에 의하면 쌀이 가장 많고(33%), 다음으로 두류(27%), 맥류(21%), 잡곡(기장, 조, 12%) 순서로 나타난다. 여기에 쌀 압흔이 확인된 유적과 유구를 추가하면 쌀의 비율은 더욱 높아져서 단일 작물로는 논농사의 비중이 제일 컸던 것으로 분석되고 있다.[11]

백제 논농사의 전통은 적어도 청동기시대까지 올라간다. 청동기시대 탄화미 출토로 유명한 경기도 여주 흔암리유적이나 충남 부여 송국리유적 모두 백제 지역에 분포한다. 그리고 백제 지역 곳곳에서 벼 껍질이 확인되거나 볍씨 자국이 찍힌 토기가 출토된다. 하지만 탄화미만으로는 이들이 밭에서 재배된 것인지 논에서 재배된 것인지 판별하기 어렵다. 그런데 1993년 부여 궁남지 발굴(3차) 과정에서 한국 최초로 백제시대의 논이 발굴되어 논농사

『고고학지』 5; 허의행, 2006, 「백제시대 농업기술 연구」, 『금강고고』 3, 충청문화재연구원.

10 이희경, 2022, 「백제 국가형성기 농업연구」, 서울대학교 박사학위논문.

11 안현중, 2013, 「전북지역 고대 취락의 작물 조성: 완주 용흥리, 익산 장신리, 부안 백산성유적을 중심으로」, 『호남고고학보』 45, p.63.

의 현장을 눈으로 확인하게 되었다. 궁남지 논 유구가 발견될 즈음 일본에서는 이미 논 유구가 500여 곳을 넘어설 정도로 논농사 연구가 앞서가고 있었다.[12] 당시 여러 정황으로 미루어 일본 최초의 논농사 기술이 한반도에서 건너간 것이 분명한데도 정작 우리나라에서는 이를 뒷받침할 논 유구가 전혀 발견되지 않았다. 돌이켜 보면 궁남지 논의 발견은 고고학자들로 하여금 논 유구의 존재 가능성에 대한 확신과 열정을 불러일으키는 계기가 된 것 같다. 이후 우리나라에서도 논 유구 조사 유적이 해마다 늘어 2002년에는 25곳이던 논 유구가 2007년에는 이미 50여 곳을 넘어섰다고 한다.[13] 백제 지역에서도 논 유구가 조사된 유적이 10여 곳이 넘는다.[14] 충남 천안 장산리유적의 원삼국시대 논 유구가 알려져 있고, 경기도 화성 송산동에서는 4세기 백제 한성시기 논 유구가 조사되었다.[15]

한국에서 최초로 발굴된 청동기시대 논은 울산 무거동 옥현유적이다. 바로 뒤이어 충남 논산 마전리유적이 조사되었는데 충남 부여 구봉리·노화리유적과[16] 함께 백제 지역의 대표적인 청동기시대 논 유구로 꼽히고 있다. 마전리 논은 기원전 7세기경 송국리문화 단계의 주민들이 경작하던 것이다. 확인된 청동기시대의 논 면[수전 면水田面]은 15개인데 논 모양은 계단상의 네모진 것과 부정형 두 종류이다. 논의 너비는 3~5m가량 되고, 길이는 긴 것이 15~18m 정도로 소형이다. 경사도가 상대적으로 큰 지점은 부정형으로 작게 구획하고 완만한 지점은 좀 더 크게 장방형 모양으로 논을 만들었다(그림

12 工樂善通, 1991, 『水田の考古學』, 東京: 東京大學出版會, p.13.

13 곽종철, 2002, 「우리나라의 선사~고대 논밭 유구」, 한국고고학회 편, 『한국 농경문화의 형성』, 학연문화사, p.29; 이한상, 2007, 「청동기시대의 관개시설과 안동 저전리유적」, 계명사학회 편, 『한·중·일의 고대 수리시설 비교 연구』, 계명대학교출판부, p.45.

14 양기석, 2005, 『백제의 경제생활』, 주류성, p.166; 허의행, 2006, 「백제시대 농업기술 연구」, 『금강고고』 3, 충청문화재연구원; 곽종철, 2010, 「시대별·지역별 각종 수리시설」, 한국고고환경연구소 편, 『한국고대의 수전농업과 수리시설』, 서경문화사.

15 이형원, 2011, 「백제 한성기의 수전에 대하여: 화성 송산동 농경유적을 중심으로」, 『고고학』 10-2, 중부고고학회.

16 구봉리유적에서 조사를 시작하였으나 2차 조사 때 노화리로 조사 범위가 확대되었다. 하나의 유적이 행정구역상 둘로 나뉜 경우로 구봉리유적으로 통칭되고 있다.

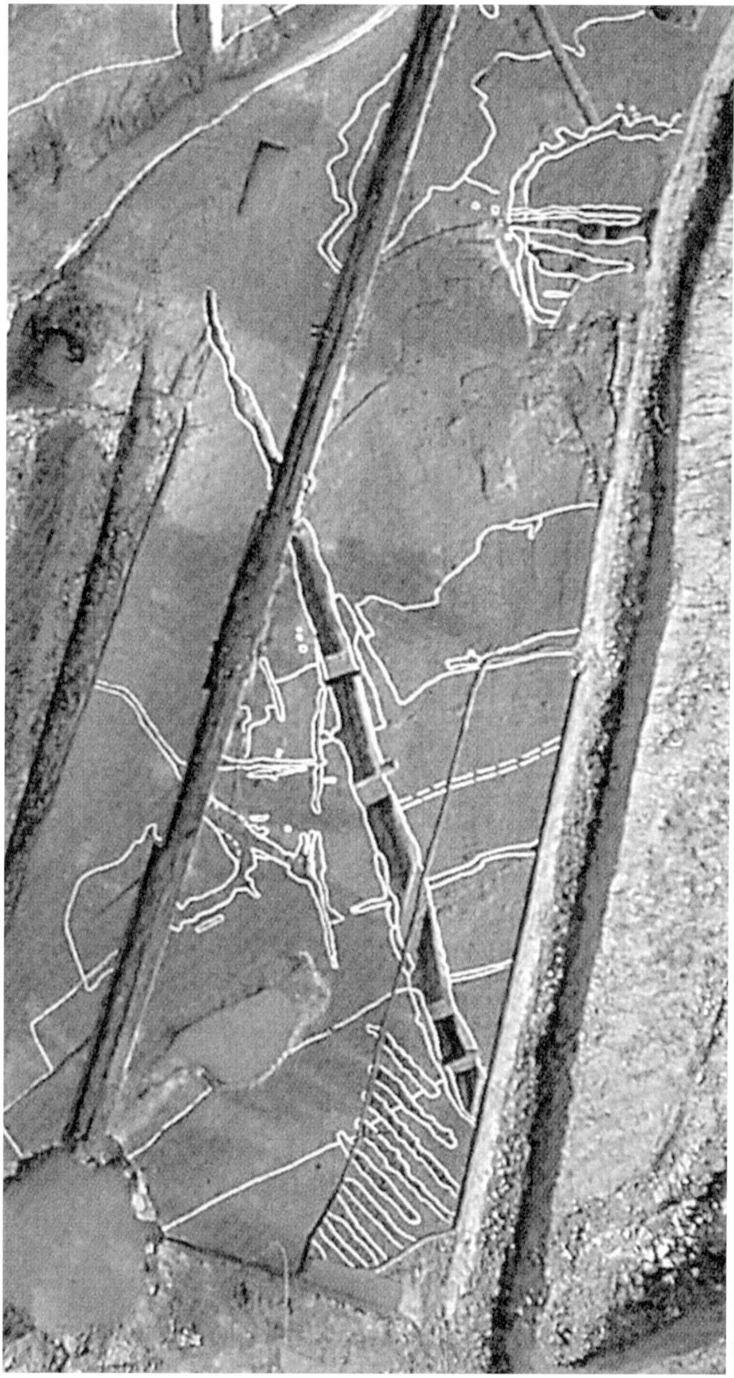

그림 II-5-1
충남 논산 마전리 청동기시대 논
(고려대학교 매장문화재연구소, 2004, 『마전리유적: C지구』)

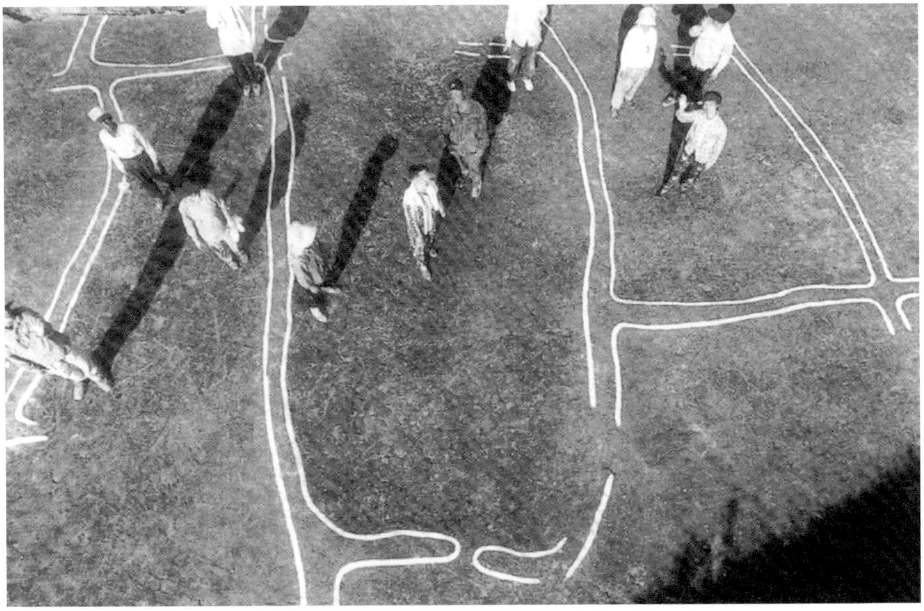

그림 II-5-2
충남 부여 구봉리 청동기시대 논
(충남대학교백제연구소·고려대학교매장문화재연구소·대전지방국토관리청, 2004, 『부여 구봉 · 노화리유적』)

II-5-1). 구봉리유적의 논 면적도 3~5m 정도의 소형이다(그림 II-5-2). 이처럼 논 구획을 작게 만드는 것은 물 깊이 조절을 쉽게 하기 위한 것이다. 논은 바닥을 수평으로 만드는 것이 중요 요건이다. 논바닥이 비스듬히 기울게 되면 물의 깊이가 달라져 수온 차이가 나게 되고 벼가 고르게 생장하지 못하는 원인이 되기 때문이다.

청동기시대 소구획 논의 전통은 백제시대까지 이어졌다. 부여 구봉리유적을 보면 청동기시대 논(그림 II-5-2) 상층에서 3세기 후반~4세기 전반대의 논(그림 II-5-3)이 확인되었는데 모양이 일정하지 않은 것은 청동기시대 논과 별반 다르지 않다. 다만 논 구획 면적이 2~3배가량 넓어지는 정도의 변화가 있다.

백제 한성시기의 논 유구 모습을 가장 잘 보여 주는 것은 화성 송산동유적이다. 논은 계곡부의 완경사면에 조성되었고, 동서 너비 40m, 남북 길이 100

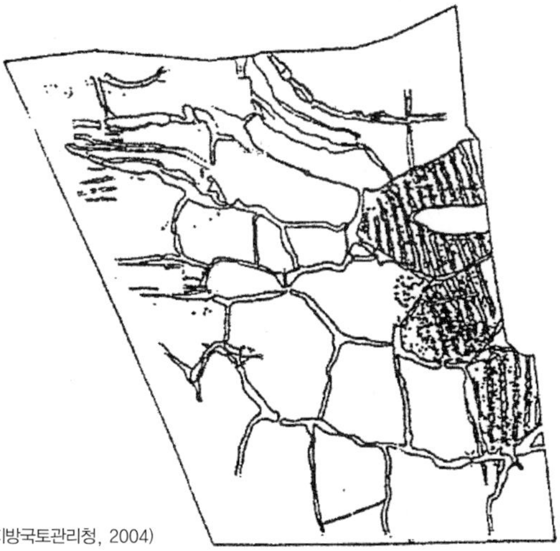

그림 II-5-3
충남 부여 구봉리 백제 초기 논
(충남대학교 백제연구소 · 고려대학교매장문화재연구소 · 대전지방국토관리청, 2004)

여m 범위(약 1,212평)에 걸쳐 있다. 수로와 함께 6개의 논 면이 확인되었는데 논 면의 평균 넓이는 4평 정도의 작은 것부터 약 10평, 18평, 20평 등으로 다양하다.[17] 6~7세기 사비시기의 부여 궁남지 논도 작은 것은 4~5평, 큰 것은 10평 정도로 소규모이고 모양도 부정형이다. 이 밖에도 부여 나성 안팎에서 가탑리유적, 나성유적 등 6~7세기의 논 유구가 조사되었는데 크기나 형태는 크게 차이가 없다. 나성유적의 논도 구획이 네모지게 정연해졌지만 한 변이 5m 미만으로 소구획 논의 전통을 잇고 있다(그림 II-5-4).

그러나 지금까지 조사된 이러한 논 유구가 백제 전 지역의 논을 대표하는 것은 아닐 것이다. 울산 무거동 옥현유적을 보면 청동기시대의 소구획 논층이 매몰된 후 그 위에 신라시대 논이 만들어졌는데 등고선을 따라 좁고 길다란 호형의 계단식 논으로 바뀌면서 구획 면적도 32~44평으로 10배가량 넓어졌다(그림 II-5-5).[18] 이와 비슷한 변화는 울산 발리유적에서도 확인된다(그림 II

17 이형원, 2011.
18 청동기시대 사람들도 이미 자연 지형에 따라 계단식으로 논을 만들기 시작하였지만, 너비나 길이 등에서 삼국시대 논보다 훨씬 좁고 짧다.

그림 II-5-4
충남 부여 나성 외곽의 백제시대 논
(충남대학교 백제연구소, 2001, 『구룡-부여간 도로확장 및 포장구간내 문화유적발굴조사약보고서』)

-5-6, 그림 II-5-7). 이 같은 삼국시대 논의 형태 변화는 쟁기 보급과 같은 농토목구의 변화와 관련 있다. 경남 진주 평거동유적에서 확인된 삼국시대의 대규모 논 유구와 소 발자국이 그사이의 변화를 잘 보여 준다. 평거동 삼국시대 계단식 논은 청동기시대에 비해 한 면의 평균 면적이 작게는 20배, 많게는 125배까지 넓어졌다.[19] 마치 1970년대 쟁기 대신 기계영농을 도입하기 위해 구불구불한 논밭 경계를 허물고 네모반듯하고 편평하게 농지 정리 사업을 실시하여 농경지 경관이 크게 바뀐 것과 비슷하다. 앞으로 논 너비가

19 경남발전연구원 역사문화센터, 2011, 『(진주 평거 3지구 택지개발사업지구 내) 진주 평거 3-1지구 유적 III: 본문』, pp 436~437.

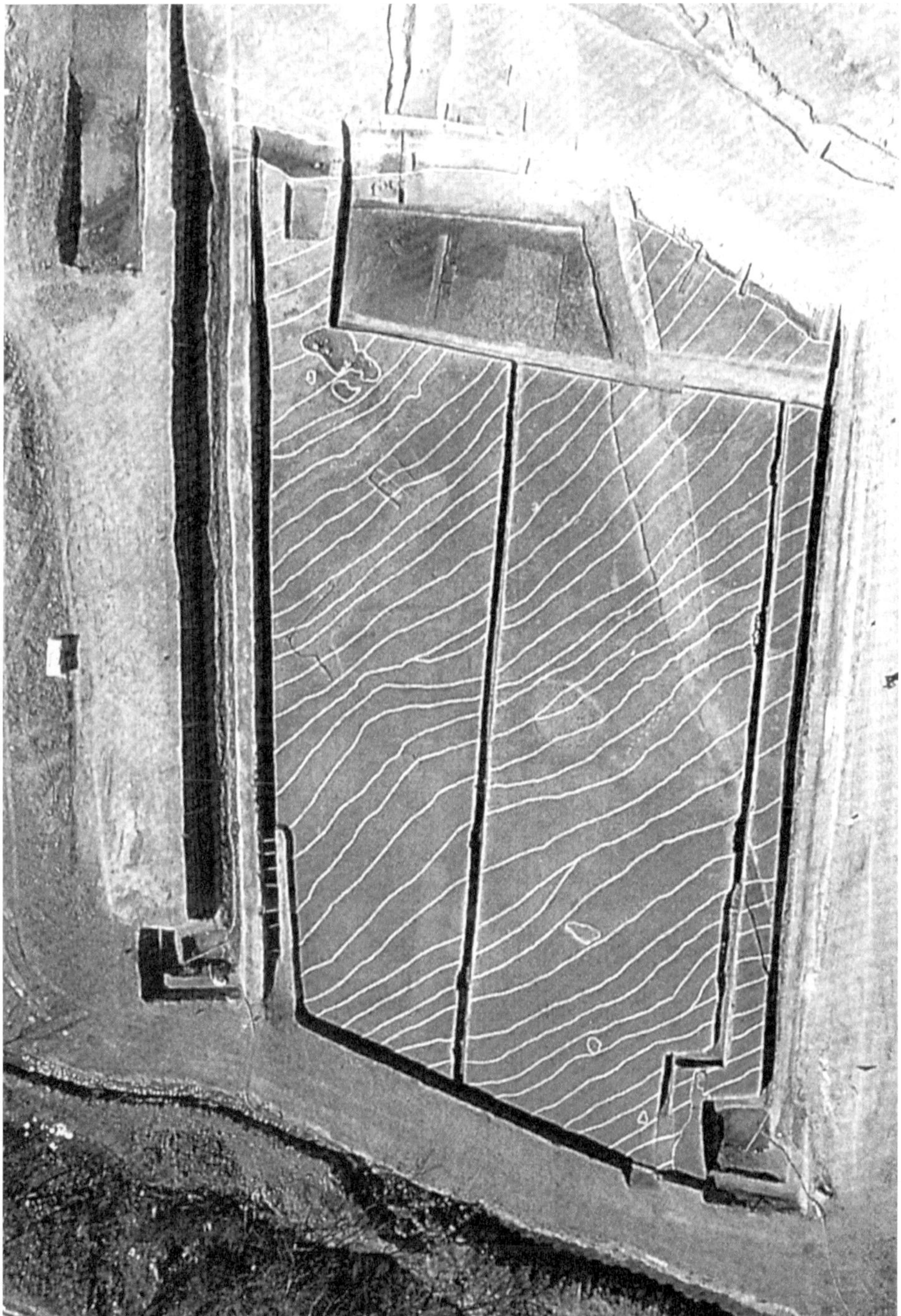

그림 II-5-5
울산 무거동 옥현유적 삼국시대 논
(경남대학교박물관 · 부산대학교박물관, 2015, 『(울산 옥현 택지개발사업지구 내) 울산 무거동 옥현유적』)

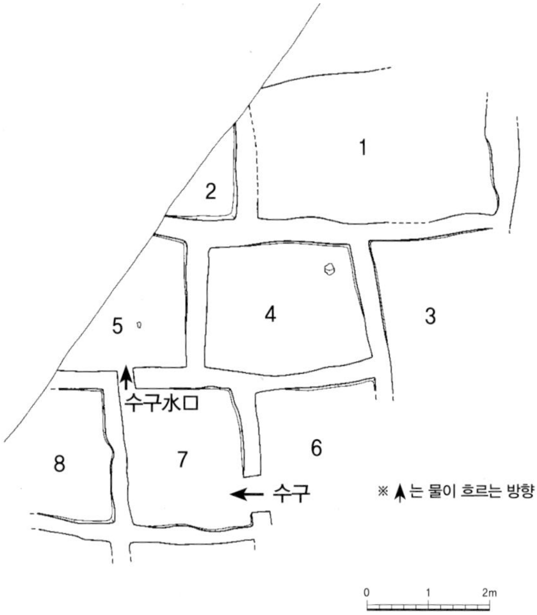

그림 II-5-6
울산 발리유적 청동기시대 논
(울산문화재연구원, 2003, 『울산 발리유적』)

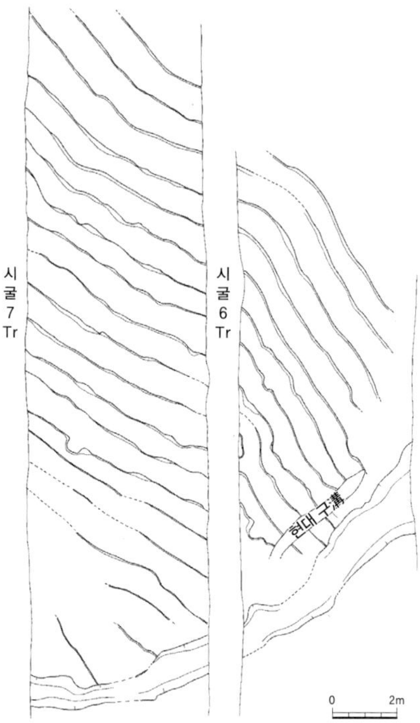

그림 II-5-7
울산 발리유적 삼국시대 논
(울산문화재연구원, 2003)

훨씬 넓고 길어진 백제시대 계단식 논이 발견될 것으로 기대된다.

각 시대의 논농사 기술 수준을 직접적으로 보여 주는 것은 관개시설이다. 벼는 작물의 특성상 생장 기간 동안 뿌리가 물에 잠겨 있어야 하므로 물 관리가 필수 조건이다. 가장 손쉬운 방법은 자연 강우를 이용하거나 지하수 수위가 높은 저습지를 경작지로 활용하는 것이다. 이 경우 실농의 위험성이 높고 생산성이 낮다. 이러한 한계를 극복하기 위해 사람들은 인공으로 관개시설을 만들고, 물 관리를 위해 모든 기술과 정성을 다 쏟았다. 자신들이 가진 기술 범위 안에서 최대의 관개 효과를 거둘 수 있는 지형 조건을 찾아 논을 개간하였다(그림 II-5-8). 이른 시기부터 변함없이 논이 조성되어 온 곳은 구릉 사면 말단부의 개석곡저로,[20] 마전리유적과 충남 보령 관창리 논 입지가 여기에 해당된다. 이러한 지점은 대규모 치수가 필요 없고 적은 양이지만 계곡물이나 용출수를 안정적으로 이용할 수 있으며 하천 범람의 피해가 상대적으로 적다는 이점이 있다. 이 밖에 곡저평야나 하천 범람에 의해 만들어진 배후습지가 선호되었는데 구봉리유적은 전자, 궁남지유적은 후자의 유형에 속한다.[21]

백제시대가 되면 소하천 유역에서 큰 강의 주변으로 논 개발 대상 지역이 확대된다. 부여 궁남지 논은 금강 배후에 있는 광대한 배후습지와 해발 40여m 되는 화지산 사면부가 만나는 경계 지점에 만들어져 있다. 이러한 곳은 같은 습지 지역 내에서도 상대적으로 생산성이 높은 곳이다. 부여 가탑리나 부여 나성 외곽의 백제시대 논들 역시 궁남지와 입지 조건이 비슷하다. 청동기시대와 달리 이 유적들은 대하천 본류 유역에 인접해 있지만 아직도 본류를 이용하지 못하고 주변의 계류를 용수원으로 이용하였다는 점에서[22] 백제시대 논 입지의 한계를 동시에 보여 준다.

20 개석곡開析谷(dissected valley): 각종 침식작용과 풍화작용에 의해서 원지형면을 파고 들어간 곡谷을 말한다.
21 곽종철, 2002, pp.32~33.
22 곽종철, 1993,「선사·고대 稻자료 출토유적의 토지조건과 도작·생업」,『고문화』42·43, p.38.

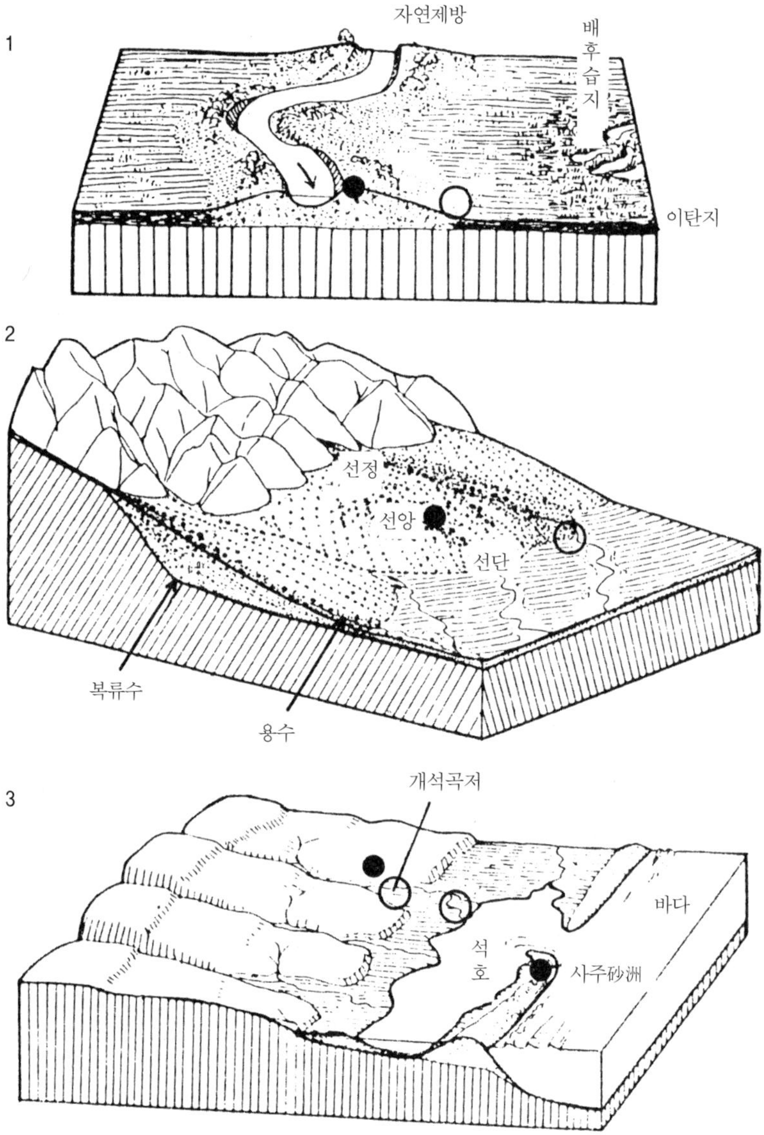

그림 II-5-8
선사시대와 고대 논의 입지 모식도
(곽종철, 1992, 「한국과 일본의 고대 농업기술: 김해지역과 북부 구주지역과의 비교검토를 위한 기초작업」, 한국고대사회연구소, 『한국고대사논총』 4, 가락국사적개발연구원)

논 입지 결정에 있어서 가장 중요한 것은 용수원이다. 청동기시대부터 백제시대에 이르기까지 가장 널리 이용된 용수원은 곡두谷頭에서 솟아나는 용출수와 소하천이었던 것으로 추정되고 있다. 청동기시대 사람들이 활용한 소하천은 1/50,000 지도에서는 하천 이름이나 표시조차 없는 너비 20m 미만의 소규모였다.[23] 그들은 용수원으로부터 논까지 물을 끌어오기 위해 하천에 보洑를 설치하거나 곳곳에 수로를 파서 물을 확보하였다(그림 II-5-9, 그림 II-5-10 ①②). 그리고 수로 중간에 웅덩이를 파거나 물막이 시설을 하여 물의 양과 온도 등을 조절하였다. 아직까지 수리 체계의 전모를 밝힐 정도로 대규모 발굴이 이루어진 유적이 없어 자세한 내용은 알 수 없지만 가장 많이 확인된 시설은 보洑이다.[24] 보의 원리는 하천에 장애물을 설치하여 물의 흐름을 느리게 하고 수위를 높여 물을 인공 수로를 통해 논으로 흘러가게 하는 것이다. 지금까지 각 유적에서 조사된 보의 흔적들을 보면 크고 작은 나무 말뚝을 가로세로 좌우로 얼기설기 박고 흙과 자갈을 채워 만든 그리 크지 않은 구조물이다.

백제시대에 이르면 보다 넓은 면적의 논에 안정적으로 급수할 수 있는 새로운 관개시설인 제언(제방, 댐)을 축조하기 시작하였다. 물의 흐름을 완전 차단하지 않는 보와 달리 제언은 계곡 입구를 완전히 가로막는 시설이므로 발달한 토목기술과 대규모 노동력을 투입해야 한다. 『삼국사기』와 금석문 자료에 의하면 신라, 백제에서는 5~6세기에 국가 주도로 제언을 쌓고 대규모로 논을 개발하였다. 삼국시대의 제언은 영천 청제비를 통해 알 수 있듯이 여러 갈래의 물줄기가 흘러내리는 좁은 계곡 입구를 가로막는 산곡형山谷形 제언이 많았다.

백제 지역 제언의 대명사처럼 되어 있는 전북 김제의 벽골제碧骨堤 역시 두월천과 원평천이 합해져 흐르는 곡간부의 최단 거리 지점에 축조되어 있다(그

23 곽종철, 2002, pp.44~47.
24 김도헌, 2003, 「선사·고대 논의 관개시설에 대한 검토」, 『호남고고학보』 18.

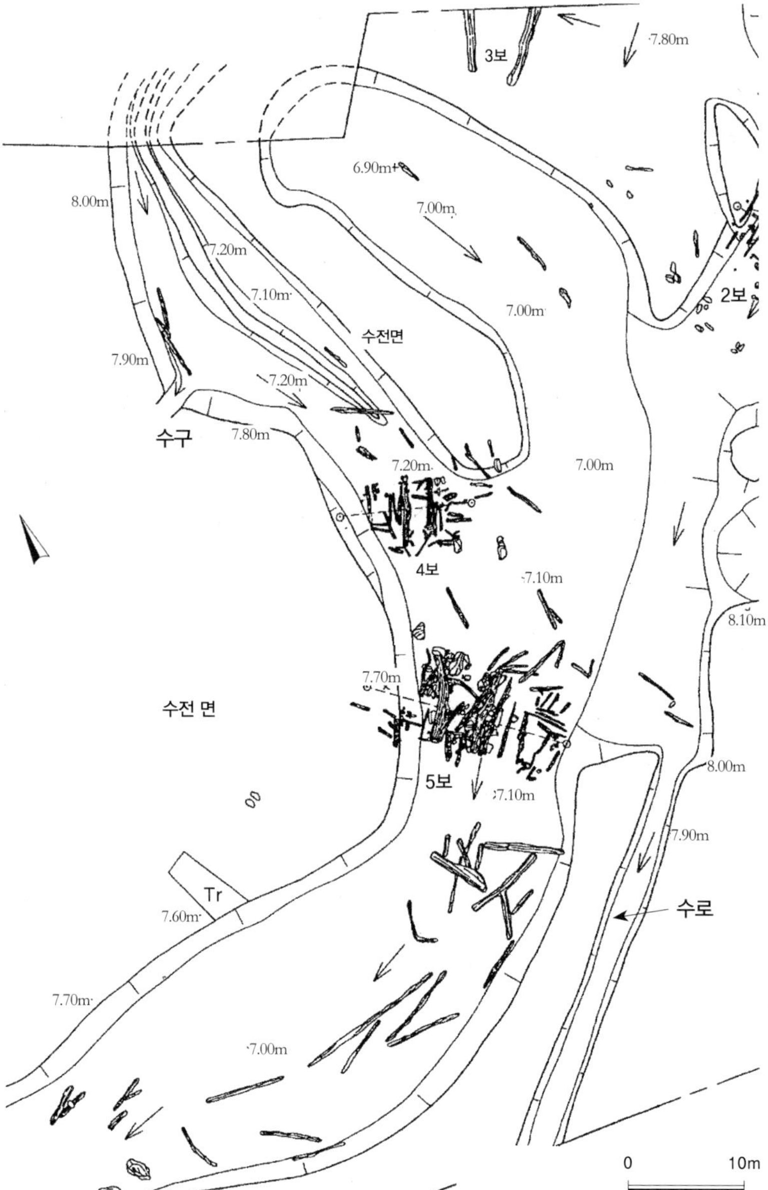

그림 II-5-9
충남 보령 관창리유적 보
(고려대학교 매장문화재연구소, 2001, 『관창리유적: B · G구역』)

그림 II-5-10 ①
경기도 화성 송산동유적 백제시대 수전
(이형원 제공)

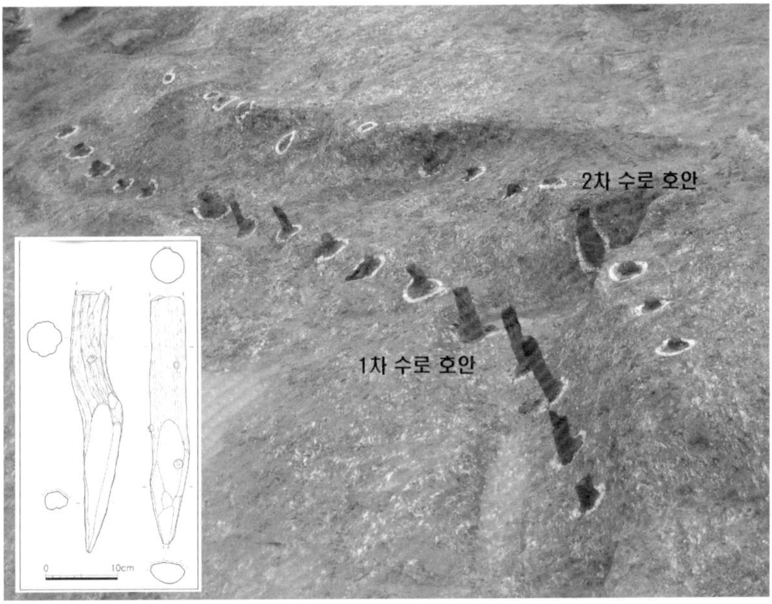

그림 II-5-10 ②
경기도 화성 송산동유적 수로 호안, 수로 말뚝
(이형원 제공)

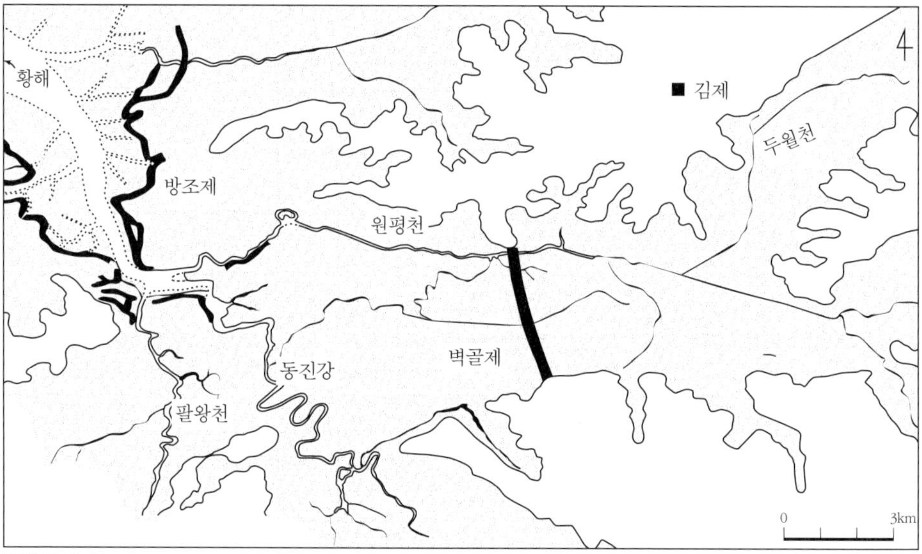

그림 II-5-11
벽골제 주변 약도
(大阪府立狭山池博物館, 2001, 『(開館記念特別展) 古代の土木技術』, 大阪: 大阪府立狭山池博物館; 성정용, 2007에서 재인용)

림 II-5-11).[25] 『삼국사기』에는 신라 흘해왕 때(330)에 벽골지碧骨池를 축조하였다는 기록이 있지만 축조 주체를 백제로 보는 데는 큰 이견이 없다. 초축 시기에 대해서는 1975년 벽골제의 수문 두 곳을 발굴하고 이때 제방 아래 부엽토층에서 채취한 시료의 방사선탄소연대가 4세기대로 나와 이 연대가 지금까지 통용되고 있다. 그러나 2012년 벽골제에 대한 발굴이 재개되어 10여 차례 이상 조사가 계속되고 있으나 확실한 초축 시기의 유구는 아직 확인되지 않고 있다. 과연 4세기 중엽에 3km나 되는 대규모 제방을 쌓을 만큼 백제의 토목기술이 발달하였는지, 현존하는 돌로 만든 수문이 어느 시기의 것인지 등등 의문이 많다. 벽골제는 선진 토목기술인 부엽공법을 사용하여 축조된 것으로 알려져 있는데 부엽공법이란 물이 흐르거나 저습한 곳에 성곽이나 제방, 도로 등을 축조할 때 바닥에 나뭇가지와 잎을 깔고 흙과 교대로 층층이

25 성정용, 2007, 「김제 벽골제의 성격과 축조시기 재론」, 계명사학회 편, 『한·중·일의 고대 수리시설 비교 연구』, 계명대학교 출판부.

쌓아 올려 기반을 튼튼히 하는 선진 공법이다. 백제 왕성인 풍납토성에서도 부엽공법의 흔적이 확인되었다. 요컨대 지방에서 백제 국가의 역량을 총결집하여 이루어 낸 토목사업의 첫 번째 리스트에 벽골제를 올려놓을 수 있을 것이다.

벽골제의 초축 시기와 관련하여 백제계 토목기술과 백제 도래인들과 관계있는 일본의 제언 자료들을 비교하여 벽골제의 축조 시기를 5~6세기 웅진시기로 보는 견해도 있다.[26] 그리고 벽골제의 기능에 대해서도 제언이 아니라 방조제로 보는 연구자들도 있다. 이처럼 아직도 많은 논쟁거리를 안고 있는 유적이지만 제언 축조라는 기술적 변화를 토대로 백제 논농사가 양적·질적으로 한 단계 크게 발달한 것은 분명하다.

4. 밭농사의 오랜 전통

논농사와 밭농사는 서로 다른 농경 유형이다. 논농사는 잡곡농사에 비해 단위면적당 수확량이 4~5배가 넘지만 입지 조건의 제약이 많고 기반 시설을 축조하고 관리, 유지하는 데 많은 노동력이 투입되어야 하다. 반면 밭은 논에 비해 개간 대상지가 훨씬 개방되어 있고 농경지 유지, 관리를 위한 별도의 노동력이 필요하지 않다. 더욱이 밭의 개간은 논과 달리 노동력을 집단적으로 동원하지 않아도 되며 소규모의 개별적인 노동력 투입만으로도 가능하다. 이 때문에 시대와 지역에 따라 논과 밭의 비율에 많은 차이가 있지만 전체적으로 밭이 훨씬 많았다. 7세기 말 신라의 촌락문서에 나오는 충주 부근 4개 촌락의 논밭을 합산해 보면 밭이 55% 정도로 논보다 10%가량 더 많다. 문서에 나오는 촌락은 왕실 직속촌으로 추정되고 있으므로 일반 촌락은

26 성정용, 2007; 전덕재, 2007, 「농업」, 『백제의 사회경제와 과학기술』, 백제문화사대계 11, 충청남도역사문화연구원.

이보다 밭의 비율이 더 높았을 것이다.

백제 지역에서도 밭농사는 농경 시작 단계부터 변함없이 중요한 자리를 차지해 왔다. 전북 지역 고대 취락에서 확보된 작물 분석 결과를 보면 단일 작물로는 쌀이 33%로 가장 많지만 그 나머지 60% 이상이 콩, 팥, 밀, 보리, 기장, 조 등으로 모두 밭작물이다.[27] 백제의 밭농사 전통은 5,000여 년 전으로 거슬러 올라간다. 앞서 살펴본 충북 옥천 대천리 집자리 유적은 밭농사의 오랜 전통을 보여 주는 대표적인 유적이다. 지금까지 백제 지역 청동기시대 유적에서 출토된 곡물 자료를 종합해 보면 기장, 조, 수수, 보리, 밀, 콩, 팥 등 거의 모든 잡곡이 망라되어 있다.[28] 이는 한반도에서 농경은 밭농사부터 시작되었다는 통설이 여전히 유효함을 말해 준다. 이러한 전통은 백제시대에도 그대로 이어졌다. 풍납토성 내 백제시대 주거지에서 팥(나-1호)과 벼(8호 주거지)가 확인되었다.[29] 그리고 부여 부소산성의 창고지에서도 벼, 밀, 조, 콩, 팥, 메밀 등 각종 곡물이 출토되어 백제 농산물의 다양한 구성을 보여 준다.

탄화곡물이 선사·고대인들의 농경 활동과 식생활 자원을 연구하는 데 있어서 핵심 자료임은 두말할 필요가 없다. 그러나 흙더미에 묻혀 있는 검게 탄화된 작은 곡식 낟알들을 찾아내는 일은 결코 쉽지 않다. 곡식 낟알들을 놓치지 않기 위해 고고학자들은 고운 체로 흙 속의 미세한 식물유체들을 찾아내는 물체질water screening이나 부유법water floating과 같은 조사기법을 사용한다. 이러한 조사기법이 처음 시도된 것은 1977년 경기도 여주 흔암리유적 발굴 때이다. 이후 식물유체 확인 자료가 급증하고 있는 것은 결코 우연이 아니다.[30]

탄화곡물 검출과 함께 밭농사 연구를 한 단계 진전시키는 발판이 된 것

27 안현중, 2013.
28 양기석, 2005, pp.120~121; 안승모, 2013, 「한반도 출토 작물유체 집성표」, 한국고고학회 편, 『농업의 고고학』, 사회평론아카데미.
29 국립문화재연구소, 2001, 『풍납토성 I: 현대연합주택 및 1지구 재건축 부지』, pp.376, 416.
30 안승모, 2013.

은 밭 유구의 발견이다. 1993년 궁남지에서 논 유구가 발견되기 한 해 전인 1992년 한강 유역의 경기도 하남 미사리유적에서 백제시대 밭이 발견되었다.[31] 이것은 한국에서 조사된 최초의 경작 유구이다. 그리고 같은 해에 영산강 유역의 광주 신창동유적에서도 마한 시기의 밭고랑으로 추정되는 몇 줄의 조상條狀 유구가 조사되었다는 보고가 있었다.[32] 이후 밭 유구는 꾸준히 증가하였으며, 그중에는 경남 진주의 대평리유적이나 평거동유적처럼 만여 평이 넘는 대규모의 밭 유구도 있다. 백제 지역에서도 청동시기시대의 밭부터 백제시대의 밭에 이르기까지 밭 유구가 확인된 유적이 10여 곳이 넘는다.[33]

밭 유구를 볼 때 먼저 떠오르는 의문은 작물 재배처가 어디였을까 하는 것이다. 예컨대 대평리 청동기시대 밭 유구를 보면 고랑, 이랑의 형태나 너비 등이 여간 다양하지 않다(그림 II-4-4 참조). 고랑은 배수를 하거나 사람이 다니는 통로 역할을 하는 곳이고 작물은 마땅히 이랑 위에서 재배하는 것이 밭농사의 오랜 전통이지만 선사·고대사회의 사정은 이와 사뭇 달랐다. 청동기시대의 경우 나무따비나 나무괭이만으로 경작지 전체를 갈아엎는 것은 대단히 비효율적이었기에 좁은 고랑 형태나 둥근 구멍 모양의 파종구만 만들어서 씨를 뿌리고 작물을 키우는 경우가 적지 않았다.

그리고 작물의 특성에 따라 고랑 재배가 더 유리한 것도 있다. 기장, 조, 수수, 콩과 같은 작물은 봄에 파종하여 여름에 자라므로 배수가 중요 요건이며 이랑에 재배해야 한다. 반면 보리와 밀은 일반 작물과 달리 가을철에 파종하여 추운 겨울철과 건조한 봄철을 거치면서 자란다. 따라서 방풍과 보습을 고려할 때 맥류는 고랑에 파종하는 것이 이점이 많다. 또한 밭에서 벼도 재배하였는데 만약 여름철 우기에 빗물을 가두어 뿌리를 잠기게 하려면 좁고 깊

31 최종택, 1993,「미사리출토 밭의 구조와 연대에 대하여」,『서울대학교 박물관 연보』5.

32 흑갈색 부식토층에서 너비 10~25cm 정도의 골이 5줄 발견되었는데 각 골 사이 간격은 40~70cm이다. 조현종·장제근, 1992,「광주 신창동유적: 제1차조사개보」,『고고학지』4, pp.59, 110.

33 김병섭, 2003,「한국의 고대 밭유구에 대한 검토」,『고문화』62; 양기석, 2005, pp.129~130; 윤호필, 2013,「한반도 출토 경작유구(논유구, 밭유구) 집성표」, 한국고고학회 편,『농업의 고고학』, 사회평론아카데미.

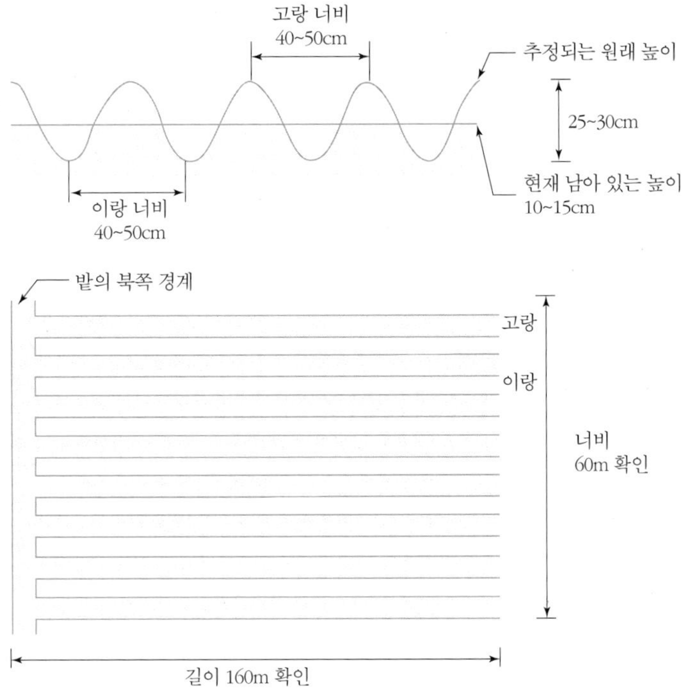

그림 II-5-12
경기도 하남 미사리
백제시대 밭(상층) 모식도
(최종택, 1993)

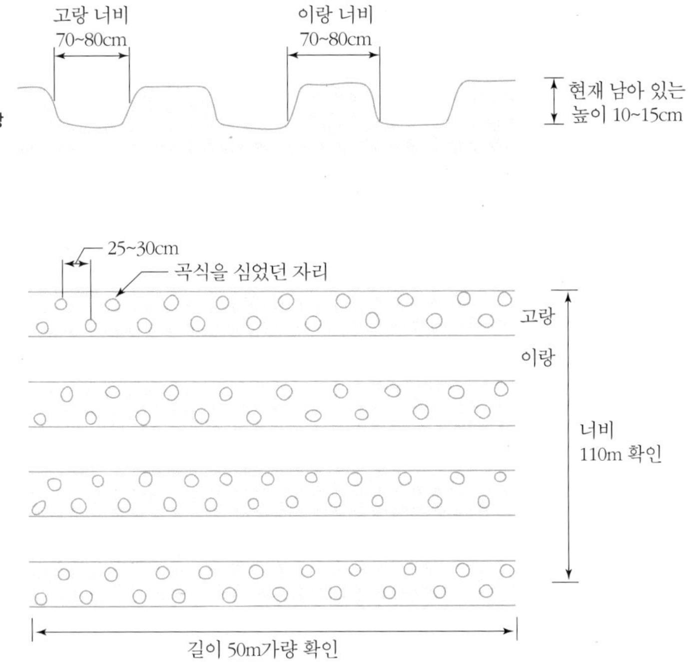

그림 -5-13
경기도 하남 미사리
백제시대 밭(하층) 모식도
(최종택, 1993)

은 고랑을 만드는 것이 여러모로 편리할 것이다. 이처럼 밭작물도 종류에 따라 파종처와 재배처가 다르다는 사실을 처음 확인시켜 준 유적이 경기도 하남 미사리의 백제시대 밭 유구이다. 미사리유적의 상층 밭(6세기)은 이랑이 경작처이고(그림 II-5-12), 하층 밭(4~5세기)은 고랑 안에 둥근 경작 흔적이 남아 있다(그림 II-5-13).[34] 그러므로 밭 유구마다 고랑, 이랑 형태나 너비가 다양하다는 것은 경작 방식이나 경작지 활용 방식이 그만큼 다양하였다는 뜻이다.

백제시대가 되면 청동기시대에 비해 고랑, 이랑의 형태가 비교적 단순해진다. 고랑과 이랑의 너비가 비슷하고 길이가 조금씩 다르기는 하지만 대체로 60cm 전후의 것이 많다. 작물을 관리하기 위해 밭이랑 사이를 지나다니려면 최소한 이 정도의 간격은 필요하다. 물론 충남 서천 송내리유적(3세기 후반~4세기 중반)이나 경기도 화성 먹실유적(4세기 후반~5세기 중반)의 밭처럼 너비가 20cm 전후되는 좁은 고랑이 상당히 조밀하게 남아 있는 것도 있다. 이러한 차이가 재배 작물과 관련된 것인지 반복 경작에 의한 것인지는 앞으로의 연구 과제이다.

근래 중부 지방에서 출토된 작물유존체의 크기를 계측하면 콩, 팥의 경우 맥류와 콩, 팥이 함께 출토되는 경우에는 소형 종자가 많이 확인되고, 맥류가 출토되지 않고 콩, 팥만 나오는 경우에는 상대적으로 대형 종자가 출토된다는 분석 결과가 있다. 그리고 이러한 결과를 토대로 백제시대에는 맥작 재배 후 연속하여 두류를 재배하는 맥후작이 실시된 것으로 해석하였다.[35]

아무튼 경작기술이 미숙하였던 청동기시대는 위험을 분산시키기 위해 두 가지 이상의 작물을 혼합해서 파종하거나 구획을 작게 하여 여러 작물을 동시에 재배하는 것이 일반적이었다. 이 때문에 일정 범위 안에 각종 형태의 고랑, 이랑 흔적이 골고루 남아 있는 경우가 많다. 이와 달리 삼국시대가 되

34 최종택, 1993; 숭실대학교박물관 편, 1994, 『미사리』 제3권, 미사리선사유적발굴조사단·경기도공영개발사업단, pp.358~359.
35 이희경, 2022, pp.134~135.

그림 II-5-14 ①
강원도 화천 원천리 출토 쇠삽날
(한성백제박물관, 2013, 『백제, 마한과 하나되다』)

그림 II-5-14 ②
강원도 화천 원천리 출토 쇠괭이
(한성백제박물관, 2013)

면서 밭 유형이 단순화하는 것은 경작기술이 발달하여 단일 작물을 보다 넓은 면적에서 대규모로 재배하였기 때문이다. 이러한 변화는 말할 것도 없이 철제 기경구나 쟁기 보급의 결과이다.

철제 농기구는 백제 영향력이 미치는 지역 곳곳에 보급되었다(그림 II-5-14 ①, ②). 4~5세기 백제의 철제 농기구 보급 상태를 보여 주는 것은 경기도 용인 수지 집자리 유적이다. 이 유적에서는 6기의 집자리와 다수의 수혈 유구가 조사되었는데 각종 철기가 73점이나 출토되었고 그중 32점이 농기구이다.[36] 낫, U자형 삽날은 물론이고 쇠괭이만 해도 깨진 것까지 포함하면 20여 점이 훨씬 넘는다. 왕족이나 귀족의 무덤이 아닌 집자리에서 이렇게 많은 철제 농기구가 출토된 것은 수지유적이 처음이다. 고대국가에서는 철제 농기구는 관에서 공급·관리하였다. 이처럼 많은 수량의 철제 농기구가 한 자리에 모여 있고 쇠괭이의 경우 파손품이 절반가량 섞여 있는 것으로 미루어 파손품 재활용 등 철제 농기구를 공동으로 관리하던 당시의 상황을 반영하는 것으로 생각된다.

36 한신대학교박물관, 1998, 『용인 수지 백제 주거지』, pp.15~158.

기경구의 변화 흔적은 고랑의 세부 모습에서도 관찰된다. 청동기시대의 밭고랑은 가장자리가 들쑥날쑥 불규칙한 데 비해 삼국시대의 밭고랑은 일반적으로 가장자리가 매끈하고 곧게 뻗어 있다. 이처럼 경작 유구는 작무법, 파종법, 경작 도구, 토지 활용 방식 등등 농경기술의 구체적인 변화를 밝힐 수 있는 수많은 정보를 간직하고 있다. 더욱이 자연과학자들은 밭에서 채취한 토양 성분을 분석하여 이미 흔적도 없이 사라져 버린 곡물이나 밭에서 자라던 각종 잡초의 흔적까지 찾아내고 기후 환경까지 추정하고 있다. 전북 진안 여의곡유적에서 기원전 7~기원전 6세기경의 청동기시대 밭이 조사되었는데, 밭의 토양을 채취하여 식물규소체를 분석한 결과[37] 조, 피, 율무, 기장 등이 재배된 것으로 밝혀졌다. 그뿐만 아니라 당시의 환경은 현재와 같은 중습성의 온난한 기후였던 것으로 추정하였다. 이처럼 자연과학자의 힘을 빌려 고대인의 생업 현장이 하나씩 베일을 벗고 있다.

5. 맺는말

이상에서 1990년대 이후 조사된 논밭 유구를 중심으로 백제 지역의 농경생활 전개 과정을 살펴보았다. 백제 지역 주민들은 5,000년이 넘는 오랜 농경 전통을 가지고 있었다. 그러나 본격적으로 농경 중심 생업 경제가 확립되는 것은 논농사와 밭농사가 균형을 이루면서 안정적으로 발달하게 되는 청동기시대에 들어와서이다. 기본적으로 백제 농경은 청동기시대의 기술적 전통 위에서 성장 발전하였다. 청동기시대 소구획 논의 전통이 단절되지 않

37 식물규소체는 식물이 뿌리를 통하여 토양 중의 수분을 흡수할 때 용해된 SiO_2(이산화 규소)가 함께 흡수되어 식물체 내에 축정되어 형성되는데 식물은 죽고 썩게 되더라도 식물규소체는 토양 속에 장기간 존속한다. 토양 내에 남아 있는 식물규소체를 분리하여 형태적 특성을 확인함으로써 기원 식물을 확인하고 이를 근거로 과거의 환경에 대한 정보를 얻는 작업을 식물규소체 분석이라 한다. 김경식, 2001, 「식물규소체분석」, 전북대학교박물관·진안군·한국수자원공사, 『진안 용담댐 수몰지구내 문화유적 발굴조사 보고서 Ⅷ: 여의곡유적 (본문)』, p.562.

고 사비시기의 논으로 이어지고 있는 것이 단적인 예이다. 더욱 흥미로운 것은 논두렁 구획 안에 고랑, 이랑이 만들어져 있는 것이 자주 발견되는데 그 모습이 청동기시대부터 삼국시대까지 거의 비슷하다. 이것이 논과 밭을 자유롭게 전환하여 경작하던 흔적인지, 벼를 기장이나 조처럼 이랑 위에서 재배하던 이랑 재배 흔적인지, 아니면 가뭄과 같은 불가피한 사정 때문에 논농사를 포기하고 밭으로 활용하던 상황에서 만들어진 것인지 아직도 논의가 분분하다. 경남 진주 평거동유적(3-1지구)에서는 삼국시대 논 구획 안에 고랑과 작물 흔적이 대규모로 확인되어 이러한 양상이 광범위한 현상이었음을 알 수 있다. 아무튼 논밭의 경계를 넘나드는 다양한 경작 방식의 뿌리가 청동기시대에 있음을 확인한 것은 중요한 발견이라 하지 않을 수 없다.

백제의 농업기술은 철제 농토목구의 확산과 쟁기의 보급으로 질적·양적으로 크게 성장하였다. 나무 농기구 대신 쇠삽, 쇠스랑, 쇠괭이를 사용하게 되면 작업 효율은 몇 배나 향상된다. 여기에서 한 걸음 더 나아가 축력이라는 새로운 에너지를 활용하면 작업 효율은 크게 증대된다. 그 결과 논밭의 개간이 촉진되고 신개념의 관개시설이 출현하였다. 그리고 보다 깊이 땅을 갈고, 김매기 횟수를 늘림으로써 단위면적당 생산력을 크게 높였다. 토지 활용 방식에도 큰 진전을 가져와 밭의 휴경 기간을 1~3년으로 단축할 수 있게 되었다.[38] 이처럼 도구의 발달은 경작기술과 농업생산력을 변화시키는 중요 변수의 하나이다.

백제 농경의 전통을 실물 자료를 통해 추적할 수 있게 된 것은 전적으로 경작 유구의 발굴 덕분이다. 「농경문청동기」의 그림을 통해 머릿속에서 상상만 하던 평행선 모양의 밭고랑이 실물 자료가 되어 세상에 모습을 드러내고 있다. 그리고 조그맣게 그물망처럼 구획된 백제시대의 논은 후대와는 전혀 다른 경작지 경관을 연출한다. 그뿐만 아니라 나무로 조각한 새가 청동기시

38 이현혜, 1998.

대의 우물에서도 나오고 백제시대의 수로 옆 구덩이에서도 발견된다(그림 II-5-15, 그림 II-5-16). 농경 유구를 발굴하는 과정에서 나무로 조각한 새가 발견되는 것은 우연이 아니다. 새는 곡령을 실어 나르는 메신저이자 조상령의 화신으로 여겨져 오랫동안 숭배의 대상이 되어 왔다. 이처럼 경작 유구의 발굴로 고대인들의 정신세계까지 엿볼 수 있게 되었다.

경작 유구의 발굴 작업은 다른 유적보다 더 많은 인내를 요구한다. 금귀걸이나 호화로운 장신구가 쏟아지는 귀족 무덤을 발굴하는 것과 달리 수백 평의 밭을 발굴해도 진열장에 전시할 만한 반듯한 유물 하나 없는 것이 다반사다. 때로는 쉴 새 없이 물이 스며 나오는 진흙 바닥에서 힘든 작업도 감내해야 한다. 그러나 논 바닥에 어지러이 찍혀 있는 사람 발자국을 보고, 수로나 물웅덩이에 던져져 있는 나무삽을 발굴해 내면서 당시 사람들의 체취를 느끼고, 소 발자국과 수레바퀴 흔적을 통해 삶의 현장에 보다 가까이 다가갈 수 있는 곳이 바로 경작 유구이다. 언젠가 경작 유구가 간직한 비밀을 샅샅이 밝혀낼 수 있는 날이 올 것을 고대한다.

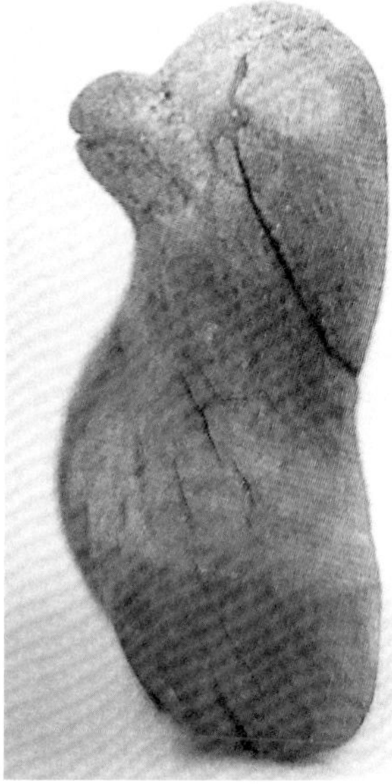

그림 II-5-15
백제 궁남지 출토 나무 새
(국립부여박물관, 2007)

그림 II-5-16
백제 몽촌토성 출토 나무 오리
(서울대학교박물관 제공)

/ 참 고 문 헌 /

경남대학교박물관·밀양대학교박물관, 1999, 『울산 무거동 옥현유적』

경남대학교박물관·부산대학교박물관, 2015, 『(울산 옥현 택지개발사업지구 내) 울산 무거동 옥현유적』

경남발전연구원 역사문화센터, 2011, 『(진주 평거 3지구 택지개발사업지구 내) 진주 평거 3-1지구 유적 III: 본문』

경상남도·경상대학교박물관, 2001, 『진주 대평리 옥방 3지구 선사유적』

고려대학교 매장문화재연구소, 2001, 『관창리유적: B·G구역』

______, 2004, 『마전리유적: C지구』

곽종철, 1993, 「선사·고대 稻자료 출토유적의 토지조건과 도작·생업」, 『고문화』 42·43

______, 2002, 「우리나라의 선사~고대 논밭 유구」, 한국고고학회 편, 『한국 농경문화의 형성』, 학연문화사

______, 2010, 「시대별·지역별 각종 수리시설」, 한국고고환경연구소 편, 『한국고대의 수전농업과 수리시설』, 서경문화사

국립문화재연구소, 2001, 『풍납토성 I: 현대연합주택 및 1지구 재건축 부지』

국립부여박물관·부여군, 2007, 『궁남지: 1~3차 발굴조사보고서』

김경식, 2001, 「식물규소체분석」, 전북대학교박물관·진안군·한국수자원공사, 『진안 용담댐 수몰지구 내 문화유적 발굴조사 보고서 VIII: 여의곡유적 (본문)』

김병섭, 2003, 「한국의 고대 밭유구에 대한 검토」, 『고문화』 62

김정희, 1997, 「우리나라 선사시대 벼농사의 새로운 연구: 한강유역의 토기 바탕흙에 대한 식물 규소체 분석 자료를 중심으로」, 충북대학교 석사학위논문

성정용, 2007, 「김제 벽골제의 성격과 축조시기 재론」, 계명사학회 편, 『한·중·일의 고대 수리시설 비교 연구』, 계명대학교 출판부

숭실대학교박물관 편, 1994, 『미사리』 제3권, 미사리선사유적발굴조사단·경기도 공영 개발사업단

안승모, 2001, 「한국과 일본의 초기도작: 미완의 과제들」, 『호남고고학보』 13

______, 2003, 「대천리 유적 맥류로 본 동아시아 맥작의 초보적 검토」, 한남대학교중앙박물관·한국고속철도건설공단 편, 『옥천 대천리 신석기유적』

______, 2013, 「한반도 출토 작물유체 집성표」, 한국고고학회 편, 『농업의 고고학』, 사회평론아카데미

안현중, 2013, 「전북지역 고대 취락의 작물조성: 완주 용흥리, 익산 장신리, 부안 백산성유적을 중심으로」, 『호남고고학보』 45

양기석, 2005, 『백제의 경제생활』, 주류성

윤호필, 2013, 「한반도 출토 경작유구(논유구, 밭유구) 집성표」, 한국고고학회 편, 『농업의 고고학』, 사회평론아카데미

울산문화재연구원, 2003, 『울산 발리유적』

이한상, 2007, 「청동기시대의 관개시설과 안동 저전리 유적」, 계명사학회 편, 『한·중·일의 고대 수리 시설 비교 연구』, 계명대학교 출판부

이현혜, 1998, 『한국고대의 생산과 교역』, 일조각

이형원, 2011, 「백제 한성기의 수전에 대하여: 화성 송산동 농경유적을 중심으로」, 『고고학』 10-2, 중부고고학회

이희경, 2022, 「백제 국가형성기 농업 연구」, 서울대학교 박사학위논문

임효재, 1990, 「경기도 김포반도의 고고학적조사연구」, 『서울대학교 박물관 연보』 2

전덕재, 2007, 「농업」, 『백제의 사회경제와 과학기술』, 백제문화사대계 11, 충청남도역사문화연구원

조현종·장제근, 1992, 「광주 신창동유적: 제1차조사개보」, 『고고학지』 4

최종택, 1993, 「미사리출토 밭의 구조와 연대에 대하여」, 『서울대학교 박물관 연보』 5

충남대학교 백제연구소, 2000, 『부여 동나성·서나성 발굴조사약보고서』

충남대학교 백제연구소·고려대매장문화재연구소·대전지방국토관리청, 2004, 『부여 구봉·노화리유적』

충청매장문화재연구원, 2001, 『서천 송내리유적』

한국선사문화연구소·경기도 편, 1992, 『일산 새도시 개발지역 학술조사 보고 1』

한남대학교중앙박물관·한국고속철도건설공단 편, 2003, 『옥천 대천리 신석기유적』

한신대학교박물관, 1998, 『용인 수지 백제 주거지』

한창균·구자진·김근완, 2014, 「대천리 신석기유적 탄화곡물의 연대와 그 의미」, 『한국신석기연구』 28

허의행, 2006, 「백제시대 농업기술 연구」, 『금강고고』 3, 충청문화재연구원

———, 2012, 「호서지역 청동기시대 관개체계와 전개양상」, 『호남고고학보』 41

……

工樂善通, 1991, 『水田の考古學』, 東京: 東京大學出版會

Ⅲ부
백제, 신라 지역의 산물

/ 1장 /

백제 지역의 산물

백제 지역의 자연환경은 산과 들, 강과 바다가 잘 어우러져 사람들이 정착하여 삶을 영위하기에 적합한 조건을 갖추었다. 이 때문에 백제 지역에서는 주민들의 의식주 생활과 국가 경영에 필요한 각종 산물들이 골고루 생산되었다. 『삼국지』 위서 동이전 한조에 의하면, 마한에는 별다른 진보珍寶는 나지 않고 동물과 초목은 대개 중국과 같으며 큰 밤이 생산되는데 배만큼 크며 꼬리의 길이가 5자尺나 되는 세미계細尾鷄가 난다고 하였다. 백제에서 큰 밤이 생산된다는 기록은 『수서隋書』 백제전에도 보인다. 『신당서』 백제조에는 부여왕 장璋(백제 무왕)이 사신을 보내고 과하마果下馬를 바쳤다는 기록이 보인다. 이 밖에 중국 역사서에 백제가 중국 왕조에 사신을 보내고 방물을 바쳤다는 기록들이 있으나 백제의 토산물에 대한 별다른 기록은 남아 있지 않다.

『일본서기日本書紀』 인덕기仁德紀 41년조(353, 조정 기년 473년)에 백제가 처음으로 지방통치조직을 정비하고 각 지역의 산물을 모두 기록하였다는 기록이 있다. 신라 촌락문서에서 보이듯이 신라 국가는 각 촌락별로 세금 수취에 필요한 각종 자료를 자세하게 파악하고 있었다. 백제 역시 마찬가지였을 것이나 자료가 남아 있지 않다. 『삼국사기』 직관지에 금전錦典, 철유전鐵鍮典, 칠전漆典, 모전毛典, 피전皮典 등 각종 섬유류, 수공업 제품을 담당하던 통일신라시대 관부의 이름들이 열거되어 있으나 원료 산지에 대한 기록은 전혀 없다.

현재로서는 조선시대에 편찬된 지리지와 지리서 기록을 통해 경기도, 충청도, 전라도 지역에서 생산되던 토산물의 현황을 살펴 참고 자료로 활용할 수밖에 없다. 이 장에서는 조선시대 각 시기별 대표적 지리서인 『세종실록지리지世宗實錄地理志』(1454), 『신증동국여지승람新增東國輿地勝覽』(1481~1530), 『여지도서輿地圖書』(1757~1765), 『대동지지大東地志』(1861~1866)의 경기도, 충청도, 전라도 지역 토산물 기록을 중심으로 의생활, 식생활 관련 산물과 중요 수공업에 쓰이는 광물 자원을 뽑아 표로 정리하였다. 조선시대 지리서들의 토산조에 실린 물자들은 국가의 공물 수취와 관련된 자료이다. 대개는 그 지역 토산물을 근거로 공물을 부과하였지만 그렇지 않은 경우도 있다. 광물 자원의 경우 조선시대 이전에 이미 고갈되어 버린 곳도 있었을 것이고, 기술적 한계로 말미암아 일부만 채굴하고 땅속 깊이 묻혀 있던 광맥이 고려나 조선시대에 다시 개발되는 경우도 있었을 것이다. 그러므로 백제 지역의 물산 분포지와 관련하여 조선시대 지리서들의 토산조 자료들을 활용할 때는 이러한 점들을 고려해야 한다. 하지만 조선시대에 이르도록 자연환경의 기본 틀에는 변화가 없었기 때문에 나름대로의 추세를 파악하는 데 참고 자료가 될 수 있다.

1. 농산물

백제의 주산물은 농산물이며, 곡물이 그 중심을 이룬다. 백제 국가의 무대가 되었던 경기도, 충청도, 전라도 지역에서는 신석기시대부터 원시적이나마 작물 재배가 시작되었다. 청동기시대가 되면 명실상부 농경 중심의 생업경제가 확립되어 벼와 더불어 기장, 조, 수수, 콩, 팥, 보리, 밀과 같은 각종 작물이 재배되었다.

충북 옥천 대천리의 기원전 3500~기원전 3000년경 신석기시대 집자리유적에서는 탄화된 조, 기장, 보리, 밀, 벼 낟알들이 출토되어 농경 활동이 이루어졌음을 보여 준다.[1] 또한 각종 탄화곡물이 출토된 경기도 여주 흔암리유적(벼, 조, 수수, 보리)과 충남 부여 송국리 집자리 유적(탄화미) 등은 백제 지역의 청동기시대 농경 활동을 보여 주는 대표적 유적이다. 특히 중부 이남 지역에서는 청동기문화 중기 단계가 되면 논농사의 비중이 점차 높아지고 기술도 발달하였다. 송국리유적에서 멀지 않은 충남 보령, 논산 등지에서 청동기시대의 논 유구가 발견되었고, 기원전 5세기경으로 편년된 논산시 연무읍 마전리 논 유구에서는 인공 수로가 조사되어 이곳 논이 천수답이 아니라 인공급수가 가능한 건전乾田형 논임이 밝혀졌다.[2] 이처럼 곡물 재배가 이곳 주민들의 생업으로 확립된 이래 논농사와 밭농사 기술은 발전을 거듭하며 마한을 거쳐 백제로 이어졌다.

3세기경 한반도 중남부 지역 주민 생활을 전하는 『삼국지』 위서 동이전 한조에는 "마한의 주민들은 정착생활을 하고 곡식을 심으며 누에치기와 뽕나무를 기를 줄 알고 포布를 짠다"[3]고 하였다. 삼국 중에서 논농사가 가장 발

1 허문회, 2003, 「신석기시대 집자리 출토 곡물분석」, 한남대학교중앙박물관·한국고속철도건설공단 편, 『옥천 대천리 신석기유적』, pp.125~126.

2 고려대학교 매장문화재연구소, 1999, 『논산 마전리 유적』, pp.13~14; 이현혜, 2002, 「한국고대의 농업」, 한국고대사회연구소 편, 『강좌 한국고대사 6: 경제와 생활』, 가락국사적개발연구원, p.20.

3 "其民土著 種植知蠶桑 作綿布".

달한 곳은 백제 지역이었다. 기원전 1세기 마한의 생활유적인 광주 신창동 저습지에서는 두께 155cm에 달하는 두꺼운 벼껍질 층이 발견되어 생산 규모의 일단을 엿볼 수 있다.[4] 『삼국사기』 백제본기 기록에도 국가 주도로 논을 개발하고 관개시설을 축조한 기사가 다수 실려 있다.[5]

『주서周書』 이역전 백제조의 기록에 의하면 백제에서는 쌀이 곡물 중에서 가장 중요한 수세 대상이었으며,[6] 백제의 토전土田은 하습下濕하고 기후가 온난하며 오곡, 잡과, 채소, 술, 음식, 반찬, 의약품 등이 중국과 비슷하다고 하였다. 『수서』와 『북사北史』 백제전에도 "그 토지가 하습하여 사람들은 모두 산에 거주한다"는 기록이 있다.[7] 이러한 기록들은 취락은 구릉이나 산기슭에 있고 농경지는 그보다 낮은 평지나 저지에 입지한 것을 나타내는 것으로 논밭이 널리 조성되어 있던 정경을 연상시킨다. 실제로 충남 지역 여러 곳에서 공주시기, 사비시기의 논농사와 관련된 유구와 유물들이 출토되었다. 부여 궁남지유적에서는 '수전水田'이라는 글자가 적힌 목간이 출토되었고,[8] 이 밖에도 여러 곳에서 백제시대의 논 유구와 수로, 물막이 시설, 목제 농기구들이 발견되어 문헌 기록을 뒷받침한다.[9]

벼 이외에 백제 농산물의 중요 부분을 차지하는 것은 밭작물이었다. 풍납토성 내 백제시대 주거지와[10] 부여 부소산성의 창고지에서도 각종 탄화곡물이 출토되었다. 그리고 한강 유역의 경기도 하남 미사리에서는 백제시대의 밭이 발견되어 고랑, 이랑과 함께 고랑 안에 남아 있는 지그재그 형태의 작

4 국립광주박물관, 1997, 『광주 신창동 저습지 유적 Ⅰ』.

5 "下令國南州郡 始作稻田"(『三國史記』 百濟本紀, 多婁王 6년조); "命有司修隄防"(『三國史記』 百濟本紀, 仇首王 9년조); "命國人 開稻田於南澤"(『三國史記』 百濟本紀, 古爾王 9년조); "下令完固隄防 驅內外游食者歸農(『三國史記』 百濟本紀, 武寧王 10년조).

6 "賦稅以布絹絲麻及米等".

7 "厥田下濕 人皆山居"(『隋書』 東夷列傳 百濟條); "土田濕 氣候溫暖 人皆山居"(『北史』 列傳 百濟條).

8 박현숙, 1996, 「궁남지출토 백제 목간과 왕도5부제」, 『한국사연구』 92.

9 신광섭 외, 1993, 「부여 궁남지 제2·3차 발굴조사개보」, 『고고학지』 5; 허의행, 2006, 「백제시대 농업기술 연구」, 『금강고고』 3, 충청문화재연구원.

10 국립문화재연구소, 2001, 『풍납토성 I: 현대연합주택 및 1지구 재건축 부지』, pp.376, 416.

그림 Ⅲ-1-1
경기도 하남 미사리 백제시대 밭(하층)
(서울대학교박물관 편, 1994, 『미사리』 제4권, 미사리선사유적발굴조사단·경기도공영개발사업단)

물 재배 흔적들을 관찰할 수 있다(그림 III-1-1).[11] 특히 삼국시대가 되면 밭작물의 주종인 기장·조 이외에 맥류 재배가 늘어난다.[12] 보리나 밀은 식량이 바닥나기 시작하는 봄부터 가을 추수기에 이르기까지 일반 농민들의 중요한 식량원이었다. 백제의 농경지 경관이 하습하다는 기록을 통해 백제 지역에서는 논 이외에 하전下田이 많았고 하전에 적합한 보리 등 맥류 재배 비율이 다른 지역에 비해 상대적으로 높았던 것으로 추정된다. 2022년 부여 동남리 유적 백제문화층에서 피[稗]의 출납을 기록한 것으로 해석되는 목간이 발견되어 백제에서는 피도 주요 식용작물로 취급된 것을 알 수 있다.[13]

조선 전기의 기록 중에서 곡물 관련 기사를 자세하게 수록한 것은 『세종실록지리지』이다. 『세종실록지리지』에는 각 군현별로 그 지역에서 잘 자라는 작물과 나무들을 열거하였다. 〈표 III-1-2〉는 토의土宜조와 토공土貢조, 토산土産조에 열기된 산물들 중에서 식생활, 의생활에 기본이 되는 자원들을 뽑아 표로 만든 것이다. 〈표 III-1-2〉를 보면 경기·충청·전라도 각지에서 벼, 기장, 조, 수수, 콩, 팥, 보리, 메밀, 참깨 등 각종 작물들이 두루 재배된 것을 알 수 있다. 밀이 언급된 곳은 3곳(당시 충청도의 영춘, 죽산, 평택)뿐이어서 다른 작물에 비해 상대적으로 재배 지역이 제한되어 있었던 것 같다. 대추, 감, 배, 모과, 호두와 같은 유실수도 각 지역에서 널리 자라고 있었으며, 특히 대추 생산지가 아주 많은 것과 복숭아나무에 대한 기록이 보이지 않는 것이 눈에 띈다.

11 서울대학교박물관 편, 1994, 『미사리』 제4권, 미사리선사유적발굴조사단·경기도공영개발사업단.

12 이현혜, 1998, 『한국고대의 생산과 교역』, 일조각, pp.142~143. 그 밖의 작물유체 자료는 안승모, 2013, 「한반도 출토 작물유체 집성표」, 한국고고학회 편, 『농업의 고고학』, 사회평론아카데미 참조.

13 이용현, 2023, 「백제 왕도 출납 문서의 일례: 부여 동남리 49-2유적 목간①, ②의 분석시론」, 『목간에 반영된 동아시아의 법제와 행정제도』, 경북대학교 인문학술원 HK+사업단, 제5회 국제학술회의 발표문.

2. 수산물

백제 지역은 서쪽과 남쪽이 바다로 둘러싸여 있어 서남해안에 면한 군현에서는 각종 어패류와 소금이 풍부하게 생산되었다. 『삼국사기』 백제본기에 법왕法王이 즉위하여 살생을 금하도록 명령을 내리고 민가에서 기르던 매를 날려 보내고 어로와 수렵도구를 모두 불살랐다는 기록이 있다. 백제인들의 식생활에서 어패류는 단백질 공급원으로써 나름대로 중요한 비중을 차지한 것으로 생각된다. 고고학자료로는 몽촌토성에서 굴, 명주조개 껍질,[14] 백합白蛤, 가물치 등의 유체가 발견되었다.[15] 다행히 수산자원에 대해서는 조선시대 지리서에 비교적 자세한 기록이 실려 있다. 서남해안에서 생산되는 어패류만 해도 50여 종이 넘을 정도로 종류가 다양하다(표 Ⅲ-1-2 참조). 각 시기별 지리서의 기록을 비교해 보면 조선 전기에서 후기로 갈수록 군현별로 징수된 어패류의 품목 수가 늘어나 『세종실록지리지』보다 『신증동국여지승람』이 많고 『신증동국여지승람』보다 『여지도서』가 더 많다.

백제 지역에서는 식생활의 필수품인 소금이 풍부하게 생산되었다. 제염장의 위치와 규모 등 소금 생산에 대해 가장 자세한 내용을 전하는 것은 『세종실록지리지』이다. 〈표 Ⅲ-1-2〉에서 보듯이 서남해안에 면한 여러 군현에서 소금이 생산되었는데, 경기도 남양(44개소), 충청도 당진(35개소), 전라도 나주(35개소)에 제염장인 염소가 집중되어 있다.

14 서울대학교박물관, 1988, 『몽촌토성: 동남지구발굴조사보고』 p.59; 1989, 『몽촌토성: 서남지구발굴조사보고』, p.199.
15 김건수, 2000, 「원시 및 고대인의 식생활」, 『국사관논총』 91, 국사편찬위원회, p.83.

3. 섬유 자원

일상생활뿐 아니라 국가 경영에 있어서 식생활 자원 못지않게 중요한 비중을 차지하는 것은 섬유 자원이다. 『삼국지』 위서 동이전에 마한의 주민들은 누에를 기를 줄 알고, 포를 짠다는 기록이 있다. 그리고 『주서』에 의하면 백제에서는 포(布), 명주(견사絹絲), 삼베(마麻), 쌀(미米) 등을 세금으로 거둔다고 하였다.[16] 이처럼 백제 지역에서는 일찍부터 누에를 길러 명주실을 뽑고 대마를 길러 삼베를 짰다. 〈표 Ⅲ-1-2〉를 보면 경기도, 전라도 대부분의 군현과 충청도의 55개 군현 중 8개 지역이 마 생산에 적합한 것으로 나타난다. 반면 『신증동국여지승람』 시기에 이르면 마 생산지가 평안도, 황해도, 함경도에 집중되고 충청도, 전라도 지역에는 삼베 납공의 부담을 지는 곳은 한 곳도 없다. 이는 『신증동국여지승람』 시기에 이르러 충청도와 전라도 지역이 모시 생산과 납공의 중심지가 되면서 일어난 변화이다(표 Ⅲ-1-1 참조).

명주 생산과 관련하여 『세종실록지리지』에는 뽕나무, 산뽕나무가 잘 자라는 곳을 기록하였는데, 뽕나무 재배 기록이 있는 곳은 양잠이 활발하게 이루어진 곳으로 볼 수 있다. 〈표 Ⅲ-1-2〉를 보면 경기도, 충청도, 전라도의 거의 전역이 뽕나무 재배에 적합한 지역으로 나온다. 『신증동국여지승람』 토산조에서는 뽕나무 대신 명주 생산과 납공처를 기록하였는데[표 Ⅲ-1-2에서는 (사)로 표기한 곳] 명주 생산지는 평안도, 황해도, 함경도에 밀집되어 있으며, 특히 전체 생산지의 절반 이상이 평안도에 집중되어 있다(표 Ⅲ-1-1 참조). 경기도에는 9곳, 충청도에는 청풍이 유일하게 명주 생산지로 기록되어 있다.

16 "賦稅以布絹絲麻及米等"(『周書』 異域列傳 百濟條).

표 Ⅲ-1-1 『신증동국여지승람』 토산조 섬유 자원 생산지 일람표

종류＼지역	경기도	충청도	전라도	평안도	황해도	함경도	강원도	경상도	합계(곳)
삼베	8	0	0	38	14	22	0	1	83
모시	0	12	14	0	1	0	3	3	33
명주실	9	1	0	42	15	13	0	1	81

4. 광물 자원

(1) 금과 은

『삼국지』 위서 동이전에 마한인들은 금은제 장신구를 귀하게 여기지 않는다는 기록이 있다. 하지만 백제시대가 되면 무령왕릉을 비롯한 지배계급의 무덤 출토품을 통해 알 수 있듯이 왕족과 귀족들은 관식, 관모, 귀걸이, 반지, 팔찌, 도검류 등 금은으로 세공한 각종 물품들을 사용하였다. 또한 백제 중앙 정부는 지방 유력자들에게도 지위와 권세의 크기에 따라 위세품을 하사하였다. 전북 익산 입점리, 충남 공주 수촌리, 충남 서산 부장리, 충남 천안 용원리, 전남 나주 신촌리 등 토착 지배집단의 무덤에서도 금동제 관모, 금귀걸이, 금동신발, 장식대도 등 화려한 금은, 금동제품들이 출토되었다.[17] 이러한 귀금속 세공품의 제작은 왕실 또는 국가의 관부가 장악하고 있었다.[18] 이러한 생산 관리 체제는 통일신라에서도 마찬가지였을 것이나 백제나 통일신라의 금·은 산지를 알려 주는 문헌 기록은 남아 있지 않다.

고려에서는 국가에서 필요한 수공품을 공급하기 위해 금소金所, 은소銀所, 동소銅所, 철소鐵所 등을 설치하여 광석을 채굴하였으나 그 소재지가 알려진 것은 일부에 불과하다. 백제 지역에서 확인되는 고려시대의 금 산지는 충청

17 국립공주박물관·충청남도역사문화원, 2006, 『한성에서 웅진으로』, 4~5세기 백제유물특별전.
18 김창석, 2007, 「백제 왕실수공업의 성립과 생산체제」, 『백제연구』 45.

도 홍주의 옥사금소玉賜金所, 충청도 대흥의 거변소居邊所(옛 거질물금소居叱勿金所), 충청도 가림(임천)의 금소金所, 전라도 보성의 미력금소彌力金所(미력소旀力所)이다.

조선시대가 되면 금 산지는 크게 늘어난다. 전기에는 국내외 사정으로 정부가 금광, 은광의 개발을 주도하여 조선 건국 이후 성종 대까지 전국에 금 산지 33개소, 은 산지 29개소가 개발되었다. 유승주의 도별 산금지 개발연표를 보면 33개 금 산지 중 15개소가 경기(2곳), 충청(3곳), 전라(10곳) 지역에 분포하여 고려시대보다 전라도 지역에 채금지가 많이 늘어난 것이 눈에 띈다.[19] 우여곡절에도 금광 개발은 꾸준히 지속되어 18세기 후반에는 평안도, 함경도를 중심으로 사금광 채굴이 널리 이루어졌고, 18세기 말~19세기 초에는 사채와 잠채가 더욱 늘어났다. 정조 4년(1780)에서 철종 14년(1863)까지 충청도, 전라도 지역에서도 충주, 순천, 무주, 임실 등지에서 사금광이 개발되었다는 기록이 있다.[20]

현재 확인된 고려시대의 은소 역시 금소와 마찬가지로 거의가 충청도에 위치하는데, 청주의 초자은소椒子銀所, 배음은소拜音銀所, 옥천의 산즙암은소酸汁巖銀所(향鄕), 청산의 계은천소界銀川所, 청천의 신은소新銀所이다. 전라도에는 함열의 도내산은소道乃山銀所 한 곳이 있다(표 Ⅲ-1-3 참조). 조선 건국 이후 성종 대까지 개발된 29개 은 산지 중 8개소가 경기도(1곳), 충청도(5곳), 전라도(2곳) 지역에 분포하며[21] 고려시대에 비해 채광지가 약간 늘어났다. 그러나 『세종실록지리지』에는 함경도 단천을 비롯한 8개 읍의 산금지만 기록에 올리고 충청도, 전라도, 경상도 등지의 산금지들은 아예 기록에 올리지 않았는데 이는 생산량이 보잘것없었기 때문이라고 한다.[22]

은의 경우 16세기 이후 민간에 의한 은광 개발이 부분적으로 가능하게 되

19 유승주, 1993, 『조선시대광업사연구』, 고려대학교 출판부, pp.83~87.
20 유승주, 1993, pp.332~334, 353, 375.
21 유승주, 1993, pp.83~86.
22 유승주, 1993, p.106.

어 생산이 활발해졌다. 병자호란(1636) 이후에는 무기 제조 원료로 아연의 수요가 높아지면서 은광산이 적극 개발되었다. 은은 납(연鉛)과 동일 광석에서 생산되었는데 17세기 후반에 이르면 연·은 산지는 전국에 80여 개소가 넘으며(은점, 연점), 이 중 경기도(11), 충청도(9), 전라도(8) 지역에서 개발된 은광은 28개소나 된다.[23] 특히 이 시기 경기도 지역(양주, 파주, 교하, 삭녕)에서 연·은광산이 많이 개발되고 있는 것이 눈에 띈다. 18세기 후반 상품화폐경제가 더욱 발달하면서 은점 개설과 은광 잠채가 광범위하게 이루어지는 등 은광 개발은 지속되었다.[24] 〈표 III-1-3〉에서 은 산지의 대부분이 조선 후기 자료에서 나타나는 것은 바로 이러한 사정을 반영한다.

은 산지는 연 산지 추정 자료로도 활용될 수 있다. 한반도산 은광석에는 다량의 연이 함유되어 있어 은 함유량이 가장 많았던 함경도 단천 은광조차도 연:은 비율이 80:1이었다고 한다.[25] 고대사회에서는 청동기 제작에 연이 많이 사용되었다. 청동제품을 주조할 때 구리의 용융온도를 낮추고 유동성을 좋게 하기 위해 주석을 첨가하는데 주석은 값이 비싸고 산지가 제한되어 대신 아연을 많이 사용하였다고 한다.[26]

(2) 구리

충남·전라도 지역은 한반도 세형동검문화의 양대 중심지의 하나로 기원전 4세기~기원전 2세기경 이 지역에서는 다량의 세형동검 관련 청동기들이 제작되었다. 한반도에서 출토된 세형동검 관련 청동기들은 대부분 구리(동銅), 주석, 납을 섞은 삼원합금으로 만들어졌다. 그리고 백제에서도 불교 수

23 유승주, 1993, pp.209~214.

24 유승주, 1993, p.324.

25 유승주, 1993, p.210.

26 강형태·정광용·조상기·이문형, 2003, 「논산시 원북리 토광묘유적 출토 청동기의 과학분석」, 『한국상고사학보』 39, pp.20, 24.

용 후 불상 등 불교 미술품 제작에 청동이 많이 사용되었다. 그러나 이러한 청동기를 제작하는 데 사용한 구리의 산지에 대해서는 알려진 것이 없다.

문헌 기록을 통해 확인할 수 있는 구리 산지 역시 고려시대 이후의 것이다. 고려시대의 구리 산지로 전라도 진산의 동소銅所(동계소銅界所)와 전라도 용담의 동향銅鄕(동리향銅里鄕) 두 곳이 확인된다. 동광銅鑛은 18세기 중엽에 이르기까지도 거의 개발되지 못한 채 있었으나 왜동倭銅의 수입량이 감소하고 영조 16년(1740)의 은점 개설을 규제하는 법이 시행되면서 이에 자극을 받아 동광 개발이 활발해졌고 이후 지속적으로 개발되었다.[27] 〈표 III-1-3〉에 수록된 경기도, 충청도, 전라도 지역의 동광은 18~19세기 전반기에 개발된 것이 대부분이다.

흥미롭게도 이 시기에 충청도, 전라도 지역에서 동광이 개발된 대부분 지역이 조선 전기의 자연동 산지였다. 즉 18~19세기에 개발된 동광 중에서 충청도의 진잠, 공주, 연산, 전라도의 영광, 흥양, 순창, 강진, 해남, 창평, 평안도 강동(삼등)은 모두 『세종실록지리지』 또는 『신증동국여지승람』에서 자연동 산지로 파악된 곳이다. 자연동은 『세종실록지리지』와 『신증동국여지승람』에서는 약재로 분류되었는데, 이 자연동의 화학성분은 구리로 구리광산에서 생긴 황화동 용액이 환원하여 생성된 것이다. 『세종실록지리지』와 『신증동국여지승람』에 실린 전국의 자연동 산지는 충청도에 10곳, 전라도에 7곳으로 전국 17개 자연동 산지 대부분이 충청도와 전라도 지역에 분포한다. 이러한 자연동 산지는 고려 이전의 구리 산지를 추정하는 데 유용한 자료이다.

(3) 철

국가 운영이나 일상생활에서 철은 아주 중요한 자원이었다. 특히 고대사

27 유승주, 1993, pp.326~328, 374.

회에서 철 자원과 철을 다루는 기술은 국가의 군사력과 생산력을 좌우하고 정치·사회적 발전 속도에 큰 영향을 미쳤다. 기원전 3세기 말~기원전 2세기경 한반도 서남부 지방에 처음으로 철기가 등장하였고, 늦어도 기원전 2세기 말경에는 한반도 서남부 지방에서도 주조 철기 제작이 이루어졌다. 『삼국지』 위서 동이전 한조 기록을 통해 알 수 있듯이 마한의 소국들은 진·변한 지역에서 생산된 철 소재를 수입하여 철기를 제작하였다. 경기도 가평 마장리, 가평 이곡리, 양평 대심리, 하남 미사리 유적 등은 철 소재를 이용하여 철기를 제작하는 단야 공정 단계의 유적들로 밝혀졌다.[28]

백제 지역 내에서 직접 철을 제련하기 시작한 것이 언제부터인지 불확실하지만 문헌 기록에는 4세기 중엽 곡나谷那철산이라는 백제의 철 산지가 등장한다. 『일본서기』 신공기神功紀 46년조(조정기년 366)에 백제가 왜와의 통교를 제의하면서 왜 사신에게 오색 비단 등과 함께 철정鐵鋌 40매를 선물로 주었다는 기록이 있다. 그리고 신공기 52년조(조정기년 372)에는 백제가 왜왕에게 칠지도七枝刀·칠자경七子鏡 등을 선물로 보내고 곡나철산의 철을 취하여 왜에 주겠다는 말을 전하였다는 기록이 있다. 이 기사는 백제 근초고왕이 왜와 외교적·군사적으로 밀접한 교류 관계를 맺으면서 백제에서 생산한 철 소재를 왜에 수출한 것을 말한다.[29]

고고학상으로 경기도 화성군 기안리에서 마한시기의 제철 유적이 발견되었다.[30] 그리고 백제시대의 대규모 철 생산 유적이 발굴된 곳은 충북 진천군 덕산면 석장리유적이다. 진천 덕산면 일대에는 석장리 이외에도 구산리 등 인근 지역 7개 지점에서 제련의 흔적이 확인되어 이 일대에서 대규모의 철

28 이영훈·손명조, 2000, 「고대의 철·철기 생산과 그 전개에 대한 고찰」, 한국고대사회연구소, 『한국고대사논총』 9, 가락국사적개발연구원, pp.7, 25.

29 곡나라는 지명은 『일본서기』에는 신공기 52년조 외에 응신應神기 8년 3월조 세주에도 나오며 양자를 각각 황해도 곡산과 전남 곡성 등에 비정하지만[『日本書紀 上』(日本古典文學大系 67), 1967, 東京: 岩波書店, pp.358, 366], 조선시대 지리지에는 양 지역 어느 곳에서도 철이 난다는 기록이 없다.

30 기전문화재연구원, 2003, 『화성 발안리 마을유적·기안리 제철유적 발굴조사』 현장설명회 자료.

생산이 이루어졌던 것으로 추정되고 있다. 최신 자료에 의하면 이 밖에도 청주 등 여러 곳에서 제철 유구가 발견되고 있다.[31]

문헌상으로는 〈표 Ⅲ-1-3〉에서 보이듯이 충북 충주에는 고려시대에 다인철소多仁鐵所가 있었고 『세종실록지리지』 시기에는 철장鐵場이 있었다. 또한 이곳은 『신증동국여지승람』부터 조선 후기 지리서인 『여지도서』, 『대동지지』에 이르기까지 계속하여 철을 생산한 곳으로 기록되어 있다. 이 밖에 백제 지역에서 고려시대의 철소가 있었던 곳은 경기도 영평(용곡소龍谷所),[32] 충청도의 옥천(어모소於毛所), 회덕(침이소針伊所), 이산(등수소登水所, 저정소猪井所), 서산(위포소葦浦所), 전라도의 전주(우양촌철소右陽村鐵所), 무안(수다소水多所, 고철소원철소古鐵所院鐵所) 등이다. 고려시대 철소는 대부분 조선 전기 지리서에서는 고적조에 기재되어 있다.

조선 정부는 철 생산에 적극적이었다. 15세기 중엽의 상황을 보여 주는 『세종실록지리지』에는 전국 67개소의 철 산지가 실려 있는데, 이 가운데서 15곳의 철 산지가 경기도(1), 충청도(7), 전라도(7) 지역에 있다. 당시 조선 정부는 철 생산량이 풍부한 곳에는 철장[33]을 설치하여 정부가 직영하고 나머지 철광들은 민간의 사적 생산을 허용하여 일정액의 공철을 부과하여 수취하였다.[34] 전국 철 산지의 절반 좀 못 미치는 29개 지역에 철장을 설치하였는데 충청도 2곳(충주, 서산), 전라도 7곳(고산, 무안 2곳, 무주, 창평, 동복, 화순)에 철장이 있었다(표 Ⅲ-1-3 참조).[35]

이후 성종 연간에 철 수취제도가 바뀌었는데 『신증동국여지승람』 지역별

---

31 이영훈·손명조, 2000, p.11; 장덕원, 2023, 「한성백제기 철생산유적의 조사현황」, 『강철백제: 철, 강한 나라를 만들다』. 2023 백제문화 특별전 도록, 한성백제박물관, pp.134, 139.

32 동소로 비정되기도 한다(서성호, 1997, p.55).

33 철의 생산지에 설치한 제련장. 사철, 석철 등을 제련하여 정철을 만들었다. 조선시대에는 태종 7년(1407)에 비로소 철장을 설치하고 백성을 모집하여 철을 제련하여 국용에 쓰게 하였다고 한다(한우근 외, 1986, 『역주 경국대전: 주석편』, 한국정신문화연구원, p.766).

34 유승주, 1993, pp.9~13.

35 유승주, 1993, pp.24~28.

토산조에 명기된 산철지 83개 읍은 바뀐 후의 상황을 반영한 것이다.[36] 『신증동국여지승람』 단계에서 기존 철장이 있던 지역 이외에 충청도에서는 이산, 석성, 홍주, 태안, 해미 등의 철 산지가, 전라도에서는 금산, 광산, 함평, 광양 등의 철 산지가 추가된다. 조선 후기가 되면 각종 광산 개발이 민영화되어 갔고 광산 종사자들의 끈질긴 참여로 광산 개발이 꾸준히 지속되었다. 그 결과 『여지도서』 도별 각 읍의 토산·물산조에 64개 읍이던 철 산지가 『임원십육지』에는 82개 읍으로 증가하였다.[37]

5. 기타 산물

〈표 Ⅲ-1-4〉는 경기도, 충청도, 전라도 지역에서 생산되는 옥석玉石, 토土·석石, 칠漆, 목재, 녹반綠礬 산지 일람표이다. 녹반의 주성분은 황화철로 철 자원 분포지 추정을 위한 보완 자료가 될 수 있을 것이다. 청옥, 황옥, 백옥, 수정옥 같은 옥석류는 각종 장신구의 원료 산지를 추정하기 위한 것으로 경기도와 충청도 지역에 옥 산지가 많이 분포한다. 전라도 고산에서 오수정이 생산되는 것이 눈에 띈다.

칠은 공예품 원료로 조선시대 지리서에 의하면 충청도 지역과 특히 전라도 지역에 옻나무가 많이 재배되었다. 칠은 『세종실록지리지』에 충청도, 전라도, 평안도 세 도의 공물로 표시되어 있다. 칠림漆林은 양전의 대상으로 세조 13년에 군현의 대소에 따라 그루 수를 정하여 기르게 하고 연말에는 숫자를 계산하여 조정에 올리게 하였다고 한다.[38] 광주 신창동 저습지유적에서는 목기에 흑칠을 한 다량의 칠기들이 출토되었고,[39] 충남 공주 무령왕릉에서

36 유승주, 1933, pp.56~60.
37 유승주, 1993, pp.268~270.
38 한우근 외, 1986, pp.297, 758.
39 국립광주박물관, 2001, 『광주 신창동 저습지 유적 II』, pp.110~114.

출토된 두침頭枕과 족좌足座에도 채색 칠이 되어 있는 등 마한과 백제에서도 칠은 아주 중요한 공예품 원료로 사용되었다.

전라도에는 비자榧子 산지가 여러 곳 있는데 비자는 비자나무 열매이며 비자나무는 결이 매우 아름다우며 향기가 있기 때문에 건축재 또는 가구재로 쓰인다고 한다.[40] 『세종실록지리지』에 경기도 지평에 자단紫檀과 백단白檀 나무가 잘 자란다고 하였는데 자단은 고급 공예품이나 목가구에 사용되며 자단으로 만든 목가구는 왕실이나 상류층이 애호하던 명품 가구였다고 한다. 호두나무는 열매와 함께 목재가 가구 제작에 널리 사용되므로 기타 산물에 포함시켰다. 그리고 전라도 거의 전역에서 각종 대나무가 자라고 있어 칠과 함께 전라도의 중요 토산물로 기록하였다.

40 한우근 외, 1986, p.765.

표 Ⅲ-1-2 『세종실록지리지』 소재 산물 일람표

섬유 자원

- 마麻: 삼베
- 저苧: 모시
- 상桑: 뽕나무 / 자柘: 산뽕나무
- 사絲: 명주실(『신증동국여지승람』 토산조 기록을 첨가한 것임)

곡물

- '오곡五穀'은 『세종실록지리지』에서 "기장[서黍], 피[직稷], 콩[숙菽], 보리[맥麥], 벼[도稻]"를 말한다.
- 옥수수(당서唐黍), 율무(의이薏苡), 조(속粟), 팥(소두小豆), 밀(소맥小麥), 메밀(교맥蕎麥), 참깨(호마胡麻, 지마芝麻)

유실수

모과(목과木瓜), 잣(송자松子), 밤(율栗), 감(시柿), 대추(조棗), 배(이梨)

어패류

가물치(가대어加大魚), 갈치(도어刀魚), 건숭어(건수어乾水魚), 낙지(낙제絡締), 넙치(광어廣魚), 농어(노어鱸魚), 누치(눌어訥魚), 망둑어(망어魴魚), 민어民魚, 밴댕이(소어蘇魚), 뱅어(백어白魚), 병어兵魚, 붕어(즉어鯽魚), 상어(사어鯊魚), 숭어(수어秀魚), 쏘가리(금린어錦鱗魚), 설치(설대어舌大魚), 오징어(오적어烏賊魚), 옥도미(옥두어玉頭魚), 웅어(위어葦魚), 은어(은구어銀口魚), 전어錢魚, 조기(석수어石首魚), 준치(진어眞魚), 참가사리(세모細毛), 참조기(황석수어黃石首魚), 청어靑魚, 호독어好獨魚, 홍어洪魚, 황대구(황대어黃大魚), 물고기젓(어해魚醢), 가무락조개(황합黃蛤), 굴(석화石花), 꼬막(강요주江瑤柱), 대게(대해大蟹), 대합조개(생합生蛤), 맛조개(죽합竹蛤), 모시조개(황합黃蛤), 미네굴(토화土花), 소라小螺, 전복(생포生鮑), 조개(합蛤), 게(해蟹), 청해靑蟹, 큰새우(대하大蝦), 중새우(중하中蝦), 붉은큰새우(홍대하紅大蝦), 쌀새우(백하白鰕), 곤쟁이(자하紫蝦), 김(해의海衣), 우무(우모牛毛), 해파리(해양海䑋)

- 어량魚梁: 어로에 방죽 등을 세워 물고기를 잡는 기구. 고려시대 및 조선시대 성종 이전까지는 어량(漁梁, 魚梁)이란 말이 일반적으로 쓰이다가 성종 대부터 어전魚箭이란 용어가 더 많이 쓰였다. 고기 잡는 도구를 하천을 가로질러 설치한 모양이 다리와 유사한 것에서 유래한 표현이다(한우근 외, 1986, 『역주 경국대전: 주석편』, 한국정신문화연구원, p.265).
- 염분鹽盆, 염소鹽所: 제염장에서 소금을 굽는 염부鹽釜를 보통 염분鹽盆이라 칭하며 때에 따라서는 염전, 기타 제염장에 속하는 설비 전체를 가리켜 염 제조의 단위로 부르기도 한다. 염분이 있는 곳을 염소라 한다(한우근 외, 1986, 『역주 경국대전: 주석편』, 한국정신문화연구원, p. 266).
- 염창鹽倉: 세염의 보관 창고(한우근 외, 1986, 『역주 경국대전: 주석편』, 한국정신문화연구원, p.266).

※ 표 안의 ( ) 표시는 『세종실록지리지』에는 없고 『신증동국여지승람』에 추가된 것임.

① 경기도

구분 / 지역	섬유 자원		식용 자원			
	섬유	뽕나무	농산물	유실수	어패류	소금
광주	(마, 사)		오곡, 잡곡	대추	은어	염소 1
여흥	마, (사)	뽕	오곡, 조, 팥, 메밀		물고기젓	
양근	마	뽕	오곡, 조, 팥, 메밀, 참깨	대추		
음죽	마	뽕	오곡, 조, 팥, 녹두, 메밀, 참깨			
이천	마	뽕	오곡, 조, 메밀, 참깨	대추		
과천	마	뽕	오곡, 조, 팥, 메밀, 참깨			
천녕	마	뽕	오곡, 조, 팥, 메밀, 참깨(지마)			
지평	마	뽕	오곡, 조, 팥, 메밀,	대추		
금천	마	뽕	오곡, 조, 팥, 녹두, 메밀, 수수, 참깨			
양주	(마, 사)	뽕	오곡, 조, 메밀	잣		
원평	마	뽕	오곡, 조, 팥, 녹두, 메밀, 참깨			
고양	마	뽕	오곡, 조, 옥수수, 메밀, 팥, 참깨			
교하	마	뽕	오곡, 조, 메밀, 녹두, 팥			
임진			오곡, 조, 팥, 메밀			
적성	마	뽕	오곡, 조, 메밀, 팥			
포천	마	뽕	오곡, 조, 팥			
가평	마	뽕	오곡, 조, 팥, 참깨	잣, 밤		
수원	마	뽕	오곡, 조, 팥, 참깨		어량 2 / 송어, 숭어, 민어, 참치, 농어, 뱅어, 상어, 쌀새우, 중새우, 큰새우, 굴, 낙지, 모시조개	염소 6
남양	마	뽕	오곡, 조, 옥수수, 팥, 참깨		어량 2 / 민어, 송어, 숭어, 상어, 참치, 가물치, 조기, 큰새우, 중새우, 곤쟁이, 모시조개, 대합조개, 미네굴, 굴, 낙지	염소 44
안산	마		오곡, 조, 팥, 메밀		어량 5 / 송어, 민어, 숭어, 조기, 농어, 참치, 홍어, 큰새우, 중새우, 모시조개, 미네굴, 굴, 낙지	염소 5

안성	마, (사)	뽕	오곡, 잡곡	대추, 모과, 감		
진위	마	뽕	오곡, 조, 팥, 메밀, 녹두, 참깨			
용인	(마, 사)		오곡, 조, 팥			
양성	마	뽕	오곡, 조, 팥, 메밀, 참깨		물고기젓, 민어, 건숭어	염소 1
양지	마	뽕	오곡, 팥			
철원	마	뽕	오곡, 조, 팥, 참깨, 메밀			
삭녕	마, (사)	뽕	오곡, 조, 팥, 수수, 메밀			
영평	마	뽕	오곡, 조, 팥, 메밀			
장단	마, (사)	뽕	오곡, 조, 팥, 메밀			
안협	마	뽕	오곡, 조, 옥수수, 녹두, 팥, 메밀, 참깨	배		
임강	마	뽕	오곡, 조, 팥, 메밀, 참깨			
마전	마, (사)	뽕	오곡, 조, 팥, 녹두, 메밀			
연천	마, (사)	뽕	벼, 조, 기장, 피, 콩, 팥			
부평	마	뽕	오곡, 조, 팥, 녹두		어량 1 / 참치, 민어, 조기, 가물치, 미네굴, 청해	염소 7
강화도	마	뽕	오곡, 조, 옥수수, 팥, 메밀, 참깨	감	어량 2 / 홍어, 숭어, 민어, 쌀새우, 대합조개, 미네굴, 굴	염소 11
인천	마	뽕	오곡, 조, 팥, 메밀, 참깨		어량 19 / 참치, 오징어, 농어, 갈치, 홍어, 넙치, 설치, 송어, 조기, 망어, 상어, 숭어, 민어, 가물치, 도미, 큰새우, 대합조개, 모시조개, 낙지, 소라	염소 6
해풍	마	뽕	벼, 기장, 소, 콩, 보리, 팥, 메밀			
김포	마	뽕	오곡, 조, 옥수수, 팥, 녹두, 메밀		어량 1 / 숭어, 민어, 굴, 미네굴	염소 2
양천	마		벼, 조, 기장, 피, 콩, 옥수수, 팥, 녹두, 메밀		뱅어, 웅어, 숭어, 면어	
교동	마	뽕	조, 팥, 녹두, 메밀, 참깨		민어, 말린 숭어, 물고기젓, 대합조개, 굴, 미네굴, 쌀새우, 조기	염소 3
통진			벼, 조, 기장, 콩, 팥, 메밀		어량 2 / 숭어, 참치, 미네굴, 쌀새우, 황대구(황대어)*	염소 3

* 황대구는 다른 곳에는 없으므로 선덕(宣德: 명나라 선종 때 연호) 때에 명나라 사신이 황제의 명으로 와서 구해 갔다고 한다.

② 충청도

구분 / 지역	섬유 자원		식용 자원			
	섬유	뽕나무	농산물	유실수	어패류	소금
충주	생사 生絲	뽕	오곡, 팥, 참깨	대추, 모과		
단양	마	뽕, 산뽕	콩, 조	대추		
청풍	(사)	뽕, 산뽕 [잠실]	기장, 피, 콩, 조, 팥, 보리	대추		
괴산		뽕, 산뽕	오곡, 조, 팥	대추, 모과		
음성			오곡, 조, 팥, 녹두	대추		
연풍		뽕	콩, 조, 기장, 팥, 메밀			
제천		뽕	오곡, 조	호두		
영춘		뽕	콩, 조, 팥, 메밀, 밀			
청주		뽕, 산뽕	오곡, 조, 녹두, 팥, 참깨	배, 은행, 대추		
천안		뽕	오곡, 조, 팥, 참깨	배, 대추	잉어	
옥천		뽕, 산뽕	오곡	호두, 대추		
문의			오곡, 조, 메밀	대추		
목천			오곡, 조, 팥, 메밀	배, 대추		
죽산			기장, 벼, 콩, 조, 팥, 메밀, 참깨, 밀	대추		
청안		뽕, 산뽕	기장, 벼, 콩, 조, 보리, 메밀	배, 대추		
전의			기장, 벼, 조	호두, 대추		
연기		뽕	오곡, 조, 팥, 메밀	대추		
직산			기장, 벼, 피, 콩, 조, 팥, 메밀, 녹두, 율무	대추, 감	어량 1 / 송어	염소 1
평택			벼, 피, 콩, 보리, 밀			

온수	목면		오곡	대추, 감, 배, 모과		
신창			오곡, 조	모과	잉어	
아산			오곡, 조, 참깨, 율무	대추	어량 3 / 쌀새우, 큰새우, 중새우, 뱅어, 민어, 숭어, 참치, 망둑어, 황숭어, 세미어細尾魚	
영동	마	뽕	콩, 조, 기장, 보리	대추, 배, 호두, 모과		
황간			오곡	대추, 배, 호두		
회인		뽕	기장, 피, 콩, 조, 팥, 메밀, 보리	배		
보은		뽕	오곡, 조, 팥, 메밀	잣, 대추, 호두, 배		
청산		뽕, 산뽕	오곡, 조	배, 대추, 모과		
진천			오곡, 조, 참깨, 팥	대추		
공주		뽕	오곡	잣, 감, 대추, 호두		
임천	마, 모시, 목면		벼, 피, 콩, 메밀, 보리	잣, 대추	숭어, 민어, 잉어	
한산	모시		오곡		뱅어, 홍어, 상어, 말린 잉어	
서천	모시, 마		오곡, 조, 메밀, 참깨	모과, 감	어량 17 / 참가사리, 참치, 대합조개, 굴, 홍어, 상어, 숭어, 전어, 민어, 오징어, 붉은 큰새우, 갈치, 가물치	염소 2
남포	모시, 마		기장, 벼, 콩, 조, 메밀, 보리	잣, 감	어량 3 / 참가사리, 붉은 큰새우, 은어, 대합조개, 낙지, 청어, 상어, 숭어, 홍어	염분 18, 염정 3

비인	모시, 마		기장, 벼, 콩, 조, 팥, 메밀	감, 배	어량 15 / 참가사리, 붉은 큰새우, 청어, 홍어, 상어, 전어, 숭어, 가물치, 오징어	염분 20, 염정 1
정산	모시		기장, 벼, 피, 콩, 조, 팥, 메밀	모과, 감, 배, 대추		
홍산	모시		벼, 피, 메밀	대추		
은진		뽕	오곡, 조, 팥, 메밀	밤, 대추		
연산			오곡	호두, 모과, 대추, 잣	잉어	
회덕			오곡	모과, 대추		
석성	모시		기장, 피, 벼, 콩, 조, 팥, 메밀, 참깨	대추		
진잠		뽕	오곡			
부여	모시	뽕	오곡		잉어, 웅어	
이산			오곡, 조, 팥, 메밀	대추		
홍주	모시		벼, 기장, 피, 조, 팥, 콩	밤, 대추	어량 33 / 큰새우, 청어, 갈치, 망어, 상어, 조기, 가물치, 준치, 광어 / 큰새우, 홍어, 숭어[고구현]	염소 1
태안			기장, 벼, 콩, 조		어량 46 / 참가사리, 숭어, 민어, 상어, 홍어, 큰새우, 김, 해청海靑, 낙지, 전복, 청어, 갈치, 전어, 조기, 망어	염분 11, 염정 16
서산	마, 모시		벼, 기장, 피, 조, 보리, 메밀		어량 10 / 참가사리, 숭어, 민어, 홍어, 상어, 큰새우, 굴, 낙지, 청어, 조기	염소 1 (염분 3, 염정 2)
면천		뽕	오곡, 조, 팥, 메밀	배	뱅어, 쌀새우	염소 1 (염분 36)
해미	마, 모시		오곡, 메밀		어량 1 / 참가사리, 숭어, 민어, 굴, 전어, 광어, 갈치, 조기, 홍어	염분 1

당진			오곡, 조, 팥, 메밀		어량 1 / 낙지, 굴, 숭어, 홍어, 큰새우	염소 35
덕산			오곡, 조, 참깨, 팥	감, 대추		
예산			오곡, 조, 팥, 참깨	감, 대추	말린 잉어	
청양	모시		기장, 피, 벼, 콩, 조, 메밀	모과, 감, 배, 대추		
보령	목면		오곡, 조, 팥, 메밀	밤, 감	어량 5 / 숭어, 상어, 홍어, 청어, 가물치, 참가사리	염소 3, 염분 18
결성			오곡, 조, 팥, 메밀		어량 1 / 참가사리, 숭어, 상어, 준치, 전어, 갈치, 조기, 오징어, 가물치, 민어, 낙지, 은어	
대흥			기장, 피, 콩, 팥, 보리	배, 대추		

③ 전라도

구분 / 지역	섬유 자원		식용 자원			
	섬유	뽕나무	농산물	유실수	어패류	소금
전주	마, 모시	뽕	오곡	감, 배, 대추, 석류		
진산	마	뽕	오곡	대추		
금산	마	뽕	오곡	모과, 배, 대추		
익산	마, 모시	뽕	오곡	대추, 석류		
고부	마		오곡	대추, 석류		
김제	마, 모시		오곡			
금구	마, 모시, 목화		오곡	석류, 배, 감		
만경	마, 모시		오곡		상어, 청어, 조기	염소 1
임피	마, 모시	뽕	오곡	대추, 석류		
옥구	마, 모시	뽕	오곡	밤, 대추	상어	염창, 염소 1
함열	마, 모시	뽕	오곡			
용안	마, 모시	뽕	오곡			
부안	마, 모시		오곡		어량소魚梁所 2 / 상어, 청어	염창, 염소1
정읍	마, 목화	뽕	오곡	대추, 감		

태인	마, 모시, 목화	뽕	오곡	대추, 석류, 감		
고산	마, 목화	뽕	오곡	대추, 석류, 감		
여산	마, 모시	뽕	오곡	밤, 석류		
나주	마, 목화	뽕	오곡	대추, 감, 배, 석류, 귤	절어節魚	염창, 염소 35
해진	마, 모시, 목화	뽕	오곡		전복, 홍합	
영암	마		오곡	석류, 감, 귤	숭어, 전복	염창, 염소 3
영광	마, 모시		오곡	석류, 대추	어량 13 / 상어, 숭어, 조기	염창, 염소 1, 염분 113
강진		뽕	오곡	귤, 석류, 대추	전복, 은어	
무장	목화		오곡		어량 34 / 말린 숭어, 조기, 상어	염소 1 염분 30
함평	마, 모시, 목화	뽕	오곡	석류	상어	염소 4
남평	마	뽕	오곡	석류		
무안	마, 목화	뽕	오곡	석류	상어, 숭어, 김, 굴, 낙지	
고창	목화		오곡	석류, 대추		
흥덕	목화		오곡	밤, 석류	상어	염창
장성	마, 모시, 목화	뽕	오곡			
남원	마, 목화	뽕	오곡	모과, 감, 대추, 석류, 배, 매실	은어	
순창	마, 모시, 목화	뽕	오곡	석류, 대추, 감, 배		
용담	마	뽕	오곡	대추, 배		
구례	마, 목화	뽕	오곡	감, 석류, 배, 대추, 호두(당추자唐楸子)	은어	
임실	마	뽕	오곡	배	은어	
운봉	마	뽕	오곡	감		
장수	마	뽕	오곡	감, 대추, 배		
무주	마	뽕	오곡	감, 호두, 배, 모과		
진안	마	뽕	오곡	대추		
곡성	마, 목화	뽕	오곡	감, 배, 모과	은어	

광양	마, 목화		오곡	감, 대추, 배	은어	염창, 염소 2
장흥	마, 목화		오곡	밤, 석류, 배, 유자	전복, 말린 홍합, 붉은 큰새우, 은어, 김	
담양	마, 모시, 목화	뽕	오곡	배, 감, 석류, 모과, 대추, 매실		
순천	마, 목화	뽕	오곡	밤, 감, 귤, 석류, 배, 대추	상어, 전복, 홍합, 붉은 큰새우, 은어, 조기	염창, 염소 9
무진	마, 목화	뽕	오곡	대추, 감, 배, 석류, 모과, 흰매화열매(염해실鹽梅實)		
보성	마, 모시	뽕	오곡	석류	붉은 큰새우	염소 1
낙안	마, 목화	뽕	오곡	석류, 유자	어량 1 / 붉은 큰새우, 홍합	염소 1
고흥	마, 목화	뽕	오곡	석류, 배, 감, 밤, 귤	붉은 큰새우	염창
능성	마, 모시, 목화	뽕	오곡			
창평	마, 생모시, 목화	뽕	오곡	대추, 감		
화순	마, 목화	뽕	오곡	감, 석류, 대추, 모과		
동복	마, 목화	뽕	오곡		은어	
옥과	마, 목화	뽕	오곡	대추		
진원	마, 모시, 목화	뽕	오곡	석류		

표 Ⅲ-1-3 광물 자원 산지 일람표

구분

- 은점銀店: 조선시대에 은광을 채취, 제련하던 곳
- 철장鐵場: 고려 말부터 조선 초에 걸쳐 정부가 철 생산지에 설치한 제련장. 사철·석철 등을 제련하여 정철을 만들었다.
- 수철水鐵: 무쇠를 말한다. 생철生鐵에 속하며 솥이나 농기구를 제조하는 데 사용하였다.
- 정철正鐵: 숙철熟鐵에 속하며 창검이나 화살촉 등 무기류 제조에 사용하였다.

참고 자료

- 고려사: 『고려사』(1451년 완성)
- 지리지: 『세종실록지리지』(1454)
- 신증: 『신증동국여지승람』(1481~1530)
- 실록: 『조선왕조실록』
- 여지: 『여지도서』(1757~1765)
- 대동: 『대동지지』(1861~1866)
- 만기요람: 『만기요람』(1808)
- 임원: 『임원십육지林園十六志』(서유구, 1764~1845)
- 오주연: 『오주연문장전산고五洲衍文長箋散稿』(이규경, 1788~?)
- 광업조사: 伊木常誠 外, 1906, 『韓國鑛業調査報告』
- 서: 서성호, 1997, 「고려전기 수공업 연구」, 서울대학교 박사학위논문, 부록
- 유: 유승주, 1993, 『조선시대광업사연구』, 고려대학교 출판부
- 홍: 홍희유, 1989, 『조선 중세 수공업사 연구』, 지양사

① 경기도

구분 / 지역	금	은	구리(동)	철	참고 자료
한강	금				실록(세조), 유
광주				수철	대동
양근	금				실록(세조), 유
지평				지평철장	고려사
남양		은			유(p.324)
금천		은			실록(태종), 유
양주		은점			만기요람
파주		은점			만기요람, 실록(효종), 유
영평			동철		신증
			동		임원, 오주연, 유
				용곡소*(고려)	신증, 서
				수철, 〈철〉	지리지, 신증, 여지, 〈대동〉
교하		은점			만기요람
강화				수철	대동
삭녕		은점			만기요람

* 용곡소는 철소鐵所로 비정되기도 하고(서명희, 1990, 「고려시대 '철소'에 대한 연구」, 『한국사연구』 69), 동소銅所로 비정되기도 한다(서성호, 1997, 「고려전기 수공업 연구」, 서울대학교 박사학위논문, p.55).

② 충청도

구분 / 지역	금	은	구리	철	참고 자료
충주	금				실록(세조), 유
	금				광업조사, 유(p.375)
		은점			만기요람
				다인철소(고려)	고려사 지리지, 서
				철장 1	지리지
				철	신증, 대동
청풍		은점			만기요람
				사철	지리지
				수철, 〈철〉	신증, 여지, 〈대동〉

단양	금				실록(성종), 유
		은점			만기요람
괴산			자연동 自然銅		지리지
음성			자연동		지리지
영춘		은석			지리지
		은점			만기요람
			동		오주연, 유
제천				철	신증, 대동
청주	금				실록(성종), 유
		배음은소, 초자은소 (고려)			지리지, 서
				철	대동
청천 (청주속현)		신은소 (고려)			신증, 서
옥천		산즙암 은소(향鄕) (고려)			신증, 서
				어모소(고려)	신증, 서
				수철, 〈철〉	신증, 여지, 〈대동〉
목천		은점			만기요람
				철	신증, 대동
충원				철	여지
연풍		은점			만기요람
			동		오주연, 유
연기			자연동		지리지
영동			자연동		지리지
회인				석철, 〈철〉	지리지, 〈대동〉
				수철	신증, 여지
청안				철	대동
진천		은			실록(세종), 유

보은		은석			지리지
			동		만기요람, 오주연, 유
				수철, 〈철〉	신증, 여지, 〈대동〉
청산		계은천소(고려)			신증, 서
		은점			만기요람
공주	금생소(고려)				신증, 서
		은점			만기요람
			자연동		지리지
			동		임원, 오주연, 유
				수철, 동철	신증
				철	대동
임천(가림)	금소(고려)				고려사 열전, 서
전의				철	신증
정산				정철	지리지
				철	신증, 대동
은진				사철	지리지
				철	신증, 여지, 대동
노성				철	대동
회덕				침이소(고려)	신증, 서
				석철	지리지, 신증
				철	대동
진잠			자연동		지리지
			동		임원, 오주연, 유
연산			자연동		지리지, 신증
			동		오주연, 유
				사철, 철	여지, 대동
이산				등수소, 저정소(고려)	신증, 서
				사철	지리지
				철	신증, 여지

석성				사철	지리지
				철	신증, 여지, 대동
홍주	옥사금소 (고려)				신증, 서
				철	신증, 대동
서산		은			실록(태종), 유
				위포소(고려)	신증, 서
				철장 1	지리지
				철	신증, 여지, 대동
태안				철	신증
예산			자연동		지리지
청양			자연동		지리지
대흥	거질물금소 (거변소) (고려)		자연동		지리지, 신증, 서
해미				철	신증

③ 전라도

구분 지역	금	은	구리	철	참고 자료
전주				우양촌철소(고려)	신증, 서
고부		은점			만기요람
금산		은			실록(세종), 유
				횡천소橫川所	지리지, 신증, 서
				철	신증
진산			동계소(고려)		신증, 서
			동		신증, 임원, 오주연, 유
				철	신증, 대동
고산				철장	지리지
함열		도내산은소			고려사, 홍
나주		은점			만기요람
광산				철	신증, 대동
영광			자연동		신증, 여지
			동		임원, 오주연, 유
함평				사철	지리지
				수철, 정철, 철	신증, 여지, 대동
진원			자연동		지리지
무안				수다소(고려)	지리지, 서
				고철소원철소(고려)	신증(역원조驛院條), 서
				철장 2	지리지
				철	신증, 대동
강진			자연동		신증, 여지
			동		임원, 오주연, 유
해남			자연동		신증
			동		임원, 오주연, 유
순창	금				실록(예종), 유
			자연동		신증, 여지
			동		임원, 오주연, 유

용담	금				실록(세종), 유
		은			실록(세종), 유
			동향(고려)		지리지, 홍
창평				철장	지리지
				철	신증, 여지, 대동
			자연동		신증
			동		임원, 오주연, 유
임실	금				실록(예종), 오주연, 유
무주				철장	지리지
				철	신증, 대동
				정철(폐광)	여지
	사금				유(p.375)
곡성	금				실록(예종), 유
진안	금				실록(예종), 유
옥과	금				실록(예종), 유
순천	금				실록(예종), 유
	사금				광업조사, 유(p.375)
보성	포곡소蒲谷所				고려사 열전, 신증, 홍
	금곡소金谷所				지리지, 신증, 홍
	미력금소				지리지
		은점			만기요람
능주		은점			만기요람
광양	금				실록(예종), 유
				철	신증, 대동
흥양			자연동		신증
			동		임원, 오주연, 유
동복				철장	지리지
				철	신증, 대동
화순				철장	지리지
				철	신증, 대동
구례	금				실록(예종), 유

표 Ⅲ-1-4 기타 산물 일람표

- 경석磬石: 악기를 만드는 특수한 돌. 안산암安山岩의 하나로 '옥돌'이라고도 한다.
- 녹반綠礬: 일명 황산철($FeSO_4$, $7H_2O$). 황산철은 철광석을 황산으로 처리할 때 부산물로 생기며 여러 가지 철화합물을 제조할 때 출발물질, 환원제로 쓰인다.
- 백단白檀: 나무의 바깥 부분은 향기가 없지만 가운데 부분은 향기가 있다. 불상, 미술 조각, 가구 등의 재료로 이용한다. 중국에서는 단향이라고 부르고, 일본에서는 백단白檀이라고 한다.
- 백목白木: 비목나무라고도 한다. 키가 6m 정도로, 붉은색 열매는 먹거나 기름을 짜는 데 사용한다. 기름은 물건이 썩지 않고 아름답게 보이도록 물건 겉에 바르는 데 쓰거나 등유燈油로 이용된다. 예전에는 가지와 줄기는 땔감으로 쓰거나 숯으로 만들어 썼다.
- 비자榧子: 비자나무(비목榧木)의 열매로 대추씨와 비슷하며 먹을 수 있다. 상록수로 목재는 흰색이고 나무의 결이 매우 아름다우며 향기가 있기 때문에 건축 또는 배의 중요 부분이나 바둑판 등을 만드는 데 쓴다(한우근 외, 1986, p.765).
- 세죽細竹: 가는 대
- 수포석水泡石: 속돌. 화산의 용암이 갑자기 식어서 된 가벼운 돌. 경석輕石, 고석蠱石, 부석浮石, 해석海石
- 여석礪石: 숫돌, 지석砥石이라고도 한다.
- 연석硯石: 벼룻돌
- 오죽烏竹: 대나무의 일종. 줄기의 색이 검기 때문에 오죽이라 불린다. 여러 가지 기구器具를 만드는 데 쓴다.
- 자단紫檀: 재목은 건축, 가구 따위의 재료로 쓴다. 태워서 연기를 맡는 분향료焚香料로 쓰거나 고급 공예품이나 목가구를 만든다.
- 정옥사碇玉沙: 옥과 돌을 갈거나 깎는 데 쓰는 붉은 갈색의 매우 단단한 모래
- 추楸: 가래나무. 나무의 재질이 치밀하고 질겨서 잘 뒤틀리지 않기 때문에 내장재, 기계재, 조각재로 널리 사용된다. 열매는 그대로 먹거나 기름을 짜서 쓴다.
- 칠漆: 옻나무 또는 옻칠, 옻나무 껍질에서 흘러내리는 액을 채취하여 공예품 도장용과 약용 등으로 활용하는 식물성 액체. 내화(열)성, 내수성, 방부성, 방충성, 내산성이 강하여 공예품, 공산품용으로 활용 가치가 높다.
- 황양黃楊: 도장나무, 회양목이라고도 한다. 목재는 매우 굳고 치밀하면서 고르며 틈이 벌어지지 않고 가공성이 용이하다. 각종 세공재, 귀중재, 부속물로 쓰이며, 특히 도장재로 유명하다.
- 활석滑石: 활석은 '곱돌'이라는 이름으로 많이 통용되어 왔고, 독특하게 매끄러운 성질과 연한 경도 때문에 석기石器와 기타 조각용으로 이용되어 왔다.

① 경기도

구분 / 지역	신증동국여지승람					세종실록지리지	여지도서	대동지지
	광물	옥석	토土, 석石	칠漆	대[竹], 나무[木]			
광주	녹반					칠		칠, 석회
여주							녹반	
이천		백옥						
양근			백점토				백점토	백토
지평	녹반					자단, 백단		백토
죽산						칠		
과천								백토
수원		백옥						
남양			정옥사, 경석			경석	옥	
인천		백옥	정옥사				정옥사	
해풍(풍덕)						정옥사		
김포		황옥, 청옥						
통진			정옥사				정옥사	
양주	녹반	백옥						녹반
파주								석회
영평								
포천	녹반							
적성			적토赤土			주토朱土		
가평	녹반	황옥					황옥	
장단	녹반							
강화			석회, 청란석			청란석, 암석*	청란석, 석회	청란석, 석회
풍덕			석회, 정옥사					
삭녕	녹반							

* 쪼개어 석회를 굽는다고 한다.

② 충청도

지역 \ 구분	신증동국여지승람					세종실록지리지	여지도서	대동지지
	광물	옥석	토, 석	칠	대, 나무			
충주	석유황		활석			활석, 주토, 칠	활석(충원)	활석
청풍	녹반, 석유황		청토青土, 석종유			칠, 활석, 가래	주토, 청토	
단양	녹반	옥석	청석	칠	대, 황양	칠, 가래	창목蒼木, 백목	칠, 황양
괴산				칠		칠	칠	칠
연풍					가래	칠		
음성						칠		
영춘		백옥	석종유		황양	칠	황양목	황양
제천						칠		
청주	녹반	청옥, 청옥석	주토			녹반 칠, 주토	녹반, 청옥 주토, 청토	칠
천안						추가래		
옥천						칠	주토	
직산						칠	창목	
목천							창목	
회인		수정석				상수정석		
청안		백옥				칠		
진천						칠		
영동						칠		
황간						칠		
청산						녹반, 칠	녹반	
임천						탕칠蕩漆		
한산				칠	대	칠		칠, 대
전의						칠	창목	
정산				칠		칠		칠
은진		백옥석						
진령	녹반	백옥						
연산	녹반					칠		칠
회덕						칠		
부여						칠		

연기						칠	창목	
홍주					대	칠		대
서천					대	세죽, 왕대		대
서산						칠		대
태안	백옥				대	세죽, 왕대		대
면천						칠	창목	
온양				칠		칠(온수)		칠
홍산				칠		칠		칠
덕산				칠		칠		칠
청양						칠		
대흥							창목	
비인					대			대
남포					대	세죽, 왕대	대	대, 연석, 비석
결성	청옥				대		대	대
보령								전죽 全竹
아산	백옥, 옥석, 수정					칠		석회
예산						칠		
해미						칠		
당진	청옥석							청옥석
진잠								칠

③ 전라도

구분 / 지역	신증동국여지승람					세종실록지리지	여지도서	대동지지
	광물	옥석	토, 석	칠	대, 나무			
전주				칠		칠		대, 칠
익산					대	칠		대
고부			청토		대	칠		대
금산						칠		
진산			자석			칠		대, 칠
여산								대, 칠
만경								대, 칠
임피								대
금구				칠		칠		대, 칠
함열								대, 칠
정읍					대	칠		대
흥덕						칠		대, 칠
부안								대, 칠
고산	녹반	오수정		칠		칠		대, 칠
옥구								대
태인			여석			칠	여석	대, 칠, 여석
나주			여석		대, 비자	비사	지석砥石, 대	대, 칠
광산						칠(무진)		대, 칠
영암						칠, 수포석, 비자		여석, 칠
영광						칠, 비자	대	대
함평					대, 비자	칠, 비자		대
무장						비자		대
고창					대	칠	대	대
무안								대
흥덕						칠		
장성					대, 비자	칠, 비자	대	대, 칠
진원						칠, 비자		
무장						칠		

남평						칠	오죽	오죽, 칠
장흥				칠	비자	칠, 비자		칠
강진					대	비자		대, 칠
해남			화반석 華班石			수포석, 비자 (해진)	화반석, 대	백옥, 대
남원						칠		대
담양				칠		칠		대, 칠
순창				칠		칠	칠	대, 칠
용담				칠		칠		칠
창평				칠	대	칠	칠	대, 칠
임실				칠		칠	칠	칠
무주						칠		칠
곡성					대	칠	대, 창목	대, 칠
진안				칠		칠	백목	칠
옥과							창목	대, 칠
운봉						칠		
장수						칠		칠
순천					대	칠, 수포석		대, 칠
낙안						칠, 수포석	대, 백목	대, 칠
보성			수포석, 여석		대, 비자	칠, 해죽海竹, 수포석	대	대, 칠, 여석
능성					대	칠	대	대, 칠
광양				칠		칠	백목, 창목	대, 칠
구례						칠, 당추자唐楸子*		대, 칠
흥양					비자	칠, 수포석(고흥)		대
동복				칠	대	칠	칠, 대	대, 칠
화순					대	칠	대	대, 칠

* 당추자는 호두[胡桃]이고 추자 가래는 토산 호두를 말한다.

참고문헌

강형태·정광용·조상기·이문형, 2003, 「논산시 원북리 토광묘유적 출토 청동기의 과학분석」, 『한국상고사학보』 39

고려대학교 매장문화재연구소, 1999, 『논산 마전리 유적』

국립공주박물관·충청남도역사문화원, 2006, 『한성에서 웅진으로』, 4~5세기 백제유물특별전

국립광주박물관, 1997, 『광주 신창동 저습지 유적 Ⅰ』

______, 2001, 『광주 신창동 저습지 유적 II』

기전문화재연구원, 2007, 『화성기안리유적: 풍성아파트 건립부지내 유적 시·발굴조사보고서』

김건수, 2000, 「원시 및 고대인의 식생활」, 『국사관논총』 91, 국사편찬위원회

김창석, 2007, 「백제 왕실수공업의 성립과 생산체제」, 『백제연구』 45

박현숙, 1996, 「궁남지출토 백제 목간과 왕도5부제」, 『한국사연구』 92

서성호, 1997, 「고려전기 수공업 연구」, 서울대학교 박사학위논문

서울대학교박물관, 1988, 『몽촌토성: 동남지구발굴조사보고』

______, 1989, 『몽촌토성: 서남지구발굴조사보고』

신광섭 외, 1993, 「부여 궁남지 제2·3차 발굴조사개보」, 『고고학지』 5

안승모, 2013, 「한반도 출토 작물유체 집성표」, 한국고고학회 편, 『농업의 고고학』, 사회평론아카데미

유승주, 1993, 『조선시대광업사연구』, 고려대학교 출판부

이영훈·손명조, 2000, 「고대의 철·철기 생산과 그 전개에 대한 고찰」, 한국고대사회연구소, 『한국고대사논총』 9, 가락국사적개발연구원

이현혜, 1998, 『한국고대의 생산과 교역』, 일조각

______, 2002, 「한국고대의 농업」, 한국고대사회연구소 편, 『강좌 한국고대사 6: 경제와 생활』, 가락국사적개발연구원

한우근 외, 1986, 『역주 경국대전: 주석편』, 한국정신문화연구원

허문회, 2003, 「신석기시대 집자리 출토 곡물분석」, 한남대학교중앙박물관·한국고속철도건설공단 편, 『옥천 대천리 신석기유적』

허의행, 2006, 「백제시대 농업기술 연구」, 『금강고고』 3, 충청문화재연구원

홍희유, 1989, 『조선 중세 수공업사 연구』, 지양사

/ 2장 /

신라 지역의 산물

신라인들의 삶을 이해하기 위해서는 그들이 무엇을 먹고 입고 살았는지 구체적인 생활 모습을 알아야 한다. 그들은 논밭에다 각종 작물을 재배하여 먹었고, 대마를 재배하여 삼베를 만드는 재료를 확보하였다. 그리고 산과 들에 자라는 유실수를 관리하여 감, 배, 대추, 모과, 호두, 잣과 같은 과일이나 견과류를 얻고 뽕나무를 길러 누에를 쳤다. 꿀, 버섯, 약초도 채취하여 식용 및 약용 자원으로 활용하였으며, 강이나 바다에서 잡은 각종 물고기와 조개류는 그들의 중요 단백질 공급원이었다. 이러한 산물들은 개인의 식생활, 의생활뿐 아니라 국가 경영에 필요한 중요 물자들이었다.

고구려, 백제, 신라 국가는 세금 수취를 위해 각 고을의 인적·물적 자원을 자세하게 파악하여 국가 운영에 활용하였다. 통일신라시대에 작성된 촌락문서를 보면 촌락의 인구수, 논밭 면적, 우마牛馬 수, 뽕나무·잣나무·호두나무의 수와 그 변동 사항이 자세하게 기록되어 있다. 지금은 남아 있지 않지만 수산물, 약재, 광물 자원, 동물 가죽, 칠, 목재와 같은 수공업 제품의 원료 산지나 산출량을 기록한 문서도 분명 있었을 것이다.

앞 장에서 살펴본 백제 지역과 마찬가지로 신라 지역 역시 현재로서는 조선시대에 편찬된 지리지를 통해 각 지역에서 생산되던 물자의 현황을 살펴볼 수 있을 뿐이다. 조선시대 대표적인 지리지로 『세종실록지리지』(1454), 『신증동국여지승람』(1481~1530), 『여지도서』(1757~1765), 『대동지지』(1861~1866) 등이 있다. 이 지리지들의 토산조 기록들은 기본적으로 조세 징수와 공물 수취를 위한 자료이다. 공물 수취는 토산물을 근거로 부과하는 것이 원칙이었겠지만 때로는 그렇지 않은 경우도 있다. 이 때문에 여러 지리지 가운데서도 상대적으로 각 지역 산물 현황을 가장 잘 반영한 자료를 선택해야 한다. 『세종실록지리지』는 작성 연대도 가장 빠르고 『신증동국여지승람』에 비해 자세하고 충실하게 각 지역 산물을 조사하여 수록한 자료로 평가받고 있다.

이 장에서는 『세종실록지리지』 토의土宜, 토공土貢, 토산土產 항목에 실린 자료를 토대로 의생활, 식생활 관련 산물과 중요 수공업에 쓰이는 광물 자원을 뽑아 〈표 Ⅲ-2-3〉, 〈표 Ⅲ-2-4〉로 정리하였다. 『동국여지승람東國輿地勝覽』 이후 작성된 지리지에서 모든 산물을 토산조에 통합하여 기록한 것과 달리 『세종실록지리지』는 이를 세분하여 기록한 것이 특징이다. 논밭에서 재배하는 작물은 토의조에 실었다. 벼를 포함하는 오곡 등 주식용 곡물류와 대마, 모시풀과 같은 의생활용 작물이 그러하다. 그리고 돗자리, 종이, 칠 등 수공품을 만드는 자원도 밭에서 재배하므로 토의조에 실었다. 뽕나무도 재배처가 일반적인 밭은 아니지만 중요 의복 재료이므로 역시 토의조에 실었다. 이들을 토의라고 해서 토공, 토산과 구분한 것은 해당 지역이 그러한 작물을 재배하기 적합한 환경을 가졌다는 의미이다. 이러한 세분된 구분은 이후의 다른 지리지에는 나타나지 않는다. 이 때문에 『세종실록지리지』 자료는 식생활과 의생활 자원에 해당하는 각 작물의 재배 환경을 추정하는 자료로서 활용 가치가 상대적으로 높다.

『세종실록지리지』는 토공조에 곡물 이외의 식용 자원인 유실수(감, 밤, 대추, 호두 등), 버섯, 꿀, 어패류 등을 실었다. 이들은 산과 들, 강과 바다에서 채취하는 자원들이므로 논밭에서 재배하는 작물들과 구분하였다. 이들 역시 지역별 자연환경과 식생의 특성을 반영한다. 토산조에는 특정 지역에만 생산되는 산물로 주로 금, 은, 구리, 철과 같은 광물 자원이 기록되어 있다. 광물 자원의 경우 이미 고갈되어 버린 곳도 있을 것이고, 조선시대에 다시 개발된 경우도 있을 것이다. 그러므로 조선시대 지리지의 토산조 자료들은 이러한 점들을 고려하여 광물 자원을 파악하는 데 유용하게 활용할 수 있다.

1. 농산물

신라의 주산물은 농산물이다. 한반도에서는 신석기시대부터 원시적이나마 작물 재배가 시작되었다. 한반도 각지의 신석기시대 집자리나 야외 노지에서 출토된 각종 곡물 알갱이들이 이를 뒷받침한다. 신석기시대의 주민들은 조, 기장, 콩, 팥과 같은 잡곡을 주로 재배하였으며, 그중에서도 조와 기장을 가장 선호한 것으로 추정된다. 현재 가장 오래된 탄화곡물은 경남 창녕 비봉리 신석기시대 전기 유적에서 확인된 조, 기장, 팥이다. 그리고 경남 진주시 대평리 상촌유적, 부산 동삼동패총 등의 신석기시대 중·후기 집자리에서도 조, 기장, 콩, 팥과 같은 각종 잡곡이 출토되었고, 진주 평거동 집자리 유적에서는 밀과 쌀이 확인되었다. 이처럼 볍씨나 쌀알이 출토되는 신석기시대 유적이 늘어나는 추세이기는 하나 신석기시대에는 곡물 자료의 95% 이상이 잡곡이며 벼 생산은 아직도 미미한 수준이었다.

청동기시대가 되면서 농경 중심의 생업 경제가 확립되었다. 그리고 조, 기장, 콩, 팥, 보리, 밀, 쌀, 들깨 등 각종 작물이 재배되었다. 고고학적으로도 신석기시대에 비해 탄화곡물이 출토된 유적의 숫자가 5배가량 늘어난다. 특히 청동기시대가 되면 중부 이남 지역에서는 논농사가 시작되어 벼 재배 비

표 Ⅲ-2-1 시대별 작물유체 자료 출토 비율표 (단위: %)

작물 \ 시기	신석기시대	청동기시대	초기철기시대	원삼국시대	삼국시대	통일신라	고려	조선
쌀	9	31	44	26	35	32	18	20
조	36	14	13	13	10	14	16	10
기장	31	13		8	2		12	5
콩, 팥, 두류	21	23	16	32	22	18	24	26
밀,보리	2	18	26	21	30	36	29	38

* 이 통계는 안승모, 2013, 「한반도 출토 작물유체 집성표」, 한국고고학회 편, 『농업의 고고학』, 사회평론아카데미에 실린 자료를 토대로 하였다.

중이 점차 높아지고 기술도 발달하였다. 이를 뒷받침하듯 전체 작물 자료 중에서 벼나 쌀알 출토 유구의 숫자가 30%를 넘는다(표 Ⅲ-2-1 참조). 그리고 이들의 절대다수가 충청도와 경상도 지방에 분포한다. 경주 인근에서도 덕천리, 화천리 등지의 청동기시대 주거지 유적에서 쌀, 조, 기장, 콩, 팥 등이 확인되었다. 10여 년 전만 해도 탄화곡물은 주로 집자리 유적에서만 발견되었다. 그러나 근래에는 각지에서 논과 밭 유구가 확인되면서 경작 유구에서도 탄화된 벼와 잡곡 알갱이들을 찾아내고 있다. 이처럼 신라 지역에서는 이미 청동기시대부터 전통적인 밭농사와 더불어 벼농사가 균형 있게 발달해 왔다.

이러한 고고학자료들은 문헌 기록들과도 합치한다. 3세기 중반경 한반도 중남부 지역 주민의 생활을 전하는 『삼국지』 위서 동이전에는 "진한은 토지가 비옥하여 오곡과 벼를 기르기에 적합하다"고 하였다. 『양서梁書』와 『수서』 신라전에도 신라는 토지가 대단히 비옥하여 논농사, 밭농사를 겸하였고 오곡 재배에 적합하다고 하였다. 실제 경북의 경산 임당동 저습지, 경주 금장동 밭 유구에서는 쌀, 밀, 보리, 콩, 팥 등의 탄화곡물들이 출토되었다. 그리고 식이총, 황남대총 등 경주 시내 대형 고총고분과 대구의 불로동, 내당동 등지의 고총고분에서도 장례 때 함께 묻은 볍씨들이 다수 확인되었다.

농산물은 농민들의 식량이자 국가 재정을 구성하는 핵심 자원이었다. 그 중에서도 으뜸가는 조세 자원은 벼, 콩, 조였다. 『주서』에 의하면 고구려는 조를, 백제는 쌀을 주요 세금으로 징수하였다. 그리고 일본 정창원正倉院에서 발견된 통일신라시대의 「좌파리가반문서佐波理加盤文書」에도 쌀과 콩(대두)을 세금으로 바친 기록이 보인다. 보리나 밀은 저장 기간이 1년을 넘지 못하기 때문에 조세 대상에서 제외하였다. 보리나 밀은 식량이 바닥나기 시작하는 봄부터 햇곡식을 추수하기까지 일반 농민들의 중요한 양식이었다. 특히 밭이 늘어나면서 보리나 밀 재배 면적도 늘어났다. 고고학자료도 삼국시대, 통일신라시대에 들어오면서 밀, 보리 등 맥류 출토 비율이 크게 늘어난다(표 Ⅲ-2-1 참조. 대부분 중부 이남 지역 유적을 대상으로 함). 맥류와 더불어 콩, 팥 등 두류 재배 비율이 높아지는 반면, 중부 이남 지역에서는 기장의 재배 비율이 상대적으로 줄어드는 것이 눈에 띈다.

논밭을 새로이 개간하고 경작 방식을 개선하는 것은 국가의 재정을 튼튼히 하는 지름길이었다. 이 때문에 삼국시대에는 국가에서 철제 농기구를 만들어 널리 보급하고 관개시설을 축조, 수리하는 등 농업생산을 늘리기 위해 적극 노력하였다. 저수지 축조와 같은 대규모 토목 사업을 실시할 경우 저수지의 크기와 동원된 인력, 공사 담당자 등을 자세히 새긴 비를 세우기도 하였다. 쟁기나 철제 농기구의 보급은 생산력 증대뿐만 아니라 논밭의 경관마저 바꾸어 놓았다.

조선시대의 지리지 중에서도 곡물 관련 기사를 가장 자세하게 수록한 것은 『세종실록지리지』이다. 『세종실록지리지』는 각 군현별로 그 지역에서 많이 재배하는 작물과 유실수들을 기록하였다. 〈표 Ⅲ-2-3〉은 토의조와 토공조에 나오는 산물들 중에서 식생활, 의생활에 기본이 되는 자원들을 뽑아 정리한 것이다. 『세종실록지리지』에서 오곡은 벼, 기장, 콩, 보리, 피를 말하며 조는 오곡에 포함시키지 않았다. 특정 작물에 치우치지 않고 벼와 각종 잡곡이 두루 재배될 경우 오곡이 난다고만 기록하였는데 전라도 지방 대부분이 그러하다. 그런데 벼를 오곡과 구분하여 별도로 기록한 지역이 가장 많은 곳은 경상도이고 그다음이 충청도이다. 특히 경상도는 벼 이외에 조와 맥류 재배 비중이 아주 높았다. 경상도 다음으로 조를 많이 재배하는 곳은 경기도, 충청도 지역이다. 그리고 팥과 메밀 비중이 높은 곳은 황해도와 경기도, 충청도 지역이다.

곡물에 비할 수는 없지만 밤, 감, 대추, 잣, 호두 등의 과일과 견과류도 나름 중요한 식용 자원이었다. 고고학자료를 보면 선사시대부터 통일신라시대에 이르기까지 지역을 가리지 않고 생활유적에서 가장 흔하게 나오는 것은 복숭아씨이다. 그리고 복숭아만큼 흔하지는 않지만 밤도 여러 유적에서 출토되고 있다. 경남 창원 다호리고분에서는 밤과 감이 출토되었는데 감은 제기에 담긴 그대로였다. 『삼국지』 위서 동이전 한조에 의하면 마한에는 큰 밤이 나는데 배만큼 크다고 하였다. 이러한 과일과 견과류 유체는 삼국시대가 되면 고분보다도 우물이나 저습지와 같은 생활유적에서 주로 발견된다. 신라 촌락문서에 보면 국가가 촌락별 잣나무, 추자나무(토종 호두) 등 유실수를 관리한 기록이 있다. 잣이나 호두는 식용 이외 다른 용도로도 사용되었으므로 소중히 여겼을 것이다. 잣은 충남 부여 궁남지에서, 대추는 경남 진주의 통일신라시대 우물에서 출토된 사례가 있을 뿐이다. 그리고 아직까지 배 유체가 확인된 곳은 없는 것 같다.

『세종실록지리지』 토공조에 의하면 밤 산지는 강원도와 평안도에 집중되어 있고, 대추 산지는 70% 이상이 충청도와 전라도에 집중되어 있다. 배 산지는 평안도가 가장 많고, 감 산지는 경상도, 충청도, 전라도 지역에 분산되어 있다. 그리고 잣은 강원도와 평안도에서 많이 생산되었던 것으로 나온다.

2. 수산물

바다나 강에서 채취하는 각종 산물들 역시 중요한 식생활 자원이었다. 한반도 주변을 흐르는 해류의 분포는 신석기시대 이래 지금까지 거의 동일하여 각 해류를 타고 오르내리는 해산물의 종류도 크게 다르지 않다고 한다. 선사시대 이래 한반도 주민들이 채취하였던 각종 수산물의 유체를 가장 많이 간직하고 있는 것은 패총유적이다.

신석기시대 패총에서 자주 나오는 식용 패류는 굴, 홍합, 전복, 소라, 백합, 꼬막, 바지락 등인데 그중에서도 굴 종류가 가장 많다. 생선은 대구, 방어, 참돔, 다랑어, 복어 등 종류가 다양하며 지역에 상관없이 상어류가 차지하는 비율이 높다. 중서부 해안 지대 패총에서는 준치, 민어, 조기 유체가 많이 출토되는데, 신석기시대부터 이미 서해안 어류의 특징이 나타난다. 원삼국시대가 되면 내만성의 농어, 감성돔이 많고, 철제 낚시도구의 발달로 참돔, 상어와 같은 외양성의 대형 어류가 늘어난다. 경남의 삼천포 늑도패총이나 진해 웅천패총 등 남해안 일대의 원삼국시대 패총에서는 작살이 출토되어 고래잡이가 이루어졌던 것으로 추정되고 있다. 경남 울주 반구대 암각화에 묘사된 고래잡이의 전통이 이어지고 있었던 것이다.

삼국시대 남해안 지방에서 가장 많이 잡힌 생선은 돔 종류이다. 경남 진해 용원유적에서 출토된 어류 유체는 총 15종이며 참돔 48%, 전갱이 14.5%, 감성돔 7.3%, 농어 6.5%, 기타 23.3%로 참돔이 가장 많다. 신라 석씨 왕 시조인 석탈해 등장 설화를 보면, 탈해가 탄 배가 동해안 아진포(경주 감포 근처) 앞바다에 이르자 이를 발견한 노파가 나오는데 그녀를 '해척지모海尺之母'라 하였다. 해척지모의 성격에 대해서는 여러 가지 해석이 있으나 어로나 해양 활동과 관련된 인물일 것으로 추정된다. 신라에서도 동해안에서 나는 어패류와 소금은 중요한 경제 자원이었다. 실제 경주 시내의 고총고분에서도 심심찮게 조개나 생선 뼈가 그릇에 담긴 채 출토되기도 한다. 황남대총 남분의

표 Ⅲ-2-2 『신증동국여지승람』 토산물조 수록 어류

지역 \ 어류		해수어	담수어
경상도	남해안	참돔, 대구, 청어, 가오리, 숭어, 조기	산천어, 붕어
	동해안	참돔, 숭어, 웅어, 뱅어, 농어, 청어, 대구, 방어, 광어, 가오리, 상어	은어, 연어, 붕어
경기도		웅어, 병어, 조기, 간다리(치어), 농어, 민어, 뱅어, 숭어, 전어, 문절망둑, 삼치	은어, 붕어, 잉어, 메기
충청도		웅어, 병어, 가오리, 조기, 간다리, 농어, 민어, 뱅어, 숭어, 준어, 전어, 문절망둑	
전라도	서해안	조기, 광어, 준어, 웅어	
	남해안	참돔, 조기, 숭어, 농어, 병어	은어
강원도		삼치, 방어, 광어, 고등어, 대구	은어, 연어, 송어, 산천어, 메기
황해도		숭어, 가오리, 뱅어	붕어, 잉어, 메기
평안도		숭어, 뱅어	메기
제주도		옥돔, 문절망둑, 갈치, 고등어, 전갱이	은어

출처: 김건수, 1999, 『한국 원시·고대의 어로문화』, 학연문화사, p.89, 필자 수정.

봉토 부분에서 제사용 음식물을 넣은 항아리가 출토되었는데 그 속에는 소, 말, 바다사자, 닭, 꿩, 오리와 같은 동물 뼈와 참돔, 졸복, 다랑어, 농어, 상어, 조기와 같은 생선 뼈가 들어 있었다. 그리고 전복, 떡조개(오분작), 소라, 다슬기, 논우렁, 홍합, 재첩, 바지락, 백합, 가무락조개를 비롯한 각종 조개껍질도 확인되었다.

홍미롭게도 각 시대별 패총에서 출토된 어류 유체와 『신증동국여지승람』 토산조에 명기된 어류가 상당 부분 일치한다는 연구 결과가 있다(표 Ⅲ-2-2 참조). 그렇다면 『세종실록지리지』에 실린 어패류 역시 활용도가 높은 자료라 할 수 있다. 이에 의하면 경상도 동부와 남부, 강원도 동해안 지역에서는 대구, 상어, 문어, 연어, 홍합이 많이 잡히며, 충청도, 전라도 해안 지역에서는 민어, 도미, 조기, 숭어, 뱅어, 홍어, 전어가 많이 잡힌다. 담수어인 은어는

90%가량이 경상도에서 잡히고 그다음이 전라도이다. 특히 경상도에서 잡히는 생선 중 빈도수가 가장 높은 것이 은어이다.

3. 소금

어패류 이외에 바다에서 나는 식생활 필수품은 소금이다. 소금을 생산하는 자원은 여러 가지이나 우리나라에서는 바닷물을 이용하는 해염海鹽만 생산하였던 것으로 추정하고 있다. 실제 모든 소금 산지가 동해안, 남해안, 서해안 일대에 분포한다. 조선시대 제염장의 위치와 규모 등 소금 생산에 대해 가장 자세한 내용을 전하는 것은 『세종실록지리지』이다. 제염장에서 소금을 찌거나 굽는 염부鹽釜를 염분鹽盆이라 부르며, 때에 따라서는 염전, 기타 제염장에 속하는 설비 전체를 가리키기도 한다. 그리고 염분이 있는 곳을 염소鹽所라 한다.

염분과 염소의 숫자를 통해 조선 전기의 소금 산지를 살펴보면 동해안에서는 강원도와 함경도(함길도) 지역에서 소금이 많이 생산되었다. 그중에서도 강원도의 평해(46), 삼척(40)은 염분의 숫자가 40개 이상이고 울진은 61개나 된다. 강릉, 양양도 20개가 넘는다. 함경도의 경우 안변, 함흥을 비롯하여 해안 지역 거의 대부분에서 많은 양의 소금을 생산하였다. 옥저에서 소금을 만들어 고구려에 바치던 전통과 무관하지 않아 보인다. 서해안에서는 경기도 남양(염소 44)과 충청도 당진(염소 35), 전라도 나주(염소 35)가 주요 생산지였다. 전남 남해안 지역과 경남 남해안 지역에서도 곳곳에 소금 산지가 있지만 동해안이나 서해안에 비해 생산 규모가 훨씬 작다.

소금 제조와 관련해서는 『삼국사기』 석우로昔于老전에 우로가 왜 사신에게 "왜왕을 염노鹽奴, 즉 소금 만드는 일꾼으로 만들겠다"라고 희롱하여 문제가 되었다는 기록이 있다. 그리고 신라시대에도 염분이라는 용어를 사용하였다. 신라 말~고려 초 사찰인 전남 곡성에 있는 동리산 태안사라는 절의 재산 목록에 논밭, 노비와 함께 두원지荳原地라는 곳에 있는 염분 43결이라는 표현이 나온다[「대안사적인선사조륜청정탑비大安寺寂忍禪師照輪淸淨塔碑」(872)]. 이처럼 소금 제조 시설은 논밭과 마찬가지로 중요한 자산으로 여겨졌다. 소금을 세금으로 거두어 보관하는 창고를 염창鹽倉 또는 염고鹽庫라 하였다. 애장왕이 시해당한 해에 경주 서쪽 서형산성에 있는 소금 창고(염고)가 울었는데 소가 우는 소리와 같았다는 기록이 있다(『삼국사기』 신라본기, 애장왕 10년조). 일반 물자 창고와 다른 소금 창고에 대한 특별한 관념이 있었던 것으로 보인다.

4. 약재

신라에서도 질병 치료에 필요한 침술과 약재 등 의학 지식이 발달하였다. 신라 문무왕 12년(672) 당나라에 보낸 조공품 중에 침 400매, 우황 등이 들어 있고, 효소왕 원년(692)에는 의학이라는 기관을 설치하여 『본초경本草經』, 『침경針經』 등의 의학 관련 서적으로 학생들을 가르쳤다는 기록이 『삼국사기』에 보인다. 그리고 신라의 약재는 일본에도 수출되었다. 경덕왕 11년(752) 왕자 김태렴金泰廉이 일본에 가져간 물품 중에 각종 향료와 약재류 이름이 나온다.[1] 그중에서 『세종실록지리지』에서 확인할 수 있는 약재류로는 인삼, 백부자白附子, 방풍防風, 복령茯苓, 우황, 꿀, 안식향 등이 있다. 『세종실록지리지』에서는 자연에서 채취하는 약재는 재배하는 약재와 구분하여 토공조에 실었고 그 종류도 아주 많다. 〈표 Ⅲ-2-3〉 내용은 통일신라시대에 일본으로 수출하였던 일부 약재와 녹각, 녹용 산지를 뽑은 것이다.

1 李成市, 1997, 『東アジアの王權と交易: 正倉院の寶物が來たもうひとつの道』, 靑木書店; 박남수, 2009, 「752년 김태렴의 대일교역과 '매신라물해'의 향약」, 『한국고대사연구』 55.

인삼은 전 지역에서 두루 생산되었는데, 경기도(1곳), 황해도(3곳)가 적고 경상도(14곳), 전라도(12곳), 함경도(12곳)가 중간 정도이며 강원도(22곳), 충청도(25곳), 평안도(22곳)가 많다. 방풍은 경상도에서 아주 많이 채취되며 강원도, 경기도 지역은 거의 없다. 반면 백부자 산지는 경상도에는 성주, 선산, 고령, 용궁, 문경 5곳에 불과하며, 2/3 이상이 황해도와 평안도에 있다. 복령은 큰 소나무 뿌리 옆에서 자라는 약재인데 산지는 강원도에 집중되어 있다(21곳). 복령의 일종으로 백복령白茯苓이 있는데 산지의 절반 이상이 경주를 비롯하여 경상도 각지에 분포한다(17곳). 그리고 안식향나무는 강원도(6곳), 충청도(9곳) 등지의 삼림이 우거진 지역에서 주로 자라며 경상도에서는 영산과 안음 두 곳뿐이다. 작설차는 경상도(8곳), 전라도(13곳)에서만 난다. 전라도는 작설차 이외에 일반 차를 재배하는 곳이 10곳이나 되어 차 생산의 중심지였다.

5. 섬유 자원

경제 활동에서 식용 자원 생산 못지않게 중요한 비중을 차지하는 것은 섬유 자원 생산이다. 신라 지역에서는 일찍부터 누에를 길러 명주실을 뽑고 대마를 재배하여 삼베를 짰다. 『삼국지』 위서 동이전 기록에 마한과 진한에서는 이미 누에를 길러 비단을 짰다는 기록이 있다. 『양서』 신라전에도 신라는 뽕나무와 마를 많이 심어 비단과 삼베를 짰다고 한다. 그리고 『주서』 백제전에는 백제는 명주실(견사絹絲)과 삼베(마麻)를 세금으로 거둔다고 하였다. 마찬가지로 신라에서도 삼베와 명주는 중요 징세 품목이었다. 통일신라시대 촌락문서에 의하면 촌락마다 논밭과 구분하여 1결 남짓한 넓이의 마전麻田이 별도로 표시되어 있다. 또한 삼베를 관리하는 마전麻典이라는 관부가 있었다. 마는 경작뿐 아니라 베기, 쪄서 실 꼬기, 풀 먹이기 등 대부분의 작업을 공동으로 하였다. 신라시대의 8월 한가위 풍속으로 가배嘉俳라는 것이 있는데 공동 길쌈 작업에서 유래한다. 경주 6부의 부녀자들이 두 편으로 갈라져 음력 7월 16일부터 8월 15일까지 한 달 동안 넓은 마당에 매일 일찍 모여 길쌈을 하고 최종 집계하여 진 편이 이긴 편에게 음식을 장만하여 대접하며 노고를 푸는 풍습이 그것이다(『삼국사기』 신라본기, 유리왕 9년조). 『세종실록지리지』를 보면 조선 초기에는 대부분의 군현에서 마가 재배되고 있었던 것으로 나온다. 경상도의 경우 마는 곳곳에서 재배되었으나 모시는 성주목(가리현)의 청저(푸른 모시)와 의령뿐이다. 상대적으로 충청도는 마 재배 지역이 적은 반면(8곳), 모시 생산 비중이 높다. 이와 달리 전라도는 거의 전 지역에서 마가 재배되고(49곳), 모시를 재배하는 군현 수도 가장 많다(21곳).

신라에서는 각종 비단을 생산하였고 일본이나 중국에까지 수출하기도 하였다. 흥덕왕 9년(834)에 내린 신분별 복식에 관한 규정을 보면 염색이나 짜임새, 문양 등에 따라 비단의 종류가 아주 다양함을 알 수 있다. 신라 국가는 각 촌락마다 몇 백 그루씩 뽕나무를 심어 기르게 하고 이를 관리하였다. 그리고 국가에서 운영하는 관영 수공업 공장에서 세금으로 거둔 명주나 생사를 원료로 삼아 비단을 염색하고 직조하였다. 비단 생산을 주관하던 관부로 염궁(染宮: 염색을 담당하는 곳), 금전(錦典: 비단 짜는 곳), 조하방(朝霞房: 조하문의 비단을 짜는 곳) 등을 두었다. 명주 생산과 관련하여 『세종실록지리지』에는 뽕나무, 산뽕나무가 잘 자라는 곳을 기록하였는데 뽕나무 재배처로 기록된 곳은 양잠이 활발하게 이루어진 곳이다. 〈표 Ⅲ-2-3〉을 보면 상대적으로 황해도를 제외한 전 지역이 뽕나무 재배에 적합한 지역으로 나온다. 산뽕나무는 누에의 사료와 가구나 조각재의 원료로 쓰이는데 산뽕나무가 충청도에만 집중되어 재배되고 있는 것이 눈에 띈다.

6. 광물 자원

(1) 금과 은

경상도 지역

『삼국지』 위서 동이전에 의하면 마한이나 진한 사람들은 금은제 장신구를 귀하게 여기지 않았다고 한다. 이 기록을 뒷받침하듯 삼한시기 유력자의 무덤에서 금은제 장신구는 찾아보기 어렵다. 금박 씌운 구슬이 소수 있으나 중국 군현으로부터 수입한 것이다.[2] 반면 목걸이나 귀걸이 또는 의복을 장식하였던 유리나 수정제 구슬들이 수십, 수백 알씩 출토된다. 그러나 4세기 이후, 특히 신라 마립간시기부터는 왕족, 귀족, 지방의 유력 수장들의 위세품은 금공제 일색으로 바뀐다. 그들은 위계의 높고 낮음에 따라 금, 은, 금동으로 만든 관, 관모, 허리띠, 귀걸이, 반지, 팔찌, 도검류 등 각종 위세품과 장신구들을 착용하였다. 이러한 물품들은 주인공이 죽은 후 무덤에 함께 부장되었다. 경주 시내 적석목곽묘에서 출토된 금, 금동제 관모류만 해도 30점 가까이 된다. 경주 황남대총 남분, 북분에서는 순금으로 만든 고배가 7점, 금대접이 9점이나 출토될 정도로 신라인들은 금을 아주 좋아하였다.

마립간시기, 즉 고총고분을 축조하던 시기가 지나고 불교가 융성하면서 무덤 축조에 투입되던 많은 인적·물적 자원이 사찰로 옮겨 갔다. 『삼국유사』의 기록에 의하면 황룡사 장륙존상 제작에 황금이 10,198푼分, 보살 2구 제작에 황금 10,136푼이 들어갔다고 한다(『삼국유사』 탑상塔像 4, 황룡사장륙皇龍寺丈六조). 그리고 문무왕 대 명랑법사가 용왕이 시주한 황금으로 절을 세우고 탑과 불상을 만들었는데 황금이 1,000냥이나 들었으며 광채가 휘황하여 금광사金光寺라 하였다는 설화적인 이야기도 전한다(『삼국유사』 신주神呪 6,

2 경기도 김포 운양동유적의 3세기 무덤에서 금제 귀걸이가 나왔으나 수입품이다[한강문화재연구원, 2013, 『김포 운양동유적』 I(본문), II(사진)].

명랑신인明朗神印조). 이처럼 불상, 사찰 장식에도 많은 양의 금이 소비되었다. 이런 일들로 신라는 오랫동안 황금의 나라로 알려졌다.

그러나 이 많은 황금을 어디에서 어떻게 채취하였는지 알려진 것이 거의 없다. 『세종실록지리지』나 『신증동국여지승람』에 경상도 어디에도 금 산지로 기록된 곳은 없다. 다만 『세종실록지리지』 경상도 상주목 금산군 토산조에 황금소黃金所라는 지명이 남아 있는 것으로 보아 과거 이곳에서 금과 관련된 작업이 이루어졌음을 짐작할 뿐이다. 어쩌면 금이 생산된 적이 있으나 이미 고갈되어 버렸을 수도 있다. 이 밖에 『세조실록』과 『태종실록』에 소량의 황금을 세공으로 바쳤다고 기록된 지역들이 있다. 〈표 Ⅲ-2-4〉에 수록된 안동, 봉화, 예안, 합천, 산음, 함양 지역이 그러하다. 그런데 이들 지역에서는 정부가 금 생산을 독려하는 과정에서 하천변에서 2~5냥 정도의 금을 채취하여 바쳤다고 하였을 뿐 생산량이 아주 적어서 지속적인 생산이 이루어졌는지도 의문이다. 채금에 대한 열기는 조선 후기에도 이어졌고 일제 강점기에는 상주, 성주, 의성, 김천, 칠곡 등지에서도 금광산이 개발되었다고 한다. 하지만 이 시기는 신라시대와는 장비나 채광 기술이 크게 다르다는 점을 염두에 두어야 한다. 아무튼 통일신라 이전 시기 신라의 금 산지는 의문에 싸여 있다.

은銀 역시 마립간시기 이후 관, 관모, 허리띠, 반지, 도검류, 그릇 등의 위세품이나 사치품을 만드는 데 널리 사용되었다. 『세종실록지리지』에 지금의 경상북도에서는 인동에서, 지금의 경상남도에서는 김해에서 은광석이 나는 것으로 되어 있다. 그리고 태종 대에 춘양에서 은 채광을 하였다는 기사가 보이고 신녕현 속현에 이지은소梨旨銀所라는 지명이 남아 있다. 신라에서 다량 소비된 은이 어디에서 확보되었는지 금 산지와 마찬가지로 의문이다.

경상도 이외 지역

고려는 국가에서 필요한 수공품을 공급하기 위해 금소, 은소, 동소, 철소

등을 설치하여 광석을 채굴하였으나 그 소재지가 알려진 곳은 일부에 불과하다. 『세종실록지리지』에도 금 산지가 표시된 곳은 많지 않으며 강원도 4곳(회양, 정선, 춘천, 금성), 함경도 3곳(단천, 안변, 영흥)이 전부이다. 그러나 정부가 금광 개발을 주도하면서 금을 채취하는 곳이 크게 늘어났다. 조선 건국 이후 성종 대까지 전국에 금 산지 33개소가 개발되었다고 한다. 이처럼 채광사를 파견하여 금을 채취한 곳으로 기록된 지역의 절반가량이 경기도(2곳), 충청도(3곳), 전라도(10곳) 지역에 분포한다. 이 중에서도 가장 많은 곳은 전라도로 무려 10곳이나 된다. 하지만 전라도 소재 8개 읍에 부과된 세공액은 4냥에 불과하다. 이처럼 생산량이 아주 적은 지역은 『세종실록지리지』 토산조에는 아예 기재하지 않았다. 우여곡절에도 금광 개발은 꾸준히 지속되어 18세기 후반에는 평안도, 함경도를 중심으로 사금광 채굴이 널리 이루어졌고, 18세기 말~19세기 초에는 개인이 채굴하거나 몰래 채굴하는 사례가 더욱 늘어났다. 그 열기는 일제 강점기까지 이어졌다.

『세종실록지리지』에서 은광석이 나는 곳으로는 충청도의 영춘, 보은, 청주, 황해도 곡산, 평안도 가산, 경상도의 인동, 김해 등 소수에 불과하다. 금과 마찬가지로 태종, 세종 대를 거치면서 정부가 은 채광을 독려하면서 그 숫자가 늘어났다. 그 결과 상대적으로 충청도(5곳)에 은산지가 많은 것으로 나타난다. 16세기 이후에는 민간에 의한 은광 개발이 부분적으로 가능하게 되어 은 생산이 활발해졌다. 은은 납(연鉛)과 동일 광석에서 생산되었는데 병자호란(1636) 이후에는 무기 제조 원료로 납의 수요가 높아지면서 은광산도 적극 개발되었다.

(2) 구리

경주, 대구 지역은 한반도 세형동검문화를 마지막으로 크게 꽃피우면서 그 전통을 이어간 곳이다. 대동강, 금강, 영산강 유역이 한반도 세형동검문화의 중심지로 번성하였으나 기원전 2세기 말 이후 그 중심지가 대구, 경주 지역으로 옮겨 간 것이다. 이 때문에 영남 지방에서는 철제 무기가 등장한 이후에도 세형동검 등 청동으로 만든 무기와 거울들이 수장들의 권위의 상징물로 여전히 사랑받았다. 한반도에서 출토된 세형동검 관련 청동기들은 대부분 구리, 주석, 납을 섞은 삼원 합금으로 만들어졌다. 그러나 구리(동銅)의 구체적 산지에 대해서는 알려진 것이 없다. 청동기 원산지를 추정하기 위해 청동기에 포함된 납의 동위원소 비율을 분석하는 방법이 있다. 청동기를 만드는 데는 구리와 주석이 필요하나 주석은 귀한 금속이어서 주조 시 유동성을 좋게 하고 용융 온도를 낮추기 위해 대신 납을 첨가하기 때문이다. 납 동위원소 비율 분석 결과를 보면 한반도 출토 세형동검의 원료는 한반도산, 중국 화북산, 중국 화남산 등으로 다양하다. 마립간시기에 들어와서도 청동제 용기류, 금동제 위세품 제작 등 청동의 수요는 적지 않았다. 6세기 이후에는 불교가 융성하면서 불상, 범종, 불구 제작에 많은 양의 구리가 소요되었다. 그러나 이러한 청동 재료의 원산지에 대해서 알려진 것이 거의 없다.

『세종실록지리지』에 의하면 경상도 지역에 있는 구리 산지는 울산, 영산, 창원 3곳뿐이다. 『세종실록지리지』에 실린 전국의 자연동 산지는 모두 11개소인데 충청도가 10곳, 전라도가 1곳으로 충청도에 집중되어 있다. 자연동은 구리광상에서 나는 나뭇가지 모양의 홑원소 물질 상태의 구리인데 조선시대에는 이를 한약재(산골)로 취급하였다. 자연동 산지는 구리 산지를 추정하는 데 유용한 자료이다. 동광은 18세기 중엽에 이르기까지도 거의 개발되지 못한 채 있었으나, 일본산 구리의 수입량이 감소하고 영조 16년(1740)의 은점銀店 개설을 규제하는 법이 시행되면서 이에 자극을 받아 동광 개발이 활발해졌고 이후 지속적으로 동광이 개발되었다고 한다. 〈표 Ⅲ-2-4〉의 '동광(유)'로 표시된 곳은 거의가 18~19세기 전반기에 동광이 개발된 곳이다. 그런데 흥미롭게도 이 시기 동광이 새로 개발된 대부분 지역이 조선 전기의 지리지에서 자연동 산지로 수록된 지역이다.

(3) 철

국가 운영이나 일상생활에서 철은 아주 중요한 자원이었다. 특히 고대사회에서 철 자원과 철을 다루는 기술은 그 사회의 군사력과 생산력을 좌우하고 정치·사회적 발전 속도에 결정적인 영향을 미쳤다. 기원전 3~기원전 2세기경 한반도 북부 지방에 처음으로 철기가 등장하였고, 기원전 2세기 말 이후가 되면 한반도 남부 지역까지 철기가 널리 보급되었다. 특히 진·변한 지역은 철 생산으로 유명하여 이곳에서 생산된 철은 마한, 낙랑, 대방, 예, 일본열도까지 수출되었다. 당시 철은 물자를 교역할 때 화폐처럼 사용될 정도로 국제적인 교환가치를 지녔다. 진·변한 소국들 중에서도 철 생산과 교역의 중심지 역할을 한 것은 진한 사로국과 변진 구야국이었다.

사로국이 진한소국연맹체의 맹주로 성장하는 데에는 철 자원 확보와 철 생산기술이 핵심 요인으로 작용하였다. 사로, 사벌, 서벌, 서라벌 등 신라의 국호나 왕성의 어원이 쇠벌이라는 주장은 일견 타당성이 있다. 이를 뒷받침하듯 경주 일원의 대형 목관묘, 목곽묘 유적에서는 다른 지역보다 월등히 많은 양의 철기가 출토된다. 예컨대 경주의 사라리유적(130호: 판상철부 70점), 덕천리유적(120호 목곽묘: 철제 창 16점), 구어리유적(1호 주곽: 철제 창 55점, 주조철부 40점)에서는 무덤 하나에 수십 점의 철정이나 철제 창들이 무덤 구덩이 바닥에 관대처럼 깔려 있다. 이러한 추세는 마립간시기에 극대화되어 황남대총 남분에 부장된 철제 창만 해도 500여 점이 넘는다. 이처럼 철은 권력과 부의 상징으로 신라 왕권의 권력 집중화 과정을 보여 주는 중요한 척도이기도 하다. 하지만 이 많은 철기를 제작하는 데 필요한 원료를 어디에서 채취하였는가 하는 것은 의문이 아닐 수 없다.

철기를 만들기 위해서는 철광석을 채굴하고 제련,[3] 정련,[4] 단야[5] 또는 용해[6]

3 철광석, 사철, 토철 등의 원광에서 1차적으로 철을 추출해 내는 공정
4 1차 제련 공정에서 생산된 철괴 등을 정련로에서 재차 가열, 단타하여 불순물을 제거하는 공정이다. 판상이나 막

과정을 거쳐야 한다. 제련 과정은 대부분 철광석이 채취되는 인근 지역에서 이루어진다. 반면 정련이나 용해 작업은 제련을 거친 철괴를 소재로 사용하기 때문에 철광석 산지가 아닌 지역에서도 가능하다. 그러므로 철광석 산지를 알기 위해서는 제련 유적지를 파악해야 한다. 지금까지 우리나라에서 발굴, 조사된 초기철기시대~통일신라시대 제철 관련 유적은 100여 곳에 이르며 경상도 지역만 해도 28곳이나 된다. 하지만 28곳 가운데 제련 관련 유적의 숫자는 10곳 미만이다.

경주 지역

『세종실록지리지』에는 경주부에 속한 감은포에서 사철이 나는 것으로 기록되어 있다. 그리고 경주 덕천리에서 철광석, 철괴, 제련로 등 제철 관련 유물이 확인되었는데 5~6세기 단계의 것이고 규모가 크지 않다. 현재까지 알려진 바로는 사로국시기부터 신라가 활용한 최대의 철광석 산지는 경주에서 동남쪽으로 약 25km 떨어진 울산 달천광산이다. 이곳에서는 1~3세기 단계뿐만 아니라 조선시대의 채광 유구, 일제 강점기 이후의 채광 관련 선로도 함께 확인되었다. 『세종실록지리지』에서도 울산은 철, 수철(무쇠), 생철 산지로 기록되어 있다. 사로국이 울산 달천의 철광석 산지를 장악한 것은 석탈해집단의 등장과 관계가 있다. 석탈해집단은 자신의 선조가 야장이라고 자처할 만큼 선진적인 철기 제작 기술을 보유하였다. 그리고 탈해이사금 대에 거도居道라는 사람이 마숙馬叔놀이를 가장하여 우시산국于尸山國을 정벌하는 등 울산 방면의 철광석 산지를 확보해 나갔다. 달천광산의 철광석은 비소가 함유되어 덕천리유적 출토 철광석과는 성분이 다르다.

경주 시가지 북쪽 황성동에는 1~4세기 단계의 대규모 제철 관련 유적이

대기 모양의 철소재를 만들어 낸다.

5 정선된 철소재를 가열 단타하여 단조 철기를 제작하는 공정

6 선철을 완전히 녹여 거푸집에 부어 주조 철기를 만드는 공정

있다. 이곳에서는 제련 공정을 제외한 정련, 단야, 용해, 제강 등 각종 작업이 모두 이루어졌고 생산 규모도 아주 컸다. 철광석 산지에서 1차 제련 과정을 거친 철괴를 왕성 지구로 운반해서 각종 철기를 생산한 것이다. 철광석 성분 분석 결과 황성동 제철단지에서 사용한 철 원료는 달천광산에서 가져온 것으로 밝혀졌다. 이 밖에도 월성 해자 부근, 성동동, 용강동, 덕천리(경주) 등지에서 단야 작업이나 용해 작업의 흔적이 발견되지만 소규모이다.

경상도 지역

울산 이외에 제련 공정과 관련된 유물들이 확인된 대표적인 유적으로 김해 하계리유적(4세기), 김해 여래리유적(6세기 전후), 김해 우계리유적(6~7세기), 창원 봉림동유적(4~5세기), 밀양 사촌유적(6~7세기), 울산 중산동유적(3~4세기), 부산 지사동유적(4세기), 양산 물금유적(5~8세기) 등이 있다. 그리고 울진 덕천리에서는 배소로와 배소[7]된 철광석이 확인되어 이곳에서도 제련 공정이 이루어졌음을 알 수 있다. 『세종실록지리지』에도 김해와 창원은 사철 산지로, 밀양은 석철 산지로 기록되어 있다. 〈표 Ⅲ-2-4〉에서 보듯이 『세종실록지리지』와 『신증동국여지승람』 기록을 합하면 경상도에서 철광석이나 사철 등이 나는 곳은 18곳이다.

경상도 이외 지역

백제 지역에서도 4세기 중엽경에는 철 제련이 이루어졌다. 백제 근초고왕은 왜와 외교적·군사적으로 밀접한 교류 관계를 맺으면서 철정 모양의 철 소재를 왜에 수출하기도 하였다. 그러나 근초고왕 당시 『일본서기』 기록에 나오는 백제의 곡나谷那철산이 어디인지는 알 수가 없다. 다만 백제시대의

7 금속을 녹는점 이하로 가열하여 물리·화학적 성질을 변화시키는 일. 철광석 조직에 균열을 만들어 환원 및 파쇄를 쉽게 하고 중량을 줄여 운송을 용이하게 한다(김권일, 2012 ,「한반도 고대 제철문화의 검토」, 한국문화재조사연구기관협회, 『한반도의 제철유적』).

대규모 철 생산 유적으로 충북 진천군 덕산면 석장리유적이 유명하다. 그리고 충주 일대에도 4세기 백제시대의 제련 유적이 여러 곳에 분포한다(대화리, 두정리, 칠금동, 하구암리 등). 충주 지역은 후대에 이르기까지 철 산지로 이름난 곳이다. 이곳에 고려시대의 다인철소가 있었고 조선시대까지도 계속하여 철이 생산된 곳으로 기록되어 있다.

〈표 Ⅲ-2-4〉에서 보듯이 『세종실록지리지』와 『신증동국여지승람』에 의하면 조선시대 철 산지는 전국 각지에 분포한다. 조선 정부는 철 생산에 적극적이었다. 15세기 중엽의 상황을 보여 주는 『세종실록지리지』에는 전국 69개소의 철 산지가 실려 있다. 여기에 『신증동국여지승람』 토산조 기록을 합하면 숫자는 더 늘어난다. 경상도 18곳, 강원도 23곳, 충청도 16곳, 전라도 10곳, 황해도 11곳, 함경도 12곳, 경기도 1곳, 평안도 3곳 등으로 전체 94개소가 된다. 하지만 고대에는 철광상이 있었더라도 채광 기술과 도구의 미비로 접근에 한계가 있다. 그리고 철광 산지 중에는 고대에 이미 고갈되어 버린 곳도 있을 것이다.

7. 옥석류와 칠

(1) 옥석

삼한 지역 주민들은 금은 대신 각종 유리구슬이나 수정으로 만든 조각품들을 장신구로 즐겨 착용하였다. 초기의 주산 알이나 대추 모양 수정제 장신구들은 대부분 낙랑에서 수입한 것이었다. 그러나 시간이 지나면서 토산 수정석을 채취하여 곡옥 모양으로 가공하여 목걸이 장식으로 활용하였다. 경남 김해 양동리 322호 무덤에서는 수정제 곡옥이 120여 점이나 출토되었다. 이러한 전통은 고총고분시기(4~6세기)에도 이어져 마립간시기의 신라 왕족이나 귀족들은 유리구슬 이외에 청옥, 황옥, 마노 등 각종 색깔의 옥석류로 만든 장신구를 착용하였다. 이러한 옥석류 중에는 수입품도 있었을 것이다. 〈표 Ⅲ-2-4〉에는 『세종실록지리지』와 『신증동국여지승람』 토산조에 수록된 청옥, 황옥, 백옥, 수정석 같은 옥석류 산지를 표시하였다. 이는 각종 장신구의 원료 산지를 추정하기 위한 것이다. 수정석 산지는 경상도 순흥과 풍기, 충청도 회인, 아산, 황해도 토산이 전부이다. 마뇌석(마노) 산지는 경상도 울산과 평안도 안주 두 곳뿐이다. 반면 각종 색깔의 옥석 산지는 경기도와 충청도 지역에 많이 분포한다.

(2) 칠

칠은 공예품의 중요 원료로 옻나무 껍질에서 흘러내리는 액을 채취하여 만든다. 옻칠은 일단 건조되고 나면 내화(내열)성·내수성·방부성·방충성·내산성이 강하여 활용 가치가 높다. 우리나라에서도 일찍부터 옻칠을 한 나무칼집이나 칠기들이 제작되었다. 경남 창원 다호리유적에서는 칠기뿐 아니라 철제 따비의 나무 자루나 부채 손잡이와 같은 나무 제품에 옻칠을 한 유물들이 다수 확인되었다. 기원전 1세기경에 이미 칠의 효능을 익히 알고 다양하게 활용한 것이다. 신라시대에는 칠전漆典이라는 관부를 두어 칠의 원료나 칠기 제작을 전담하였다. 백제 지역에서도 서울 석촌동고분에서 붉은색 칠기가 발견되었고, 공주 무령왕릉에 부장된 족좌와 두침에도 채색 칠이 되어 있다.

『세종실록지리지』에 칠은 토공조에 실려 있다. 옻나무 숲은 양전의 대상으로 세조 13년에 군현의 대소에 따라 그루 수를 정하여 기르게 하고 연말에는 숫자를 계산하여 조정에 올리게 하였다고 한다. 『세종실록지리지』에 의하면 함경도를 제외한 한반도 전역에서 칠을 생산하였고(표 Ⅲ-2-3 참조), 특히 경상도, 충청도, 전라도, 평안도에서는 거의 모든 군현에서 칠을 공물로 바쳤다.

표 Ⅲ-2-3 『세종실록지리지』 산물 자료 일람표

① 경상도

구분 / 지역	섬유 자원			식용 자원					칠
	삼베	모시	뽕나무	농산물	수산물	유실수	약재·차	소금	
경주				오곡, 조	대구, 상어, 말린 조개, 전복	잣, 호두	백복령	염소 1	○
밀양				오곡, 조	은어		백복령, 작설차		○
양산				오곡	은어, 황어	배, 석류	방풍		○
울산	○			벼, 조	전복, 말린 조개, 홍어		방풍, 작설차	염소 3, 염창	○
청도				벼, 기장, 조	은어	홍시, 호두	백복령		○
흥해	○			벼, 보리	상어, 전복, 말린 조개		방풍	염소 1	
대구	○			벼, 기장, 피, 보리	은어	대추, 잣, 호두			○
경산				벼, 기장, 조, 보리		대추, 호두			○
동래				벼, 조, 보리	상어, 대구, 청어, 방어, 해삼, 말린 조개, 전복	귤, 석류	방풍, 녹용	염소 3	○
창녕	○		○	벼, 기장, 조, 보리		배, 대추, 석류, 호두			○
언양				벼, 피, 보리, 콩	은어		인삼, 백복령		○
기장				벼, 조, 콩	상어, 전복, 말린 조개		방풍	염소 1	
장기				오곡, 조	상어, 광어, 방어, 말린 조개, 홍합, 전복		방풍	염소 1	○
영산	○			벼, 조, 기장, 피, 보리		배, 대추, 호두, 석류	안식향		○
현풍				벼, 기장, 조, 보리		배, 호두, 석류			○
영일				오곡, 조	광어, 청어, 상어, 연어, 전복, 말린 조개		방풍	염소 1	○
청하	○			오곡	대구, 광어, 상어, 전복, 말린 조개		방풍	염소 3	○

안동	○		○	벼, 기장, 조, 메밀, 콩	은어		인삼, 백복령		○
영해	○		○	벼, 기장, 조, 콩, 보리	대구, 상어, 전복, 말린 조개, 은어, 문어, 연어		인삼, 방풍, 백복령, 자단향	염소 2	○
순흥	○		○	벼, 기장, 조, 콩, 보리, 메밀	은어	잣	인삼, 적복령·백복령, 웅담		○
예천	○		○	벼, 조, 콩, 보리, 메밀, 팥	은어	호두	복령		○
영천 榮川				벼, 기장, 조, 콩	은어		인삼		○
영천 永川	○		○	벼, 조, 콩, 보리	은어, 황어	호두			○
청송	○		○	오곡, 조, 메밀		배, 잣	인삼, 백복령		○
의성			○	벼, 조, 콩, 보리			인삼, 복령		○
영덕				벼, 기장, 조, 콩, 보리	대구, 상어, 전복, 홍합, 은어, 연어		인삼, 방풍	염소 1	○
예안			○	벼, 기장, 조, 보리, 콩	은어	배, 잣	인삼, 백복령		○
하양	○			벼, 기장, 조		대추, 호두			○
기천				벼, 기장, 조, 콩		배	인삼		○
인동	○		○	벼, 조, 보리, 콩	은어, 잉어	홍시, 호두			
봉화				벼, 기장, 조, 보리	은어	잣	인삼, 백복령, 웅담		○
의흥	○		○	벼, 기장, 콩, 조		대추	백복령		○
신녕	○		○	벼, 조, 기장, 콩, 보리					○
진보	○		○	벼, 기장, 조, 콩, 메밀			백복령		○
비안				오곡, 조					
상주	○		○	벼, 기장, 조, 보리	은어	배	백복령		○
성주	○	청저 青苧	○	벼, 기장, 조, 피, 보리, 밭벼	은어	배, 대추, 잣	백부자		○

선산	○		○	벼, 조, 보리		대추, 호두	백부자		○
합천				벼, 기장, 조, 피	은어	잣, 감			○
초계				벼, 조			백복령		○
금산				벼, 조, 기장, 피	은어				○
고령				벼, 기장, 조	은어		백부자		○
개령			○	벼, 기장		호두			○
함창				벼, 조	은어				
용궁				벼, 조, 콩	은어		백부자		○
문경				벼, 조, 기장, 피	은어	밤	인삼, 웅담, 백복령, 백부자		○
군위				벼, 조, 기장, 피, 콩			백복령		
지례				벼, 조, 기장	은어	배, 호두			○
진주	○		○	오곡, 조, 메밀	문어, 은어	감, 배, 석류	작설차	염소 1	○
김해	○		○	벼, 조, 콩, 보리, 메밀	상어, 말린 조개		백복령	염소 2	
창원	○		○	벼, 조, 기장, 콩, 보리	상어, 대구, 말린 조개, 굴			염소 3, 염창	○
함안				벼, 기장		배, 대추			○
함양				벼, 조, 콩	은어	감	작설차		○
곤남	○			벼, 기장, 조, 콩	문어, 은어, 전복, 홍합	감		염소 3, 염창	○
고성				벼, 조, 콩, 보리	상어, 대구, 문어, 전복, 참돔, 말린 조개		방풍, 작설차	염소 2	○
거제				벼, 조, 콩, 메밀	대구, 문어, 전복			염소 4	
사천				벼, 기장, 조, 보리	대구, 홍어, 문어, 은어, 전복	석류		염소 4	
거창				벼, 조, 기장	은어	감, 배, 대추, 호두			○
하동	○		○	벼, 기장, 조	대구, 은어, 문어, 상어, 홍어, 말린 조개, 전복	감	방풍, 작설차	염소 1	○
진성	○		○	벼, 기장, 피	은어	감			○
칠원				벼, 조, 보리	대구	감		염소 1	○

산음	○		○	벼, 기장, 조, 보리	은어	감	인삼, 작설차		○
안음				벼, 기장, 조	은어	감	안식향		○
삼가	○		○	벼, 기장, 조	은어	감			○
의령	○	○	○	벼, 조, 보리	은어	감, 배	인삼		○
진해				벼, 조, 보리	대구, 문어, 상어, 전복, 홍합	석류	작설차	염소 3	○

② 강원도

구분 / 지역	섬유 자원			식용 자원					칠
	삼베	모시	뽕나무	농산물	수산물	유실수	약재·차	소금	
강릉	○	○	○	오곡	대구, 문어, 상어, 숭어, 전복, 홍합	감, 밤, 잣, 호두, 모과	인삼, 웅담	염분 23	○
양양	○		○	오곡	대구, 문어, 상어, 숭어, 연어, 전복, 홍합	감, 배, 밤, 잣, 호두	인삼, 복령, 안식향, 웅담, 방풍	염분 22	○
정선	○		○	기장, 피, 조, 콩, 보리		배, 밤	인삼, 복령, 안식향, 자단향		○
평창	○		○	기장, 피, 조, 콩, 보리		배, 밤	인삼, 복령, 자단향		○
원주	○		○	오곡		배, 밤, 잣	복령, 안식향		○
영월	○		○	기장, 피, 조, 콩, 보리		배, 밤, 대추, 잣	인삼, 복령		○
횡성	○		○	오곡		밤, 잣, 배	인삼, 복령, 자단향		○
홍천	○		○	오곡		배, 밤, 잣	인삼, 복령		○
회양	○		○	기장, 피, 조, 콩, 메밀		밤, 잣	인삼, 복령, 안식향		○
금성	○		○	기장, 피, 조, 콩, 보리		밤, 잣	인삼, 복령		○
화현	○		○	오곡		배, 밤, 대추, 잣	인삼, 복령		○
평강	○		○	기장, 피, 조, 콩, 보리		배, 밤, 잣	인삼, 복령, 웅담		○
이천	○		○	피, 조, 콩, 보리		배, 밤, 잣	인삼, 복령, 웅담		○

삼척	○	○	○	오곡	대구, 상어, 숭어, 문어, 연어, 전복, 홍합	감, 밤, 배, 잣, 호두, 모과	인삼, 안식향, 자단향	염분 40	○
평해	○		○	오곡	대구, 숭어, 문어, 전복, 홍합	감, 배, 밤, 석류, 호두	인삼, 복령	염분 46	○
울진	○		○	오곡	대구, 숭어, 문어, 전복, 홍합	감, 배, 밤, 호두	인삼, 복령	염분 61	○
춘천	○		○	오곡		배, 밤, 잣	인삼, 복령		○
낭천	○		○	기장, 피, 조, 콩, 보리		밤, 잣	인삼, 복령		○
양구	○		○	기장, 피, 조, 콩, 보리		배, 밤	인삼, 복령		○
인제	○		○	조, 피, 콩, 보리		배, 밤, 잣	인삼, 복령, 안식향, 웅담		○
간성	○		○	오곡	대구, 상어, 숭어, 연어, 문어, 전복, 홍합	배, 밤, 호두	복령	염분 17	○
고성	○		○	오곡	대구, 상어, 숭어, 연어, 문어, 전복, 홍합	배, 밤, 복숭아	인삼, 복령	염분 12	○
통천	○		○	오곡	대구, 상어, 숭어, 연어, 문어, 전복, 홍합	감, 배, 밤, 호두	인삼, 복령	염분 36	○
흡곡	○		○	오곡	대구, 상어, 숭어, 문어, 전복, 홍합	감, 배, 밤	인삼	염분 3	○

③ 경기도

구분 / 지역	섬유 자원			식용 자원					칠
	삼베	모시	뽕나무	농산물	수산물	유실수	약재·차	소금	
광주			○	오곡, 잡곡	은어	대추	안식향	염소 1	○
여흥	○		○	오곡, 조, 팥, 메밀					
양근	○		○	오곡, 조, 팥, 메밀, 참깨		대추	안식향		
음죽	○		○	오곡, 조, 팥, 녹두, 메밀, 참깨					
이천	○		○	오곡, 조, 팥, 메밀, 참깨		대추			
과천	○		○	오곡, 조, 팥, 메밀, 참깨					
천녕	○		○	오곡, 조, 팥, 메밀, 참깨					

지평	○		○	오곡, 조, 팥, 메밀		대추	백복령, 안식향, 자단향		
금천	○		○	오곡, 조, 팥, 녹두, 메밀, 참깨, 옥수수					
양주			○	오곡, 조, 메밀		잣			
원평	○		○	오곡, 조, 팥, 녹두, 메밀, 참깨					
고양	○		○	오곡, 조, 팥, 메밀, 참깨, 옥수수					
교하	○		○	오곡, 조, 녹두, 팥, 메밀					
임진				오곡, 조, 팥, 메밀					
적성	○		○	오곡, 조, 팥, 메밀					
포천	○		○	오곡, 조, 팥			백복령, 안식향		
가평	○		잠실 ○	오곡, 조, 팥, 참깨		밤, 잣	복령		
수원	○		○	오곡, 조, 팥, 참깨	밴댕이, 숭어, 민어, 준치, 농어, 뱅어, 상어, 쌀새우, 큰새우, 굴, 낙지, 가무락조개			염소 6	
남양	○		○	오곡, 조, 팥, 참깨, 옥수수	민어, 밴댕이, 숭어, 상어, 준치, 조기, 큰새우, 중새우, 곤쟁이, 가무락조개, 백합, 굴, 낙지		백부자	염소 44	
안산	○			오곡, 조, 팥, 메밀	밴댕이, 민어, 숭어, 조기, 농어, 준치, 홍어, 큰새우, 중새우, 가무락조개, 굴, 낙지			염소 5	
안성	○		○	오곡, 잡곡		감, 대추, 모과			
진위				오곡, 조, 팥, 메밀, 녹두, 참깨					
용인				오곡, 조, 팥					
양성	○		○	오곡, 조, 팥, 메밀, 참깨	민어, 말린 숭어			염소 1	
양지	○		○	오곡, 팥					
철원	○		○	오곡, 조, 팥, 메밀, 참깨			복령		

삭녕	○		○	오곡, 조, 팥, 메밀, 옥수수					
영평	○		○	오곡, 조, 팥, 메밀			인삼, 안식향, 백복령		
장단	○		○	오곡, 조, 팥, 메밀					
안협	○		○	오곡, 조, 팥, 녹두, 메밀, 참깨, 옥수수		배	복령		
임강	○		○	오곡, 조, 팥, 메밀, 참깨					
마전	○		○	오곡, 조, 팥, 녹두, 메밀					
연천	○		○	벼, 조, 기장, 피, 콩, 팥					
부평	○		○	오곡, 조, 팥, 녹두	준치, 민어, 전어, 가오리, 청해			염소 7	
강화	○		○	오곡, 조, 팥, 메밀, 참깨, 옥수수	홍어, 숭어, 민어, 쌀새우, 백합, 굴	감		염소 11	
인천	○		○	오곡, 조, 기장, 콩, 보리, 팥, 메밀, 참깨	준치, 오징어, 농어, 갈치, 홍어, 광어, 설대어, 밴댕이, 조기, 삼치, 상어, 숭어, 민어, 가오리, 도미, 큰새우, 백합, 가무락조개, 낙지, 소라		백부자	염소 6	
해풍	○		○	벼, 기장, 조, 콩, 보리, 팥, 메밀					
김포	○		○	오곡, 조, 팥, 녹두, 메밀, 옥수수	숭어, 민어, 굴,			염소 2	
양천	○			벼, 조, 기장, 피, 콩, 팥, 녹두, 메밀, 옥수수	뱅어, 웅어, 숭어, 민어				
교동	○		○	오곡, 조, 팥, 녹두, 메밀, 참깨	민어, 말린 숭어, 백합, 굴, 쌀새우, 조기			염소 3	
통진				벼, 조, 기장, 콩, 팥, 메밀	숭어, 준치, 쌀새우			염소 3	

④ 충청도

구분 / 지역	섬유 자원				식용 자원					칠
	삼베	모시	뽕나무	산뽕나무	농산물	수산물	유실수	약재·차	소금	
충주			○		오곡, 기장, 팥, 참깨		대추, 모과	인삼		○
단양	○		○	○	콩, 조		대추, 가래, 잣나무	인삼, 복령, 자단향, 안식향, 웅담		○
청풍			○	○	기장, 피, 콩, 조, 팥, 보리		대추, 가래	인삼, 복령, 자단향		○
괴산			○	○	오곡, 조, 팥		대추, 모과	인삼, 복령, 안식향		○
음성			○		오곡, 조, 팥, 녹두		대추	인삼		○
연풍			○		콩, 조, 기장, 팥, 메밀		가래	인삼		○
제천			○		오곡, 조		호두	인삼, 복령, 자단향		○
영춘					조, 콩, 팥, 메밀		대추	인삼, 복령, 자단향		○
청주			○	○	오곡, 조, 녹두, 팥, 참깨		배, 대추	인삼, 백부자		○
천안			○		오곡, 조, 팥, 참깨	잉어	배, 대추, 가래	인삼, 백부자		○
옥천			○	○	오곡		대추, 호두	인삼, 복령, 안식향		○
문의					오곡, 조, 메밀		대추	인삼		
목천					오곡, 조, 팥, 메밀		배, 대추	안식향		
죽산					벼, 기장, 조, 콩, 팥, 메밀, 참깨, 밀		대추	인삼		○
청안			○	○	벼, 기장, 콩, 조, 보리, 메밀		배, 대추			○
전의					벼, 기장, 조		감, 대추, 호두	인삼		○
연기			○		오곡, 조, 팥, 메밀		대추	인삼		○

직산					벼, 기장, 피, 콩, 조, 팥, 메밀, 녹두, 율무	밴댕이	감, 대추		염소 1	○
평택					벼, 피, 콩, 모맥					
온수					오곡		감, 배, 대추, 모과	인삼, 안식향		○
신창					오곡, 조	잉어	모과			
아산					오곡, 조, 참깨	뱅어	대추			○
영동	○		○		기장, 조, 콩, 보리		배, 호두, 모과	인삼, 복령, 안식향		○
황간			○		오곡		배, 대추, 호두			○
회인					기장, 피, 조, 콩, 팥, 메밀, 보리		배, 대추	백부자		○
보은			○		오곡, 조, 팥, 메밀		배, 대추, 호두, 잣	인삼, 백복령, 안식향		○
청산			○	○	오곡, 조		배, 대추, 모과	백복령		○
진천					오곡, 조, 팥, 참깨		대추	인삼		○
공주			○		오곡, 조		감, 대추, 잣, 호두	인삼		○
임천	○	○			벼, 피, 콩, 메밀, 보리	숭어, 민어, 잉어	대추, 잣			○
한산		○			오곡	잉어, 뱅어, 홍어, 상어				○
서천	○	○			오곡, 조, 메밀, 참깨	민어, 준치, 홍어, 상어, 숭어, 전이, 민어, 가물치, 갈치, 가오리, 붉은 큰새우, 백합, 굴	감, 모과		염소 2	
남포	○	○			벼, 기장, 조, 콩, 메밀, 보리	청어, 상어, 숭어, 홍어, 큰새우, 은어, 백합, 낙지	잣, 홍시	방풍, 녹용	염분 18	
비인	○	○			벼, 기장, 조, 콩, 팥, 메밀	청어, 홍어, 상어, 전어, 숭어, 가오리, 오징어, 붉은 큰새우	감, 배	방풍	염분 20	
정산		○			벼, 기장, 조, 피, 콩, 팥, 메밀		감, 배, 대추, 모과	안식향		○
홍산		○			벼, 피, 메밀		대추			○

은진			○		오곡, 조, 팥, 메밀		밤, 대추	인삼		
연산					오곡	잉어	대추, 모과, 잣, 호두	인삼		○
회덕					오곡		대추, 모과			○
석성		○			벼, 기장, 조, 피, 콩, 팥, 메밀, 참깨		대추			
진잠			○		오곡					
부여		○	○		오곡	잉어, 웅어				○
이산					오곡, 조, 팥, 메밀		대추			
홍주		○			벼, 기장, 피, 조, 팥, 콩	청어, 갈치, 삼치, 상어, 조기, 가오리, 준치, 광어, 큰새우	대추		염소 1	○
태안					벼, 기장, 조, 콩	숭어, 민어, 상어, 홍어, 청어, 갈치, 전어, 조기, 삼치, 큰새우, 낙지, 전복		방풍	염분 11	
서산	○	○			벼, 기장, 조, 피, 보리, 메밀	청어, 조기, 상어, 숭어, 민어, 홍어, 큰새우, 굴, 낙지		방풍	염소 1	○
면천			○		오곡, 조, 팥, 메밀	뱅어, 쌀새우	배		염소 1	○
해미	○	○			오곡, 메밀	숭어, 민어, 전어, 광어, 갈치, 조기, 홍어, 굴	감		염분 1	○
당진					오곡, 조, 팥, 메밀	낙지, 숭어, 홍어, 큰새우, 굴			염소 35	
덕산					오곡, 조, 팥, 참깨		감, 대추			○
예산					오곡, 조, 팥, 참깨	말린 잉어	감, 대추	인삼		○
청양		○			벼, 기장, 조, 피, 콩, 메밀		감, 배, 대추, 모과			○
보령					오곡, 조, 팥, 메밀	숭어, 상어, 홍어, 청어, 가오리	감	인삼	염소 3 염분 18	
결성					오곡, 조, 팥, 메밀	숭어, 상어, 민어, 준치, 전어, 갈치, 조기, 오징어, 가오리, 은어, 낙지		방풍		
대흥					기장, 조, 피, 콩, 팥, 보리		배, 대추	인삼, 안식향		

⑤ 전라도

구분 지역	섬유 자원			식용 자원					칠
	삼베	모시	뽕나무	농산물	수산물	유실수	약재·차	소금	
전주	○	○	○	오곡		감, 배, 대추, 석류	인삼, 복령		○
진산	○		○	오곡		대추	복령		○
금산	○		○	오곡		대추, 배	백복령, 웅담		○
익산	○	○	○	오곡		대추, 석류			
고부	○			오곡		대추, 석류	작설차		○
김제	○	○		오곡					
금구	○	○		오곡		감, 배, 석류			○
만경	○	○		오곡	상어, 청어, 조기			염소 1	
임피	○	○	○	오곡		대추, 석류	백부자		
옥구	○	○	○	오곡	상어	대추, 밤	방풍	염소 1, 염창	
함열	○	○	○	오곡					
용안	○	○	○	오곡					
부안	○	○		오곡	상어, 청어		복령, 녹용	염소 1, 염창	
정읍	○		○	오곡		감, 대추			○
태인	○	○	○ 잠실	오곡		감, 대추, 석류	인삼		○
고산	○		○	오곡		감, 대추, 석류	인삼, 백부자		○
여산	○	○	○	오곡		밤, 석류			
나주	○		○	오곡	절어節魚	감, 대추, 배, 석류, 귤	작설차, 녹용	염소 35	
해진	○		○	오곡	전복, 홍합		인삼, 녹용		○
영암	○			오곡	숭어, 전복	감, 밤, 석류, 귤	인삼, 녹각, 작설차	염소 3	○
영광	○	○		오곡	상어, 숭어, 조기	대추, 석류	방풍, 녹용, 작설차	염소 1	○
강진			○	오곡	은어, 전복	귤, 석류	인삼, 녹용, 작설차		○
무장				오곡	상어, 말린 숭어, 조기		작설차, 녹용	염소 1	○
함평	○	○	○	오곡	상어	석류	작설차	염소 4	○
남평	○		○	오곡		석류	작설차		○

무안	○		○	오곡	상어, 숭어, 굴, 낙지	석류	작설차, 녹용		
고창				오곡		대추, 석류	작설차		○
흥덕				오곡	상어	밤, 석류	작설차	염창	○
장성	○	○	○	오곡			작설차		○
남원	○		○	오곡	은어	감, 대추, 배, 모과, 석류	인삼, 복령, 웅담		○
순창	○	○	○	오곡		감, 대추, 배, 석류	복령		○
용담	○		○	오곡		대추, 배	백복령, 백부자		○
구례	○		○	오곡	은어	감, 대추, 배, 석류, 호두	작설차		○
임실	○		○	오곡	은어	배	인삼, 녹용		○
운봉	○		○	오곡		감	백부자, 복령		○
장수	○		○	오곡		감, 배	인삼, 백복령, 백부자		○
무주	○		○	오곡		감, 호두, 배, 모과	인삼, 백복령		○
진안	○		○	오곡		대추	백복령		○
곡성	○		○	오곡	은어	감, 배, 모과			○
광양	○			오곡	은어	감, 대추, 배, 석류	차, 녹용	염소 2, 염창	○
장흥	○			오곡	전복, 말린 홍합, 붉은 큰새우, 은어	밤, 배, 유자, 석류	방풍, 차, 녹용		○
담양	○	○	○	오곡		감, 배, 대추, 석류, 모과	차		○
순천	○		○	오곡	상어, 전복, 홍합, 붉은 큰새우, 은어, 조기	감, 배, 대추, 밤, 귤, 석류	인삼, 백복령, 녹용, 차	염소 9, 염창	○
무진	○		○	오곡		감, 배, 대추, 석류, 모과	복령, 차		○
보성	○	○	○	오곡	붉은 큰새우	석류	차	염소 1	○
악안	○		○	오곡	붉은 큰새우, 홍합	석류, 유자	차	염소 1	○
고흥	○		○	오곡	붉은 큰새우	감, 배, 밤, 석류, 귤	차, 녹용	염창	○
능성	○	○	○	오곡			백복령		○
창평	○	생모시	○	오곡		감, 대추			○

화순	○		○	오곡		감, 대추, 석류, 모과			○
동복	○		○	오곡	은어		인삼, 백부자, 녹용, 차		○
옥과	○		○	오곡		대추			○
진원	○	○	○	오곡		석류	차		○
제주				밭벼, 기장, 피, 콩, 메밀, 모맥	옥돔, 오징어, 전복	유자, 동정귤, 금귤, 청귤, 산귤, 유감, 모과			
정의				밭벼, 피, 조, 콩, 팥, 메밀, 모맥	오징어, 옥돔, 전복	감귤, 청귤	녹용		
대정현				밭벼, 조, 피, 팥, 메밀, 모맥	전복	감귤, 동정귤, 청귤, 유감			

⑥ 황해도

구분 지역	섬유 자원			식용 자원					칠
	삼베	모시	뽕나무	농산물	수산물	유실수	약재·차	소금	
황주	○		○	오곡, 조, 팥, 녹두, 메밀, 옥수수					
서흥				기장, 피, 콩, 보리, 팥, 녹두, 메밀, 참깨, 옥수수		대추	인삼		○
봉산				오곡, 팥, 메밀, 참깨, 옥수수	말린 숭어	대추	백부자		○
안악	○		○	오곡, 조, 팥, 메밀, 옥수수	말린 숭어	배	인삼, 백부자	염소 7	
수안			잠실	기장, 피, 콩, 보리, 조, 팥, 메밀, 옥수수		대추	백부자, 복령		
곡산				기장, 피, 콩, 보리, 조, 팥, 메밀		잣	인삼, 안식향, 백부자, 복령		○
신은				기장, 피, 콩, 보리, 팥, 녹두, 참깨, 메밀, 옥수수		대추	복령, 안식향		○
해주				오곡, 조, 팥, 메밀	숭어, 곤쟁이, 조기, 은어, 청어	다래	백부자	염소 4	○
재령				오곡, 조, 팥, 메밀, 참깨, 옥수수			백부자		

옹진	○	○		벼, 기장, 콩, 보리, 조, 팥, 녹두, 메밀	청어, 상어	감	백부자, 녹각	염소 9, 염분	
장연 長淵	○			벼, 피, 조, 콩, 보리, 팥, 메밀, 참깨	상어, 말린 숭어, 청어, 고등어		방풍, 백부자	염소 1	
강령	○	○		오곡, 팥, 메밀	청어		백부자	염소 8	
신천				오곡, 조, 팥, 메밀, 옥수수			백부자		
연안				오곡, 조, 팥, 메밀	숭어, 상어, 게, 곤쟁이, 쌀새우		백부자	염소 3	
평산	○			오곡, 조, 팥, 메밀, 옥수수			백부자		○
배천				오곡, 조, 팥, 메밀			백부자		○
우봉	○			기장, 피, 콩, 보리, 조, 팥, 메밀, 참깨, 옥수수		대추	안식향		○
토산	○		○	피, 조, 콩, 보리, 팥, 메밀, 옥수수					○
강음				오곡, 조, 팥, 메밀			백부자		
풍천	○			오곡, 조, 메밀, 팥, 참깨	청어		방풍, 백부자	염소 4	○
문화				오곡, 조, 팥, 메밀, 옥수수					
송화, 청송	○		○	오곡, 조, 팥, 메밀					○
은율	○		○	오곡, 조, 팥, 메밀	맛조개, 낙지	배, 대추, 잣	백부자	염소 1, 염분 6	
장련 長連, 장명				오곡, 조, 팥, 녹두, 메밀	숭어, 맛조개, 낙지			염소 3, 염분 14	

⑦ 평안도

구분 / 지역	섬유 자원			식용 자원					칠
	삼베	모시	뽕나무	농산물	수산물	유실수	약재·차	소금	
평양	○		○	기장, 피, 보리		배	백부자	염소 2	○
중화	○		○	오곡		배, 밤	백부자		○
상원	○		○	오곡		배, 밤, 대추, 가래	백부자		○
삼등	○		○	기장, 피, 콩, 보리		밤, 배, 대추	백부자, 안식향		
강동	○		○	모맥		배, 밤	백부자		○

순안	○		○	오곡		배, 밤	안식향, 백부자		
증산	○		○		민어	배, 밤	백부자, 방풍	염소 2	○
함종	○		○	오곡	민어, 숭어, 상어	배, 밤	백부자, 방풍	염소 3	○
삼화	○		○	오곡		배, 밤	백부자	염소 4	○
강서	○		○	오곡					○
용강	○		○	오곡	민어, 상어	배, 밤		염소 2	○
안주	○		○	오곡		배, 밤		염소 1	○
성천	○		○	오곡		배, 밤, 잣, 가래	인삼, 안식향, 백부자		○
숙천	○		○	벼, 보리		배, 밤		염소 1	○
자산	○		○	오곡		배, 밤, 가래			○
순천	○		○	기장, 피, 조, 콩		배, 밤, 잣	인삼, 안식향		○
개천	○		○	기장, 피, 보리, 콩		배, 밤, 잣	인삼, 백부자		○
덕천	○		○	기장, 피, 조, 콩, 보리		배, 밤, 잣	인삼, 백부자		○
영유	○		○	오곡		배, 밤	안식향	염소 4	○
맹산	○		○	기장, 피, 콩, 보리		배, 밤	인삼, 백부자		
은산	○		○	오곡		배, 밤	인삼		○
양덕			○	오곡		배, 밤, 잣	인삼, 백부자, 안식향, 웅담		○
의주	○		○	기장, 피, 콩, 보리			백부자		○
정주	○		○	오곡		배, 밤	백부자	염소 1	○
인산	○		○	전곡田穀			백부자		○
용천	○		○	오곡	밴댕이, 조기, 민어, 준치, 홍어, 광어, 세린어細鱗魚, 오징어, 상어, 큰새우, 굴	배, 밤		염소 3	○
철산	○		○	오곡	오징어	배, 밤	인삼, 방풍, 백부자	염소 4	○
곽산	○		○	오곡	민어, 숭어	배, 밤	백부자	염소 1	○
수천	○		○	오곡		배	인삼, 백부자	염소 2	○
선천	○		○	오곡	민어, 숭어	배, 밤	백부자	염소 2	○
가산	○		○	오곡		배, 밤	백부자		○
정녕	○		○	전곡		배, 밤	백부자		○

삭주	○		○	전곡		잣	인삼, 복령		○
영변	○		○	오곡		배, 밤, 잣	인삼, 복령, 안식향		○
창성	○		○	전곡		잣	인삼		
벽동	○		○	전곡			인삼, 복령		○
운산	○		○	전곡		잣	인삼, 백부자		
박천	○		○	전곡		배, 밤	백부자		○
태천	○		○	오곡		배, 밤	인삼, 백부자		○
강계	○		○	기장, 피, 콩, 보리		잣	인삼, 복령		
이산	○		○	전곡			인삼		
희천	○		○	기장, 피, 조, 콩, 옥수수		잣	인삼, 복령		○
여연	○			조, 피, 콩, 옥수수			인삼		
자성				잡곡		잣	인삼		
무창							인삼		
우예				잡곡					
위원	○		○	기장, 피, 조, 콩, 팥, 메밀		잣	인삼, 녹각		

⑧ 함길도(함경도)

구분 / 지역	섬유 자원			식용 자원					칠
	삼베	모시	뽕나무	농산물	수산물	유실수	약재·차	소금	
함흥	○		○	피, 조, 콩, 메밀	대구, 연어, 고등어, 전복		안식향, 복령, 백부자, 방풍, 웅담	염분 27	
정평	○		○	오곡	대구, 연어, 고등어, 빙어		안식향		
북청	○		○	오곡	문어, 송어, 대구, 연어, 방어, 고등어, 황어, 전복		인삼, 안식향, 복령, 방풍, 웅담	염분 20	
영흥	○		○	오곡	대구, 연어, 고등어		인삼, 방풍	염분 22	
고원	○		○	오곡	연어, 대구, 고등어, 송어, 황어, 빙어	배	인삼, 안식향		
문천	○		○	벼, 피, 콩, 조	대구, 연어, 고등어		인삼, 복령, 안식향		

예원	○		○	오곡	대구, 연어, 고등어, 황어, 송어, 행어行魚, 전복, 홍합		인삼, 안식향	염분 14	
안변	○			벼, 기장, 피, 콩, 조	송어, 연어, 고등어, 굴, 전복		인삼, 안식향, 복령, 방풍, 백부자, 웅담, 녹각	염분 24	
의천	○			벼, 기장, 피, 콩, 조	연어, 고등어, 송어, 굴		안식향, 백부자	염분 9	
용진				오곡	연어, 고등어, 굴		방풍	염분 11	
길주				오곡	대구, 연어, 송어, 황어, 행어, 방어, 전복		인삼, 방풍, 복령, 웅담	염분 27	
경원				조, 피, 콩, 메밀	연어, 참문어, 청어, 방어, 승어僧魚		방풍	염분 15	
단천				오곡	송어, 대구, 연어, 방어, 황어, 은어, 전복	잣	인삼, 백부자, 방풍, 안식향, 녹각, 웅담	염분 17	
갑산				기장, 피, 콩, 보리, 조, 메밀	열목어	잣	인삼, 웅담		
경성				피, 콩, 조, 메밀	방어, 대구, 연어, 송어		인삼, 방풍, 웅담	염분 21	
회령				오곡, 모맥			백부자, 방풍	염소 1	
종성	○			벼, 기장, 피, 조	대구, 참문어, 홍합		인삼, 백부자	염소 3	
온성	○			기장, 피, 조, 팥, 황두	참문어, 연어		방풍	염소 6	
경흥	○			기장, 피	연어, 참문어, 대구, 대게		방풍	염소 2	
부령	○			조, 피, 팥, 황두, 메밀, 귀맥	대구		산삼, 방풍	염소 1	
삼수			○	기장, 피, 조, 귀리, 콩, 메밀		잣	인삼, 웅담		

표 Ⅲ-2-4 광물 및 기타 자원 산지

* (유): 유승주, 1993, 『조선시대 광업사연구』, 고려대학교출판부
* (신증): 『신증동국여지승람』 수록
* 표시 없는 것: 『세종실록지리지』 수록

① 경상도

종류 / 지역	금	은	구리(동銅)	철	납(연鉛)	기타
경주				사철		
밀양				석철		
울산			백동	철, 수철, 생철		마뇌석(신증)
언양				사철		
영산			동석			
안동	금(유)			사철		
춘양		은(유)				
순흥						수정석
풍기						수정석(신증)
봉화	금(유)					
예천				사철		
영덕				사철		
영해			동광(유)			
인동		은석				
상주				사철		옥석(신증)
예안	금(유)			철(신증)		
용궁				사철		
대구						
영천				철(신증)		
신녕		이지은소				
합천	금(유)			사철		
단성				철		
김해		은석		사철		
창원			연동석, 동광(유)	사철	연철* (신증)	
산음	금(유)			사철		
삼가				사철		

양산				철(신증)		
함양	금(유)					
진주						

* 연철(鍊鐵·煉鐵): 0~0.1% 탄소(C)를 함유하는 철이며, 선철 중의 탄소를 산화 제거해서 풀과 같이 된 것을 꺼내어 단련하여 제조한 것.

② 강원도

종류 지역	금	은	구리	철	납	기타
강릉				정철		
양양				정철, 석철		
정선	금			석철		
원주			동점(유)	정철		
영월			동광(유)	정철		
횡성				정철		
홍천				정철		
평창			동광(유)			
회양	금			정철		
금성	금		동철(신증), 동광(유)	석철, 송철(신증)	연철	
금화				정철, 석철		
평강	금(유)			정철		
이천				정철		
삼척				정철, 사철		
울진				철		
춘천	금			철		
낭천	금(유)			철		
양구				정철		
인제				정철		
간성				정철		
고성				정철		
통천				정철(신증)		
흡곡				정철(신증)		
안협				석철(신증)		

③ 경기도

지역＼종류	금	은	구리	철	납	기타
한강	금(유)					
양근	금(유)					
영평			동철(신증)	수철		
김포						황옥, 청옥
이천						백옥(신증)
수원						백옥(신증)
인천						백옥(신증)
양주						백옥(신증)
가평						황옥(신증)
풍덕						석회(신증)
금주		은(유)				

④ 충청도

지역＼종류	금	은	구리	철	납	기타
청풍				사철		
단양	금(유)					옥석(신증)
괴산			자연동			
음성			자연동			
영춘		은석	동광(유)			백옥(신증)
청주	금(유)	은소				청옥(신증)
전의				철장		
연기			자연동			
영동			자연동			
회인				석철		수정석
청안						백옥(신증)
보은		은석	동광(유)			
공주			자연동, 동광(유)			
정산				정철		
은진				사철		백옥(신증)

연산			자연동, 동광(유)			
회덕				석철		
석성				사철		
진잠			자연동, 동광(유)			백옥(신증)
이산				사철		
서산		은(유)		정철, 철장		
예산			자연동			
청양			자연동			
대흥			자연동			
충주	금(유)			철장		
제천				철(신증)		
옥천				수철(신증)		
목천				철(신증)		
홍주				철(신증)		
태안				철(신증)		백옥(신증)
해미				철(신증)		
결성						청옥(신증)
아산						백옥, 옥석, 수정(신증)
당진						청옥(신증)
진천		은(유)				
연풍			동광(유)			

⑤ 전라도

종류 / 지역	금	은	구리	철	납	기타
고산				철장, 정철, 연철		오수정(신증)
함평				사철		
무안				철장, 연철		
무주				철장, 연철		
창평			동광(유)	철장		
화순				철장		

동복				철장		
진원			자연동			
금산	금(유)	은(유)		철(신증)		
진산			동광(유)	철(신증)		
광산				철(신증)		
용담	금(유)	은(유)				
진안	금(유)					
임실	금(유)					
순창	금(유)		동광(유)			
옥과	금(유)					
곡성	금(유)					
순천	금(유)					
광양	금(유)					
구례	금(유)					
흥양			동광(유)			
당진			동광(유)			
영광			동광(유)			
해남			동광(유)			

⑥ 황해도

종류 / 지역	금	은	구리	철	납	기타
서흥				철(신증)	연철	
봉산		은(유)		철(신증)	연철	황옥(신증)
수안		은(유)	동철, 동광(유)	정철		옥석(신증)
곡산		은석				
신은				정철, 석철		
해주				정철		청옥(신증)
재령				석철, 생철		
장연 長淵			동철, 동광(유)			
우봉				석철, 정철		
토산						수정석
문화				정철		

송화, 청송				정철		
은율				석철, 정철		
장련 長連				석철, 정철		
신천		은(유)				
평산		은(유)				

⑦ 평안도

지역＼종류	금	은	구리	철	납	기타
순안				철야鐵冶		
개천				철장, 수철		
용천			동철			
가산		은석				
운산				수철장		
안주						마뇌석
의주						담청옥
태천	금(유)	은(유)				오옥(신증)
성천		은(유)				백옥
덕천						백옥
영원						백옥
은산		은(유)				
구성			동광(유)			
삼등			동광(유)			
장연			동광(유)			

⑧ 함길도(함경도)

지역＼종류	금	은	구리	철	납	기타
북청				석철		
영흥	금			철(신증)	납	
문천				사철		
안변	금		동광(유)			
길주				사철		

단천	금			석철, 송철松鐵(신증)		사색옥(신증)
경성				사철		
정평	금(유)					
이성				철(신증)		
길성				철		
회령				철(신증)		
종성				철(신증)		
경흥				철(신증)		
부령				철(신증)		
화주	금(유)					
갑산			동광(유)			
영풍			동광(유)			

/ 참고문헌 /

국립중앙박물관, 2010, 『황금의 나라, 신라 왕릉 황남대총』

김건수, 1999, 『한국 원시·고대의 어로문화』, 학연문화사

김권일, 2012, 「한반도 고대 제철문화의 검토」, 한국문화재조사연구기관협회, 『한반도의 제철유적』

박남수, 1996, 『신라수공업사』, 신서원

———, 2009, 「9세기 신라의 대외 물품과 그 성격」, 『사학연구』 94

안승모, 2013, 「한반도 출토 작물유체 집성표」, 한국고고학회 편, 『농업의 고고학』, 사회평론아카데미

유승주, 1993, 『조선시대광업사연구』, 고려대학교 출판부

이기봉, 2003, 「조선시대 전국지리지의 생산물 항목에 대한 검토」, 『문화역사지리』 15-3

이현혜, 2005, 「한반도 서남부지방 청동기 생산활동의 쇠퇴 배경」, 『한국고대사연구』 40

한국문화재조사연구기관협회, 2012, 『한반도의 제철유적』

한우근 외, 1986, 『역주 경국대전: 주석편』, 한국정신문화연구원

부록

한국 고대사 연구를 되돌아보며

회고의 문턱에서

근현대사와 달리 한국 고대사 연구자들이 겪는 가장 큰 어려움은 문헌 기록의 절대 부족이다. 이 때문에 고대사 연구자들은 한두 글자의 해석에 매달려 수많은 시간과 열정을 쏟아붓기 일쑤이다. 때로는 고고학 발굴 현장을 기웃거리거나 민족지자료를 읽으면서 상상력을 키워 보지만 문자 기록의 공백을 메우기에는 역부족이다. 그래서인지 논문 쓰는 일이 마치 몇 조각의 잔해를 움켜쥐고 이리저리 맞추면서 원래의 구조물을 상상하여 복원하는 것과 많이 닮았다는 생각을 자주 한다.

저자는 자신의 책이나 연구 활동을 주제로 글을 쓴다는 것은 훗날의 일로만 여겨 왔다. 아직도 머릿속을 맴도는 의문이 한둘이 아니고, 의문의 베일을 벗겨 줄 단서를 얻으려고 온갖 고민과 궁리를 되풀이하는 모습이 1974년 무렵 석사학위논문을 구상하던 때와 별반 다르지 않다고 느끼기 때문이다. 하지만 문득 햇수를 헤아려 보니 한국 고대사의 한 모퉁이를 복원해 보려고 씨름해 온 세월이 짧지만도 않아 용기를 내기로 하였다.

고고학자료에 대한 현장감 익히기

역사 공부에 입문하자마자 필자의 호기심을 가장 먼저 자극한 것은 고고학 발굴이었다. 1968년 대학 1학년 여름 방학을 꼬박 경남 창녕군 계성리에 있는 가야고분(계남리 1호) 발굴 현장에서 보냈다. 비화가야非火伽耶의 이름을 처음 들어 본 것도 이때였다. 발굴을 주도한 분은 이해에 사학과를 처음 만들고 박물관을 설립한 김정학 선생이었다. 그때만 해도 고고학 발굴이란 책 속에서나 만나는 단어였고, 대구 지역을 통틀어 발굴 경험이 있는 분은 경북대학교 윤용진 교수 한 분뿐이었던 것으로 기억된다. 오죽하였으면 개학 후 KBS 라디오 방송국에 불려 가 30여 분에 걸쳐 발굴 이야기를 들려 달라는 요청까지 받을 정도였다.

선배가 없었기에 서울에서 내려온 김기웅 선생으로부터 직접 유구 실측과 도면 작성하는 법을 배우고 선생이 들려주던 발굴 경험담에 솔깃하면서 방학 내내 한 번도 집에 다니러 가지 않았다. 당시 같은 학교 법대에 계시던 선친의 강권(?)에 못 이겨 사학과에 입학하고서도 어디론가 도망갈 궁리만 하고 있던 필자에게 도시에서 멀리 떨어진 시골 고분 발굴 현장은 잠깐의 도피처였다. 계성천에 무더운 여름날 하루 종일 흘린 땀을 씻어 내고 포플러 나무 끝에 걸린 달을 올려다보면서 젊은 날의 방황을 잠재우던 기억이 아직도 생생하다. 돌이켜 보면 계성리고분 발굴과 김정학 선생과 맺은 사제의 인연은 필자가 한국 고대사를 공부하게 된 운명적 만남이었던 것 같다.

이렇게 시작된 고분 발굴 참여는 경주 황남동 110호분, 대구 구암동고분 등 중요 유적·유물의 발굴로 이어졌다. 고분 발굴 경험이 있는 기관이 10개도 채 되지 않던 때여서 1973년 경주 미추왕릉지구(지금의 경주 대릉원) 정화사업이 진행될 때는 전국의 발굴팀들이 총동원되다시피 하였다. 당시 젊은 고고학도였던 이백규 교수(경북대 고고학과), 정징원 교수(부산대 고고학과), 최병현 교수(숭실대 고고학과), 최종규 선생(경남고고문화연구소장: 현 삼강문화재연구원장) 등을 처음 만나 얼굴을 익힌 곳도 경주 발굴 현장이었다. 부산대학교 신경철 교수(고고학과)는 경주 발굴 현장에서 그랬던 것처럼 십수 년 전까지도 필자를 만나면 누님이라 불렀다.

지금은 보물로 지정되어 함부로 만져 볼 수 없는 서수瑞獸형 토기(보물 636호, 국립경주박물관 소장)와 상감유리환옥(보물 634호, 국립경주박물관 소장)을 발굴하여 며칠 밤을 숙소의 머리맡에 두고 신기해하며 어루만지면서 신라 귀족의 체취를 가까이할 수 있었던 것도 고분 발굴에 몰두하였던 이 시절의 보상이라 여겨진다. 1974년 1월 상감유리환옥을 발굴하던 날, 추운 겨울 짧은 해가 지는 줄도 모르고 묘곽 안에 흩어진 유리구슬 찾기에 몰두하다가 허리병을 얻자 당시 약혼자였던 지금의 남편으로부터 무덤 파는 일 그만하라는 볼멘 충고를 듣기도 하였다. 비록 힘은 들었지만 그때 익힌 현장감이 문헌자료의 벽에 부딪힐 때마다 두려움 없이 고고학자료에 접근하여 적극적으로 활용할 수 있는 자산이 될 줄 미처 예상하지 못하였다.

문헌 기록의 공백을 채울 자료 찾기

석사과정을 마칠 때까지 적지 않은 시간을 고분 발굴 현장에서 보냈음에도 학위논문은 삼한의 국읍國邑에 관한 것이었다(「삼한의 국읍과 그 성장에 대하여」, 『역사학보』 69, 1976). 아이러니하게도 경주에서 넘쳐나게 조사되고 있던 적석목곽분과 출토 유물들을 정리하면서 당시 자료의 공백 지대나 마찬가지였던 고총고분 출현 이전 시기의 신라사에 대한 궁금증을 떨쳐 버릴 수가 없었다. 마치 책을 읽으면서 첫 장을 건너뛴 채 다음 장의 책장을 넘기고 있는 듯한 아쉬움 같은 것이었다. 자세한 것을 알고 싶어서 스에마쓰 야스카즈末松保和의 『新羅史の諸問題』를 펴 보았으나 「신라건국고」 편에 진한 12국 위치 비정을 시작으로 내물마립간 이전 시기의 신라사가 간략히 서술되어 있을 뿐이었다. 당초 신라 국가의 초기 모습을 밝히겠노라 다짐하면서 시작한 일은 결국 삼한 연구로 확대되었다.

삼한에 관한 문헌 기록을 처음 접한 것은 학부 1학년 겨울방학이었다. 김정학 선생께서 『삼국지三國志』 위서魏書 동이전東夷傳과 『후한서後漢書』 동이전 한조韓條의 기록을 여러 단락으로 나누어 빳빳한 자료 카드에 옮겨 적는 일을 시키셨다. 당시 선생이 쓰시던 글의 제목은 기억나지 않지만 가야 관련 글이었음이 분명하다. 그때는 뜻도 제대로 모른 채 그리듯 베껴 썼을 뿐, 이 한 줌의 기록이 얼마나 중요한지 미처 깨닫지도 못하였고 더더구나 이 자료를 붙들고 오랜 시간 씨름하게 되리라고는 상상조차 못하였다. 삼한에 대한 탐색은 "국읍수유주수 읍락잡거 불능선상제어(國邑雖有主帥 邑落雜居 不能善相制御)"라는 동이전 한조의 한 구절로 시작되었다. 이 구절은 "국읍에는 비록 주수가 있으나 읍락에 잡거하여 서로 잘 제어하지 못한다"로 해석하는 것이 일반적이었다. 이렇게 해석할 경우 서로 '상相' 자가 들어 있는 것이 아무래도 어색하여 "국읍에는 비록 주수가 있으나 읍락이 잡거하여 …"로 바꾸어 해석하니 삼한의 소국을 구성하고 있던 다수 '읍락'의 존재가 상정되었다. 그리고 읍락들 가운데서 중심 기능을 하던 국읍의 존재도 함께 떠올랐다.

그러나 『삼국지』 위서 동이전 기록을 되풀이 읽어 보아도 국읍이나 읍락이 어떤 성격의 집단인지 오리무중이었다. 고심 끝에 고고학자료를 찾아보면 어떤 실마리라도 잡을 수 있겠다는 생각이 들었다. 지금은 삼한시기의 분묘나 생활유적들이 곳곳에서 발굴되어 고고학자들이 삼한에 관한 중요 업적들을 많이 내고 있지만, 1980년대 초반까지도 삼한 연구는 문헌사학자들의 몫이었다. 그럴 수밖에 없는 것이 삼한시기(김해기, 웅천기, 철기시대, 원삼국시대 등으로 시대 명칭이 다양하다)의 고고학자료로 알려진 것은 경남 김해 회현동패총을 비롯한 낙동강 하구의 패총 유적과 한강 일대의 몇 군데 집자리 유적이 전부였다. 삼한의 분묘 유적이 제대로 발굴 조사되기 시작한 것은 1979년 경주 조양동유적이 처음이었다.

이 때문에 필자는 기원전 3세기에서 기원후 1세기에 걸치는 세형동검 관련 자료를 활용하여 삼한의 형성 과정을 살피기로 하였다. 고고학 보고서와 논문들을 뒤져 연대별, 지역별로 표를 만들고 출토 지점을 지도에 표시해 나갔다. 국립중앙박물관, 국립경주박물관, 숭실대학교박물관 등을 찾아가 청동기 실물을 보면서 그것을 만들고 사용하던 사람들을 머릿속에 그려 보려고 안간힘을 썼다. 『문화유산』(과학·백과사전출판사)이나 『유적발굴보고』(과학·백과사전출판사) 등 북한에서 간행된 학술잡지나 자료집들은 일본이나 미국에 다녀온 사람들이 가져온 복사본뿐이었다. 자료집들은 예외 없이 "위대한 수령 김일성동지 …"로 시작하기 때문에 내용을 불문하고 당시에는 국내 반입이 금지되었다. 『고고학자료집』 5집(과학·백과사전출판사, 1978) 복사본은 1980년 남편이 미국 하와이대학교 동서문화센터East West Center를 방문하고 돌아왔을 때 내게 준 가장 반가운 선물이었다. 대개가 알음알음으로 반복 복사한 것이어서 글자·그림 모두 흐릿하기 짝이 없었지만 그나마 북한 자료를 구해 볼 수 있어 정말 다행이라 여기며 소중하게 다루었다. 이렇듯 고고학자료 활용이라는 새로운 시도를 통하여 삼한 '읍락' 형성의 문화적 토대와 중심 지역을 밝힐 수 있었다.

그러나 보다 중요한 것은 여러 읍락이 통합되어 삼한 소국을 형성하고 다시 마한, 진한과 같은 소국연맹체를 형성해 나가는 과정을 규명하는 것이었다. 문제 해결의 열쇠는 『삼국사기』 초기기록의 활용 여부에 달려 있었다. 과장이나 윤색을 빌미로 오랫동안 사료적 가치를 인정받지 못하던 『삼국사기』 초기기록이 긍정적인 시각에서 조심스럽게 활용되기 시작한 것은 1970년대부터였다. 김원룡 선생의 「삼국시대의 개시에 관한 일고찰」(『동아문화』 7, 1967)이란 논문이 『삼국사기』 초기기록을 긍정적으로 활용할 수 있는 길을 열어 준 이래 1976년경에는 이미 『삼국사기』 초기기록을 적극 활용한 천관우 선생의 논문이 여러 편 발표되었다. 1979년 이화여자대학교 박사과정에 입학하여 서강대학교 대학원생들과 함께 이기백 선생의 강의를 수강한 적이 있었는데, 발표와 토론 중에 심심찮게 『삼국사기』 초기기록이 인용되곤 하였다. 당시 이기백 선생도 "정말 금석지감이 있군요"라는 말씀 이외에는 별다른 지적을 하지 않았다. 『삼국사기』 초기기록에 나오는 혁거세와 온조의 건국설화를 통해 삼한 소국의 형성 과정을 설명하고, ○○국國 정복 기사를 가지고 소국연맹체 형성 과정을 추론한 것은 이처럼 달라진 분위기 덕분이었다. 이러한 시도는 다른 상자에 섞여 들어가 서로 흩어져 있던 토기 조각들을 하나라도 더 찾아내어 빈자리를 메워 나가듯이 『삼국사기』 초기기록을 『삼국지』 위서 동이전과 상치되는 자료가 아니라 상호 보완적인 자료로 활용할 수 있는 계기가 되었다.

1984년 「삼한사회형성과정연구」라는 제목으로 박사학위를 받았고, 학위논문은 논문심사위원장이었던 이기백 선생의 주선으로 그해 봄 단행본으로 출간되었다. 돌이켜 보면 이 책은 문헌에 이름만 나열된 소국들의 태생이 궁금하여 뒤를 쫓다 얻은 결실이었다. 지도교수였던 진홍섭 선생은 논문 최종심사가 끝난 직후 김원룡 선생과 이기백 선생의 논문심사평을 일부러 필자에게 보여 주면서 흡족한 표정을 지으셨다. 책을 받은 이병도 선생은 "삼한 문제 중 키포인트가 되는 것은 진한 문제인데 …"라고 서두를 열면서, "종래 왜곡된 사료에 의거하여 진한의 성격과 방위를 오인하여 삼한 문제 전체를 오리무중에 빠지게 하였다"라며 진한 위치를 경상도 지방에 비정하는 통설을 재삼 비판하는 편지를 보내셨다. 천관우 선생으로부터는 "삼한 분야의 연구자가 많지 못한 형편에 선생 같은 분의 분투가 더욱 절실하게 요구된다"는 격려의 엽서를 받기도 하였다.

생산 활동의 발자취를 따라가다

삼한 논문을 쓰면서 줄곧 한국 고대사회의 발전 과정을 체계화할 수 있는 적합한 이론이나 발전 모델이 있으면 참 편리하겠다고 생각하였다. 이미 1970년대 중반 이래 '국가 기원'에 관한 서구 인류학자들의 발전 도식을 활용하여 삼한 소국이나 지석묘사회의 성격을 규정한 논문들이 주목을 받고 있었다. 그러나 발전 모델을 선뜻 취하기에는 뭔가 걸림돌이 있는 듯하여 숙제로 남겨 두고 있었다. 마침 1985년 가을부터 미국 뉴욕 컬럼비아Columbia대학교에 방문연구자로 1년간 머물게 되어 그동안 단편적으로만 접하던 고고학, 인류학 관련 자료들을 좀 더 폭넓게 섭렵해 보리라 마음먹었다. 고고학 이론과 방법론 강의를 청강하였고, 영국 캠브리지Cambridge대학교의 이안 호더Ian Hodder 교수의 초빙 강연을 들은 것도 이때였다. 그리고 갈등이론의 대표적 학자로 알려져 있던 모턴 프리드Morton Fried 교수의 강의도 청강하였는데 건강이 좋지 않은 상태였음에도 불구하고 국가 기원에 관한 자신의 이론과 엘먼 서비스Elman Service의 이론(통합이론)을 비교하면서 열강하던 노인류학자의 모습이 아직도 인상 깊게 남아 있다.

한동안의 고민 끝에 한국사에 적용할 발전 도식을 찾으려고 서두르기보다는 문화나 사회를 변화시켜 나가는 중요 요소가 무엇인가를 구체적으로 밝히는 것이 당면 과제라는 결론을 내렸다. 다시금 삼한 문제로 되돌아와서 삼한의 출현과 성장 과정을 받쳐 준 물질적 토대에 주목하였다. 그러나 농업생산력을 변화시키는 가장 중요한 요인이 효율적 도구의 출현인지, 새로운 재배 기술이나 품종의 도입인지를 판가름하기가 쉽지 않았다. 선행 연구도 거의 없었고 농사짓는 것을 가까이서 경험한 적도 없는 터라 일단 민속박물관을 찾아다니면서 머릿속에서 밭도 갈고 씨도 뿌려 보았다. 삼한의 농기구 자료에 목말라하던 중 1988년 경남 창원 다호리고분에서 출토된 철제 따비를 보고 자신감을 얻어, 「삼한사회의 농업생산과 철제농기구」(『역사학보』

126, 1990) 논문을 작성하였다. 이후 삼한시기의 무덤 유적에서 철제 농기구가 줄줄이 출토되어 삼한시기는 나무나 돌로 된 생산도구가 철제로 전환되는 과정이며 철제 생산도구의 독점이 정치권력 성장의 중요 기반이었다는 필자의 논지가 뒷받침되어 다행이라 여기고 있다.

다호리 1호분 출토품이 세상에 모습을 드러냈을 때 충격과 환희에 휩싸이지 않은 연구자는 거의 없을 것이다. 그중에서도 한경漢鏡(한나라의 청동거울)과 오수전五銖錢(금속화폐), 그리고 털이 거의 다 망가진 붓 사진을 보면서 필자는 문헌 속에 박혀 있던 낙랑, 낙랑인의 존재를 문득 실감하기 시작하였다. 오늘날 서구 문물의 유입으로 우리 삶의 모습이 급속하게 바뀌는 것을 경험하면서 삼한 사람들에게 낙랑이란 과연 어떤 존재였을까 하는 의문이 드는 것은 당연한 일인지도 모른다. 다호리에 뒤이어 김해 양동리고분군에서 낙랑계, 왜계 유물들이 쏟아져 나오자 삼한의 경제생활 연구에서 교역은 더 이상 미룰 수 없는 중요한 연구 과제가 되었다. 「삼한의 대외교역체계」(『이기백선생고희기념한국사학논총』 상, 1994)에서는 교역의 흔적을 확인하는 데서 한 걸음 더 나아가 삼한인들이 낙랑의 통제를 받는 수동적인 입장이 아니라 선진 문물을 얻기 위해 자발적이고도 적극적으로 교역 활동에 나섰다는 사실을 입증하는 데 주력하였다. 그리고 이러한 낙랑과의 물자 교역이 정치적 성장을 저해하는 것이 아니라 오히려 삼한의 소국들을 서로 엮어 소국연맹체를 결성시키는 중요한 메커니즘으로 작용함을 강조하였다.

시간이 지나면서 생산 활동에 대한 연구야말로 당시 사람들의 삶의 모습을 생동감 있게 복원하고 역사 전개의 진면목을 보여 주는 아주 효과적인 작업이라는 생각이 들어 점차 대상을 확대해 나갔고, 10년 만에 『한국고대의 생산과 교역』(1998)의 출간으로 작은 마무리를 지었다. 농경기술에 주목하면서 겪은 가장 큰 어려움도 자료의 부족이었다. 농경 연구를 처음 시작할 때만 해도 대전 지역에서 출토된 것으로 알려진 「농경문청동기」가 유일한 자료였고, 논밭 유구나 나무 농기구 같은 실물 자료는 거의 찾아볼 수 없었다. 언젠가 한반도에서도 농부들의 발자국이 찍힌 논이나 부러진 나무삽들이 모습을 드러낼 날이 있으리라 믿으며 중국과 일본의 관련 자료를 통해 아이디어를 얻고 자료의 공백을 채워 나갔다. 지금은 논밭 유구만 해도 수십 곳 넘게 확인되었으며 나무 농기구들도 심심찮게 발견되고 있다. 남강댐 속에 잠겨 버린 경남 진주 대평리유적에서는 만여 평이 넘는 청동기시대의 밭들이 각양각색의 고랑과 이랑을 드러내어 감탄을 자아내기도 하였다.

「한국고대의 이경犁耕에 대하여」(『국사관논총』 37, 1992)에 실린 고구려 철제 보습 자료는 1991년 중국 집안集安박물관에 갔을 때 졸졸 따라다니던 감시원에게 스타킹을 주면서 잠깐 눈길을 돌리게 하고 그사이 함께 간 다른 일행이 몰래 촬영한 것이다. 때로는 붉게 녹슬고 부스러져 가는 쇠따비나 쇠삽날, 쇠괭이, 보습들을 보면서 이렇게 보잘것없어 보이는 쇳조각들이 농업생산력의 획기적 증대를 추적하는 열쇠라는 것이 정말 실감나지 않을 때도 있었다. 그러나 지금도 유물 진열장 앞에서 필자의 발걸음을 오래 잡아 두는 것은 화려한 보검이나 금귀걸이가 아니라 여전히 초라하기 그지없는 농기구들이다.

정신세계의 중요성을 절감하다

생산 활동의 발자취를 찾는 데 몰두하던 시절에는 물질적인 요소가 사회 변화의 일차적인 힘으로 작용한다고 믿었다. 2003년 연구년을 맞아 하버드 대학교에서 몇 개월 머물면서 인도, 동남아시아 원주민들의 화전농경에 관한 민족지자료를 뒤적일 때만 해도 대평리의 밭고랑에 대한 생각으로 가득 차 있었다. 그런데 민족지 속에 나타난 원주민들은 경지 정리, 파종, 수확 등 각종 농사일을 하기에 앞서 항상 정령을 섬기는 일에 열심이었다. 이사를 하거나 화전을 일굴 땅을 고를 때도 어김없이 어떤 대상을 향해 제사를 지내곤

하였다. 분명 그들의 일상과 생업 활동을 우선적으로 지배하는 것은 각종 형태의 신앙이었다.

언뜻 박사학위논문을 제출한 이후 마음 한구석에 접어 두었던 청동의기가 떠올랐다. 최고의 기술과 정성을 쏟아부어 청동거울이나 장난감 딸랑이 같은 청동방울을 만들고 이를 무기보다 더 소중히 여기던 사람들을 그때까지 막연히 '제사장'으로 간주하였을 뿐 그들의 정신세계를 들여다볼 겨를이 없었다는 것이 솔직한 고백이다. 청동의기가 읍락 수장의 종교적 권위를 나타내는 물적인 증거인 것은 분명하지만 그들의 막강한 종교적 권위가 구체적으로 어디에서 비롯되는지를 말해 주지는 않는다. 민족지자료에 기대를 걸고 샤머니즘, 샤먼의 무복과 무구에 관한 자료들을 모았다.

충남 예산에서 나온 검파형 청동기에 새겨진 '손'의 의미가 늘 궁금하였는데 두 개의 손이 큼직하게 장식되어 있는 에스키모 샤먼의 무복巫服을 보고는 하와이 휴가를 포기하고 더운 열기를 내뿜는 복사기와 벗하기를 잘했다는 생각을 하였다. 하버드대학교의 고고인류학 전문 도서관인 토저 도서관Tozzer Library은 세계 각지의 중요 저널을 고루 갖추고 있어서 그 안에서 계단만 오르내리면 필요한 자료는 대부분 구해 볼 수 있었다. 이때 모은 자료들을 문헌 기록과 고고학자료를 해석하는 길잡이로 삼아 「한국 초기철기시대의 정치체 수장에 대한 고찰」(『역사학보』 180, 2003)을 작성하였다. 문헌자료의 부족으로 스트레스를 받고 있는 고대사 연구자들에게 민족지자료는 이따금씩 막힌 숨통을 틔워 주는 역할을 한다.

이 논문을 쓰면서 주술적 종교직능자의 성격을 강하게 지녔던 단군, 주몽, 혁거세, 수로와 같은 인물들의 원래 모습을 상상해 보았다. 드라마에 나오는 주몽은 벽화고분에 나오는 고구려인의 옷을 입고 있지만, 무복을 걸치고 요술막대기를 휘둘러 억수같이 쏟아지는 비를 한순간에 멈추게 하는 초능력자로 그려져야만 실제 모습에 가까울 것이다. 단군릉 팸플릿에 실린 북한의 단군 초상화도, 남한의 정부 기관이 지정한 단군 초상화도 색깔만 흰색과 황금색으로 다를 뿐 모두 도포 같은 겉옷을 입고 있다. 하지만 단군도 원래는 가슴에 청동거울을 주렁주렁 걸고 청동단추장식이 번쩍이는 사슴가죽 장화를 신었음직하다.

후속 논문을 써서 삼한사회의 생산도구가 나무나 돌에서 철로 전환되는 것처럼 수장의 통치 기반이 주술적 종교직능자의 권위로부터 벗어나면서 그들의 북과 방울이 소도蘇塗의 대목大木 위에 걸리게 되는 과정을 추적해 볼 작정이다. 아직도 채운 공간보다 비어 있는 공간이 절대적으로 많음을 알지만 욕심을 내어 물질적·기술적 변화가 이념적 변화와 어떻게 맞물려 돌아가는지 그들의 연결고리를 찾아 나서고 싶다. 하루 속히 천군天君이 하늘에 제사 지내던 흔적이나 발견되면 좋으련만 …

(2006년 봉의산 자락 연구실에서)

찾아보기

ㄱ

ㅅ

ㅇ

ㅈ

ㅊ

/ 장별 원출처 /

Ⅰ부 한국 고대사 인식과 연구방법론

1장: 「한국사연구상에 나타난 진화론적 시각」, 노태돈 외, 『현대 한국사학과 사관』, 일조각, 1991
2장: 「신진화론의 이해와 적용을 둘러싼 몇 가지 문제」, 『역사학보』 146, 1995
3장: 「한국사의 비교사적 연구」, 『한국사시민강좌』 20, 일조각, 1997
4장: 「한국고대사 연구와 공동체 이론」, 『한국고대사연구』 81, 2016
5장: 「최치원의 역사인식」, 『명지사론』 1, 명지사학회, 1983

Ⅱ부 농업생산기술의 발전

1장: 「한국고대사회의 국가와 농민」, 『한국사시민강좌』 6, 일조각, 1990
2장: 「한국 농업기술의 발전 과정과 연구 성과」, 한국고고학회 편, 『농업의 고고학』, 사회평론아카데미, 2013
3장: 「토지활용방식을 통해 본 한국고대 농업기술의 발전과정」, 한국고고환경연구소 편, 『한국고대의 수전농업과 수리시설』, 서경문화사, 2010
4장: 「한반도 청동기시대의 밭농사: 진주 대평리 밭유적을 중심으로」, 『진단학보』 94, 2002
5장: 「백제 지역의 농경생활」, 『한국사시민강좌』 44, 일조각, 2009

Ⅲ부 백제, 신라 지역의 산물

1장: 「산물」, 『백제문화사대계 2: 백제의 기원과 건국』, 충청남도역사문화연구원, 2007
2장: 「산물」, 『신라천년의 역사와 문화 1: 총설』, 경상북도, 2016

부록: 「삼한 연구를 되돌아보며」, 『한국사시민강좌』 39, 일조각, 2006

※ 본서에 실린 사진 자료의 출처를 찾기 위해 최선을 다했으나, 혹시 누락이나 착오가 있다면 다음 인쇄 시에 꼭 수정하겠습니다.

이현혜 李賢惠

1949년 대구 출생. 영남대학교에서 학사·석사를 마치고 이화여자대학교에서 문학박사 학위를 받았다. 한림대학교 사학과에서 정년을 마치고 현재 한림대학교 명예교수로 재직하고 있다. 문화재청 문화재위원을 역임하였다.

주요 연구 분야는 삼한의 형성과 정치·사회적 발달 과정, 고대사회의 농업기술과 교역체계 등 한국 고대의 정치사, 경제사이다. 『삼한사회형성과정연구』, 『한국 고대의 생산과 교역』, 『마한·진한의 정치와 사회』, 『백제의 왕권은 어떻게 강화되었나』(공저), 『현대한국사학과 사관』(공저), 『한국사 시대구분론』(공저), 『한국고대의 수전농업과 수리시설』(공저), 『강원도사』(공저) 등의 저서와 다수의 논문이 있다.

앞표지

강원도 화천 원천리 출토 쇠삽날
(한성백제박물관, 2013, 『백제, 마한과 하나되다』)

함북 무산 호곡동유적 돌괭이
(조선유적유물도감편찬위원회 편, 1990, 『조선유적유물도감 1: 원시편』, 동광출판사)

백제 몽촌토성 출토 나무 오리
(서울대학교박물관 제공)

뒤표지

경기도 용인 언남유적 출토 볏과 보습
(국립중앙박물관, 2000, 『겨레와 함께 한 쌀』, 새천년 특별전 도작문화 3000년, 통천문화사)

한국 고대사 인식과 생업경제

1판 1쇄 펴낸날 2023년 12월 30일

지은이 | 이현혜
펴낸이 | 김시연

편집 | 강영혜
디자인 | 최정희

펴낸곳 | (주)일조각
등록 | 1953년 9월 3일 제300-1953-1호(구 : 제1-298호)
주소 | 03176 서울시 종로구 경희궁길 39
전화 | 02)734-3545 / 02)733-8811(편집부)
02)733-5430 / 02)733-5431(영업부)
팩스 | 02)735-9994(편집부) / 02)738-5857(영업부)
이메일 | ilchokak@hanmail.net
홈페이지 | www.ilchokak.co.kr

ISBN 978-89-337-0825-5 93910
값 40,000원